Weltlese

Herausgegeben von Ilija Trojanow

CARLOS FRANZ

Das Quartett der Liebenden

Roman

Aus dem Spanischen von Lutz Kliche

Büchergilde Gutenberg

CARLOS FRANZ

Das Quartett der Liebenden

Wenn ich dir im Leben etwas geben könnte,
dann möchte ich dir die Fähigkeit geben,
dich mit meinen Augen zu sehen.

FRIDA KAHLO

Warum ist das Leben so kurz
und die geschlechtliche Reproduktion so wichtig?

CHARLES DARWIN, NOTIZBUCH B.

ERSTER TEIL

Perspektive

Ist Ihnen klar, dass es aus ist mit dem là-bas?
Es gibt kein »dort hinten« mehr.

DER TODKRANKE ANDRÉ BRETON ZU LUIS BUÑUEL

I

1834

DER LEUCHTENDE JUNIMORGEN, an dem du Carmen kennenlerntest, strahlte nach einer Woche voller Gewitter über dem Pazifik. Dein Schiff wäre vor der chilenischen Küste beinahe untergegangen, mehrere Male hattest du dich schon mit dem Tod abgefunden. Doch nun lief der Schoner mit zerfetzten Segeln, ziemlich zerlumpt, in die helle Bucht von Valparaíso ein. Das tat er mit dem zärtlichen Verlangen eines Mannes, der in die geliebte Frau eindringt.

Jedes Mal, wenn du in einen Hafen kamst, hattest du wieder dieses Gefühl, Moro. Und dabei hattest du schon so viele kennengelernt! Immer, wenn du in ein neues Land eindrangst, verliebtest du dich in das Land. Doch etwas an diesem klaren Tagesanbruch nach so viel Unwetter sagte dir, dass diese neue Liebe vielleicht nicht wie die vorigen sein würde.

Die Kuppel des südlichen Himmels leuchtete tiefblau, kalt und makellos wie ein frisch geputztes Fenster. Die Luft war so sehr von Äther geschwängert, dass dich das Atmen schmerzte. Die spröde Schönheit des Landes war überwältigend. Eifrig zeichnetest du sie vom Deck des Seglers aus. Du sogst die Landschaft nur so in dich auf.

Einige Stunden zuvor, noch weit vor der Küste, hattest du, nachdem sich die Gewitterwolken verzogen hatten, die ferne Wand der Anden gesehen, ganz von Schnee bedeckt. Die aufgehende Sonne zog die Kette der Gipfel mit einer kupfernen Linie nach. Über sie alle ragte der breite Rücken des Aconcagua. Sein pyramidenförmiger Kopf, ein wenig zur Seite geneigt, schien dich von unvorstellbarer Höhe aus herausfordernd anzuschauen, als wolle er fragen: Was hast du hier am Ende der Welt verloren, Reisemaler?

Reisender Maler. Segelnder Maler. Reitender Maler. Sohn von Lorenz, dem Maler von Pferden, Urenkel von Georg Philipp, dem großen Schlachtenmaler, der mit den kämpfenden Heeren durch halb Europa zog. Deine Vorfahren waren heimlich Katharer gewesen – erzähltest du, rühmtest du dich –, die im 17. Jahrhundert von Katalonien nach Augsburg übersiedelten, um in den Dienst der Fugger zu treten. Doch jetzt warst du, Johann Moritz Rugendas, der letzte Reisemaler deiner Sippe. Und ja, du kamst ans Ende der Welt auf der Suche nach etwas, das du verloren hattest, bevor du es je besaßest.

Schau dich an, mal sehen, ob du dich erkennst *(wenn du dich in diesen meinen Erinnerungen siehst)*. Du warst groß gewachsen. Die Strähnen deines langen, blonden Haars hieltst du mit einem schwarzen Band zusammen. Du warst dreiunddreißig Jahre alt, besaßest ebenmäßige, längliche Gesichtszüge, die bräunliche Haut deiner katalanischen Vorfahren und tiefblaue Augen, als hätten sie das Meer eingefangen, über das du so viel gesegelt warst und das du so oft gemalt hattest. Du trugst halbhohe, ziemlich abgewetzte Schaftstiefel, ein offenes Cape mit Pelerine und einen Hut, den du nach mexikanischer Art auf den Rücken geschoben hattest. So standst du, den Blick nach Backbord gerichtet, auf dem Achterdeck des Schiffs, das dich vom Hafen El Callao in Peru nach Valparaíso gebracht hatte. Und du warst so sehr Maler in jeder Minute deines Lebens, dass du schon jetzt dabei warst, in deinem großen Skizzenblock, der auf deinem linken Unterarm ruhte, die lebhafte Szenerie festzuhalten, die dir die Bucht bot.

Genauso hattest du, um sie später zu malen, schon alle wichtigen Häfen der lateinamerikanischen Pazifikküste gezeichnet, von Acapulco – als du überstürzt aus Mexiko fliehen musstest – über Panama, Buenaventura bis Guayaquil. Überall dort gingst du an Land und reistest über Wochen oder gar Monate durchs Innere, um Land und Leute zu malen. Dann wartetest du auf das nächste Schiff und segeltest weiter. Das Schiff, das du in El Callao bestiegst, hatte auf seiner Reise über den Pazifik einen großen Bogen beschrieben und war dabei wohl hundert spanische Seemeilen von der Küste aufs Meer hinaus gefahren. Dann richtete der Segler seinen Bug nach Süden, bis die Desventuradas-Inseln und gleich darauf der Juan-Fernández-Archipel in Sicht kamen, vor dessen Insel Más a Tierra – der Robinson-Crusoe-Insel – ihr vor Anker gingt, um Trinkwasser aufzunehmen. Ihr folgtet der alten Lotsenroute der Kolonialzeit, um der starken Strömung des Humboldtstroms auszuweichen, der Richtung Norden euch entgegenfloss. Du jedoch dachtest, der Baron – dessen Namen diese Strömung trug – habe vielleicht gar diese Macht der Natur in seinen Dienst genommen, um dich von den Regionen fernzuhalten, deren Besuch er dir, störrisch, wie er war, verbieten wollte: »Halten Sie sich fern von den gemäßigten Regionen Chiles und Argentiniens. Dort gibt es nichts zu sehen!«

Schließlich überquertet ihr vom Juan-Fernández-Archipel aus diese Meeresströmung von einer Seite zur anderen, schaukeltet über die Wellen bei einer Überfahrt, die so schlimm war, dass sogar du, dem nie übel wurde, fast noch die Leber über Bord würgtest. Zu allem Überfluss überraschte euch in der Nähe der Küste ein langes Gewitter. Eine Woche lang trieb das Unwetter euer Schiff nach Norden ab, versuchte, dich zurückzuschicken, zu verhindern, dass du diese Gegend der Welt kennenlerntest und das, was dich dort erwartete …

Der Humboldtstrom – und der Forscher selbst –, die sich deiner Ankunft entgegenstellten; das wochenlange Gewitter, das dich von dieser Küste abgetrieben hatte; und dann die schroffe Silhouette dieses Bergs, des höchsten der bekannten Welt: All dies schienen unheilvolle Zeichen zu sein. Komm nicht in dieses Land, wollten sie dir wohl verkünden …

Du warst ja so abergläubisch, Moro. Nie konntest du das unterdrücken. In den letzten Jahren war es immer schlimmer geworden: Du fingst sogar an zu glauben, du seist die Verkörperung der Gestalt von Dürers Stich »Ritter, Tod und Teufel«, den du im Atelier deines Vaters so genau studiert und kopiert hattest.

Ein Ritter in seiner Rüstung, der langsam dahinreitet, die Lanze geschultert. Vielleicht kehrt er aus einem Krieg zurück oder aus allen Kriegen des Lebens, man weiß es nicht. Wahrscheinlich reitet er jetzt dem Schloss entgegen, das man in der Ferne auf einem Berg erkennen kann. Dem Ritter folgt zu Fuß ein hässlicher, höhnisch dreinblickender Teufel, während der Tod neben dem Ritter reitet und ihm eine Sanduhr vor Augen hält: die Zeit, die ihm bleibt.

Du bildetest dir ein, dieser fahrende Ritter zu sein: Reisemaler in fernen Landen. Der Teufel, gib's zu, war der Teufel deiner Pflichten und ehrgeizigen Ziele, der immer deinen Neigungen und Gelüsten widersprach. Du warst sogar so weit gegangen, diesen tyrannischen Dämon mit dem Baron von Humboldt gleichzusetzen, der dir von Europa aus Briefe schrieb, in denen er dir Befehle und Instruktionen erteilte. Du solltest nur das malen, was ihn interessierte. Der Baron, der dich – außer zu noch Schlimmerem – zu einem naturalistischen Maler machen wollte, einem wissenschaftlichen Künstler. Einem Maler der

Wirklichkeit, wo du doch zum Maler der Sinnlichkeit geboren warst!

Und dieser gekrönte Tod, der auf dem Stich den Ritter begleitet? Ah, das war nicht so leicht zu erklären. Du fürchtetest den Tod nicht allzu sehr. Wie so viele junge Leute hieltest du dich beinahe für unsterblich. Bis auf eine Kleinigkeit: All deine Liebeleien starben früher oder später. Ja, sie starben in deinem Herzen. Du hörtest auf, sie zu empfinden. Kaum hattest du dich in eine Frau verliebt, da entdeckte dein unerbittliches Porträtmalerauge auch schon ein Paar zu dicke Knöchel, die der Rock verborgen hatte; ein Paar Zahnreihen, die weniger weiß waren, als sie sein sollten; den ein wenig tumben Blick, der hohle Phrasen begleitete; die Flecken der Haut und der Seele, die Unregelmäßigkeiten des Körpers und des Geistes, die dir die Illusionen nahmen und dich ernüchterten.

Erst wich dein Körper vor der Frau zurück und gleich darauf tat das auch dein Herz. Und schließlich musste dein ganzes Ich vor ihr fliehen. War dies ein Reflex, ein Selbstschutz? Ahntest du etwa, dass jemand, kaum dass er liebt, dem anderen die Macht zugesteht, ihn zu verletzen?

Diese gut begründeten Unterstellungen lehntest du ab. Dir, dem abergläubischen Moro, zufolge war es der Tod, der sich in deine Liebeleien verliebt hatte und sie noch in der Wiege erwürgte. So sehr fürchtetest du ihn, dass du ihn nicht einmal »den Tod« nanntest: Das trautest du dich nicht. Du gabst ihm lieber einen Frauennamen, nanntest ihn lieber »die Andere« oder »die Desillusioniererin«, nach der alten aztekischen Göttin der Unterwelt Mictecacihuatl, von der du in Mexiko gehört hattest.

Du verliebtest dich oft, Moro. Doch »die Andere« desillusionierte dich gnadenlos. Kaum begann sich eine Romanze anzubahnen, da verlorst du sie auch schon wieder. Erst sahst du die Schönheitsfehler, dann verschwand schließlich auch das Verlangen. Du brauchtest nie lange, bis dir die Liebe zwischen den Fingern zerronnen war. Wie jemand, der nachts träumt, er sei reich, und morgens arm erwacht.

Mehrmals hattest du es versucht. In Mexiko hattest du dich sogar mit Octavia verlobt, diesem unbefangenen, blutjungen Mädchen aus Jalisco, das du mehr zu lieben glaubtest als irgendeine Frau zuvor. Ihr bestimmtet sogar einen Termin für die Hochzeit, und es wurde schon das Aufgebot an die Wände von Tlaquepaque geschlagen. Alles nur, um zu sehen, ob du »die Andere« in die Knie zwingen konntest. Es nützte alles nichts. Bei Nacht musstest du fliehen, nur mit deinen Farben und ein paar anderen Sachen. Es überfiel dich eine Beklemmung, die dir die Luft nahm, als wolle sie dich erdrücken, als würde gleich eine Lawine auf dich niedergehen und dich begraben.

Bei dieser Flucht vor der Liebe – oder vor dem Tod, der in deine Liebschaften verliebt war, was aufs Gleiche hinauslief – plantest du, so weit wie möglich fortzugehen. Die Instruktionen des Barons in den Wind zu schlagen und die tropischen Regionen Amerikas zu verlassen, um viel weiter nach Süden über den Äquator hinauszugehen. In das weit entlegene Chile zu kommen. Unfähig, dir deine Ängste einzugestehen – denn du warst dazu auch noch stolz, Moro –, sagtest du dir, du tätest dies, um dem autoritären Rat Humboldts die Stirn zu bieten. So würdest du ein für alle Mal mit ihm brechen und könntest zu einem Maler der Sinnlichkeit werden (statt der Wirklichkeit). Obwohl du nur zu gut wusstest, dass du diesen Teufel viel weniger fürchtetest als »die Andere«. Vor dem Teufel deiner Pflichten konntest du vielleicht fliehen. Doch vor dieser »Anderen«, wer konnte dich da retten?

Hast du es geschafft, dieser »Anderen« zu entkommen, Moro? Ich frage dich das, weil du mir in deinem letzten, langen Brief, den ich gerade oder schon vor fünfzig Jahren erhalten habe, ich weiß es nicht mehr genau, erzählst, dass du herzkrank bist. Unheilbar, gibst du mir zu verstehen. Und dann schreibst du belustigt weiter, dass du zu heiraten gedenkst. Drauf und dran zu sterben und ans Heiraten denken! Das verstehe, wer will. Und auch noch mit einem Mädchen von zwanzig Jahren: mehr als dreißig Jahre jünger als du! Ach Moritz, mein Moro! Verfällst du in alte Gewohnheiten, Reisemaler? Willst du wieder typische Frauengestalten malen? Und in deine Sammlung aufnehmen? Wenn ich inzwischen schon alt bin, dann musst du doch ein Methusalem sein … Wenn du nicht schon vor einem halben Jahrhundert gestorben bist, nachdem du mir diesen letzten Brief geschrieben hast.

Abergläubischer Moro: Das Einzige, was die Ängste deiner Fluchten beruhigen konnte, war das Malen. Deshalb fuhrst du, als du in Chile ankamst, zeichnend in den Hafen von Valparaíso ein, um nicht an die unheilvollen Vorzeichen der widrigen Strömung, des schrecklichen Gewitters und des grässlichen Bergungeheuers zu denken.

Die weiß blitzende Zahnreihe der Anden, das Amphitheater der Hügel, das die Bucht umgab, die bunten Häuser, die sich die kahlen oder grünen Hänge hinaufzogen, die Festungsruinen zu beiden Seiten der Reede, die Mole aus schwärzlichen Baumstämmen. Du bewegtest dich in dieser Landschaft, während du sie zeichnetest. Schon immer hatte es dir gefallen, durch das Innere einer Perspektive zu reisen, am eigenen Leibe zu erfahren, wie die kleinen Dinge des Hintergrunds beim Näherkommen immer größer werden. So sehr dem Tod ähnlich, der immer größer wird, je näher wir ihm sind. So sehr der Liebe gleich, die aus dem Nichts entstehen kann, bis sie zur Leidenschaft wird, bis sie uns die Sicht auf alles andere verstellt (bevor sie an einem Fluchtpunkt wieder verblasst). Hier sollten diese und andere deiner Perspektiven sich verändern und durcheinandergeraten, wie es jetzt die Landschaft tat. Aber das wusstest du noch nicht.

In der Mitte der Bucht ging der schwer gerupfte Segler vor Anker. Lederne Fender wurden herabgelassen, ein mit zwei Ruderern bemanntes Landungsboot legte an. Die Schiffsbesatzung begann, an Stricken die empfindlichen Frachtstücke, die Post und das Gepäck der Passagiere zu entladen. Die noch vom Sturm aufgepeitschte Dünung erschwerte das Manöver. Du wolltest nicht abwarten, bis das Fallreep ausgerollt war, und ließest dich ebenfalls an einem Seil herab. Du konntest es kaum erwarten, dieses zerlumpte, vom Unwetter halb zertrümmerte Schiff zu verlassen, doch wolltest auch dafür sorgen, dass du selbst es warst, der deine Sachen im Bug des Landungsboots in Empfang nahm. Den Reisekoffer und die Staffeleien; die Kisten mit den Pinseln, Ölfarben und Pigmenten, um diese zuzubereiten; die Mappen mit den Bogen kostbaren Papiers; die zahlreichen, langen Lederköcher, in denen zusammengerollt die Gemälde steckten, von denen du dich niemals trenntest.

Endlich legte das Landungsboot, überladen mit Menschen und Gepäck, schaukelnd vom Schiff ab. Die Ruderer, ein paar Männer vom Chiloé-Archipel mit kurzen Beinen und breiten Oberkörpern, rostrot wie Seelöwen, mühten sich nach Kräften, das Boot zur Mole zu bugsieren. Diese bestand in einer langen Konstruktion aus Holzbalken, die über und über mit schwarzen und bräunlichen Algen bedeckt war und vom Ufer aus in die Bucht hineinragte. Ein einzelner Landungssteg in Form eines gebogenen Arms, wimmelnd vom üblichen bunten Treiben südamerikanischer Häfen, die sich eben erst dem Welthandel geöffnet hatten.

Dein Boot sah sich gezwungen, ungefähr zwanzig Meter vom Ufer entfernt zu warten. Es gab nicht genügend Platz. Die Mole quoll über von Kisten und Säcken. Alle Anlegeplätze waren mit Booten belegt, die mit Hilfe der wenigen vorhandenen Flaschenzüge entladen wurden. Das Gewitter hatte auch viele andere Schiffe verspätet einlaufen lassen, und jetzt bot die Mole nicht genügend Platz, um alle gleichzeitig abzufertigen.

Du erhobst dich von deinem Sitz im Bug des Bootes, Moro, wolltest nichts verpassen von diesem Spektakel. Indianische und chinesische Schauerleute, Schiffsausrüster, die miteinander wetteiferten, um die Schiffe zu verproviantieren, Rufe in zwanzig Sprachen. Abgemagerte Matrosen kletterten auf die Mole, ihre Seesäcke über der Schulter, und nahmen Kurs auf das Getümmel kreischender Prostituierter, die vom Ufer aus mit ihren Taschentüchern winkten, um die Männer zu sich zu lotsen. Der Geruch von Meeresfrüchten, von Guano, von feuchter Erde machte dich benommen.

Und unter all diesen Farben und Gerüchen, inmitten dieses Getümmels und Geschreis sahst du sie zum ersten Mal.

Eine junge Frau, hochgewachsen und hellhäutig, das glatte, schwarze Haar offen auf den Schultern, außer einem Teil, den ein Kamm hinter dem Kopf zusammenhielt. Sie trug ein Kleid aus grüner Seide, das in der Sonne glänzte und das Strahlen ihrer Augen von der gleichen Farbe noch unterstrich. Lebhafte, neugierige, ungeduldige Augen. Neben ihr stand ein schwarzer Kutscher, grauhaarig und von großem Wuchs, eine Peitsche in der Hand. Ihre Kutsche musste jener kleine Einspänner sein, der am Eingang der Mole wartete. All das nahmst du mit einem einzigen Blick wahr, Moro. Du besaßest die außergewöhnliche Sehkraft eines Wanderfalken – oder eines Wandermalers. Vor allem, was Frauen betraf, nicht wahr?

Doch was zum Teufel machte diese schöne, stolze junge Frau mitten im Gewühl der Männer auf der Mole, die nicht einmal die Huren des Hafens zu betreten wagten? Die Rufe des Hafenkapitäns, verstärkt durch ein großes, blechernes Sprachrohr, lenkten dich ab. Ihr solltet euch entfernen, schrie er euch zu. Er befahl euch, weiterzufahren und in Strandnähe zu ankern. Dort würden Männer mit Maultieren ins Wasser waten und euch beim Ausladen helfen. Das war zweifellos die gefährlichste Art, an Land zu gehen. Die Ruderer mussten sich dabei der Brandung nähern, und bei dieser kabbeligen See bestand die Gefahr, dass euer Boot an Land geworfen und kentern würde. Oder dass eine falsche Bewegung beim Entladen dazu führte, dass Ladung und Passagiere über Bord gingen.

Im Bug des Bootes stehend sahst du, wie die junge Frau in Grün reagierte, bevor irgendjemand von euch protestieren konnte. Aus vielleicht zehn Schritten Entfernung streckte sie dem Hafenkapitän ihren bis zum Ellenbogen behandschuhten Arm entgegen und forderte lautstark:

»Machen Sie Platz für dieses Boot!«

Das war ein klarer Befehl, erteilt im unanfechtbaren Ton von jemand, der es gewohnt ist, zu befehlen, und Gehorsam erwartet. Auf diesem Abschnitt der Mole kam die Geschäftigkeit zum Erliegen: All jene gestandenen Männer hörten auf dieses Weib. Wo warst du hier gelandet, Moro? Im Land der Amazonen, wo Frauen fochten und befahlen?

Die junge Frau schrie dem Hafenkapitän noch einmal ihren Befehl entgegen, diesmal beinahe wutentbrannt. Der stämmige, bärtige Mann zog sich aus Respekt oder vor Schreck angesichts solchen Zorns die speckige Mütze vom Kopf. Er schüttelte den Kopf und breitete ohnmächtig die Arme aus, den Trichter in der einen, die Mütze in der anderen Hand.

Wo auch immer du jetzt sein magst, Moro, nie wirst du vergessen, was du dann sahst. Die junge Frau entriss ihrem Kutscher die Peitsche, bahnte sich einen Weg zwischen den chinesischen und indianischen Hafenarbeitern, beugte sich über das Boot, das ihr am nächsten lag, und befahl dem Schiffer, der das Entladen einiger Ballen Wolle überwachte, die Leinen loszumachen und abzulegen. Der Mann, entschlossen, nicht zu weichen, protestierte auf Französisch mit italienischem Akzent. Es schien sich um einen Korsen zu handeln, mit einem harten, kantigen Gesicht wie eine geschlossene Faust.

Da ließ sie, ohne auch nur einen Moment zu zögern, von oben zweimal die Peitsche niedersausen, deren Knallen die kristallklare Luft zerriss. Der Seemann wich den Peitschenschlägen aus, indem er sich eilig bückte. Dabei war offensichtlich, dass die Peitsche ihn nicht treffen sollte; diese Frau wusste mit ihr umzugehen.

»Machen Sie nun Platz oder nicht?«, herrschte sie ihn an.

Dabei hob sie wieder die Peitsche, deren Riemen wie eine Schlange hin und her baumelte.

Die Zeit schien stillzustehen. Nur das Geschrei der Möwen war zu hören. Sogar die Brandung, ihr Tosen vom Unwetter noch stärker geworden, schien innezuhalten und abzuwarten.

»Femme de merde! Chilienne folle!«, stieß der Korse schließlich wütend hervor.

Dann wandte er sich zu seinen Matrosen um und befahl ihnen, das Boot loszumachen und abzulegen. Ein paar Minuten später hatten sie genügend Abstand gewonnen, damit die Ruderer deiner Barkasse anlegen konnten. Die Aktion war eines Obermaats oder eines Galeerenmeisters würdig gewesen. Wenn auf dieser Mole, so dachtest du, immer auf solche Weise kommandiert würde statt im lahmen Rhythmus des Hafenkapitäns, dann könnte die eben entstehende chilenische Republik ihren Handel in kürzester Zeit verdoppeln. Du bekamst sogar Lust, ihr Beifall zu klatschen, Moro.

Stattdessen setztest du dich wieder, während die Barkasse anlegte und vertäut wurde, schlugst deinen Skizzenblock noch einmal auf und fertigtest eine Kohlezeichnung von der Szene, die du eben gesehen hattest. Trotz des Seegangs, eher noch von seinem Auf und Ab unterstützt, gabst du mit drei, vier Strichen dieser Peitsche schwingenden Frau Gestalt, ihrer Silhouette, die sich hoch aufrichtete, als sie zum Hieb ausholte, dem wehenden Haar, den blitzenden Augen, den scharfen, entschlossenen Gesichtszügen. Du hattest ein natürliches Talent für solche Momentaufnahmen, Moro. Je unmittelbarer und schneller, umso lebendiger gelangen sie dir. Du verstandst es, der Zeit Stücke zu entreißen, sie vom Überflüssigen zu befreien, ihre Fluchtlinien festzuhalten.

Als du auf die Mole stiegst, sahst du sie schon davongehen. Du musstest ein wenig laufen und dabei den Stauern ausweichen, um sie noch zu erreichen. In der Eile und behindert von deinen Malutensilien fiel dir nichts Besseres ein, als sie bei der Schulter zu fassen, um sie zum Stehenbleiben zu bewegen. Die Frau zuckte zusammen, als hättest du sie mit einem Brandeisen berührt. Dann wandte sie sich um. Ihre Augen – von einem Smaragdgrün, das durch den Glanz des Kleides noch verstärkt wurde – musterten dich hochmütig von oben bis unten. Sie wirkte so überrascht, dass sie kein Wort herausbekam. Wenn sie noch die Peitsche in der Hand gehabt hätte, die jetzt wieder der Kutscher trug, sie hätte dir damit wohl einen Hieb versetzt.

Belustigt von solchem Stolz wichst du zurück und sagtest, außer Atem zwar, doch so höflich wie nur eben möglich:

»Señora, ich bin Ihnen auf ewig dankbar.«

Sie blinzelte verständnislos und runzelte die Brauen.

»Dankbar? Wofür denn, Caballero?«

»Dafür, dass Sie uns an der Mole Platz geschaffen haben. Ich wäre sonst sicher mit all meinen Bildern ins Wasser gefallen. Bitte nehmen Sie diese Zeichnung an, als Zeichen meines Danks.«

Ohne jede Gefühlsregung nahm sie die Skizze entgegen. Während sie diese musterte, errötete sie von ihrem langen Hals bis zur Stirn hinauf. Eine Woge Blut entfachte sie noch einmal. Du hattest die zornentflammte Schönheit eingefangen, derer sie fähig war, diese Peitsche schwingende Frau. Und sich so zu sehen, verwirrte sie. Du verspürtest Stolz. Da warst du erst ein paar Minuten in diesem Land und hattest schon solchen Eindruck gemacht. Sie jedoch bremste deinen Übermut:

»Das bin ich nicht«, sagte sie kalt, zerriss das Blatt und warf die Fetzen ins Wasser.

Natürlich war ich das nicht, Moro! Ich war weder so schön noch so wild wie du mich jenes erste Mal zeichnetest. Später haben wir, wenn wir uns daran erinnerten, oft darüber gestritten. Du bestandst darauf, dass ich tatsächlich die Peitsche gegen den Seemann erhoben hatte. Ich bestritt es, war mir sicher, dass du es erfunden und dieses Detail aufgetragen hattest wie eine weitere Lasur, ähnlich den anderen, die du so gern beim Malen benutztest: dünne Schichten Ölfarbe, mit denen du deinen Motiven eine geheimnisvolle Tiefe gabst. Genauso legte deine künstlerische Phantasie ohne jeden Skrupel Schichten der Einbildung über die Wirklichkeit. Das tatst du, um der Erfahrung mehr Dichte zu geben, wie du sagtest. Doch jetzt legen sich deine Lasuren auf mein Gedächtnis und verwirren mich. So viele Jahrzehnte nach unserer ersten Begegnung geraten meine Erinnerungen und deine künstlerische Phantasie durcheinander. Deine Bilder und begeisterten Schilderungen wir-

ken so wirklich wie das Leben, das wir gelebt haben. Oder sind sie noch wirklicher? Vielleicht erinnere ich mich besser an das, was du fühltest, als an das, was meine Augen sahen …

Du standst da und blicktest auf die Fetzen deiner Skizze, die im schmutzigen Wasser neben der Mole trieben. Und widersprachst:

»Señora, ich habe Sie so gezeichnet, wie ich Sie sah. Obwohl es natürlich nur ein flüchtiges Porträt war …«

Doch sie hörte dir gar nicht zu.

»Und damit Sie es wissen: Ich habe das andere Boot nicht wegen Ihrer dummen Bilder weggeschickt. Wofür halten Sie sich eigentlich? Es ging mir um meine Bücher, die mit demselben Schiff gekommen sind.«

Ihre lange, weiße Hand wies auf den schweren Sack, den ihr Kutscher über der Schulter trug.

Wie peinlich, Moro. Und du hattest gedacht, diese Amazone des Südens hätte fast einen Seemann ausgepeitscht, nur um dich zu retten, den fremden Künstler und seine unschätzbaren Werke. Du warst einfach unverbesserlich.

Jetzt war es an dir, rot zu werden:

»Ich habe wohl falsch verstanden …«

»Sehr falsch! Außerdem spricht man hierzulande keine fremden Damen an, ohne vorgestellt worden zu sein. Aus was für einem unzivilisierten Land kommen Sie eigentlich?«

»Aus vielen verschiedenen, Señora«, gestandst du betreten. »Aber geboren bin ich in Bayern.«

Du sahst, wie ein maliziöses Lächeln über ihr Gesicht glitt, dabei kräuselten sich ihre vollen Lippen nur eine Spur in den Winkeln ihres breiten Mundes. Fast hättest du die Ironie, die dich gleich darauf wie ein Peitschenschlag traf, mit Sympathie verwechselt:

»Wir sind hier nicht am Ende der Welt, mein Herr.«

Das sagte sie in fehlerfreiem Deutsch, um dich erst recht zu verwirren. Und dich in Staunen zu versetzen!

Dann wandte die Frau dir den Rücken zu und verließ die Mole. Zwei Zollbeamte erwiesen ihr die Reverenz, ohne den Sack, den der Kutscher trug, auch nur eines Blickes zu würdigen. Dieser bahnte seiner Herrin mit dem Peitschenstiel eine Gasse. Die Männer wichen gehorsam zur Seite, machten respektvoll Platz.

II

1854

AN EINEM SOMMERNACHMITTAG – zwanzig Jahre nach jener Landung in Chile – läutetest du die Türglocke am Haus von Charles Darwin. Eine Mietdroschke hatte dich von der kleinen Bahnstation Sydenham nach Downe gebracht. Acht Meilen die sanften, grünen Hügel der Grafschaft Kent hinauf und hinunter, die von niedrigen Steinmäuerchen durchzogen waren. Schafherden blökten auf einigen der Wiesen, die sich mit Haselnusshainen, Kirschplantagen und Hopfenfeldern abwechselten. Obwohl es Mitte Juli war, leuchtete das Gras, von Feuchtigkeit gesättigt, tiefgrün. In der Ferne wies eine Rauchsäule, die sich gegen ein Nussbaumwäldchen abhob, auf ein Gehöft hin, bevor sie sich im bedeckten Himmel verlor, über den große, bleigraue Wolken zogen.

Zu anderen Zeiten hättest du ohne zu zögern deinen Skizzenblock hervorgezogen und diese Landschaft gezeichnet. Doch inzwischen verspürtest du nicht mehr den Wunsch, das flüchtige Äußere der Welt festzuhalten, Moro. Du warst kein Maler mehr. Du warst es gewesen. Jetzt verglichst du unvermeidlich diese sanften englischen Hügel, diese Felder, mit den Anden und ihrem ewigen Schnee, der unter südlicher Sonne funkelte: den trockenen, lichtdurchfluteten Sommern des Zentraltals von Chile. Beim Gedanken daran kam es dir vor, als läge dies alles nicht auf der anderen Seite dieser Welt, sondern in einer ganz anderen Welt. Wie deine Berufung oder wie die Liebe.

Das efeubewachsene, dreistöckige weiße Haus sah gleichzeitig großzügig und bescheiden aus. Es wirkte wie das Heim eines wohlhabenden Bauern. Oder besser gesagt wie dasjenige des Landpfarrers, der der junge Darwin zu sein träumte, als du ihn dort in der Ferne kennenlerntest, zwanzig Jahre zuvor.

Ein gebeugter Butler mit schlaff herabhängenden Wangen öffnete dir die Tür. Er nahm deinen Mantel und deinen Hut mit herzlichen Begrüßungsformeln entgegen, die du dir gar nicht erklären konntest. Du verstandst gerade so, dass sein Name Parslow war und »The Master« seiner Arbeit nachging. Er hatte darum gebeten, dich in sein Arbeitszimmer zu bringen, sobald du ankämst.

Während Parslow deine Garderobe an einen Haken gegenüber der Treppe hängte, sahst du, wie ein paar Kinder die Stufen auf einem Brett herunterkamen, das so schnell rutschte wie ein Schlitten. Die Gören, das blonde Haar ganz durcheinander, juchzten laut vor Vergnügen, und der Treppenläufer zeigte, so ausgefranst, wie er an den Kanten der Treppenstufen war, dass sie dies hier nicht zum ersten Mal taten. Du konntest knapp deine Knöchel vor dem Angriff in Sicherheit bringen, da rannten die beiden Knaben auch schon, ohne dich auch nur eines Blickes zu würdigen, in Richtung Garten davon.

Der Butler schalt sie, doch mit einer solchen Zurückhaltung, dass es eher wie eine Ermunterung klang. Wenn dies die viktorianische Disziplin sein sollte … Nachdem er dich einen kurzen Gang entlang geführt hatte, klopfte Parslow an eine Tür und brachte dich, ohne eine Aufforderung abzuwarten, ins Arbeitszimmer des Naturforschers. Es handelte sich um einen großen, schlicht eingerichteten Raum, in dem jeder Gegenstand die intensive Arbeit seines Besitzers erkennen ließ. Die Aktenschränke, die Regale voller Bücher und der von aufgeschlagenen Heften bedeckte Schreibtisch umstanden einen runden Tisch in der Nähe des Fensters, der die Funktion eines Labors erfüllte. Ein Mann, zu groß für den Hocker mit Rollen, auf dem er saß, kehrte dir den Rücken zu und beugte sich über ein Mikroskop. Er reagierte nicht sofort, doch als er es tat, kam er rasch auf dich zu und wischte sich dabei die Finger mit einem Taschentuch ab. Er trug eine ziemlich fleckige Schürze und hielt dir die Hand auf die englische Weise entgegen, halb von der Seite und mit ausgestrecktem Arm, um die Distanz zu wahren.

»Rugendas«, sagte er, leicht keuchend. »Endlich. Willkommen.«

Hierin zumindest hatte er sich nicht verändert. Die steifen Manieren, die seine angeborene Freundlichkeit verdeckten, waren noch dieselben. In allem anderen schien Darwin eine andere Person als der junge Mann, den du fünfundzwanzig Jahre zuvor in Valparaíso kennengelernt hattest. Der gebeugte Rücken hatte seine hohe Gestalt ein wenig schrumpfen lassen. Die fast vollständige Glatze entblößte das Ekzem, das ihm die Haut vom Schädel fraß. Die zerfurchte Stirn saß auf buschigen Brauen, die seine kleinen, arglosen blauen Augen noch tiefer in ihre Höhlen sinken ließen. Die dicken, braunen Koteletten waren das einzig Energische in seinem Gesicht. Doch selbst diese glichen eher Heubüscheln, die die blutleeren Wangen nur schlecht zu tragen vermochten. Du tadeltest dich dafür, dass du, als du dich mit ihm verglichst, insgeheim froh warst, viel besser gealtert zu sein. Jeder andere hätte ihn für deinen Vater halten können. Und dabei war er gerade erst fünfundvierzig Jahre alt, sieben weniger als du.

»Es wurde Zeit, dass wir uns wiedersehen, Wunderknabe«, sagtest du und benutztest wieder den Spitznamen von früher, während du ihm auf die Schulter klopftest.

Beides, das Schulterklopfen und der Spitzname, störten ihn,

wie du wusstest. Doch fiel dir nichts Besseres ein, um den Schreck zu überspielen, den dir sein gealtertes Aussehen eingejagt hatte. Allerdings konntest du wegen des Fäulnisgeruchs, der in der abgestandenen Luft dieses Arbeitszimmers und Laboratoriums waberte und beinahe mit den Händen zu greifen war, ein Naserümpfen nicht unterdrücken. Du fürchtetest schon, er könne von deinem Freund ausgehen, als dein Blick auf die Präparate fiel, die der Forscher gerade sezierte, als du hereinkamst. Mehrere gläserne Behälter auf dem runden Tisch in der Nähe des Fensters enthielten weißliche, röhrenförmige Muscheln, die winzigen Vulkanen ähnelten, aus deren sechseckigen Kratern ein doppelter Stachel ragte. Einige der Bewohner dieser Muscheln waren aus ihren Behausungen gezogen und seziert worden; auf den Glasplatten unter dem Mikroskop gingen sie jetzt rasch in Fäulnis über.

»Sagen Sie mir bloß nicht, dass Sie immer noch dieses Viech erforschen …«

»Den Austromegabalanus psittacus«, korrigierte er dich erfreut und legte los: »Ja, seit acht Jahren beschäftige ich mich nun schon mit dieser Riesenentenmuschel aus Chile. Mit ihrer ganzen Gattung, den ausgestorbenen und den lebenden Arten. Schauen Sie nur dieses hier.« Er wies auf ein winziges Krustentier auf einem Glasplättchen. »Die hab ich in Chiloé entdeckt. Das sind Weibchen, an denen ein ganz kleines Männchen klebt. Ein männlicher Fortsatz, der nur aus einem Samensäckchen mit einem Auge besteht. Doch genau wie der Austromegabalanus psittacus, so besitzt auch dieses Männchen einen riesigen eingerollten Penis …«

Und auch hierin hatte er sich nicht geändert: Seine fanatische Gelehrtheit glich auch jetzt noch der perversen Art, mit der ein Besessener das Objekt seiner Obsession vorführt. In deiner

Erinnerung suchtest du nach dem chilenischen Ausdruck für diesen kleinen Vulkan aus Muschelkalk, den man dort als köstliche Meeresfrucht verzehrte … Picoroco, genau! Acht Jahre lang studierte Darwin nun schon diese Picorocos! Oder vielleicht auch zwanzig. Denn an jenem Tag, als Carmen und du Darwin an Bord der »Beagle« kennenlerntet, die vor Valparaíso ankerte, da zeigte euch ein kräftiger, blonder junger Mann ein paar Häufchen weißer Masse, die so ähnlich aussahen. Damals war Darwin so naiv – oder so geschmacklos – gewesen, ihr zu erklären, diese Riesenmuschel besitze den längsten Penis des Tierreichs, im Verhältnis gesehen. Und welch hinterhältige Verwendung hatte Carmen später für diese Information gefunden!

Das ist schlicht gelogen, Moro! Sogar jetzt, wo du tot bist – wenn du denn wirklich tot bist –, musst du mich noch zur Weißglut bringen … Du schriebst dieses reine Produkt deiner Phantasie im letzten Brief, den ich von dir aus Deutschland erhielt und in dem du mir nicht nur die letzten Jahre deines Lebens erzähltest, sondern auch von deinem Wiedersehen mit Darwin berichtetest. Aber es stimmt nicht. Ich fand keine »Verwendung« für den Picorocopenis. Nun gut, wenn ich drüber nachdenke, erwähnte ich ihn vielleicht irgendwann einmal und stellte Vergleiche an … um euch zu ärgern. Ich benutzte einfach die Waffe, die ihr mir in die Hand gabt. Das wirst du mir doch nicht etwa vorwerfen wollen?

Zwei Jahrzehnte später wohnte jener Wunderknabe immer noch in diesem früh gealterten Mann, der dir lebhaft von demselben chilenischen Tierchen erzählte, bis er in deinem skeptischen Gesicht las, wie viel Zeit vergangen war. Sein Lächeln verschwand, erdrückt von seinen schlaffen Wangen oder der Last der Jahre. Hattest du ihn mit deiner Gleichgültigkeit gegenüber seiner Arbeit etwa beleidigt? Es entstand ein Schweigen, das du nicht zu füllen vermochtest. Genauso wenig wie er. Ihr schient das zu sein, was ihr wart: zwei Freunde, die einen kurzen, doch intensiven Moment ihrer Jugend geteilt hatten. Und die sich dann für lange Zeit nicht gesehen haben. So lange Zeit, dass es unmöglich geworden ist, sie kurz zusammenzufassen, und man besser schweigt.

In diese Stille hinein erschallte das Fußgetrappel weiterer Kinder, die nun die Treppe hinunterkamen. Lärmend stürzten sie nach draußen, um sich im Garten vor dem Haus zu den zwei anderen zu gesellen.

»Das ist jetzt ihre Pausenzeit. Sie werden hier zu Hause unterrichtet«, erklärte dir Darwin und lächelte wieder.

Plötzlich sahst du, wie er sich krümmte, seine Lippen nach vorn stülpte und den Hals vorstreckte, während sein Adamsapfel wild auf- und abzuckte. Du erinnertest dich an seine Panikanfälle damals in den Hochanden; fürchtetest, nur gekommen zu sein, um wieder eine davon zu erleben.

Der Forscher beruhigte dich mit beschwichtigenden Handbewegungen, während er sich mit der anderen den Mund zuhielt. Er ging rasch um den Schreibtisch herum und verschwand hinter einem Vorhang aus rotem Samt in einer Ecke des Raums. Du hörtest, wie er würgte und wie Flüssigkeit in ein metallenes Gefäß fiel, dann einen langen Seufzer der Erleichterung.

Eine Minute später erschien er wieder und trocknete sich die Lippen mit einem Handtuch.

»Entschuldigen Sie bitte. Machen Sie sich keine Sorgen. Ich muss mich zwei bis drei Mal am Tag übergeben, seit Jahren schon. Kein Arzt hat den Grund herausfinden oder ein Mittel dagegen nennen können.«

Er sagte dies ganz natürlich, obwohl es gestellt wirkte, so als wolle er weitere Fragen vermeiden. Und du stelltest auch keine.

Dann öffnete er ein Fenster, um das Zimmer zu lüften. Das Geschrei der draußen spielenden Kinder drang herein, und die schrille Stimme einer Frau, die sie mit der verzweifelten Autorität einer Mutter vieler Kinder rief. Der Forscher bot dir seinen Lesesessel an, und du versankst im zerschlissenen Leder. Auf dem Pult lag aufgeschlagen ein Notizbuch, vollgekritzelt mit jenen fliegenbeinartigen, stenographieähnlichen Zeichen, an die du dich noch gut erinnertest. Er setzte sich auf seinen Drehhocker und wies in den Vorgarten hinaus, den er von hier aus mit einem Spiegel überwachen konnte, der außerhalb des Fensters strategisch angebracht war.

»Ich seziere nicht nur Rankenfußkrebse. Ich habe zehn Kinder gezeugt und mehrere Bücher veröffentlicht …«, nahm er seine alte Angewohnheit wieder auf, sich vor dir zu rechtfertigen.

»Ich habe das Tagebuch Ihrer Reise mit der ›Beagle‹ gelesen«, ließest du ihn wissen. »Es hat mir gut gefallen.«

Er warf dir einen versteckten Blick zu. Du hattest fast den Eindruck, als werde die ungesunde Röte seines vom Ekzem schuppigen Schädels bleicher, so als habe er befürchtet, dass du genau das sagen würdest. Er war weltberühmt geworden mit diesem Buch, nicht nur in der Welt der Wissenschaft, sondern auch unter den gewöhnlichen Lesern, die nach exotischen Geschichten lechzten, aber dennoch verursachte es ihm ein Gefühl der Scham, dass du es gelesen hattest. Er war zu ehrlich, um es zu verleugnen:

»Es hat Ihnen gefallen, trotz der Dinge, die ich ausgelassen habe?«

Das war eine wunderbare Gelegenheit, um ihn zu quälen, und du stelltest – überrascht – fest, dass du sie nicht ungenutzt verstreichen lassen würdest. Auch wenn du dir den ganzen Weg von Augsburg hierher über gesagt hattest, du würdest einen alten Freund wiedersehen, flammte jetzt doch ein Funke eurer alten Rivalität auf. Ironisch antwortetest du:

»Na ja, Sie haben ja nur ein paar Kleinigkeiten ausgelassen: Ehebruch, Drogenmissbrauch, Kannibalismus …«

III

Herzstolpern

ZWANZIG JAHRE VORHER, gerade in Chile angekommen, erwachtest du verliebt. Ja, so war es, Moro. Es war schon nach Mittag, als du in diesem Zimmer voller Stockflecken in der zweiten Etage des »Englischen Gasthofs« in Valparaíso zögernd die Augen öffnetest. Du fühltest dich landkrank, dein Körper noch gefangen im zwölfstündigen Schlaf, mit dem du diese Woche zu überwinden suchtest, die du durch stürmische See gesegelt warst, Nächte, in denen du fast nicht schliefst bei der Vorstellung, ertrinken zu müssen. Und das Erste, was du dir selbst sagtest, sogar noch bevor du dir, wie üblich, einen einsamen Guten Morgen wünschtest, war dies: Ich bin verliebt.

Du wälztest dich im Bett umher. Du hattest es verpatzt! Da warst du so weit gereist, um vor deinen toten Liebesaffären zu fliehen, und kaum gingst du in diesem entlegenen Hafen an Land, da gabst du »der Anderen« schon Gelegenheit, dich zu finden. Vielleicht war es deshalb, weil du – tatsächlich – nicht ans »Ende der Welt« gelangt warst, wie es dir jene Unbekannte in deiner eigenen Sprache gesagt hatte, kaum dass du den Landungssteg betreten hattest. Sie konnte nicht wissen, vor wem du flohst; doch hatte sie ein anderes deiner Vorhaben richtig erkannt. Du kamst auch auf der Suche nach diesem unerreichbaren Ort: ein Ende der Welt … Kein Punkt ist das Ende oder der Anfang der Welt, weil der Planet eine Kugel ist, das war dir klar. Doch hinderte dich das nicht, den

Ort finden zu wollen, der deiner Heimat am entferntesten war. Denn nur dort konntest du wirklich du selbst sein. Das hattest du schon in Brasilien, in Mexiko und anderen entlegenen Gegenden erfahren: Je weiter du dich entferntest, je mehr du ein Fremder warst, umso mehr befreitest du dich von Konventionen und konntest deine Talente entfalten. In Europa banden dich die Ketten deiner Abstammung aus einer angesehenen Familie von Malern, hielten dich deine nationale Herkunft und deine Erziehung gefangen. In Amerika jedoch wuchs deine Freiheit mit derselben Geschwindigkeit wie die Entfernung: Je weiter fort, umso mehr Künstler konntest du sein. Und diese Unbekannte hatte das alles erahnt, kaum dass sie dich sah, und es in einem einzigen Satz zusammengefasst. Als könne sie dir ins Herz schauen …

Nein: Es konnte, es durfte nicht sein, Moro. Du vergrubst den Kopf unter dem Kissen, um der gleißenden Mittagssonne zu entgehen, deren Licht durch die schmutzigen Perkalvorhänge fiel. Du beschlossest, die Prüfung des aussetzenden Herzschlags zu machen.

Das war ein unfehlbarer Liebesdetektor, den du selbst erfunden hattest. Wenn beim Wiedersehen mit einer Frau, die dir sehr gefallen hatte, dein Herz für einen Schlag aussetzte, wenn es einen Satz tat, dann bedeutete dies, dass du erledigt warst. Als reisender Maler und Liebhaber hattest du oft die Zuverlässigkeit dieser Methode erfahren und überprüfen können. (Es wurde schon gesagt, dass du abergläubisch warst und von der Wissenschaft nichts hieltst.) Wenn dein Herzmuskel in IHRER Gegenwart für eine tausendstel Sekunde stehenblieb, dann zeigte dir dieser verlorene Herzschlag, dass du dort, genau an diesem Ort, bleiben musstest. Zumindest eine Zeit lang. Um ihr den Hof zu machen, sie zu verführen und zu besitzen. Das sagte dir dein Herz, das stehenbleiben wollte, als du sie sahst.

Du legtest dir die Hand auf die Brust, unter die linke Brustwarze. Schlossest die Lider und riefst dir die Unbekannte vom Vortag auf dem Landungssteg vor Augen. Diese grün lodernde Fackel mit der erhobenen Peitsche … Deine visuelle Erinnerung war so genau, als sähst du sie tatsächlich von Neuem. Und sie so sehend, mit geschlossenen Augen, machtest du die Probe.

Und dein Herz setzte nicht nur einmal aus, Moro. Oh nein! Es setzte gleich ein paar Mal aus!

Du sprangst aus dem Bett. Trotz der »Anderen«, trotz deiner früheren Enttäuschungen musstest du diese chilenische Furie finden. Du warst keiner von diesen Männern, die einfach abwarten, bis die Liebestollheit vorbei ist. Nach knapper Morgenwäsche in der Waschschüssel stiegst du in die Gaststube hinunter. Sie war leer, bis auf die Wirtin, die dabei war, die Tische zu schrubben, von denen sie dir einen anbot, eine stämmige Kreolin mit dem Aussehen einer Andalusierin, die sang, während sie arbeitete: »Mir entflog ein Vögelein / doch macht es nichts, es war so klein.« Dabei sah sie dich verstohlen lächelnd aus den Augenwinkeln an und ließ dich ihre mächtigen Brüste bewundern, dann ihren Hintersteven, der, wenn sie sich zum Schrubben über die Tische beugte, im Takt hin- und herwogte. Draußen vor dem Haus döste ihr englischer Ehemann auf einem Stuhl in der Sonne.

»Was kann ich Ihnen anbieten, mein Söhnchen?«, fragte sie dich, die Arme in die Hüften gestemmt; man konnte hören, dass das Angebot auch sie selbst einschloss.

Du hattest einen Bärenhunger und verschlangst gierig die aufgewärmten Bohnen und das in der Asche gebackene Brot, etwas anderes gab es nicht. Der Wein war gut: schwer, fast schwarz, nach Erde duftend. Die Wirtin hatte sich an den Nebentisch gesetzt, um dir beim Essen zuzuschauen und dich mit den Augen zu verschlingen. Das war deine Gelegenheit, und du nutztest sie. Sie ließ sich nicht lange bitten; sicher redete ihr verschlafener Ehemann auch nicht gerade viel mit ihr. Natürlich kannte sie die Frau in Grün. Wer kannte sie nicht in Valparaíso, war sie doch eine der Damen der Gesellschaft. Carmen Lisperguer de Gutiérrez. Einzige Tochter eines patriotischen Hacienda-Besitzers. Verheiratet mit einem Militär, einem Helden der Unabhängigkeitskriege, »viel älter als sie selbst«.

»Sie mag so um die siebenundzwanzig sein, denke ich. Hübsch, nicht wahr?«, fragte die Wirtin verschlagen und kniff dabei ihre großen schwarzen Augen zusammen. Doch ließ sie dich gar nicht erst antworten. Indem sie sich zu dir herüberbeugte, sodass du tief im Ausschnitt ihren großen Busen bewundern und den Petersilienduft riechen konntest, der von dort hervorströmte, flüsterte sie, ja, sie sei wirklich hübsch, aber auch »seltsam«. Zwar habe sie einen Mann, sei aber oft allein. Und launisch. Und ziemlich gottlos. Ginge nie in die Kirche. Spräche mit den deutschen, französischen und englischen Kaufleuten in deren Sprachen.

»Sogar meinen Mann spricht sie in seiner Sprache an, stellen Sie sich vor.«

Und schlimmer noch, fügte die Wirtin hinzu: Man munkelte, sie läse auch in all diesen Sprachen. Nicht nur Romane. Sie läse »Männerbücher«: Philosophie und solche Sachen. Fast jedes Schiff brächte für sie geheimnisvolle Ware; außer Kleidern aus Paris, bunt und tief ausgeschnitten, die sie zur Empörung des Bischofs trug. Wolltest du wissen, was sie vor ein paar Monaten bekommen hatte …? Ein riesiges Fernrohr! Du glaubtest das nicht? Na, du könntest es aber leicht an einem dieser Abende aus einem Fenster ihres Hauses ragen sehen, wie ein Kanonenrohr … Die Wirtin sah zur Tür, um sich zu vergewissern, dass niemand sie hörte oder sah, und kam noch ein Stückchen näher, um dir ein Geheimnis anzuvertrauen: Es hieß, sie sei eine Hexe. Mit diesem riesigen Fernrohr beobachte sie den Teufel, und der mache ihr vom Mond aus Zeichen.

»Das sage natürlich nicht ich«, versicherte die Wirtin und wich wieder ein Stück zurück. »Die dummen Leute sagen so was.«

Aber was sollten sie denn auch denken, wenn die, die es wissen mussten, bestätigten, dass Carmen die Urur- oder Urururenkelin der Quintrala war, der herrschsüchtigen Tyrannin, der Hexe von La Ligua … Hattest du schon einmal von ihr gehört?

Bei der ersten Gelegenheit, die sich dir bot, warfst du eine scheinbar unschuldige Frage in diesen Wasserfall von Klatsch und Tratsch: Kündigte man in Chile seinen Hausbesuch an? Oder gab es bestimmte Besuchszeiten? Die Wirtin musterte dich nachsichtig. Wie vielen Fremden wie dir hatte sie wohl schon Manieren oder etwas mehr beigebracht? In Chile wurden Besuche nicht angekündigt. Man ging und klopfte zu jeder Tageszeit an die Tür. Wenn der Hausherr einen nicht empfangen wollte, versteckte er sich einfach oder ließ ausrichten, er sei »auf seinem Landsitz«.

»Verstehe«, sagtest du nur, putztest dir den Mund ab und standst auf. Die Wirtin war schlau. Spöttisch schüttelte sie den Kopf. Ihr Lächeln sagte: Sie wissen nicht, worauf Sie sich einlassen, mein Söhnchen.

Schnell liefst du die Treppe zu deinem Zimmer hinauf. Wenn die Prüfung des aussetzenden Herzschlags dich nicht schon vorher überzeugt hätte, dann hätte das, was du gerade gehört hattest, es sicherlich getan. Du musstest diese Frau wiedersehen, Moro. Und zwar sofort.

* * *

Die Tür ging auf einen schmalen Sandweg hinaus, der am Strand entlang führte. Mit dunkelblau gestrichenem Blech verkleidet und von der salzigen Seeluft zerfressen, schien sie kaum der angemessene Zugang zum Haus einer großen Dame zu sein. Doch du konntest dich nicht geirrt haben. Die Wirtin hatte gesagt, es sei das seltsamste Haus in einer Stadt voller verrückter Gebäude. Und zweifellos war dieses das Merkwürdigste von allen, die du im Labyrinth der Gassen gesehen hattest, das, im Auf und Ab myrthengesäumter Täler, die komplizierte Hügellandschaft des Hafens bedeckte.

Das Haus stand auf einem Felsvorsprung, der die Bucht in zwei Hälften teilte und weit ins Meer hinausragte. Bald solltest du erfahren, dass es schon ein sonderbares Gebäude gewesen war, bevor Carmen es kaufte. Ein geiziger Katalane hatte es gebaut, ausschließlich mit Materialien, die von untergegangenen Schiffen stammten. Sie jedoch hatte es erst zu dieser hoch auf den Felsen gestrandeten Galeone gemacht und ihr ein Vorschiff angefügt, das von unten gut zu erkennen war. An stürmischen Tagen mussten sich die Wellen bis zu den Fenstern auftürmen. Jetzt, wo Ebbe herrschte, konntest du das Haus vom Strand her umrunden, bis du endlich an einer Seite die kleine Tür gefunden hattest.

Du zogst am Griff einer Kette und hörtest, wie weit entfernt eine Glocke läutete. Hoch über dir bewegten sich die Vorhänge vor einem Bullauge, doch ließ der Spitzenstoff nicht erraten, wer dich von dort oben ausspähte. Ein langer Moment verstrich, bevor dir der großgewachsene schwarze, grauhaarige Kutscher, der Carmen am Tag zuvor am Landungssteg begleitet hatte, die Tür öffnete. Dabei zog er sich noch die Jacke seiner Livree glatt, die ihm an den Schultern ein wenig zu eng war. Du fragtest ihn, ob du die Señora sprechen könntest, und überreichtest ihm deine Visitenkarte. Der Mann, ein ehemaliger Sklave und sicher

Analphabet, schaute auf das Stück Karton in seiner gelblichen Handfläche und schien nicht zu verstehen.

»Psst, Ambrosio! Ambrosio, puh, lass ihn schon heraufkommen«, zischte von oben herab eine Stimme.

Der Diener ließ dich eintreten. Du stiegst eine steile, knarrende Treppe hinauf, die hinter einer Holzfassade verlief, deren einziger Zweck es war, die Treppe und die Felswand dahinter zu verbergen. Durch ein staubblindes, vergittertes Fensterchen fiel Licht herein. Wo zum Teufel warst du hier hingelangt?

Außerdem fürchtetest du, deinen besten Anzug schmutzig zu machen – deinen einzigen guten Anzug. Du trugst Stiefel aus Ziegenleder, graue Handschuhe und einen Frack aus blauem Samt, passend dazu einen Zylinderhut, den du dir in Rom hattest anfertigen lassen, jenes einzige Mal in deinem Leben – nach der Brasilienreise und der Veröffentlichung des Buches mit deinen Illustrationen in Frankreich –, dass du über genügend Geld verfügtest. Ein Aufzug, der schon von Weitem deine Verführungsabsichten verriet! Zu Recht kamst du dir lächerlich vor. Zu Recht flohst du vor der Liebe, wo du doch schon beim ersten Anzeichen ihrer Nähe zu ihrem Hofnarr und Sklaven wurdest.

Dein Frack war himmelblau verwaschen, Moro. Vielleicht war er blau gewesen, als du ihn kauftest. Jetzt war er so verblichen und zerknittert, dass er die Eleganz zunichte machte, die du vorzugeben suchtest. Doch lassen wir ihn einfach blau und elegant. Dies soll eine weitere deiner »Lasuren« sein. Und weil du dich selbst als ein Maler der Sinnlichkeit – nicht der Wirklichkeit – zu definieren pflegtest, muss auch diese Erzählung so sein, um dir gerecht zu werden. Ich werde nicht erzählen, was du erlebtest, ich werde versuchen, mir vorzustellen, was du empfandst.

Die Treppe mündete an ihrer Spitze in eine Schiffsluke, durch die man in das Stockwerk darüber gelangte. Du stiegst hindurch. Ambrosio erschien ächzend hinter dir und schloss die Luke. Eine hübsche, junge Indiofrau, den dicken, mit einem weißen Band gehaltenen Zopf über der Schulter, musterte dich schamlos, als müsse sie ein Lachen unterdrücken, bevor sie dich in einen Salon bat und hinter dir die Tür schloss.

Deshalb nennt man sie Hexe, dachtest du, als du einen Blick in die Runde warfst. Neben den wenigen Möbeln im Kolonialstil ähnlich denen, die du in so vielen kreolischen Salons in Mexiko, Ecuador oder Peru gesehen hattest – eine Kommode, einen geschnitzten Tisch, mit geprägtem Leder bezogene Sessel, ein glutgefülltes Kohlebecken voller Glut –, fandst du ein Sammelsurium sehenswerter Ausstellungsstücke, das denen, die du aus Europa kanntest, in nichts nachstand. In Regalen, auf Podesten oder direkt am Boden stand ein erstaunliches Dutzend ausgestopfter Tiere, einschließlich eines brüllenden Pumas (der, aus anderem Winkel betrachtet, aussah, als lache er schallend) und eines Kondors mit ausgebreiteten Schwingen. Eine Glasvitrine enthielt eine bescheidene, doch interessante Sammlung geologischer Fundstücke und Fossilien: eingerollte Trilobiten, den Panzer eines Kopffüßers, in Sedimentgestein gebettet. Mit Nadeln auf eine Korkplatte geheftet sahst du eine Tarantula, einen riesigen Käfer, einen Skorpion …

Du fingst an zu fürchten, diese Frau könne tatsächlich eine Hexe sein. Nicht wahr, das fürchtetest du doch, abergläubischer Moro? Circe! Du warst im Palast von Circe, der Meerjungfrau und Göttin, gelandet, der mächtigen Zauberin, die den tapferen Odysseus ein ganzes Jahr lang bei sich behielt. Würde sie dir jenen Zaubertrank geben, der dich den Wunsch, nach Hause zu reisen, vergessen ließ?

Jetzt phantasiertest du schon. Nein, die Erklärung musste viel einfacher sein. Dies war wohl das Arbeitszimmer ihres Ehemanns, sicher ein gebildeter Lateinamerikaner, der die französischen Enzyklopädisten bewunderte; mehr als einen hattest du schon getroffen. Vielleicht gehörte ihm das Teleskop, und sie nutzte es nur ab und zu. Deshalb tuschelten die Leute: Das waren seltsame Beschäftigungen für eine Dame.

Die umfangreiche Bibliothek jedoch, die mehr als hundert Bände umfasste, gehörte sicher ihr. Das verriet die Art und Weise, wie sie gestern auf dem Landungssteg ihre Bücher in Empfang genommen hatte. Der Jutesack, der die Bücher enthielt, lag offen auf einem großen Schreibtisch. Du wolltest dir schon genauer seinen Inhalt ansehen, als du auf der Schreibtischunterlage ein zur Hälfte beschriebenes Blatt Papier entdecktest. Die Schrift sah sehr gleichmäßig, unzweifelhaft weiblich aus, und die Tinte glänzte noch frisch, so als habe deine Ankunft die Schreiberin mitten im Satz unterbrochen. Du lasest:

»... Die großen Lieben müssen – genau wie die Helden – jung sterben. Sonst verlieren sie ihre Kraft. Die beste Art und Weise, eine Romanze unsterblich zu machen, ist, sie zu töten. Oder vielleicht, sie unvollständig zu lassen. In der Schwebe ...«

Was sollte das sein? Ein Aufsatz? Ein Roman? Der Teil eines Briefs? Jedenfalls waren es melancholische Gedanken, die dir nur schwer zum Bild dieser zornigen Frau zu passen schienen – einmal vorausgesetzt, sie hatte dies geschrieben. Du warst versucht, die anderen Blätter umzudrehen, die mit der Schrift nach unten neben dem Tintenfass lagen, eine seltsame Scheu ließ dich jedoch zögern. Aber gleich darauf lenkte etwas anderes dich ab.

Du tratst ans Fenster, um herauszufinden, was deine Aufmerksamkeit angezogen hatte. Zuerst dachtest du, es sei nur der herrliche Ausblick auf die Bucht. Die Wintersonne senkte sich sehr weit im Norden. Es war fünf Uhr nachmittags, und sie war schon fast am Horizont angelangt. In ihrem schräg fallenden Licht glänzte das Hufeisen der Bucht in starkem Kontrast. Du schautest auf die Segelschiffe, die auf einem Meer ankerten, dessen Blau fast bleiern wirkte; die schwarzen Felsen der Küste, vom Guano grau überzogen, und die Schaumbärte, die sie umrahmten; die grünen und ockerfarbenen Hügel, an denen hier und da Fensterglas aufblitzte; ein kleiner Fluss, der sich aus einem dicht bewachsenen kleinen Tal auf den Strand und ins Meer ergoss; die Ruinen der San-Antonio-Festung, von den Wellen umspült.

Nein, es war nichts von all dem, was deine Aufmerksamkeit erregt hatte. Da fiel dein Blick auf das stattliche, verchromte Teleskop, das auf seinem Stativ vor dem Fenster des Arbeitszimmers stand. Sein goldfarbenes Rohr war nicht nach oben gerichtet, zum Himmel hin, der sich durch das große Schiebefenster trefflich erforschen ließ. Du zogst am Flaschenzug, öffnetest das Fenster ein Stückchen und beugtest dich hinter das Teleskop. Justiertest ein wenig die Linse …

Und fandst im Kreis des Objektivs dein Schiff. Den zerlumpten Segler mit den geknickten Masten, auf dem du am Tag zuvor angekommen warst. Die Mannschaft war dabei, die vom Sturm zerfetzten Segel zu flicken. Die Zimmerleute ersetzten zerbrochene Mastkreuze und schienten die Masten mit Eisenmanschetten. Du konntest sogar klar den peruanischen Kapitän erkennen, wie er vom Heck aus, die Pfeife rauchend, seine Anweisungen gab.

Du lächeltest triumphierend. Das hieß, dass sie dich hatte sehen können, wie du zeichnend im Boot standst, während du langsam in den Hafen einliefst (mit der Zärtlichkeit eines verliebten Mannes, der in die geliebte Frau eindringt). Vielleicht hatte sie das Teleskop sogar genau auf dich gerichtet, dich aufmerksam gemustert. Als sie dann auf dem Landungssteg so tat, als kenne sie dich nicht, da hatte sie das nur vorgetäuscht …

»Ja, ich habe die Ankunft beobachtet.«

Überrascht fuhrst du herum. Dein Herz tat einen Sprung, allerdings aus anderen Gründen als denen deines Liebesdetektors. Du hattest sie nicht eintreten und näherkommen gehört. Doch da stand sie nun, kaum einen Meter von dir entfernt. Carmen. Und zeigte dasselbe herausfordernde Lächeln wie tags zuvor. Heute trug sie ein einfaches Kleid aus hellgrauer Wolle mit spitzenbesetzten Ärmeln. Der Ausschnitt, der den Bischof von Valparaíso so sehr empörte, kam dir zwar großzügig, aber doch diskret vor. Die Sonne, die durch den rechten oberen Teil des Fensters hereinzufallen begann, verlieh ihrem Profil eine goldene Aura. Das schwarze Haar trug sie zu einem Knoten gebunden, was ihren langen Hals noch besser zur Geltung brachte, an dem sich leicht bläulich die Adern abzeichneten. Am liebsten hättest du sie berührt.

Und wieder herausfordernd fügte Carmen hinzu: »Seit dem Sonnenaufgang habe ich den Horizont abgesucht, weil ich die Ankunft erwartete.«

»Meine Ankunft? Sie haben mich erwartet?« Bevor du dich beherrschen konntest, platzte die Frage aus dir heraus, noch dazu schlecht ausgesprochen. Zwar war dein Spanisch hervorragend, doch wenn du nervös wurdest, konntest du ins Stolpern geraten, es mit Französisch verwechseln oder die R noch mehr verunstalten, die du auch nach drei Jahren Mexiko noch nicht beherrschtest. Und jetzt warst du wirklich nervös. Deine anfängliche Eitelkeit wich rasch der Angst vor einer möglichen Verschwörung. Deine Künstlerphantasie ging leicht mit dir durch. Um dich zu erwarten, musste sie gewusst haben, dass du ankommen würdest …

Aber wie? Du reistest ja praktisch aufs Geratewohl, mit der einzigen Absicht, dich so weit wie möglich zu entfernen. Du warst der fahrende Ritter, der vor dem Teufel floh und vor allem vor jener »Anderen«, deren Namen du nicht einmal auszusprechen wagtest.

Außer, »die Andere« wäre dir vorausgeeilt. Vor dir in Chile angekommen, um dir eine weitere ihrer Fallen zu stellen. Und schon dabei, sie mit dieser Frau hier vorzubereiten, von der du dich so angezogen wie in Angst versetzt fühltest.

IV

Camera obscura

WOHER WUSSTE CARMEN, dass du auf diesem Schiff kommen würdest? War sie vielleicht wirklich eine Hexe? Hatte es ihr jemand verraten? Und wenn ja, wer? Deine abergläubischen Reflexe, dein Verfolgungswahn überfielen dich, Moro.

Sie überließ dich für einige Augenblicke deiner Verwirrung, während sie zu ihrem Schreibtisch hinüberging und das Blatt umdrehte, das du hattest lesen können. Dann korrigierte sie dich herablassend:

»Ich habe auf die Ankunft gewartet. Aber nicht auf die Ihre, Herr Maler, sondern auf die des Schiffes, das mir meine Bücher brachte. Ich ging zum Hafen, damit man mir sie nicht im Zoll beschädigte.«

»Ah, natürlich, selbstverständlich …«, atmetest du erleichtert auf. »Señora, ich bin gekommen, um mich zu entschuldigen.«

»Sie hätten mir eine Nachricht schicken können, Herr … Rugendas«, antwortete sie und las dabei deinen Namen von der Visitenkarte ab.

»Ich wollte das persönlich und in aller Form tun.«

»In aller Form? Sie? Gestern haben Sie mich noch ohne meine Erlaubnis gezeichnet, und überdies so, dass ich ganz anders aussah.«

Ihr Hochmut verwirrte dich noch mehr. Doch gleichzeitig

forderte er dich auch heraus. Und außerdem: Wenn sie so empört war, dann hätte sie dich doch gar nicht erst empfangen, nicht wahr? Wie zur Bestätigung lud Carmen dich ein, auf einem der Ledersessel Platz zu nehmen, neben dem Kohlebecken, das eine angenehme Wärme verströmte, und gegenüber dem Fenster, vor dem der Nachmittag vom Blau zum Ocker überging.

Du versuchtest, das Thema zu wechseln. Ihr Haus zu loben. Das funktionierte bei den Frauen immer:

»Welch guten Geschmack Sie haben! Welch herrliche Aussicht! Und diese ausgezeichneten Sammlungen! Sie erinnern mich an das Arbeitszimmer des Barons von Humboldt in Paris. Lassen Sie mich raten: Ihr Gatte ist Naturforscher?«

Diese Komplimente und diese Frage formuliertest du mit deinem besten Lächeln eines Mannes von Welt. Zwar hasstest du es, den »großen Weisen« zu erwähnen und dich an jenen vierten Stock in der Nummer 3 des Quai Malaquais zu erinnern, von wo aus der Blick die Seine beherrschte (und wo du zuließt, dass man dein Schicksal beherrschte), doch zeitigten der Name des Barons und der von Paris immer positive Wirkung.

Carmen antwortete dir mit der Geduld einer Lehrerin, die sich einem begriffsstutzigen Schüler gegenübersieht:

»Herr Rugendas, dies ist mein Arbeitszimmer. Die Naturforscherin, wenn ich mir diesen Titel anmaßen darf, bin ich selbst. Ich liebe die Wissenschaften. Genauso, wie mich auch Philosophie und Literatur interessieren. Ich studiere und praktiziere sie, gemeinsam mit anderen Dingen, die Sie vermutlich auch für wenig weiblich halten würden.«

Da warst du schon wieder in einen Fettnapf getreten. Doch jetzt kam es dir so vor, als habest du sie nicht nur erzürnt, sondern gekränkt. Da lag etwas wie Zorn, aber auch Verletzung in ihrer Antwort. Dein Porträtmalerauge, daran gewöhnt, zu skizzieren und die typischen Züge einer Person zu vereinfachen, würde es diesmal nicht so leicht haben.

Du bemühtest dich, die Sache wiedergutzumachen, indem du ein wenig von dir selbst preisgabst:

»Dann wünsche ich Ihnen viel Glück als Naturforscherin. Mich selbst als Künstler hat die südamerikanische Natur überwältigt, weil sie ...«

»... so ungeheuer groß ist? Teilen Sie etwa diesen Allgemeinplatz?«

»Weil sie so erhaben ist, wollte ich sagen. Sie ist von einer Schönheit, die geradezu schmerzt.«

Carmen schaute dir in die Augen, ihre Ironie schien in Sympathie umzuschlagen, fast zu ihrem Bedauern, wie es schien.

»Und dennoch geben Sie nicht auf: reisen und malen ...«, antwortete sie schließlich. In ihrer Stimme war ein Äderchen Neid zu erkennen, wie jene blauen Adern an ihrem langen, weißen Hals.

»Ja, ich reise und male. Doch ich komme niemals an. Und das Schönste vermag ich nicht zu malen.« Das hattest du gut formuliert. Und in einfachen Worten. Klarer als sonst. Als helfe dir diese Frau dabei, das Unbegreifliche deiner Grenzen zu benennen. Mehr als einmal hattest du das Erhabene gesehen. Es zu suchen, war ein weiterer Grund deiner Reisen. Doch wenn du es fandst und tief in deinem Inneren fühltest, warst du nicht mehr in der Lage, es zu malen. Der Schmerz dieser ungeheuren, bedrohlichen Schönheit bestand auch in deiner Unfähigkeit, sie auszudrücken.

Ein Schweigen entstand jetzt. Du hattest nicht vorgehabt, so viel zu sagen. Zum ersten Mal in vielen Jahren fehlten dir die Worte in Gegenwart einer Frau, die du begehrtest. Du fühltest dich unbehaglich. Verletzbar, nackt. Um Deckung, Schutz zu suchen, beschlossest du, zu deinem ursprünglichen Plan zurückzukehren und zum Punkt zu kommen:

»Ich möchte Ihnen anbieten, ein richtiges Porträt von Ihnen zu malen, mit Ihrer Erlaubnis. Nicht wie das, das ich Ihnen gestern gestohlen habe.«

Carmen verschanzte sich wieder hinter ihrem ironischen Lächeln:

»Verschwenden Sie nicht Ihre Zeit damit, Aufträge zu suchen, Herr Rugendas.«

»Und Sie nicht damit, mich misszuverstehen: Ich male Sie gratis.«

»So wenig bin ich wert? Zumindest sind Sie aufrichtig.«

»Offen gestanden bewundere ich Ihre Schönheit.«

Du liebtest solche plötzlichen Angriffe. Erst Abstand zu nehmen und diesen dann mit einem Satz zu überwinden. Normalerweise konntest du die Frauen mit solchen Rückzügen, gefolgt von plötzlichen Schmeicheleien ihrer Eitelkeit, gehörig aus der Fassung bringen. In diesem Fall jedoch war dir überhaupt nicht klar, Moro, wo Carmens Eitelkeit überhaupt war.

»Ich hasse solche Komplimente, Herr Rugendas«, wies sie dich brüsk zurecht. »Die Männer pflegen sie uns meist im Tausch für unsere Intelligenz anzubieten.«

»Ihre Intelligenz ist Teil Ihrer Schönheit.«

»Noch mehr Komplimente? Ich bin eine verheiratete Frau!«

»Dann werde ich Ihren Gatten um die Erlaubnis bitten, Sie zu malen. Ist er zu Hause?«

»Er befindet sich auf einer meiner Haciendas, im Süden. Doch selbst wenn er hier wäre: Ich bestimme selbst über mich. Genauso, wie ich mein eigenes Arbeitszimmer besitze, bin ich auch Besitzerin meines Abbilds. Und das verschenke ich nicht.«

Sie war starrsinnig, ihre Antwort frustrierend. Doch nicht

ganz und gar. Für dich aufmerksamen Verführer war das Interessanteste, dass sie dich wissen ließ, dass ihr Mann nicht in der Stadt war. Dennoch hatte sie dich empfangen, und zwar allein. So ungewöhnlich dieses Land und seine Bräuche auch sein mochten, musste dies mehr als zehn Absagen wiegen.

Carmen holte dich aus deinen Spekulationen:

»Lassen Sie mich raten, Herr Rugendas. Sie sind ein reisender Landschaftsmaler. Um Ihre Reisen finanzieren und das malen zu können, was Sie wirklich interessiert, also unsere Natur, verdienen Sie sich Geld mit dem Anfertigen von Porträts. In einer fremden Stadt einen ersten Auftrag zu bekommen, muss nicht leicht sein. Deshalb bieten Sie, sobald Sie ankommen, erst einmal ein Porträt umsonst an, um sich einen Namen zu machen. Damit beginnen Sie bei den Damen. Sie sind es sicher gewöhnt, diese mit Ihrem Nimbus eines ausländischen Künstlers zu verführen. Und dem Versprechen, hübsch porträtiert zu werden, können nur wenige widerstehen, stimmt's?«

Es stimmte. Eine schonungs-, erbarmungslose Weise, die banalste Seite deiner Kunst zu beschreiben. Carmen hatte die Abgründe deiner tagtäglichen Wirklichkeit so klar benannt, als habe sie sie durch ihr Teleskop erkannt, während sie dich in den Hafen hatte einlaufen sehen. Schon dachtest du daran, aufzugeben und dich zu verabschieden. Vielleicht war dies ein Zeichen, dem du gehorchen musstest. Wenn sie fähig war, dich so leicht zu durchschauen, wo ihr euch doch gerade erst kennengelernt hattet …

Doch du warst es nicht gewöhnt, dich gleich bei den ersten Scharmützeln geschlagen zu geben, nicht wahr, Moro? Ja, später, nach einer Eroberung und deiner unvermeidlichen Ernüchterung, da flohst du ohne Skrupel. Aber jetzt blieben dir noch Mittel und Wege, Trümpfe im Ärmel, wohl geübte Tricks. Wie es schien, zwang dich diese Frau dazu, dich richtig ins Zeug zu legen. Du wandtest dich auf deinem Stuhl um, zeigtest auf die weiße Wand hinter euch, die nur mit ein paar Stichen idyllischer Szenen geschmückt war (eine Nymphe und ein Faun auf einer Wiese an einem See) und batst:

»Wenn Sie mir schon nicht erlauben wollen, Sie zu porträtieren, dann lassen Sie mich Ihnen wenigstens auf diese Wand hier eine Landschaft malen.«

»Ein kühnes Fresko?«, fragte sie und betonte so die doppelte Bedeutung. »Jetzt wollen Sie wohl schon bei mir einziehen. Wie lange würde das denn dauern?«

Ihre Frage zeigte, dass sie gewillt war, deine Kühnheit hinzunehmen. Das ironische Lächeln war breiter geworden, zumindest ein wenig. Das nutztest du aus:

»Es dauert nicht lange. Ich kann es Ihnen so malen«, dabei schnipstest du mit Daumen und Mittelfinger, »jetzt sofort. Ich muss dabei nicht einmal die Wand beschmutzen.«

Carmen musterte dich neugierig, den Kopf zur Seite geneigt. Der Stolz im Kampf mit ihrer Neugier. Wie sollte das gehen, malen, ohne die Wand zu beschmutzen? Ah, die weibliche Neugier, Moro! Diese Begierde, »zu erfahren«. Wie oft hattest du sie zu deinem Vorteil genutzt. Du brauchtest nur ein wenig geheimnisvoll zu tun. Und gabst ihr einen letzten kleinen Stoß:

»Sie werden staunen«, fügtest du provozierend hinzu.

Sie verzog das Gesicht zu einem Schmollmund, spitzte die Lippen und biss sich auf die linke Seite ihrer vollen Unterlippe. Ihre oberen Schneidezähne versuchten, ihre Sinnlichkeit im Zaum zu halten. Eine Geste, die du noch wiedererkennen lernen solltest und die du tausendfach ausnutzen würdest. Dort war ihre schwache Stelle. Diesen unbezähmbaren Charakter besiegte nur die Versuchung, zu erfahren, zu sehen, zu leben.

»Einverstanden, Herr Rugendas. Wir werden sehen, ob Sie mich überraschen können.«

* * *

»Ich brauche eine Handvoll Stecknadeln.«

Carmen läutete ein Glöckchen, worauf umgehend die hübsche junge Indiofrau erschien. Offensichtlich hatte sie direkt hinter der Tür gestanden. Ihre Herrin befahl ihr:

»Rosa, geh und hol mir das Nadelkissen aus meinem Nähkorb.«

Während ihr auf sie wartetet, hängtest du die Stiche mit den idyllischen Szenen von der Wand, damit sie frei war. Drehtest die Sessel so, dass sie zur Wand standen. Schobst das Teleskop zur Seite und schrittest die Entfernung zwischen Fenster und weißer Wand ab: fast dreißig Fuß. Das musste reichen und war hoffentlich auch nicht zu viel. Dein Glück bei Carmen hing jetzt ab von deinem guten Augenmaß.

Rosa kehrte zurück und brachte das von Nadeln starrende Kissen. Du batst sie, einen Kandelaber zu entzünden und euch wieder allein zu lassen. Carmen nickte, und die Zofe tat, wie ihr geheißen, wobei sie beim Hinausgehen missbilligend den Kopf mit ihrem dicken Zopf schüttelte. Dann zogst du die schweren, braunen Filzvorhänge zu, stiegst auf einen Stuhl und verschlossest den Spalt zwischen den beiden Vorhanghälften dicht mit Nadeln. Mit Nadeln heftetest du dann auch die äußeren Vorhangseiten an die stuckverzierten Holzwände, sodass jetzt fast völlige Dunkelheit herrschte. Nur der dreiarmige Leuchter auf dem Schreibtisch verbreitete noch schummriges Licht.

»Ich möchte Sie jetzt bitten, Platz zu nehmen und die Augen zu schließen«, sagtest du zu Carmen.

»Sind Sie etwa, außer Maler, auch noch Spiritist?«

»Das ist beinahe das Gleiche. Sie müssen mir vertrauen.«

Carmen schaute dich aus der Dunkelheit prüfend an. Trotz ihrer Zweifel glänzten ihre Pupillen und ihr Lächeln war jetzt entspannt und offen. Wie es schien, unterhieltest du sie gut. Du sahst zu, wie sie sich, mit dem Rücken zu dir und dem verdunkelten Fenster, in einen der Sessel setzte und sich mit einer Hand die Augen bedeckte. Nun schraubtest du die kleinere Linse aus dem Teleskop und stecktest sie mit Nadeln im Spalt zwischen den beiden Vorhangseiten fest, auf einer Höhe, die du wieder per Augenmaß als die richtige abschätztest. Dann bliest du die Kerzen aus und setztest dich neben Carmen.

»Sie können die Augen jetzt öffnen.«

Carmen ließ die Hand sinken und blinzelte ein paar Mal, um ihre Augen an die Dunkelheit zu gewöhnen. Das Außenlicht fiel durch die Linse zwischen den Vorhängen auf die gegenüberliegende Wand und tauchte sie in bunte Farben. Sie legte den Kopf zur Seite und versuchte zu erkennen, was sie sah. Als es ihr gelang, öffnete sie staunend den Mund, vor Überraschung und Vergnügen weiteten sich ihre Augen.

Der über den Hafen heraufziehende Nachmittag erschien, spiegelverkehrt und kopfunter, komplett auf die weiße Wand projiziert. Oben war das Meer zu sehen, die Bucht, die ankernden Segler mit umgekehrten, hängenden Masten. Ein Schiff mit geblähten Segeln, die ebenfalls nach unten hingen, verließ gerade den Hafen, fuhr auf der Wand in Richtung Horizont, der das Bild zweiteilte. Darunter sah man umgekehrt den Himmel, einen blauen, schon ins Violette gehenden Abgrund, in dem, von der untergehenden Sonne angestrahlt, gemächlich wie rote Wale die Wolken schwammen. Diese rötlichen Wolken flossen am Fluchtpunkt der Sonne zusammen, der ein paar Zentimeter unterhalb des Horizonts schwebte.

»Alles ist umgekehrt, aber klarer und schärfer. Wie kann das sein?«, murmelte Carmen fasziniert.

»Die Spiegelung synthetisiert die Farben«, antwortetest du. »Das ist die wissenschaftliche Erklärung.«

Du konntest zu Recht stolz sein auf die Camera obscura, die du improvisiert hattest. Schon seit deiner Kindheit wusstest du, wie sie funktioniert. Eins der Lehrbücher im Atelier deines Vaters war »Ars magna lucis et umbrae« von Athanasius Kircher, das ihre Optik und Mechanik beschrieb. Du selbst hattest eine kleine Kamera gebaut, die du in deinem Gepäck mitführtest und mit der du die schwierigsten Perspektiven zurechtrücktest, als du noch – ein Sklave der Genauigkeit – naturalistisch maltest. Doch selten war das Experiment so gut gelungen, wenn du es, wie jetzt, auf Zimmerwandgröße ausführtest. Dabei hattest du dieses Spektakel mehr als einmal vorgeführt, um dein lateinamerikanisches Publikum in Erstaunen zu versetzen. Dieses Licht des Sonnenuntergangs, das beinahe parallel durch die Linse fiel, war perfekt.

»Mir ist ein wenig schwindlig«, sagte Carmen.

»Weil Sie noch nie die Welt auf dem Kopf stehen gesehen haben. Ihr Hirn wehrt sich dagegen. Wie wenn wir uns verlieben.«

Überrascht von diesem kühnen Vergleich, wandte sich Carmen leicht zu dir hin, hörte jedoch nicht auf, das Bild zu betrachten, und unterbrach dich auch nicht. Du zogst deinen Stuhl näher und beugtest dich zu ihr. Mit der langsamen, sanften Stimme eines Hypnotiseurs, so als wolltest du sie nicht aufwecken, erklärtest du ihr deine Metapher. *(Die du auch immer bei deinen Schülerinnen anwandtest, Moro. Das habe ich später erfahren. Du warst wirklich unverbesserlich!)* Um nicht nur die Optik besser zu verstehen, sondern auch den fesselnden Effekt dessen, was sie erfahren ließ, war es nützlich, sich daran zu erinnern, was wir fühlen, wenn wir uns verlieben. Dann sehen wir die ganze Welt durch dieses kleine Loch der Liebe zu der anderen Person. Und sie, die Welt, steht für uns Kopf. Eine Zeitlang sehen wir alles verkehrt herum: gut, einfach, verständlich. Und auch klarer, konturierter, wirklicher. In dieser umgekehrten Welt scheint uns alles möglich, sogar dass wir selbst verkehrt herum leben.

»Das Herz ist dabei diese Camera obscura, das mit seiner Liebeslinse allen Schmerz und alle Übel der Welt auf den Kopf stellt«, flüstertest du Carmen fast wie bei einem Ritual ins Ohr.

Für eine Weile gelingt es dem Herzen sogar, seinen Todfeind, das Gehirn, dieses pessimistisch beobachtende Organ, hinters Licht zu führen. Nach und nach schafft es jedoch die Vernunft, das umgedrehte Bild »geradezurücken«. Sie klärt uns auf, dass wir alles verkehrt gesehen haben, dass wir in einer Camera obscura – der Liebe – gewesen sind, ohne es gemerkt zu haben. Doch dass dies nicht die Wirklichkeit ist. Denn es existieren – und siegen am Ende auch – der Schmerz und die Enttäuschung; vor allem die Enttäuschung in der Liebe. Das Hirn erklärt uns, dass mit unseren Augen das Gleiche geschieht. Das Licht – diese strahlende Liebe –, das durch unsere Pupillen eindringt und sich umgekehrt auf unserer Netzhaut spiegelt, ist nicht die Wahrheit. Die Wahrheit produziert erst unser Hirn, wenn es das Licht umkehrt. Die Vernunft ist die große Korrektorin der Bilder, diejenige, die sie auf die Füße stellt, uns die Wahrheit über das Leben sagt. Doch das Herz hört nicht auf zu fühlen, dass das, was es umgekehrt gesehen hat, als wir verliebt waren, die Wahrheit gewesen ist. Eine klarere, deutlichere Wahrheit. Die Vision einer besseren Welt (auch wenn sie auf dem Kopf steht).

Carmen hatte, während sie deinen Worten lauschte, den Kopf

leicht zur Seite geneigt, um das bewegte, auf dem Kopf stehende Bild vor ihren Augen besser entschlüsseln zu können, das mit zunehmender Dämmerung langsam erlosch, aber auch, um dich besser verstehen zu können, denn du sprachst jetzt absichtlich immer leiser. Plötzlich seufzte sie vernehmlich und legte den Kopf auf die Rücklehne ihres Sessels. Fast einer Ohnmacht nahe, so, als sei sie eingenickt.

Du kanntest diese Benommenheit und hattest deshalb das umgekehrte Bild nicht allzu lange und genau angeschaut. Versucht das Gehirn, die Bilder auf die Füße zu stellen, ist es nach mehreren Minuten so erschöpft, dass der Beobachter meint, selbst verkehrt herum zu sehen, und ein Schwindelgefühl von ihm Besitz ergreift.

Wie viele Male und bei wie vielen Frauen hattest du diesen Trick zuvor schon angewandt, Moro? Sie ins Dunkel zu bringen, ihnen ins Ohr zu flüstern, ihnen die Welt auf den Kopf zu stellen und für sie zum einzigen Bezugspunkt zu werden. Jetzt brauchtest du dich nur noch niederzubeugen, ihre Hand zu nehmen und sie sanft aus ihrem Schwindel zu befreien, sie aus ihrer Verwirrung zu retten.

Du hattest nicht vor, noch weiter zu gehen. Aber ihre hingebungsvolle Haltung, ihre halb geöffneten Lippen, zwischen denen die weißen Zähne schimmerten, die Nähe ihres schneller gehenden Atems … All das erregte dich unwiderstehlich. Du nähertest dich ihr noch mehr, umfingst ihre Taille und küsstest sie auf den Mund. So sanft wie nur möglich liebkostest du ihre Lippen mit den deinen. Sie fühlten sich heiß an, ein wenig trocken, erwartungsvoll. Sie ließ sich lange küssen, erbebte leicht, erwiderte deine Zärtlichkeit nicht, doch sträubte sich auch nicht dagegen. Als du ein wenig zurückwichst, um sie zu betrachten, sahst du, dass sie die Augen geschlossen hielt, und hörtest sie einen leisen Seufzer ausstoßen.

Im Abgrund ihres Dekolletés, auf dem der farbige Widerschein des Wandbildes lag, ließen sich ihre weißen, schwellenden Brüste erahnen. Ihr Mund stand immer noch ein wenig offen, als wolle er mehr. Und so küsstest du sie noch einmal, stürmischer. Du benetztest ihre Lippen mit deiner Zunge und ließest diese, auf der Suche nach der ihren, zwischen sie gleiten. Du legtest deine Hand auf eine ihrer Brüste. Fühltest, wie sie von Neuem erbebte, diesmal heftiger. Du zogst sie an dich. Sie schüttelte den Kopf …

Und in diesem Augenblick, bevor du dich zurückziehen konntest, schlossen sich jene so weißen, regelmäßigen Zähne, die du eben noch bewundert hattest, um deine Zungenspitze und bissen kräftig zu.

»Verdammt!«, schriest du laut auf, während du den metallischen Geschmack deines eigenen Blutes spürtest.

Dein Schrei erweckte Carmen vollends wieder zum Leben. Ihre sprangt beide auf. Im Halbdunkel sahst du, wie sie zögerte, so verwirrt, dass du schon dachtest, sie wolle sich entschuldigen. Doch stattdessen gab sie dir mit dem Handrücken ihrer Rechten eine schallende Ohrfeige, so schnell und so zielsicher, dass du spürtest, wie dir ihr großer, mit einer Kamee besetzter Ring die Wange aufriss.

»Rosa!«, rief sie gleich darauf.

Die Zofe erschien genauso rasch wie vorher. Das Licht des Flurs fiel ins Zimmer.

»Begleite den Herrn zur Tür!«, befahl sie. Dann dir, der du etwas zu sagen versuchtest: »Und Sie, sagen Sie kein Wort!«

Du kannst dich kaum an das erinnern, was dann folgte, so gedemütigt, verletzt und wütend verschwandst du. Deine Zunge brannte und deine rechte Wange blutete. Wie ein Wirbelwind stürmtest du hinaus, den Flur entlang, eine Stiege hoch, sahst stoffbespannte Wände, Kerzenleuchter, deren Licht von Spiegeln zurückgeworfen wurde, Bullaugen. In einem Vestibül am Ende eines weiteren Gangs händigte dir die Zofe deine Handschuhe und deinen Zylinder aus und öffnete einen Flügel der großen Doppeltür, die auf eine dunkle, kopfsteingepflasterte Straße hinausführte.

»Hiel bin ich abel nicht heleingekommen!«, riefst du verwirrt, deine geschwollene Zunge verzerrte deine Worte.

Rosa antwortete dir mit belustigter Verachtung:

»Nein, nein. Das war ja der Dienstboteneingang, Señor!«

Das hatte dir gerade noch gefehlt. Mit großen Schritten stapftest du davon, die düstere Straße hinunter. Das einzige, gelbliche Licht kam von ein paar Fußgängern, die an Stangen Lampen vor sich hertrugen. In ihnen brannten, Rauch verströmend, stinkende Tranfunzeln.

V

Das Auge des Malers

DU ÖFFNETEST EIN AUGE, hattest keine Lust, in diesem Gasthof aufzuwachen. Dieselben schmutzigen Perkalvorhänge, die den bewölkten Tag noch grauer machten. Die gelben Stockflecken an den Wänden, die jenen unbekannten Erdteilen glichen, wo Kartographen einen Leviathan, ein mythisches Seeungeheuer einzuzeichnen pflegen. Die Zimmerdecke aus Schilfrohr, die kaum die Dachziegel verhüllen konnte, unter der die Fledermäuse nisteten. Mehr brauchtest du nicht zu sehen: Es war ein Irrtum gewesen, in dieses Land zu kommen.

Am liebsten hättest du weitergeschlafen. Eine dumpfe Niedergeschlagenheit hatte von dir Besitz ergriffen. Du kanntest sie nur zu gut: eine heimliche Melancholie, die dich manchmal sogar deine Berufung verfluchen ließ. Von Kindesbeinen an hattest du Maler werden und in die Fußstapfen deiner Väter und Vorväter treten wollen, die schon seit zwei Jahrhunderten Künstler waren. Du wuchst mit dem Gedanken heran, dass das Malen ein Talent, ja, eine Pflicht war. Wenn ihr die Welt nicht maltet: Wer sollte es dann tun? Doch in Momenten bitterer Hellsichtigkeit wie diesem glaubtest du zu erahnen, dass deine Kunstgattung im Aussterben begriffen war. Mit ihr würde auch deine Sorte Künstler verschwinden. In Paris sprach man schon von einer Maschine, die bald in der Lage sein würde, zu porträtieren. Wohin würde diese Erfindung wohl führen?

Du spürtest, dass etwas im Niedergang begriffen war. Und du wusstest sehr genau, was diesen Anfall von Mutlosigkeit ausgelöst hatte. Die ganze Nacht hattest du damit verbracht, dir deine Demütigung vom Vortag in Erinnerung zu rufen. Wie nah du dem Erlegen deiner Beute gewesen warst. Stattdessen hattest du Bisse und Kratzer einstecken müssen. An deiner Zungenspitze, die immer noch klopfte. An deiner rechten Wange, die der Ring aufgerissen hatte.

So weit gereist zu sein, um solche Schmach zu erleiden, Moro! Wenigstens konntest du dich damit trösten, dass »die Andere«, deine Verfolgerin, genauso das Nachsehen haben würde wie du. Diese Affäre konnte sie dir nicht mehr zunichte machen, du hattest sie ja selbst zerstört, bevor sie überhaupt begonnen hatte! Gleichwohl war auch dieser Trost ein relativer, denn verfolgt fühltest du dich immer noch. Ein Verdacht bedrängte dich. Dein Misstrauen vom Vortag, als du das Teleskop auf dein Schiff gerichtet sahst, war stärker geworden. Natürlich hatte Carmen dich von Weitem beobachtet. Hatte dich kommen sehen, mit deiner Staffelei und deinen Farben. Dann war es absolut möglich, dass sie auch alles andere geplant hatte.

Was zum Teufel wollte denn eine große Dame wie sie auf dem schmutzstarrenden Anlegesteg? Pakete abholen? Hatte sie denn nicht Dienstboten, die sie ihr ins Haus hinauf schaffen konnten? Zu verhindern, dass man sie ihr im Zoll beschädigte, war keine ausreichende Rechtfertigung. Vielleicht war sie nur wegen dir zum Hafen hinuntergegangen, um den Maler zu beeindrucken, der gerade ankam. Schließlich und endlich: Wie viele Künstler mochte es geben in dieser weit entlegenen Provinz? Gab es überhaupt einen Einzigen? Sie war eine gebildete Frau, wusste um die Bedeutung der Malerei – diese Bedeutung, die du manches Mal in Zweifel zogst. In ihrer Bibliothek befanden sich Kunstbände:

Winckelmann, Vasari, deren Rücken du zwischen den anderen Büchern entdeckt hattest, als du dich in ihrem Arbeitszimmer umsahst. Sogar das Peitschenknallen auf dem Landungssteg konnte eine Vorstellung extra für dich gewesen sein, um dich unauslöschlich und für alle Zeiten zu beeindrucken. Doch wenn es so gewesen war, dann schmeichelte es dir jetzt nicht. Vielmehr fühltest du dich wie ein Idiot: die Fliege im Netz einer Spinne.

Das auf dein Schiff gerichtete Fernrohr hätte dich bei deinem Besuch stutzig machen müssen, Moro. Doch du ließest diese Warnung außer Acht, weil dich ihre grünen Augen und ihr blau geäderter Hals so faszinierten. Und so gingst du in ihre zweite Falle. Denn dies war dein zweiter Verdacht: dass Carmen dein Spiel mit der Camera obscura mitgemacht hatte, obwohl sie Bescheid wusste. Lächelnd tat sie so, als kenne sie den Trick nicht. Aber wenn sie die Wissenschaften liebte und ein Teleskop besaß: War es da nicht wahrscheinlich, dass sie diesen alten optischen Apparat und seine Wirkung kannte? Natürlich kannte sie die! Deshalb täuschte sie nur vor, ohnmächtig zu sein. Sie tat nur so, als wäre sie eingenickt!

Die Camera obscura rief zwar eine mentale Beeinträchtigung hervor, aber so stark war sie auch nicht. Du kanntest diesen Zustand, hattest ihn selbst erlebt, eine leichte Benommenheit, ein Schwindelgefühl, das das Bewusstsein nicht allzu sehr beeinträchtigte. Es verdrehte eher die Wahrnehmung, weil man die Welt verkehrt herum sah. Nein, Carmen stellte sich schlafend, um dich in Versuchung zu führen. Und genoss es, als du sie so lange küsstest. Ihr Seufzen, ihr Stöhnen war Ausdruck ihrer Lust. Dieser Mund mit den vollen, halb geöffneten Lippen wollte mehr … Als du dann kühner wurdest und sie mit der Zunge küsstest, genoss sie auch dies ein Weilchen, bevor sie so tat, als erwache sie und empöre sich. Auf diese Weise bekam sie das Beste von beidem: ihrer Lust und ihrer Ehre.

Abrupt setztest du dich im Bett auf. Rauftest dir voller Wut dein langes, blondes Haar. Diese Chileninnen … Zu Recht hatte man dich also in Peru gewarnt, sie seien alle leichte Mädchen oder unerreichbar; zügellose Flittchen oder skrupellose Verführerinnen.

Wenn du an den großen Gefallen dachtest, den du Carmen getan hattest, und an ihre Undankbarkeit … Du hattest ihr Teleskop in eine echte Laterna magica verwandelt. Diesen altmodischen Apparat, mit dem diese frustrierte Frau den unerreichbaren Himmel erforschte oder Schiffe aus fernen Ländern einlaufen sah, in die sie niemals reisen würde, hattest du benutzt, um die eintönige Landschaft ihres Lebens zu verändern. Du hattest es vermocht, Licht in dieses traurige Observatorium voller einbalsamierter Tiere fallen zu lassen und es mit Farbe zu füllen. Hattest für sie ihr Land auf den Kopf gestellt, die Himmelsrichtungen verdreht, sie aus ihrem tagtäglichen Einerlei befreit. Und so dankte sie es dir, indem sie dir halb die Zunge abbiss?

Das würdest du ihr heimzahlen, das schworst du dir. Für den Moment konnte ihr Verbot, sie zu porträtieren, dich nicht daran hindern, sie zu malen … und zwar in voller Größe. Auf der Leinwand deiner Vorstellung konntest du sie sehen, wie es dir beliebte und mit ihren größten Schönheitsfehlern. Dein unerbittliches Malerauge hatte die äußerlichen Mängel vieler Frauen aufgedeckt und dich vor ihnen geschützt: einen Leberfleck, auf dem drei Haare prangten, kurz abrasiert zwar, doch immer noch vorhanden; ein bisschen Orangenhaut an den Schenkeln; zu dicke Knöchel … dicke Knöchel waren wirklich entsetzlich! Und die Füße. Bei großen Frauen waren sie manchmal zu lang und sehnig, wie Baumwurzeln. Kleine Füße dagegen gehörten oft kleinen Frauen mit kurzen Beinen und langem Torso, der mehr als drei Kopflängen maß und den Goldenen Schnitt durchbrach … Einmal zeichnetest du eine »Vitruvianische Frau« mit den Idealmaßen deiner Kunst, so wie sie in der Antike der römische Architekt Vitruv definiert hatte. Jetzt würdest du Carmen mit dieser Vorlage vergleichen und dein dämonisches Malerauge einsetzen, um alle ihre körperlichen Mängel hervorzuheben. Und so das Bild zerstören, das dich so bezaubert hatte. Mal sehen, du warst nicht sicher, ob die Beine von Carmen die vier Kopfeslängen maßen, die für dich unabänderliche Richtschnur waren.

So versuchtest du, sie dir vorzustellen, mit genüsslicher Rache, bekleidet und nackt … Doch das einzige Resultat war eine schmerzhafte Erektion und eine Reihe aussetzender Herzschläge, ein veritables Herzstolpern! Nein, so wurde das nichts. Besser, du suchtest nach Carmens spirituellen Mängeln, ihren Charakterschwächen. Du fühltest dich auch in der Lage, diese zu finden. Zur visuellen Fähigkeit deines Berufs kam dein zwanghaftes Nachdenken über das Objekt deiner Begierde, das deine Gefühle bestimmte, wenn du dich verliebtest. Du dachtest Tag und Nacht an sie. Ein verliebter Mann – pflegtest du deinen Eroberungen zu sagen – ist der beste Spiegel für eine Frau.

In Gedanken gingst du durch, was du bisher über Carmen erfahren hattest oder vermutetest. Wer war diese Unbekannte? Eine leidenschaftliche Frau, das zeigte ihre Peitsche. Intelligent, das bewies die Art und Weise, wie sie dich manipuliert hatte. Kultiviert, das erkannte man an ihrer Bibliothek und ihren ausgefallenen Interessen. Mehrsprachig, was ihren Durst erkennen ließ, andere Länder, andere Kulturen, andere Arten, die Wirklichkeit zu benennen, kennenzulernen. Du stelltest sie dir vor, wie sie sich jeden Abend in ihrem Observatorium über das

Teleskop beugte, um in die Sterne zu schauen und diese unendlichen Entfernungen zu überbrücken. Wie sie jeden Morgen das Fernrohr neu ausrichtete, um den Horizont nach Postschiffen abzusuchen, die ihr Bücher bringen könnten, Stiche, Partituren, Instrumente, die sie sich fast ohne Hilfe zu entziffern mühte. Oder ohne Hoffnung, diese zu bekommen.

Und gleich darauf ließest du deinen Rachegelüsten die Zügel schießen und stelltest sie dir vor mit all ihrem Wissenshunger und ihrem Hunger nach Leben, doch eine Gefangene, gefangen in einem kulturlosen Land. Dem Embryo eines Landes, das erst nach und nach aus der Landschaft entstand. Einer Landschaft gewalttätiger, kaum befriedeter Männer, gerade erst überwundener Anarchie, einer Diktatur mit anderen Namen. Eine Landschaft voller marodierender Banden, Epidemien, Fremder mit dem Durst nach Reichtum. Du stelltest sie dir auf einer ihrer Haciendas vor. Den Ländereien, die jetzt ihr Mann verwaltete. Dachtest an die landlosen Campesinos, beinahe noch Sklaven, vom Hunger geknebelt, der Unwissenheit unterworfen, wie du es schon in anderen Ländern des amerikanischen Kontinents gesehen hattest. Du sahst sie selbst, Carmen, nicht weniger an jene entlegenen Ländereien gekettet als ihre Knechte. Erdrückt von ihrer Herkunft, von Traditionen, die sie zu ersticken drohten. Und vor allem, wie du vermutetest, gekettet an diesen Ehemann, einen Helden der Unabhängigkeit, viel älter als sie, mit dem sie sich sicher vermählt hatte, als sie fast noch ein Kind war. Ein strenger, kriegsversehrter, verbitterter Mann, so hatte ihn dir deine Wirtin beschrieben. Zum Krüppel gemacht durch eine ehrenvolle Kriegsverwundung, die ihn noch unanfechtbarer machte.

So verstandst du auch besser jenen rätselhaften Absatz in dem Manuskript, das du auf dem Schreibtisch gefunden hattest: »… Die großen Lieben müssen – wie die Helden – jung sterben.«

Diese melancholische Erklärung musste aus den Frustrationen entstanden sein, die du dieser Frau unterstelltest. Sie war Ausdruck ihrer ungestillten Sehnsucht zu lieben, die sie selbst unterdrückte, noch bevor sie sie überhaupt spüren konnte.

Dieses »moralische Porträt« von Carmen fertigtest du im Geiste an und stelltest überrascht fest, wie gerührt du davon warst. Unversehens beklagtest du ihr Schicksal, es schnürte dir das Herz ein, du wünschtest, du hättest ihr helfen können. Nein, diese Methode taugte auch nicht, um sie in deinen Augen herabzusetzen. Statt dich zu ernüchtern, weckte sie in dir den Wunsch, sie zu beschützen und sie vielleicht sogar vor diesem heldenhaften, möglicherweise gewalttätigen Ehemann zu erretten.

Ein gewalttätiger Ehemann? Diese Möglichkeit riss dich aus deinen Mutmaßungen, Moro. Da träumtest du von ihr, wo das Schlimmste doch noch kommen konnte! Was wusstest du denn, wie diese unberechenbare Frau jetzt reagieren würde? Vielleicht erzählte sie ja genau in diesem Augenblick ihrem Kommiss-Ehemann – der vielleicht gar nicht im Süden war – von den von dir geraubten Küssen. Jede Minute konnte der die Häscher nach dir schicken. Oder seine alten Kameraden. Oder er kam gleich selbst mit einer Bande seiner Knechte, um dich zu vierteilen. Daran hattest du nicht gedacht … Du musstest dieses Land voller Verrückter – Männer und Frauen! – so schnell wie möglich verlassen!

Während du deine Sachen packtest, plantest du die Flucht. Als Erstes musstest du ein gutes Pferd und ein Maultier kaufen. Geld hattest du fast keins. Aber vielleicht konntest du ein paar Zeichnungen verkaufen. Und deinen Frack: Der hatte dir ohnehin nichts genutzt hierzulande … Dann wolltest du auf der letzten Etappe deiner Reise die Bergkette der Anden überqueren und die Ebenen der Pampas. In Buenos Aires würdest du dich schließlich wieder nach Europa einschiffen. Der Baron hatte Recht gehabt: Du hättest dich nie über den Wendekreis des Steinbocks hinaus wagen dürfen. Ein für allemal würdest du dem amerikanischen Kontinent Adieu sagen. Du hattest genug von seinen Extremen. Seiner irren Hitze und barbarischen Kälte. Diese Frau war der Schlusspunkt gewesen: In ihrem Körper steckten alle Temperaturen.

Und so warst du mitten beim Packen, als es an die Tür klopfte. Du machtest einen Satz. Da kamen sie: die Häscher oder der heldenhafte Ehemann mit seinen Knechten. Doch du wolltest dich nicht einfach so ergeben. Du mochtest alles sein, ein Feigling warst du nicht. Aus einer Satteltasche zogst du dein Schießeisen, eine kleine, doppelläufige Pistole, die dir schon öfter gute Dienste geleistet hatte. Laut und deutlich fragtest du durch die Tür, wer das war:

»Ihre Wirtin, mein Söhnchen.«

Du verstecktest die Pistole hinter dem Rücken und öffnetest ein Stück weit. Die Matrone hielt, listig und kokett, einen mit Siegellack verschlossenen Brief in der Hand. Du wolltest ihn entgegennehmen, doch sie zog ihn verschmitzt zurück:

»Was geben Sie mir dafür?«, fragte sie und zog dabei einen Schmollmund.

Dir schoss durch den Kopf, ihr im Tausch für den Brief nichts weniger als alles zu geben. Dich bei diesem saftigen Vollblutweib abzureagieren, die sicher so freigebig mit ihren Reizen sein würde, wie es ihr Busen versprach. Doch gerade noch rechtzeitig fiel dir deine Furcht vor den Chileninnen ein, die so früh bestätigt worden war. So gewährtest du ihr nur einen leichten Schmatz auf die vorgestreckte Schnute.

Es war ein lakonisches, fast geschäftsmäßiges Schreiben, gerichtet an »J. M. Rugendas, Kunstmaler«:

»In Übereinstimmung mit dem gestern Verabredeten bestätige ich Ihnen hiermit mein Interesse, für ein Porträt Modell zu sitzen. Anbei finden Sie einen Vorschuss auf Ihr Honorar. Ich bitte Sie, mich so bald wie möglich zu besuchen, um die Vorbereitungen dieser Arbeit zu besprechen. Herzlich, Ihre Carmen Lisperguer de Gutiérrez.«

Der unfassbaren Nachricht war ein Wechsel über die Summe von zehn Silberpesos beigelegt, einzulösen bei der Englischen Bank von Valparaíso. Auf dem Bett sitzend, lasest du wieder und wieder verwirrt diesen Brief. Was hatte das zu bedeuten? Wann hattet ihr »verabredet«, dass du sie porträtieren würdest? Hatte sie sich doch standhaft geweigert …

Deiner Erfahrung mit Frauen nach kam diese Nachricht einer plötzlichen und vollständigen Kapitulation gleich. Sie begab sich in deine Hand, gab sich deinen Augen hin. Und dennoch mischte sich deinem Siegesgefühl ein Quäntchen Angst bei. Dieser Brief stieß dich erneut vom Eis ins Feuer. Hob dich vom Abgrund in den Himmel, so, wie du ihr die Landschaft vor ihrem Fenster auf den Kopf gestellt hattest.

Circe, Circe, sagtest du dir. Die Hexe, die Odysseus auf ihrer Insel gefangen nahm, ihn davon abhielt, nach Hause zu reisen. Wie lange hielt sie ihn dort fest? Hatte sie seine Männer nicht in Schweine verwandelt? Nicht jedoch Odysseus, ihn nicht. Der umherirrende Seefahrer war wegen eines unbezwingbaren Verlangens bei ihr geblieben, das größer war als seine sprichwörtliche Klugheit. Wenn Odysseus es nicht vermocht hatte, sich zu verweigern, wie solltest du dann die Kraft dazu schöpfen, Moro, der du nie einer Versuchung hattest widerstehen können?

VI

Das Werben

AM MORGEN, nachdem du den Brief empfangen hattest, wurdest du mit Staffelei, Farben und mittelgroßer Leinwand an der Haupttür des Karavellenhauses vorstellig. Allerdings hattest du beschlossen, dich in deinem Sieg großzügig zu zeigen. Du würdest deine Beute nicht sofort einfordern, sondern behutsamer vorgehen. In dieser Methode hattest du auch Erfahrung (wenn auch nicht allzu viel Geduld, stimmt's, fahrender Ritter?). Du wolltest sie in aller Ruhe porträtieren und sie mit List, während sie Modell saß, in langen Unterhaltungen herumkriegen. Du hättest ja die Erlaubnis, sie zu berühren: ihren Kopf zu drehen, die Haltung ihrer Schultern und Arme mit deinen Händen zurechtzurücken. Wenn du auch nur ein wenig von Frauen verstandst, würdest du sie, diesem unglaublichen Brief nach zu urteilen, innerhalb einer Woche so weit haben, dass sie dir aus der Hand fraß. Und dann würdest du es sein, der sie verschlang, und zwar mit Haut und Haar!

Ich schüttle meinen müden Kopf und lache in mich hinein. So viele Jahre später schaffst du es noch, mich zu erzürnen und gleichzeitig zu rühren, Moro. Wie arrogant du doch warst! Du solltest dich noch ändern, ja, sicher, doch nicht, bevor du bis tief ins Herz eines Berges gedrungen warst; eines Berges wie jener, den – wie auf dem Stich Dürers – der fahrende Ritter bald zu erreichen meint … ohne zu wissen, dass er in Wirklichkeit bis weit in seine Tiefen vordringen muss.

Rosa war während dieser gesamten erneuten Begegnung anwesend und ließ dich nicht aus den Augen, als seist du ein gefährlicher Verbrecher, der nur mit dem Ehrenwort, sich zu bessern, auf freien Fuß gesetzt wurde. Unter Aufbietung all deiner Überzeugungskraft formuliertest du umständlich eine Entschuldigung wegen des »Missverständnisses« von zwei Abenden zuvor. Carmen unterbrach dich:

»Ich weiß nicht, von welchem Missverständnis Sie reden, Rugendas. Was das Porträt angeht ...«

Was das Porträt anging, sagte sie, so konntest du auf keinen Fall sofort damit anfangen. Zuerst musstest du sie noch ein bisschen besser kennenlernen. Und sie dich, um sich vor ihrem Maler entspannt zu fühlen und auf diese Weise eine natürliche Pose einnehmen zu können. Sie war es nicht gewohnt, dass man sie betrachtete. Hierzulande sah das gemeine Volk niemals seiner Herrschaft ins Gesicht. Und in den gesellschaftlichen Kreisen, in denen Carmen verkehrte, sah man es als Beleidigung an, wenn ein Mann eine Frau allzu genau musterte. Nicht einmal ihr Mann sah sie sehr oft an, sagte sie mit einem verschämten Augenaufschlag, den du unvermeidlich als Zeichen nahmst. Deshalb hatten sie bisher nur andere Frauen genau gesehen: ihre Kusinen und Freundinnen. Und ihre Eltern. Doch die zählten nicht.

Vergeblich führtest du an, du seist sehr gut daran gewöhnt, Menschen zu porträtieren, die du eben erst kennengelernt hättest. Es sei ja dein Beruf, das zu malen, was unter der äußeren Erscheinung und den gesellschaftlichen Masken lag, doch ohne diese Masken wegzunehmen. Im Gegenteil, du machtest sie nur transparenter, behauptetest du, um dich interessant zu machen. Carmen hörte dir zu, willigte jedoch noch nicht ein, dass du sie sofort porträtiertest.

»Ich zahle Ihnen einen Aufpreis für die Zeit, die Sie brauchen, um sich besser darauf vorzubereiten, mich zu malen.«

»Darum geht es nicht. Sie können davon ausgehen, dass ich gut vorbereitet bin. Ich male seit meinem zehnten Lebensjahr ...«

Sie jedoch nahm deinen Protest gar nicht zur Kenntnis:

»Außerdem werden Sie sehr beschäftigt sein. Es gibt viel zu tun ...«

»Zu tun?«

»Sie müssen diese Stadt kennenlernen. Und ein paar meiner Freunde auch. Meine Umgebung eben. Die werde ich Ihnen zeigen.«

»Ich habe noch nie so etwas gebraucht, um ein Porträt zu malen«, widersprachst du und versuchtest, deiner Wut Herr zu werden.

»Bei mir werden Sie das aber brauchen. Unterdessen suche ich Ihnen ein geeignetes Atelier.«

»Das benötige ich auch nicht. Meine Landschaften male ich im Freien. Und das Porträt kann ich hier anfertigen.«

»Die chilenische Moral wird das nicht zulassen, Rugendas«, lachte sie. »Ein unverheirateter Mann, der mich Tag für Tag zu Hause besucht? Völlig unmöglich! Es ist aber etwas anderes, wenn ich zu Ihnen nach Hause gehe, so wie ich zu meinem Arzt oder meinem Schneider gehe.«

»Zu mir nach Hause? Welches Haus denn?«

»Das, welches ich Ihnen suchen werde, um dort Ihr Atelier einzurichten.«

»Das brauche ich genauso wenig. Ich wohne immer in Gasthäusern.«

»Unmöglich. Die chilenische Gastfreundschaft kann das nicht zulassen.«

Ah, die chilenische Gastfreundschaft. Die würdest du bald noch besser kennenlernen, Moro. Diese großzügige und fordernde Tradition, mütterlich und tyrannisch zugleich. Diese fixe Idee, zu glauben, der größte Wunsch eines Besuchers sei, so schnell wie möglich Chilene zu werden.

Carmen nahm dich unter ihre Fittiche – dich, der du nur reistest, um mit deinen eigenen Fittichen zu fliegen! Sie nahm dich auf Erkundungsgänge durch die Hügel um den Hafen herum mit. Begleitet wurdet ihr dabei von Rosa, ihrer listigen Zofe und indianischen Freundin, die als Anstandsdame fungierte. Sie ging immer vier Schritte hinter euch, lachte über deine Fehler im Spanischen und deine harte Aussprache und tat so, als beaufsichtige sie euch, um ein Gerede zu verhindern. So wart ihr auf der Suche nach einer Unterkunft und einem Atelier, das du weder brauchtest noch wolltest. Vor dem du dich im Gegenteil fürchtetest, als suchte man dir statt eines Häuschens einen Käfig. Wie sehr du es doch hasstest, Wurzeln zu schlagen, Moro!

Auf diese Weise lerntest du die ganze Stadt kennen. Ein Durcheinander von Sträßchen, Treppen, Sackgassen, die an myrthenbewachsenen Abhängen und kleinen Plätzen endeten, von denen aus man herrliche Ausblicke auf den Pazifik hatte. Verglichen mit Mexiko-Stadt oder Lima schien dieser kleine Hafen, obwohl er fast dreihundert Jahre alt war, erst kürzlich gegründet worden zu sein. Überall schossen neue Gebäude aus dem Boden, für die das Überkommene bis auf die Grundmauern zerstört wurde. Was die Erdbeben nicht zum Einsturz brachten, wurde für den pulsierenden Handel abgerissen. Die Kämme der Bergrücken, die ins Meer hinausragten, sprengte man mit Schwarzpulver und warf dic Trümmer in die Bucht, um die wenigen ebenen Küstenstraßen zu verbreitern.

Schließlich fand Carmen eine kleine Blockhütte mit Schilfdach. Sie bestand aus nur einem Raum und lag hoch oben an der Nordseite des Cerro Alegre, des »fröhlichen Hügels«, am Ende einer steilen, sich den Hang hinaufwindenden Treppe. Der Besitzer war ein Schiffsingenieur, ein Franzose mit ausgefallenem Geschmack, der für mindestens zwei Jahre in sein Heimatland gereist war. Dieser Mann, ein Provenzale, hatte große Fenster einbauen lassen, durch die gutes Licht hereinfiel. Dadurch, dass er die Hütte an den Nordhang gebaut hatte, war sie vor den Winden aus dem Süden geschützt. Trotz der großen Nachfrage und des knappen Angebots von Wohnraum in der Hafenstadt hatte sie keinen Mieter gefunden, eben weil sie so hoch oben gebaut worden und unbequem zu erreichen war. Die Zugangstreppe bestand aus hundert und einer Stufe – du hattest sie gezählt. Einige davon waren aus Holz, man hatte sie mit Eisenbeschlägen am Boden befestigt, andere waren direkt in den Felsen geschlagen. So wanden sie sich in zwanziger Abschnitten den Hügel hinauf. Der exzentrische Franzose hatte also sein Häuschen dorthin gebaut, wo kein vernünftiger Kreole es je getan hätte. Doch Carmen fand es perfekt. Diese Aussicht, dieses Licht, diese Abgeschiedenheit; hier würdest du die Ruhe und Inspiration haben, die du zum Malen brauchtest.

»Ist es nicht wunderbar, Rugendas?«

»Kann schon sein«, musstest du zu deinem Bedauern zugeben.

Außerdem wusstest du, dass es dir nichts genützt hätte, es abzustreiten. Tatsächlich verschlug die Aussicht einem den Atem, so erhaben war sie – von dieser schmerzhaften Schönheit, die du immer suchtest, Moro. An klaren Tagen konnte man, wenn man nach Norden hin über die Bucht von Valparaíso schaute, die langen gelben Strände sehen, die kleinen Buchten und Fjorde, bis zur Mündung des Rio Aconcagua.

Carmen war überzeugt, dass dir das Häuschen gefiel, und mietete es für dich, als Teil des Honorars für das Porträt, das du von ihr malen würdest. Und ohne zu zögern machte sie sich daran, es einzurichten. Die Wände des Häuschens ließ sie innen mit Segeltuch ausschlagen, damit kein Wind durch die Ritzen dringen konnte. Sie lieh dir Möbel, deren Stil sie für »männlich« hielt, schaffte einen Ofen herbei, auf dem du auch das Wasser für deinen dir immer besser schmeckenden Mate und ein einfaches Essen heiß machen konntest, und besorgte dir sogar einen großen, geblümten Nachttopf. Außerdem teilte sie den einzigen Raum der Hütte mit einem Seil, an dem ein Vorhang aus blau gefärbtem Sackleinen hing. Im hinteren Bereich fand ein Diwan Platz, der dir als Bett dienen würde. Der vordere Teil wäre dein Wohnzimmer und Atelier.

»Sie werden hier sehr glücklich sein, Rugendas, da bin ich mir sicher.«

Dabei sah sie dich mit diesem leicht ironischen Lächeln an, das so typisch für sie war und mit dem sie dir zu sagen schien: Es ist mir völlig klar, dass die Vorstellung, so, an einen Ort gefesselt, glücklich zu sein, Ihnen ziemlich bedrückend vorkommen muss, mein lieber Herr Reisemaler.

Und damit hatte sie Recht, nicht wahr, Moro? Natürlich war es so. Doch selbst wenn du – so protestiertest du innerlich – beschlossen hättest, hier deine Forschungsreisen zu unterbrechen, die gleichzeitig auch eine Flucht waren: Wie zum Teufel solltest du glücklich sein, wo sie dich Tag für Tag so sehr quälte?

Denn die Fähigkeit, die Carmen in diesen zwei Wochen entwickelte, um zu verhindern, mit dir allein zu sein, quälte dich wahrhaftig. Sie lud dich zu sich nach Hause ein, und unweigerlich fandst du sie in Gesellschaft einer Freundin oder eines Freundes. Sie schlug vor, gemeinsam einen Sonntagsausflug bis Limache zu machen, um dir auch das Landesinnere zu zeigen, wobei sie hinzufügte, die Einsamkeit der Landschaft dort sei einfach unbezahlbar ... Und als du an jenem Sonntag kamst, um sie zu diesem Ausflug abzuholen, fandst du vor ihrem Haus eine ganze Reisegesellschaft von Damen und Kavalieren, Kindern und Gouvernanten, unter denen nicht einmal ein Kaplan fehlte und die schon in zwei großen, von Ochsen gezogenen Wagen mit Dächern aus Korbgeflecht Platz genommen hatten, samt Picknickkörben und Gitarren.

So hielt sie dich auf Abstand, ließ aber genauso wenig zu, dass du ihr auch nur für einen Tag von der Seite wichst. Sie hatte dich zu ihrem chevalier servant gemacht, doch ohne die Privilegien, die diese Art Liebhaber in Italien genoss.

Carmen bestellte dich zu jeder Tageszeit zu sich, mit Briefchen oder Kärtchen, die deine inzwischen enttäuschte Wirtin dir verächtlich hinwarf, wenn du nicht dagewesen warst, um sie in Empfang zu nehmen. Sie wollte, dass ihr gemeinsam ein nordamerikanisches Handelsschiff besuchtet, auf dem an Bord alle Arten von Möbeln verkauft wurden, »die sehr gut in Ihr Häuschen passen würden, Rugendas«. Sie bat dich, sie auf einer Wanderung zum halb verfallenen Fort von San Antonio zu begleiten, da Rosa nicht mit ihr gehen konnte. Und wenn du gerade anfingst, davon zu träumen, dass ihr endlich allein sein würdet, kam unvermeidlich einer ihrer Freunde dazu: irgendein englischer Kaufmann oder der französische Konsul. Oft waren das Herren, denn Carmen hatte nur wenige Freundinnen, wie du nach und nach feststelltest. In ihrem Land gab es nicht viele Frauen wie sie, sagte sie dir. Glücklicherweise!, hättest du am liebsten ausgerufen.

Doch das Schlimmste dieser Folter, Moro, war nicht der sittsame Abstand, den Carmen zu dir hielt, sondern ihre verteufelte Fähigkeit, dich noch bei diesem Abstand in so sehnsuchtsvoller Erwartung zu halten wie einen jungfräulichen Bräutigam kurz vor der Hochzeitsnacht. In einem Laden oder auf dem Markt oder im Salon einer Kusine brachte sie dich immer durcheinander, indem ihre Hände oder ihre Beine die deinen streiften, was reiner Zufall sein mochte, vielleicht aber auch nicht. Wenn sie dich zu sich nach Hause zum Essen einlud, gemeinsam mit anderen Gästen, denen sie dich vorstellen wollte – hatte sie sich doch selbst auch zur Förderin deiner künstlerischen Talente ernannt –, dann setzte sie dich seltsamerweise neben sich. Mitten beim Abendessen bat sie dich dann diskret, du mögest ihr doch bitte einen Schuh wieder anziehen, der ihr vom Fuß gerutscht war. Benommen tatst du so, als habest du etwas verloren, krochst unter den Tisch, während die anderen weiteraßen, suchtest den Schuh und stecktest ihn ihr wieder an den Fuß, den sie schon erwartungsvoll hin- und herbewegte, während sie sich den Rock bis zu den Knien hochzog, um dir die Aufgabe zu »erleichtern«.

Wenn du jedoch später auf diese Schamlosigkeit oder eine der vermeintlich zufälligen Berührungen zu sprechen kommen wolltest, spielte sie die absolut Ahnungslose. So wie sie sich bei dem ersten Besuch schlafend gestellt hatte! Alles war, ihr zufolge, ganz zufällig und natürlich, ohne Hintergedanken. Der Abschiedskuss, den sie dir dicht neben dem Mund auf die Wange gab, war Ausdruck der unschuldigen Angewohnheit der Chileninnen, immerzu alle Welt zu küssen. Wie hattest du dann aber ihre feuchte Zunge zwischen den Zähnen aufblitzen sehen? War es etwa dein eigenes Begehren, das dich dies nur träumen ließ?

Natürlich war es dein eigenes Begehren, Moro! Du unterstelltest mir andere Absichten, weil dich deine unbefriedigte Lust und deine zügellose Phantasie eines romantischen Malers dazu verleiteten. Wenn ich dich berührte oder streifte, wenn ich dich etwas Unziemliches sehen ließ, dann … dann war das reiner Zufall oder unabsichtlich, was fast aufs Gleiche hinauskommt. Ich war mir dessen überhaupt nicht bewusst … Aber genug davon. Wenn ich länger darüber nachdenke, fange ich an, dir Recht zu geben. Und werde wütend. Besser, ich protestiere nicht mehr. Stellen wir es uns so vor, wie du willst, oder wie du es sehen wolltest.

Du gabst dir die Erlaubnis, es zu glauben, Moro. Zu glauben, dieser Quasi-Kuss, mit leicht geöffneten Lippen dicht neben deinem Mund, sei absichtlich so gegeben worden und Carmen habe dich damit ermutigen wollen, weiter auf sie zu warten. Du bewahrtest dir diese Illusion, bis du am nächsten Abend bei Constanza Nordenflycht zu Abend aßest – Carmens bester Freundin und seit ihrem fünfzehnten Lebensjahr auch Geliebte und hartnäckige Verfolgerin des gefürchteten starken Mannes des Landes, des Exministers Portales – und diese dir erzählte, es gehöre zu Carmens kleinen Marotten, ihre Freundinnen und Freunde, wenn sie sehr guter Laune war, mit Küssen zu überraschen, die einen leichten Knutschfleck auf der Wange hinterließen. Deshalb nannte man sie schon als kleines Kind »la Vinchuca«, in Anspielung auf jene große Wanze, die in ganz Chile auf dem Land verbreitet war und Blut saugte, ohne dass es wehtat, fast als küsse sie.

Kaum warst du wieder auf deinem Zimmer im Gasthof, untersuchtest du dich aufmerksam vor dem Spiegel. Keine einzige Spur, nicht einmal eine winzig kleine. Die anderen, jeden anderen beschenkte sie mit einem ordentlichen blauen Fleck. Dir aber hinterließ sie nur den Kratzer ihres Rings auf der rechten Wange.

Und dennoch steckte Carmen am folgenden Nachmittag, mit dem Argument, ihre Handschuhe vergessen und kalte Hände zu haben, eine Hand durch den Seitenschlitz deines grauen Umhangs. Um gleich darauf, ohne aufzuhören, über Nebensächlichkeiten zu reden oder dich nach Delacroix zu fragen – wie und wie gut du ihn kennengelernt habest –, ganz bewusst deinen Oberschenkel zu berühren. Oder hattest du das auch nur geträumt?

Du kamst dir immer mehr vor wie das Opfer einer furchtbaren mittelalterlichen Folter, von der du einmal gelesen hattest. Der Verurteilte wurde an den Füßen aufgehängt und so, kopfunter, in schneller, kurzer Folge erst in ein Becken mit kochendem und dann in eines mit eiskaltem Wasser getaucht, wobei darauf geachtet wurde, dass er nicht ertrank. Und dies so lange, dass die Haut des Unglücklichen Blasen warf und sich löste wie bei einer Schlange, die sich häutet.

So ging das zwei Wochen lang. Du porträtiertest sie nicht, du küsstest sie nicht, du schliefst nicht mit ihr … Und du hattest nicht einmal die Ruhe, um andere Motive zu malen! Ein Schiff, das durch ein weiteres Unwetter im Hafen unterging, zeichnetest du lustlos und schlecht. Du hattest auch keine Geduld, sorgfältig den herrlichen Gebirgszug an der Küste zu malen, schneebedeckt nach dem vergangenen Unwetter. In der Abendsonne glänzte er so plastisch wie eine lange Prozession rosafarbener Kapuzinermönche mit riesigen Rücken. Du aber maltest nur einen Haufen cremefarbener Felsen. Verlorst du jetzt etwa auch noch dein Talent?

So konnte das nicht weitergehen. Du warst kurz davor, zu explodieren und dich der handfesten Wollust deiner Wirtin hinzugeben. Oder irgendeine Dummheit zu begehen. Das tatst du dann auch wirklich, Moro.

Carmen richtete ein Willkommensfest für dich aus, mit Musik und zwanzig geladenen Gästen. Sie meinte, es sei unerlässlich, dich anderen potenziellen Kunden vorzustellen. Most wurde gereicht und ein Punsch aus gezuckertem Mate mit Weißwein. Carmens Freundin Isidora spielte Klavier und stimmte einige Opernarien an, die der Doktor Aquinas Ried komponiert hatte, der persönlich anwesend war. Eine andere Freundin zupfte die Harfe. Ein örtlicher Literat deklamierte ein Gedicht von Andrés Bello mit dem Titel »Dem Schiff«:

»Welch neue Hoffnungen / ziehen dich aufs Meer hinaus? / So kehr doch, kehre, kühnes Schiff / zurück zur heimatlichen Küste …«

Carmen lobte dich über den grünen Klee, stellte dich als den großen deutschen Kunstmaler vor, den Humboldt nach Amerika geschickt habe, um die Schönheiten des Kontinents festzuhalten. Gleich darauf nannte sie dich ihren »protegierten Künstler«. Laut danktest du ihr für ihre freundliche Gunst. Doch in deinem Innern verabscheutest du diese höfische Gepflogenheit. Als überzeugter Maler der Romantik lehntest du es ab, ein »Günstling« zu sein. Vom Baron hattest du dich auch entfernt, als er dir seine Projekte und sein Mäzenatentum aufzwingen wollte (nachdem er dir noch viel mehr hatte aufzwingen wollen). Seit du seine Aufträge und sein Geld abgelehnt hattest, warst du dorthin gereist, wohin du wolltest, und hattest dich selbst finanziell unterhalten. Du warst ein freier Maler! Doch an diesem Abend gabst du dich für das Spiel her. Du wusstest nicht, wie du es ablehnen solltest. So tief war deine Moral durch dein erfolgloses Werben gesunken, Moro, dass du sogar noch tiefer sankst: Auf Bitten der versammelten Gesellschaft fertigtest du freundliche Skizzen an. Von dir selbst angewidert, wolltest du schon gehen, als ein beleibter englischer Kaufmann laut darauf bestand, die Sterne durch das Teleskop zu betrachten.

Das Fest verlagerte sich in den Nebenraum. Carmen zog das Teleskop aus und hob seine Spitze, um es auf den Himmel zu richten und es perfekt zu justieren. Sie wechselte Linsen, legte Filter vor. Dann löschte sie die Petroleumlampen und führte den Engländer im Dunkeln ans Teleskop, sodass er das Firmament bewundern konnte. Die anderen umringten, in Erwartung, dass sie an der Reihe wären, aufgeregt und laut schwatzend den Apparat. Du bliebst im Schutz der Dunkelheit im Hintergrund. Von deiner Ecke aus sahst du Carmens Schattenriss vor dem Fenster, es schien dir, als suche sie dich. Du warst betrunken und so verärgert über deine Rolle als Hofmaler, dass du beschlossest, noch am gleichen Abend dies alles zum Teufel zu schicken.

Als Carmen schließlich in deine Nähe kam, griffst du nach ihrem Handgelenk und zogst sie an dich. Sie wehrte sich und schaffte es, dir den Rücken zuzuwenden. Du jedoch umarmtest sie von hinten und drücktest sie an dein Becken. Carmen erzitterte, versuchte jedoch nicht, sich zu befreien, obwohl sie deutlich die Ausbuchtung deiner Hose spüren musste, die gegen ihren Steiß drängte. Stattdessen hob sie leicht den Kopf, wandte ihn dir zu und flüsterte dir ins Ohr:

»Sie begeben sich in Gefahr.«

»Es ist mir gleich, ob Sie mich ohrfeigen oder bloßstellen. Ich halte es nicht mehr aus.«

»Wenn Sie weitermachen, werde ich ohnmächtig, wirklich«, sagte sie, und du spürtest, wie sie zitterte. »Gutiérrez rührt mich nicht an, niemand hat mich seit neun Jahren angerührt.«

Neun Jahre! Durch den Nebel deines Rausches, deiner Qualen, deiner Wut brach sich diese ungeheuerliche Vorstellung Bahn. Der Schmerz ihrer Einsamkeit, die Trauer dieser nutzlosen

Schönheit. In deinem Herzen brach sich eine andere Carmen Bahn: die unvollständige, die betrogene, die verletzte. Eine Frau, die vielleicht auch vor der Angst floh, noch einmal zu scheitern, genau wie du. Halb unbewusst fragtest du dich, ob du dem Ausmaß dieses Verlangens gewachsen sein würdest.

Doch du wusstest die Antwort nicht. Du küsstest sie nur auf den Kopf und ließest sie gehen.

VII

Typische Frauen

ENDLICH, EINES MORGENS ENDE JUNI, den ein leichter Hochnebel einhüllte, stieg Carmen zu deiner Hütte herauf, um zum ersten Mal für ihr Porträt Modell zu sitzen.

Drei Tage zuvor warst du vom »Englischen Gasthof« in dein Häuschen auf dem Cerro Alegre umgezogen. Es kam dir seltsam vor, es »mein Haus« zu nennen, nach all den Jahren des Herumvagabundierens; fünfzehn waren es inzwischen, seit du mit achtzehn das Haus deines Vaters in Augsburg verlassen hattest. Als du jedoch deine Malutensilien aufgebaut, deine Hüte an den Haken und deine Kleider auf Bügel gehängt hattest, stelltest du fest, dass es dich zwar bedrückte, einen »eigenen« Platz zu haben, doch nicht so sehr, wie du geglaubt hattest. Du fragtest dich sogar, ob du hier vielleicht länger bleiben könntest als die wenigen Wochen, die du jedem Ort zugestandst, bevor er für deinen Blick verbraucht war und du weiterzogst.

Dies war nicht das einzige Gefühl, das dich überraschte. Seit jenem Festabend, als du Carmen mit Gewalt umarmtest und sie dann gehen ließest (»seit neun Jahren hat mich niemand mehr angerührt«), war etwas zwischen euch anders geworden. Ihr saht euch genauso häufig wie vorher, doch oft bemerktest du dabei, dass sie dich mit einem neuen Ernst betrachtete, ohne dieses ironische Lächeln, mit dem sie dich zu mustern pflegte. Du selbst verspürtest eine gewisse Ruhe, eine unbekannte Geduld, die dich überraschte und deine kühnen Avancen und Komplimente bremste, die du ihr vorher entgegengebracht hattest. Ihre Ironie und deine Kühnheit waren die ersten Verluste in dieser Liebesschlacht. Wer oder was würde als Nächstes fallen? Indem du dich das fragtest, verstandst du besser den ungewohnten Ernst auf Carmens Gesicht.

Du hörtest Stimmen und gingst auf die kleine Terrasse hinaus, die die Treppe mit ihren einhunderteins Stufen krönte. Carmen kam leichtfüßig heraufgesprungen, die Schuhe in der Hand, während ihr Rosa schnaufend und protestierend, ihren dicken Zopf schüttelnd, viele Stufen unterhalb folgte.

»Staunen Sie nicht so«, sagte Carmen, als sie die Terrasse erreichte, das Gesicht gerötet, doch nicht außer Atem. »Auf meinen Ländereien steige ich jeden Sommer immer noch auf hohe Berge. Auch deshalb nennt man mich verrückt.«

»Ich staune bei Ihnen über fast gar nichts mehr.«

Carmen wartete, bis Rosa die Terrasse erreicht hatte, und bat sie, dort in einem Korbsessel unter dem reetgedeckten Vordach auf sie zu warten. Dann betrat sie dein Atelier, als besuche sie es zum ersten Mal, und betrachtete den großen Tisch, wo du mit einer großen Schneiderschere die Leinwand zuschnittest und die Rahmen bespanntest; die Gefäße, in denen du die Pigmente für deine Ölfarben mischtest, den Lapislazuli-Stein, den du gerade für dein Blau zermahltest; dein Lesepult, deine farbverschmierte Staffelei und die weiße Leinwand, die darauf stand.

»Wunderbar. Jetzt sieht es hier wirklich aus wie in einem Maleratelier.«

Unter ihren nackten Füßen spürte sie den Teppich, den du über den gestampften Lehmboden gebreitet hattest, und fragte dich, beeindruckt lächelnd:

»Damit ich keine kalten Füße bekomme?«

Tatsächlich hattest du Carmens Angewohnheit bemerkt, auf dem Holzboden ihres Salons barfuß zu gehen, »um die Teppiche zu spüren«, wie sie sagte. Auf dem Almendral-Markt kauftest du bei einer Indiofrau mehrere araukanische Ponchos aus dicker, roher Wolle in verschiedenen Farben. Du ließest die Schlitze schließen und die Ponchos miteinander vernähen, sodass ein großer Teppich aus zinnoberroten, blauen und moosgrünen Flecken entstand. Damit legtest du die kleine Hütte von Wand zu Wand aus. Dies war dein Beitrag zur Einrichtung, die sie in die Hand genommen hatte, wobei sie dich nur ab und zu und nur der Form halber um Rat fragte, weil sie sich sicher war, dass »Männer nichts von solchen Dingen verstehen«. Und du hattest dies auch ohne sie zu fragen getan, vielleicht als minimalen Akt der Unabhängigkeit.

Carmen ging im Raum umher und genoss freudig das Gefühl des von dir erfundenen Teppichs. Als sie jedoch ihren Blick hob, verdüsterte sich ihre Miene. Sie musterte die Wand über deinem Bett und die andere neben der Tür und blickte dich darauf fassungslos an, wieder so ernst wie in den letzten Tagen. Der Teppich war nicht deine einzige Geste von Unabhängigkeit gewesen, lieber Moro. Obwohl diese zweite nicht als Dekoration gedacht war. Dies war deine Kunst. An die Wände, die auf Anweisung von Carmen mit Segeltuch bespannt worden waren, hattest du Gemälde aus deiner Serie »Typische Frauengestalten« gehängt, die, eingerollt in großen Lederfutteralen, immer mit dir reisten. Du entrolltest sie, spanntest sie mit Reißnägeln auf von dir gezimmerte Rahmen und hängtest deine Frauen auf halbe Höhe, sodass sie dem Betrachter in die Augen sahen.

Die Mulattentänzerin aus Rio; die beiden schwarzen Prostituierten, Zwillingsschwestern, aus Salvador do Bahia; die Korbflechterin aus Maracaibo; die Kreolinnen aus Santiago de Cuba und Veracruz; die Bonbonverkäuferin aus Puebla; die kräftige mestizische Wasserträgerin aus Acapulco; die Novizin aus Cartagena de Indias; die indianische Harfenspielerin aus Guayaquil mit den nackten Brüsten; das Mädchen aus Lima, sein Gesicht halb von einem Tuch bedeckt, das nur ein einzelnes, starr schauendes Zyklopenauge sehen ließ. Sogar eine Reiterin aus Jalisco in mexikanischer Tracht neben ihrem Pferd. Alle in ihrer typischen Landestracht und in den unterschiedlichsten Posen: stehend, sitzend, liegend. In jeder Pose war es dir gelungen, sie erregend, provozierend zu zeigen, ihre persönliche Attraktivität durch den »Typus« strahlen zu lassen, den sie repräsentierten.

Du erklärtest Carmen die Trachten und die Herkunft dieser Frauen und das Prinzip, das hinter deiner Serie stand. Sie betrachtete dabei die Bilder, eins nach dem anderen. Plötzlich wandte sie sich dir zu:

»Das hier ist also Ihr Harem, Señor Moro.«

Seit dem Zwischenfall bei ihrem Fest hatte sie sich angewöhnt, dich »Moro« zu nennen, eine Abkürzung deines zweiten Vornamens, Moritz. Doch auch eine Unterstellung, du seist eifersüchtig und lasziv wie ein Mohr. Etwas, das ihr zufolge nicht von deiner bayerischen Abstammung herrühren konnte, sondern nur von der mediterranen Seite deines Charakters, deinen katalanischen Vorfahren. Jetzt scherzte sie spöttisch, du kämst ihr vor wie ein Sultan im Exil, der seinem Harem nachtrauerte.

»Keine Rede davon«, verteidigtest du dich. »Dies sind alles typische Frauengestalten. Sie stellen verschiedene regionale Typen dar. Es sind Idealvorstellungen.«

»Ach ja? Und wie viele wirkliche Frauen mussten Sie kennenlernen, um diese idealen Frauen zu malen?«

»Einige. Doch nur sehr flüchtig.«

»Sie sehen aber nicht nach flüchtiger Bekanntschaft aus. Man möchte meinen, sie hätten lange posiert.«

»Berufserfahrung. Ich lasse sie Vertrauen schöpfen, dann …«

»Großes Vertrauen?«, fragte Carmen und sah dir dabei direkt in die Augen. Das ironische Lächeln, das in letzter Zeit verschwunden war, spielte wieder um ihre vollen, roten Lippen. Dann schüttelte sie langsam den Kopf, wie jemand, der einen hoffnungslosen Fall bestätigt findet. Du bereutest nicht, diese Bilder aufgehängt zu haben. Deine typischen Frauengestalten hatten Carmen dazu gebracht, etwas von ihren Gefühlen preiszugeben. Wenn es Eifersucht war, ermutigte es dich. Wenn es Unsicherheit war, rührte es dich. Du sagtest:

»Ihr Porträt wird anders sein. Ich werde Sie als Sie selbst malen, nicht als das, was sie darstellen.«

»Sie wollen auch nicht das malen, was ich für Sie darstelle?«

»Nicht einmal das. Ich werde versuchen, dem Original ganz treu zu bleiben.«

»Ich habe den Verdacht, dass dies etwas ganz Neues für Sie sein wird.«

Du versuchtest nicht, ihr zu widersprechen. Mit Worten war sie besser als du. Nicht nur, weil ihr euch in ihrer Muttersprache unterhieltet, sondern auch, weil sie einen sicheren Instinkt dafür besaß, das auszudrücken, was du nur intuitiv fühltest. Außerdem, wozu streiten, wo jetzt doch die Reihe an deiner eigenen Sprache war? Jetzt würdest du sie dir ganz genau ansehen, Zentimeter für Zentimeter. Würdest sie mit deinen Augen verschlingen und sehen, was sie von sich selbst niemals sehen konnte. Vielleicht sogar den Weg zu ihrem Herzen.

Du rücktest einen Stuhl mit Armlehnen an das hellste Fenster, ludst Carmen ein, sich darauf zu setzen, und zeigtest ihr, wohin sie schauen sollte (zur Harfenspielerin aus Guayas). Dann hobst du ein wenig ihr Kinn an, ohne Not, nur aus Lust, sie zu berühren. Du drapiertest den Schleier, der von ihrem Kamm aus Schildpatt hing, und bauschtest die Schultern ihres Kleides. Ein sehr formelles Seidenkleid, das vorn vom Hals bis an den Saum durchgeknöpft war, fast wie eine Soutane. Kein aufreizendes Dekolleté. Ganz offensichtlich hatte sie beschlossen, sich als die Patrizierin porträtieren zu lassen, die sie war. Du tratst ein paar Schritte zurück, um sie zu betrachten. Diese Falten schwarzer Seide würden dir einige Mühe machen. Nicht weniger als die vollen Lippen und der bleiche Hals, an dem jene bläulichen Adern durchschienen, die dich so fasziniert hatten. Die Augen jedoch würden nicht so schwierig werden; selbst wenn sie dir nicht so gut gelängen, wären sie immer noch unglaublich schön.

Du pflegtest die von dir Porträtierten zum Reden zu ermuntern, um sie zu beruhigen und ihnen die Zeit zu verkürzen.

»Erzählen Sie mir von etwas Schönem. Ihrer Kindheit, zum Beispiel.«

»Meine Kindheit war voller Gewalt. Damals war Krieg.«

»Wenn Sie das traurig stimmt, denken Sie an etwas anderes.«

»Es stimmt mich traurig und macht mich zugleich stolz. So habe ich gelernt, unabhängig zu werden. Mein Vater musste ins Exil gehen; meine Mutter wurde schwermütig. Ich jedoch ...«

Während sie sprach, rücktest du die Staffelei zurecht und bewegtest den Schieber, um die richtige Entfernung und Höhe zu erreichen. Die Leinwand, auf die du sie malen würdest, verdeckte dich zum Teil. Du stecktest den linken Daumen durch das Loch deiner dicken Palette aus Rosenholz, tauchtest einen deiner Pinsel aus sibirischem Marderhaar – ein Geschenk deines Vaters, als du loszogst, die Welt zu malen – in die Farbe und zogst den ersten Strich.

... Und wie es immer geschah, wenn du maltest oder zeichnetest, vertieftest du dich völlig in deine Arbeit, versankst förmlich in ihr: Du reistest in die Seele deines Motivs. Wurdest zu dem, was du maltest. So sehr saugtest du dein Modell mit jedem Pinselstrich in dich auf, dass es dir, als du an einer Seite der Leinwand hervorlugtest, um Carmen anzuschauen, beinahe schien, du sähest auch das, was sie dir erzählte. So als ob du beim Malen in ihrer Erinnerung versankst, dort eindrangst, wo sie Zuflucht zu nehmen pflegte, wenn ihr das Leben unerträglich wurde.

Sie hatte ihre Kindheit auf der Hacienda Cachapoal verbracht. Ihr Vater hatte an den Unabhängigkeitskriegen teilgenommen. Er stellte sein eigenes Bataillon auf, kämpfte viele Jahre. Oft fürchtete sie, man könne ihn töten. Während der spanischen Gegenoffensive, der Reconquista, wurde er, zusammen mit anderen chilenischen Patrioten, auf die entlegene Insel Juan Fernández verbannt. Auf der Hacienda Cachapoal fiel ihre Mutter in eine tiefe Depression: Sie verließ ihr Zimmer nicht mehr, das man verdunkelt hatte, um ihre Migräne zu lindern. Um ihre Schwester zu schützen, die viel älter war als Carmen, schickte man sie in das Kloster der Kapuzinerinnen, wo sie das Gelübde ablegte und bald darauf starb. (Von jeher hatte man in der Familie wenigstens ein Kind jeder Generation Gott geweiht.) Trotz ihrer Einsamkeit, trotz des Krieges und der Verbannung ihres geliebten Vaters fühlte Carmen sich frei. Sie war umgeben von einem halben Dutzend Mädchen, der weiblichen Kinderschar des Gesindes, unter ihnen auch ihre jetzige Zofe, vielleicht ihre einzige wirkliche Freundin: Rosa. Im Sommer badeten sie im Löschteich, nackt wie die Fische, und kletterten auf Bäume, fingen Schlangen, sangen Lieder in der Mapuche-Sprache. Diese Freiheit, die ihr manchmal wie eine Art Glück vorkam, dauerte nicht lange. Die Mutter starb, der Vater kam verbittert, als gebrochener Mann, aus der

Gefangenschaft zurück. Da er vorhersah, dass er auch bald sterben würde, führte er sie in ihre Pflichten als Herrin über ihre Haciendas ein, Pflichten, die sie von den Dienstboten trennten. Der Vater, der sich die größte Mühe mit ihr gab, stellte auch einen Hauslehrer ein, der seine geliebte und von ihm verwöhnte jüngste Tochter Mathematik, Geometrie und die Naturwissenschaften lehrte. Und eine französische Gouvernante aus dem Elsass, von der Carmen in weniger als einem Jahr das Französisch »aufsaugte«, um sie gleich darauf zu bitten, ihr auch Deutsch beizubringen. Sie hatte einen unstillbaren Appetit bekommen, zu lernen, und stellte fest, dass sie die Fähigkeit besaß, dies rasch und mit Freude zu tun. Doch frei war sie niemals mehr. Nicht einmal, als sie sich in den Kopf setzte, Gutiérrez zu heiraten, auch er ein Held der Unabhängigkeitskriege, und ihr Vater ihrer verrückten Idee zustimmte, obwohl er sah, dass der Zukünftige kriegsversehrt und so viel älter war als sie. Er ermunterte sie sogar, sich bald zu vermählen, damit sie nach seinem Ableben inmitten der herrschenden Anarchie nicht allein bliebe. Frei wurde sie nie mehr. Auch nicht in diesen Jahren, in denen sie sich verzweifelt vormachte, sie wäre es …

Während Carmen sprach, lugtest du ab und zu hinter deiner Leinwand hervor, um einen Blick auf dein Modell zu werfen. Du besaßest die Fähigkeit, deinen Blick so genau zu fokussieren, dass du ihn ausschließlich auf das Oval ihres Gesicht konzentriertest, das du jetzt gerade skizziertest. Dennoch nahmst du beim zweiten oder dritten Hinschauen wahr, dass sich irgendetwas an ihr veränderte. Etwas, das am Rande deines Blickfelds lag.

Du schautest genauer hin und entdecktest, was es war. Jedes Mal, wenn du hinter deine Leinwand zurückkehrtest, um einen weiteren Pinselstrich zu setzen, öffnete sie einen der Knöpfe, die ihr Kleid schlossen. In dem Moment, als du es merktest, hatte sie es schon bis halb über der Brust aufgeknöpft. Es war, als müsse sich Carmen, um dir ihre Vergangenheit zu beichten, auch ihrer Kleidung entledigen.

Du hattest Erfahrung, Moro, mehr als zuzugeben dir guttat. Du hattest die Welt bereist und Frauen gekannt. Und dennoch verstecktest du dich jetzt. Du fuhrst leicht zusammen und verbargst dich wieder hinter deiner Leinwand. Dort standst du wie ein verschämter Jüngling, Pinsel und Palette hingen nutzlos in deinen Händen. Verwirrt dachtest du nach. Vielleicht trug sie ein Korsett, und weil dieses zu sehr drückte, hatte sie beschlossen, es zu lösen … Nach ein paar Sekunden schlucktest du trocken und schautest wieder heraus, nur mit einem Auge.

Carmen hatte ein weiteres halbes Dutzend Knöpfe geöffnet, der Schlitz ihres geöffneten Kleides reichte jetzt schon bis zum Nabel. Darunter trug sie keine Unterwäsche, weder ein Mieder noch ein Korsett. Nichts außer ihrer Haut.

Schnell glittest du wieder hinter deine Staffelei, in den Schutz deiner Kunst. Seufztest. Im Grunde, so wurde dir klar, hattest du die Hoffnung aufgegeben, dass so etwas geschehen könnte. Plötzlich fiel dir Rosa ein, die von der Terrasse aus sicher alles sehen konnte. Als du dich umwandtest, fandst du die Hüttentür geschlossen. Das war kein Windstoß gewesen, du hattest sie nicht zuschlagen gehört. Das konnte nur die Zofe selbst gewesen sein, während du vollständig davon in Anspruch genommen warst, ihre Herrin zu malen. Sie hatte die Tür geschlossen, damit diese sich ungestört ausziehen konnte.

Wieder warfst du einen Blick nach vorn. Carmen hatte sich ihr Kleid jetzt vollständig aufgeknöpft und erhob sich.

VIII

Blutige Hieroglyphen

VERZÜCKT, FAST WIE IN TRANCE, kamst du hinter deiner Staffelei hervor, Moro. Verließt den Schutzraum deiner Kunst. Obwohl du am liebsten nicht weitergegangen wärst, die neue Pose deines Modells nicht gestört hättest. Wenn es nach dir gegangen wäre, hätte sie ewig währen können.

Als Carmen aufstand, ließ ihr vorne geöffnetes Kleid das Tal zwischen ihren Brüsten und die Hälfte ihrer Brustwarzen erkennen. Weiter unten erblicktest du ihren leicht gewölbten, weißen Bauch, die kleine Kuhle des Nabels, ihr schwarzes Schamhaar, das einer nächtlichen Schlingpflanze glich und den Kamm ihres Geschlechts erkennen ließ, die Innenseite ihrer langen, geschlossenen Beine.

Du sahst, wie sie den Schleier vom Zierkamm nahm, beides zur Seite legte, ihren Knoten löste und ihr langes Haar frei über ihre Schultern fallen ließ. Dann fasste sie die beiden Seiten ihres Kleides, öffnete es und ließ es zu Boden gleiten. Langsam sank die schwarze Seide, folgte der Rundung ihrer Hüften und ergoss sich auf den Teppich zu ihren Füßen.

Jene »Vitruvianische Frau«, die du einst mit den für dich idealen Maßen gezeichnet hattest, stand jetzt vor dir. Oder nicht. Genau betrachtet, entsprachen die Maße dieser Frau aus Fleisch und Blut nicht jenem Ideal. Ihr Hals war länger, ihre Schultern ein wenig breiter. Doch waren es genau diese kleinen Unvollkommenheiten, die dein Modell als die Schönere erscheinen ließen.

Du hattest dir vorgestellt, dass die nackte Carmen wunderschön sein müsse. Dein gut geübtes Auge eines unverbesserlichen Schürzenjägers hatte eine harmonische Schönheit erwartet, sinnlich und grazil zugleich. Was du jedoch nicht ahnen konntest, weil du es noch nie zuvor bei deinen Streifzügen als reisender Maler und Liebhaber erlebt hattest, war der tiefe Ernst dieser Schönheit. Die stolze Sicherheit, die ihre niedergeschlagenen Augen dem Gesamtbild ihres Körpers gaben, die Verantwortung, die sie, ohne dies aufzuzwingen, von demjenigen einforderte, der ihn nehmen wollte.

Etwas sagte dir, dass dich, wenn du noch länger zögertest, der Ernst ihrer Schönheit daran hindern könnte, dich Carmen zu nähern. Du könntest gelähmt werden, dich erdrückt fühlen wie im Angesicht jener majestätischen Landschaften, die du nicht zu malen vermochtest, gerade weil sie von so überwältigender Schönheit waren.

Du tratst zu ihr, bliebst eine Armlänge vor ihr stehen. Mit der Spitze des Mittelfingers deiner rechten Hand berührtest du ihre linke Schulter, folgtest dem Bogen ihres Schlüsselbeins bis zum Ansatz ihres Halses, fuhrst ihn hinauf und hobst ihr Kinn. In ihren dich offen und leicht beklommen anblickenden Augen glaubtest du so etwas wie eine Frage zu erkennen.

Obwohl du keine Ahnung hattest, was diese sein könnte, und weniger noch, wie du sie beantworten solltest, glaubtest du, etwas sagen zu müssen. Doch in deiner Erfahrung fandst du nichts, was dir hätte helfen können. Deine typischen Frauen an den Wänden kamen nicht zu deiner Rettung. Du öffnetest den Mund, der vor Beklommenheit ganz trocken war, und wartetest darauf, dass irgendein Wort von allein daraus hervorkäme. Carmen ließ es nicht zu. Sie umfing dein Gesicht mit ihren Händen, zog deine Lippen zu sich herab und küsste dich. Du fühltest, wie ihre kühle Zungenspitze mit der deinen spielte, sie streichelte. Dann zog sie ihren Mund leicht zurück und flüsterte:

»Hoffentlich verzeihst du mir.«

»Ich? Wieso?«, fragtest du bebend.

»Wegen des Bisses neulich.«

Und ohne dir Zeit zu geben, zu lachen oder ihr zu verzeihen, begann sie, dein Hemd aufzuknöpfen. Anscheinend hatte sie dich in diesen drei Wochen mit genau derselben Sorgfalt studiert, wie dein Malerauge meinte, sie studiert zu haben. Ihre Hände schienen die Anordnung der Hemdknöpfe auswendig zu kennen, das Hindernis des Gürtels, die Knöpfe deiner Hose. Jedes deiner Kleidungsstücke, das auf den Teppich fiel, war eine Kette, von der du dich befreitest. Man weiß niemals, wie schwer die Kleidung wiegt, bis einen die Hand einer geliebten Person davon befreit, nicht wahr, Moro? Das lerntest du an jenem Tag.

Schließlich zog dir Carmen auch die Stiefel aus und blieb vor dir knien, vor deinem aufrecht stehenden, zuckenden Geschlecht. Eine Scham, die du nie zuvor gefühlt hattest, ließ es dich mit deinen Händen bedecken. Sie schob sie sanft zur Seite und nahm es in die ihren. Aufmerksam betrachtete sie dein Glied, das zwischen ihren Fingern hervorragte, mit einer zärtlichen, überraschten Anmut. Dann biss sie sich auf die linke untere Lippe – ein Zeichen der Versuchung, des Einzigen, was sie besiegen konnte –, bevor sie es mit ihren Lippen umschloss …

Doch wie beschreibt man das, wie erinnert man das, Moro? Ich versuche es, mit deinen Augen zu sehen, wie du mich gebeten hast. Doch da stoße ich auf ein Problem ähnlich dem, das dich immer quälte: Wie schafft man es, die Leidenschaft zu malen? Die

Leidenschaft zu erzählen, scheint so unmöglich, wie sie zu malen … ohne sie zu verfälschen. Das hast du mir immer gesagt. Die Leidenschaft erblüht an den Rändern der Kunst, dort, wo sie an das Erhabene und das Lächerliche grenzt. Gleichwohl versuchtest du oft genug, die Begegnung zweier Körper zu zeichnen, den Tumult des Verlangens. In deinen heimlichsten Skizzenheften bewahrtest du die Zeichnungen vieler Beischlafszenen. Als ich sie schließlich fand und dich damit konfrontierte, erklärtest du mir erregt, es mache dir nichts aus, hundert Mal zu riskieren, grotesk zu erscheinen, wenn es dir dabei nur einmal gelänge, das Herrliche festzuhalten. Du zogst die heiße Scham der kalten Heuchelei vor. Dieses Risiko lohnte sich, wenn du nur ein einziges Mal das Wesentliche zu zeichnen vermochtest: diesen Augenblick, in dem sich der Körper in Seele verwandelt …

Du knietest neben ihr nieder, und gemeinsam sankt ihr auf den Teppich. Carmen spreizte leicht die Beine. Du erkundetest ihr Geschlecht mit deiner Hand, fühltest, dass es feucht war, für dich bereit, und bestiegst sie. Auf deine Ellbogen und Zehenspitzen gestützt, um sie nicht zu erdrücken, senktest du die Spitze deines Geschlechts behutsam auf das ihre. Es küsste sanft ihre Vulva, beherrschte sich, um sie nicht zu verletzen. Dies war eine unnötige Vorsicht. Oder zumindest eine, die sie nicht nehmen wollte. Ungeduldig packte sie dich bei den Hüften und zog dich in sich hinein.

Als du in sie eindrangst, verlorst du das Gespür für deine äußeren Grenzen, hattest das Gefühl, Carmen umhülle nicht nur dein Glied, sondern auch dich selbst, ganz und gar. Oder dass du nicht in sie eindrangst, sondern sie warst.

Carmen stieß ein langes Stöhnen aus, wild und zärtlich zugleich. Du fielst mit einem Schrei ein, jenseits jeglicher Sprache, jenseits der ungelenken Worte, mit denen unsere menschliche Art die Liebe zu benennen versucht.

* * *

Nach und nach kamst du wieder zu dir. Es schien dir, als sei innerhalb dieser Minuten viel Zeit vergangen. Als du die Augen aufschlugst, wusstest du zunächst nicht, wo du dich befandst.

Verwirrt wurde dir klar, dass ihr am anderen Ende der Hütte lagt, neben deinem Bett. Ohne es zu bemerken, warst du mit solchem Verlangen in sie eingedrungen, und sie hatte dir mit so viel Energie geantwortet, dass ihr einige Meter über den Teppich gerutscht wart. Du auf ihr liegend, sie dich mit sich forttragend, so wart ihr bei jedem Stoß über die rauen araukanischen Ponchos geglitten. So als hätten eure Körper, ohne es euch wissen zu lassen, den Wunsch gehabt, auf eine Reise ohne Wiederkehr zu gehen.

Als sie erwachte, halfst du ihr, sich zu erheben. Um dich nicht von ihr lösen zu müssen, nahmst du sie in die Arme, legtest sie vorsichtig aufs Bett und strecktest dich neben ihr aus. Carmen schmiegte sich dicht an dich und legte ihren Kopf auf deine Brust.

»Es klingt wie ein galoppierendes Pferd«, sagte sie.

Und du dachtest, dass sie sich diesmal irrte. Denn tatsächlich war dein Herz einige Augenblicke zuvor stehengeblieben, hatte viel mehr als nur einen Schlag ausgesetzt, während der Rest deines Körpers galoppierte. Nie zuvor auf deiner langen Wanderung von fünfzehn Jahren hattest du richtig Halt gemacht. Seit du mit achtzehn zu Fuß nach Italien reistest und mit zwanzig nach Brasilien aufbrachst und drei Jahre später nach Deutschland zurückkehrtest und sofort nach Frankreich, Spanien und England weiterreistest und bald darauf über Haiti wieder nach Amerika fuhrst und sechsunddreißig Monate kreuz und quer durch Mexiko streiftest und anschließend hierher auf die andere Seite der Welt kamst … Nie hattest du bis jetzt wirklich innegehalten. Neben dieser rätselhaften Frau, die zu ergründen du dir redliche Mühe gegeben hattest und die du plötzlich besser zu verstehen begannst als irgendeine andere zuvor. Du ahntest, dass sie genauso eine Fremde war wie du, doch in ihrem eigenen Land. In ihrem Land lebte wie in der Verbannung. Durch jenes Teleskop schaute, mit dem sie niemals das erkennen konnte, was sie erwartete. Wenn du ein Fremder warst, dann war sie eine in ihr Inneres Verbannte. Und als du sie zu verstehen begannst, begriffst du, dass auch du das gewesen warst, mit deinen Fluchten vor der Liebe.

Später, nachdem ihr euch noch einmal geliebt hattet, erhob sich Carmen vom Bett, um heimzugehen. Dabei bemerktet ihr erstaunt ein paar kreisrunde rote Flecken auf dem frischen Laken, vier rote Kreise in einer Reihe, alle im gleichen Abstand. Jeder Einzelne schien ein Symbol zu sein, ein rätselhaftes Anagramm. Als seien es Hieroglyphen einer unbekannten Sprache, die jemand auf dein Bett gezeichnet hatte.

Carmen beugte sich nieder und beäugte sie fasziniert, ohne zu begreifen. Da sahst du auf ihrem Rücken die vier Prägestempel dieser Hieroglyphen in Fleisch und Blut, auf den hervorstehenden Wirbeln ihres Rückgrats. Du nahmst deinen Rasierspiegel und hieltst ihn so, dass auch sie die Wunden sehen konnte, die die Leidenschaft auf ihrem Körper hinterlassen hatte. Als sie unter deinem unbändigen Ansturm über den rauen Teppich rutschte, war die Haut von diesen hervorstehenden Knochen bis aufs Fleisch abgerieben worden. Sie jedoch hatte nichts davon gemerkt, keinerlei Schmerz verspürt.

Oder spürte ihn vielleicht erst jetzt. Denn als sie das Gesicht zu dir hob, sahst du ihre von Tränen und gleichzeitig Ekstase erfüllten Augen. Du batst sie um Verzeihung:

»Ich habe dir wehgetan, ohne es zu merken …«

Carmen schüttelte den Kopf und lächelte:

»Unsere Liebe hat mich verletzt.«

Dann zog sie das Laken vom Bett und zerriss es, bis sie nur noch das Stück mit den vier blutigen Hieroglyphen in der Hand hielt.

»Wozu tust du das?«, fragtest du sie.

»Ich will sie aufbewahren, mein ganzes Leben lang.«

»Welch verrückter Einfall.«

»Nie war ich klarer bei Verstand, Moro. Heute habe ich noch einmal meine Jungfräulichkeit verloren, mit dir.«

IX

1854

»EHEBRUCH, DROGENMISSBRAUCH, KANNIBALISMUS …« Mit diesen Worten hattest du Darwin einige der Dinge in Erinnerung gerufen, die er in seinem Buch über seine Reise mit der »Beagle« und seinen Besuch Chiles unterschlagen hatte. Doch zwanzig Jahre später in seinem Haus in Downe wollte er sich nicht daran erinnern, nichts von diesen Jugendabenteuern hören.

»Psst …«, zischte dein alter Freund und wandte sich auf seinem Drehstuhl, um im Spiegel neben dem Fenster einen Blick in den Garten zu werfen, wo seine Familie spielte. »Seien Sie doch still! Meine Frau … Meine Kinder … Man könnte Sie hören …!«

»Wir unterhalten uns auf Spanisch, Wunderknabe. Sprechen sie das etwa?«

Du hattest vergessen, wie sehr es dir Spaß machte, den »Wunderknaben« zu ärgern. Und du dachtest, dass du vielleicht auch deshalb und nicht nur wegen des Briefes, mit dem er dich zu kommen aufgefordert hatte, die beschwerliche Reise von Bayern den Rhein und die Maas hinunter bis nach Rotterdam unternommen hattest, wo du ein Schiff bestiegst, das dich nach London brachte. Du warst gekommen, um mit ihm eines jener alten, anregenden Streitgespräche zu führen.

»Und Sie haben in ihrem Tagebuch das Schlimmste gar nicht erwähnt«, fuhrst du fort.

»Was denn?«, fragte Darwin erschrocken und riss weit seine

unschuldig dreinblickenden Augen auf, die tief in ihren Höhlen unter den buschigen Augenbrauen lagen.

»Dass Sie sich in Chile mit einem Maler angefreundet haben.«

Der Forscher lächelte erleichtert:

»Ja, stimmt. Ich habe Sie vermisst, Rugendas. Sogar Ihre Ironie hat mir gefehlt.«

Vielleicht spürte er, dass dieses Geständnis die Grenzen überschritt, die ihm die englische Förmlichkeit auferlegte, denn leicht verwirrt wandte er sich wieder auf seinem Drehstuhl um und schaute mit Hilfe des Spiegels auf das fröhliche Spiel im Vorgarten. Dann senkte er den Kopf. Deinem Blick ausweichend formulierte er die Frage, die er dir sicher hatte stellen wollen, seit er dich hatte eintreten sehen:

»Carmen«, murmelte er … »Haben Sie von ihr gehört?«

Du fürchtetest schon, Darwin habe dich vielleicht nur aus diesem Grund eingeladen, von so weit herzukommen. Dass er bei seinem frühen Altern schon die Stufe erreicht habe, wo Männer, auch die Praktischsten und der Gegenwart Verhafteten, der Vergangenheit nachzutrauern beginnen. Wo sie sentimental werden und jemand suchen, mit dem sie eine Erinnerung teilen können, die ihnen plötzlich ungemein kostbar erscheint. Du beschlossest, es rundweg abzustreiten:

»Nein, ich habe nichts gehört.«

Doch dein alter Freund war zu klug – und hatte dich zu gut kennengelernt, auch wenn es in einer anderen Welt gewesen war –, um dir deine Lüge abzunehmen. Er sagte:

»Es tut mir leid, ich wecke Erinnerungen, die schmerzlich für Sie sein müssen …«

»Und die Sie für krankhaft halten.«

»Für wunderbar«, widersprach Darwin entschieden und hob zum ersten Mal die Stimme. »Ich werde nicht zulassen, dass Sie leugnen, was Sie für Carmen empfunden haben. Und viel weniger noch, was ich für sie empfand.«

»Was Sie empfanden? Eine Laborliebelei! Mit einem exotischen Versuchskaninchen! Wie können Sie es wagen, das mit meiner leidenschaftlichen Liebe zu vergleichen?!«

So protestiertest du voller Wut, gleichzeitig zornentbrannt und überrascht, dass in dir die alte Eifersucht wieder aufflammte, wegen der du ihn einst sogar hattest umbringen wollen.

Man stelle sich vor, Moro! Mich dagegen rührt es zu erfahren, dass ihr, nach zwei Jahrzehnten, beinahe wegen mir noch einmal in Streit gerietet. Wegen dieses kleinen Tributs an meine Eitelkeit verzeihe ich dir vielleicht auch die schlechten Nachrichten, die du mir in deinem letzten Brief gabst: dass du heiraten wolltest, dass du todkrank warst …

Darwins Augen wurden schmal, verschmitzt lächelte er über seinen Streich. Er hatte es geschafft, deine Eifersucht zu wecken, über diese Sehnsucht zu streiten, die du zuvor verneint hattest. Trotz seiner angeschlagenen Gesundheit war er immer noch gefährlich schlau. Jetzt wart ihr schon wieder mitten in einer dieser anregenden Diskussionen. Entwaffnet erwidertest du sein Lächeln. Unterdessen seufzte der Naturforscher:

»Ich habe Carmen nie vergessen, wissen Sie?«

»Als verheirateter Mann, der zehn Kinder gezeugt hat?«

»Ja, nur Ihnen kann ich das gestehen. Ich liebe Mammy sehr, aber …«

»Mammy?«

So fragtest du und erinnertest dich doch gleich darauf selbst erstaunt an die Antwort. Sogar, was dies anging, führte er seinen zwanghaften Lebensplan aus. Zwanzig Jahre zuvor hatte dir jene angehende Leuchte der Wissenschaft seine minutiöse Zukunftsplanung erläutert. Er hatte damals tatsächlich schon entschieden, welchen Spitznamen er seiner noch unbekannten zukünftigen Ehefrau geben wollte: »Mammy«.

»Ja«, fuhr Darwin fort. »Emma, meine Frau, die gleichzeitig meine Kusine ist.«

»Das kam einer Heirat mit Ihrer Mutter wohl am nächsten …«

Sofort bereutest du deine Boshaftigkeit, als dir einfiel, dass dein Freund früh die Mutter verloren hatte und von seinen Schwestern aufgezogen worden war. Doch Darwin nahm keine Notiz von dem Affront:

»Ich habe eine perfekte Ehefrau. Ein herrliches Haus und eine wunderbare Familie, wie Sie sehen. Auch wenn ich mich manchmal fühle, als hinge ich am Rockzipfel einer enormen Frau, so wie dieses winzige Muschelmännchen.«

»Und vergleichen Sie etwa auch Ihren Penis mit dem seinen?«

Darwin wurde lebhaft, als hättest du ihn zum Spielen eingeladen. Seine Augen wurden zwei spitzbübische Punkte:

»Erinnern Sie sich an die schwimmende Insel, wo Carmen und ich …?«

»Wir wollen keine Einzelheiten nennen«, schnittest du ihm das Wort ab.

»Mit wem soll ich sie denn teilen?«

»Auch dieser See mit seinen schwimmenden Inseln ist verschwunden, ausgetrocknet. Wechseln wir das Thema …«

Du zogst es vor, über alles andere zu sprechen, Moro, nur nicht über sie. Wenn der Naturforscher dich jetzt dazu verleitete, über Carmen zu reden, würdest du vielleicht durch nichts mehr aufzuhalten sein. Dieses Gestern, das du gemalt hattest, um es festzuhalten, damit es den Rahmen deiner Bilder nicht entkommen konnte, würde sich in die Gegenwart ergießen und dich dazu zwingen, es mit deinem jetzigen Leben zu vergleichen. So, wie es Darwin gerade geschah. Doch im Gegensatz zu ihm wusstest du, dass du es, auch wenn du es teiltest, nicht würdest ertragen können.

»Sagen Sie mir lieber, weshalb Sie mich gebeten haben, zu kommen.«

Er musterte dich enttäuscht, kratzte sich das Ekzem an seiner Stirn, maß deine Widerstandskraft. Schließlich gab er auf, schob seinen Drehstuhl zu dir hin – die Rollen quietschten über das Parkett – und flüsterte vertraulich:

»Ich brauche Ihre Hilfe.«

»So sagten Sie schon in Ihrem Brief. Doch nicht, um was es ging. Ist es ein solches Geheimnis, dass Sie es mir nicht mal schreiben konnten?«

Darwin holte tief Luft, fuhr mit der Hand in seine Schürze und zog ein kleines, mit einem Korken verschlossenes Reagenzglas hervor. Nachdem er sich im Spiegel vergewissert hatte, dass sie niemand beobachtete, hielt er es dir vor die Augen. Darin befanden sich ungefähr zehn Zentiliter eines weißen, perlmuttschimmernden Pulvers.

»Was zum Teufel …?«, entfuhr es dir. Du wolltest nicht wahrhaben, was du da sahst.

»Vilca«, bestätigte Darwin. »Besonders stark. Hab ich selbst zubereitet.«

Von einem Verdacht beschlichen blicktest du ihn erschrocken an: das tägliche Erbrechen, das frühzeitige Altern, das abgeschottete Leben, der Spiegel am Fenster, die obsessive Beschäftigung mit dem Krebs … War er etwa trotz seines Genies oder vielleicht gerade deswegen verrückt geworden? Du beschlossest, mit einem Scherz zu antworten:

»Na, da hatten Sie also nicht nur Sehnsucht nach verflossenen Liebesabenteuern, Darwin, sondern auch nach alten Drogenerfahrungen.«

»Reden Sie keinen Unsinn. Dies hier ist sehr ernst.«

Er kam noch näher, um flüsternd weiterzureden. Sein nach Erbrochenem riechender säuerlicher Atem störte dich weniger als der bohrende Blick dieser tiefliegenden, stechenden Augen. Er steckte immer noch in seiner Theorie fest. Ja, das durfte dich nicht überraschen, wusstest du doch, dass er ein halsstarriger Mann war, unbeirrbar in seiner Suche nach der Wahrheit. Tatsächlich verfolgte er immer noch dieselbe Hypothese, deren Samenkorn zwei Jahrzehnte zuvor in Chile gelegt worden war (wie auch die Riesenkrebse immer noch dieselben waren).

Diese Theorie, die der junge Wissenschaftler vollständig in wenigen Sekunden – so wie man eine Landschaft vor sich sieht, wenn sie ein Blitz jäh erleuchtet – während der Tage erfasst hatte, als ihr, dem Tode nahe, hoch oben am Aconcagua festsaßest. Er war mit dieser außergewöhnlichen Hypothese weit vorangekommen, hatte Hunderte oder Tausende Notizen angefertigt, doch das Wesentliche widerstand ihm. Die Sicht des Ganzen wollte sich ihm nicht bieten. Er besaß die Äste, konnte jedoch den Baum nicht sehen.

»Verstehen Sie meine Verzweiflung jetzt?«

Er fürchtete, unter dem erdrückenden Gewicht dieses Rätsels zu sterben; obwohl er auch zu sterben fürchtete, wenn er es löste. Dir konnte er es gestehen. Wie sollte er auch Scham vor dem Mann empfinden, mit dem er dieselbe Frau und beinahe auch den Tod geteilt hatte. Deshalb hatte er dir geschrieben und dich gebeten, ihn zu besuchen. Du warst die letzte Zuflucht gewesen, die ihm einfiel, um ihm aus der Klemme zu helfen. Er hatte das Rezept herausgefunden, eine nach der anderen die Zutaten besorgt, und es schließlich zubereitet. Jetzt musstet ihr es gemeinsam nehmen, genauso wie damals. Er wollte mit dir zum Grund des Berges zurückkehren, noch einmal dieses Gefühl der Ganzheit erleben, den Moment, in dem alle Dinge zusammenströmten.

»Wenn Sie das schnupfen, Darwin, könnten Sie den Verstand verlieren.«

»Das, was davon vielleicht noch übrig ist«, hättest du beinahe noch hinzugefügt.

»Nein, im Gegenteil. Ich werde den Verstand finden, der mir fehlt.«

Und taub für Einwände, wie Fanatiker es nun einmal zu sein pflegen, fuhr er fort, es zu erklären. Er hatte sich alles gut überlegt: Ihr würdet in sein Elternhaus, nach Shrewsbury, fahren. Der alte Doktor war inzwischen gestorben, sodass ihr dort allein wärt. Ihr würdet so gut wie möglich die gleichen Bedingungen wie damals schaffen, euch einschließen, die Droge zu euch nehmen …

Du unterbrachst ihn: »Und weshalb müssen Sie das mit mir tun?«

»Allein traue ich mich nicht. Stellen Sie sich vor, es erscheint mir der …«

Der Eremit. Der Opferschamane. Du hattest es all diese langen Jahre über vermieden, an den Alten vom Berge zu denken. So, wie du auch versuchtest, nicht an Carmen zu denken. Doch mit beiden Vorhaben warst du gescheitert. Was sie betraf, verrieten allein schon deine Bemühungen, sie zu vergessen, dass du es niemals schaffen würdest. Und jetzt hatte es ausgereicht, den Forscher wiederzusehen, um diese ganze Vergangenheit von Neuem erwachen zu lassen. Wieder auftauchen zu lassen, so wie, als die Flut zurückging, die schwarze Sandbank wieder auftauchte, wo du sie verloren hattest …

Offensichtlich hatte Darwin es nicht vermieden, an all das zu denken. Im Gegenteil, er hatte gut darüber nachgedacht, vielleicht an nichts anderes gedacht. Die lange, zittrige Hand des Forschers hielt dir wieder das Reagenzglas mit dem perlmuttfarbenen Pulver vors Gesicht.

»Also, Rugendas, begleiten Sie mich auf dieser neuen Reise?«

ZWEITER TEIL

Triangulation

Dafür: ständige Gesellschaft und ein Freund im Alter (auf jeden Fall besser als ein Hund)

CHARLES DARWIN BEIM ABWÄGEN DES FÜR UND WIDER EINER HEIRAT

X

Ein Sarg

DU UND CARMEN saßt in einem Boot, das vom Landungssteg von Valparaíso ablegte und in die Bucht hinausfuhr. Man hätte denken können, dass ihr fliehen, an Bord eines der auf Reede liegenden Schiffe gehen wolltet, um Chile, Amerika, eurer Vergangenheit zu entkommen, einer anderen Zukunft entgegen. Je weiter ihr kamt, umso kleiner schien die Küste zu werden. Die Hügel, die den Hafen umgaben, ihn nahezu bedrängten, nahmen freundlichere Proportionen an. Wenn ihr weiter aufs Meer hinauskämt, würde dahinter das Küstengebirge auftauchen und dann, noch weiter dahinter, verschneit, die Bergkette der Anden. Beide würden anscheinend kleiner werden, je mehr ihr euch entferntet. Ihr würdet zum Scheitelpunkt eines Dreiecks mit immer weit entfernterer Grundlinie werden. Die Entfernung würde die Berge schrumpfen lassen, die euch an Land unbezwingbar schienen; bald würden sie so klein aussehen, dass sie zwischen Daumen und Zeigefinger einer Hand passten. Alles würde sich auf eine Frage der Perspektive reduzieren …

Während du über dies alles nachsannst, beobachtetest du Carmen. Sie saß neben dir im Heck des kleinen Bootes, das ein alter Mann mit mächtigem Schnauzbart ruderte, und hielt mit einer ihrer behandschuhten Hände das Tuch fest, mit dem sie sich gegen die steife Brise dieses bewölkten Morgens schützte. Mit der anderen Hand umklammerte sie deinen Arm. Denn diese kühne

Amazone fürchtete das Meer, die Wogen des Pazifiks, denen ein starker Südwind Schaumkronen aufsetzte. Wie viele ihrer Landsleute und obwohl sie den Ozean vor der Nase hatte, war Carmen nie Boot gefahren, außer auf Seen und breiten Flüssen wie dem Rio Maule. Jetzt erlebte sie fasziniert dieses kleine Abenteuer, das sie unbedingt hatte unternehmen wollen.

Der Alte, der euch gegenüber auf der Mittelbank ruderte, sah mit seiner glänzenden, sonnenverbrannten Haut, dem breiten Brustkorb, über dem sich ein spitzer Kopf hin- und herwiegte, und dem struppigen, steifen Schnurrbart wie ein Seehund aus. Und er besaß dieselben Fähigkeiten. Trotz des Seegangs manövrierte er das Boot perfekt längsseits eines mittelgroßen, schwarzen Schiffs, an dessen Besanmast der britische Union Jack flatterte. Unter dem Bugspriet zeigte eine Galionsfigur in Form eines Hundekopfes denen, die nicht zu lesen verstanden, den Namen des Schiffes: »Beagle«.

»Bitten um Erlaubnis, an Bord zu kommen!«, riefst du vom Boot aus.

»Wer sind Sie?«, kam es von oben zurück.

»Mein Name ist Rugendas.«

Der Oberkörper eines sehr jungen, blonden Mannes in Zivilkleidung beugte sich über die Bordwand.

»Rugendas … Der Maler?«

»Eben der«, antwortetest du, erstaunt darüber, dass du erkannt wurdest. »Bei mir ist die Señora Carmen Lisperguer.«

Seit eine Woche zuvor, am Abend des 23. Juli 1834, die Brigg »Beagle« unter vollen Segeln in die Bucht von Valparaíso eingelaufen war, kam, in Booten und Schaluppen, ein dauernder Strom von Besuchern zum Schiff und seinem kleineren Begleiter, dem Schoner »Adventure«, um sie von Nahem zu sehen. Die wichtigen Leute der Stadt baten darum, sie besichtigen zu dürfen, angezogen vom Ruhm dieses Schiffs der englischen Marine, das seit einem Jahr die südlichen Küsten Chiles kartographierte, von Kap Hoorn bis zum Chonos-Archipel. Nicht nur das: Es reizte sie auch der Name des Kapitäns, FitzRoy, von dem es hieß, er sei mit dem englischen Königshaus verwandt. Und nicht wenige behaupteten aus genau diesem Grund, es handle sich um ein Spionageschiff, das die unvermeidliche britische Invasion vorbereite.

Ein Fallreep kam die Bordwand der »Beagle« herab. Du und Carmen klettertet an Deck. An Bord begrüßte euch derselbe lebhafte junge Mann, während er sich seinen sehr förmlichen schwarzen Rock zuknöpfte. Er sprach ein lustiges Spanisch, grammatikalisch korrekt, doch mit einem heftigen englischen Akzent, in den sich argentinische und chilenische Ausdrücke mischten, die er sicher bei seinen Expeditionen durch die argentinische Pampa und die südamerikanische Küste hinunter aufgeschnappt hatte. Er mochte fünfundzwanzig Jahre alt sein, war von großer Statur und besaß rundliche Gesichtszüge mit hervorstehenden Augenbrauenbogen. Unter diesen blitzte in seinen blauen unschuldigen Augen voller Neugier die ganze Begeisterung seiner Jugend.

»Ich kenne Sie«, sagte er, als er dir mit weit vorgestrecktem Arm, wie es in England Sitte ist, die Hand gab und die deine mit ehrlichem Enthusiasmus schüttelte, in einer Mischung aus Förmlichkeit und Sympathie. »Ich meine, ich kenne Ihre Werke, Señor Rugendas. Es ist mir eine Ehre.«

»Sie haben meine Werke gesehen? Wo denn?«, riefst du, von der Eitelkeit verleitet, geschmeichelt aus.

»Als Reproduktionen in der neuesten englischen Ausgabe des Buchs von Baron von Humboldt über seine Reise nach Amerika.«

Du und Carmen saht euch an. Das Buch von Humboldt, natürlich. Carmen ließ ein versöhnliches Lächeln erkennen, versuchte, dich im Voraus zu besänftigen. Sie wusste ja, dass du nicht gern von Humboldt reden hörtest. Der Name des Barons rief dir Unterwürfigkeit, Kompromisse und Verpflichtungen in Erinnerung, die du lieber vergessen wolltest.

»Dann müssen Sie der Naturforscher dieser Expedition sein.«

»Charles Darwin«, stellte der junge Mann sich vor und errötete bis in die Spitzen seines feinen, blonden Haars, das schon schütter zu werden begann.

Da hattest du also einen »Naturforscher« vor dir. Einen Mann der Wissenschaft, Moro. Eins dieser Wesen, die du zu verabscheuen gelernt hattest. Naive Eingebildete, die in dem Glauben durch die Welt reisten, sie könnten ihre Geheimnisse enthüllen, und damit nur erreichten, mit ihren plumpen Erklärungen die Schönheit des Universums zu verwässern. Schon bereutest du, Carmens beharrlichem Wunsch nachgegeben zu haben, das englische Schiff zu besuchen. Du hättest ahnen können, dass es an Bord einen Naturforscher geben musste, und dass der sehr wahrscheinlich Humboldt gelesen hatte. Das taten seit einem Vierteljahrhundert alle europäischen Reisenden, die mit irgendeinem wissenschaftlichen Interesse nach Amerika aufbrachen. So wie sie hatte auch dieser Darwin deine Lithographien der Tropenlandschaft Brasiliens gesehen. Humboldt hatte sie dir abgekauft, um mit ihnen Passagen seiner »Physiognomik der Gewächse« und seines Reiseberichts zu illustrieren, auch wenn sie nicht genau den Regionen entsprachen, die er besucht hatte. Für des Barons allgemeine Theorie der Isothermen spielte dieses Detail keine große Rolle.

Plötzlich, abergläubischer Moro, wurde dir klar, woran dich die längliche Figur des kleinen schwarzen Schiffs erinnerte, als du sie an diesem Morgen vom Observatorium in Carmens Haus aus gesehen hattest: einen Sarg. Ein Sargschiff, das durch die Welt segelte und sie entzauberte, ihr die Geheimnisse nahm, ihre Schönheiten erklärte, bis es sie umgebracht hatte.

Unterdessen ließ Darwin seiner Begeisterung freien Lauf: »Was führt Sie denn hierher nach Chile, Señor Rugendas?«

»Die Schönheit seiner Landschaft. Und Sie?«

»Die Geologie seiner Landschaft«, konterte der junge Mann.

Er war klug und von wachem Verstand. Das musste er auch sein, wenn man ihn in so jungen Jahren zum Wissenschaftler bei einer wichtigen Expedition ernannt hatte. Ein Wunderknabe, ohne jeden Zweifel: reine Intelligenz und keinerlei Erfahrung.

»Reicht es Ihnen nicht, diese ungeheure Größe zu spüren?«, fragtest du ihn, während du mit der Hand nach Nordosten wiest, wo das Küstengebirge von einer riesigen Wolkenbank bedeckt wurde.

»Ich empfinde sie als eine große Frage.«

»Ich dagegen empfinde sie als große Antwort.«

Carmen drückte sanft deinen Unterarm. Sie kannte dich keine zwei Monate, erst seit drei Wochen wart ihr ein Liebespaar, und doch wusste sie schon so viel von dir. Sie befürchtete, dass du dich mehr und mehr über den jungen englischen Naturforscher ärgertest, der aufgeregt von seinen jüngsten Abenteuern berichtete: Von der Chiloé-Insel aus hatte er einen nächtlichen Ausbruch des Vulkans Osorno beobachtet; in Patagonien hatte er Reste von Riesenfaultieren gefunden; auf Feuerland hatte er Menschen gesehen, die noch in der Steinzeit lebten. Und eben noch, am Vortage, hatte er vom Meer aus das Bergmassiv des Aconcagua vermessen. Bei absolut ruhiger See hatte er mit einem Theodolit vertikale Triangulationen durchgeführt und berechnet, dass dieser Riese eine Höhe von mehr als dreiundzwanzigtausend Fuß besaß, womit bestätigt war, dass es sich um den höchsten bekannten Berg der Erde handelte. All diese erstaunlichen Ansichten hatten dazu geführt, dass sein Hirn vor lauter neuen Ideen förmlich brodelte. Zum Beispiel …

Doch plötzlich unterbrach er sich, so als habe der herzlich-höfliche junge Mann den Wissenschaftler zur Ordnung gerufen, der sich unaufhaltsam wie besessen in solche Betrachtungen stürzte. Ein brüsker Wechsel, eine Geste, an die du dich mit der Zeit gewöhnen würdest.

Um seine Abschweifung wiedergutzumachen, begann der Wunderknabe jetzt, deine »wissenschaftlichen« Bilder zu loben.

»Humboldt mit seinem Bericht und Sie, Señor Rugendas, mit Ihren Zeichnungen haben meine Phantasie beflügelt. Sie beide sind, zum Teil, dafür verantwortlich, dass ich jetzt hier bin.«

»Ich hoffe, Sie verzeihen mir das.«

»Da gibt es doch nichts zu verzeihen«, erwiderte Darwin und lächelte leicht verwirrt.

»Das gäbe es schon, wenn meine Malerei die südamerikanische Natur allzu schön dargestellt hätte und Sie, als Sie sie sahen, enttäuscht gewesen wären.«

»Ganz im Gegenteil, Ihre Darstellungen sind absolut genau, bis ins kleinste Detail. Da haben Sie nichts erfunden, das versichere ich Ihnen. Als ich durch Brasilien kam, habe ich es bestätigt gesehen.«

Es war viel schlimmer, als du befürchtet hattest, Moro. Er wagte es, dir zu sagen, du habest nichts erfunden! Anscheinend besaß er eines dieser praktischen, rationalen Hirne, die die Realität so vorziehen, wie sie angeblich ist, und ihre Spiegelungen durch die Kunst verachten. Dieser Forscherlehrling war offensichtlich noch blinder als der von ihm so bewunderte Humboldt. Du antwortetest:

»Ach, wissen Sie, meine Absicht war es nicht nur, etwas zu erfinden, sondern alles zu erfinden, bis zum letzten Baumblatt. Meine Bilder sind Kunstwerke, keine wissenschaftliche Inventur. Ich habe versucht, den Geist dieser Urwälder einzufangen, nicht, sie zu katalogisieren.«

Ihr standet an Deck, in der Nähe des Hauptmastes, und ein Schiffsoffizier, auch er sehr jung, musterte dich hochmütig vom Vordeck aus. Darwin sah Carmen wie hilfesuchend an. Augenscheinlich verstand er nicht, welchen Platz deine Worte – Kunst, Geist – in einer Unterhaltung über die Natur einnehmen könnten.

»Interessante Art und Weise, einander kennenzulernen«, schlichtete sie mit der resoluten Stimme, die sie manchmal annehmen konnte. »Doch wir sind ja nicht gekommen, um über Humboldt, die Kunst oder die Natur zu reden, sondern um das Schiff zu besuchen. Besteht die Möglichkeit dazu, Mister Darwin?«

»Aber natürlich«, lächelte der erleichtert. »Ich bin fast ganz allein an Bord. Kapitän FitzRoy ist leider ein wenig … unpässlich.«

Ja, ihr hattet schon gehört, dass der Kapitän einen Nervenzusammenbruch erlitten hatte, als Ergebnis der endlosen, harten Arbeitstage beim Kartographieren der sturmgepeitschtesten Küsten der Welt. Oder vielleicht war der Auslöser auch nur die Wut gewesen, nach einem brieflichen Disput mit der Admiralität über seine exorbitant hohen Ausgaben. FitzRoy hatte das Kommando seinem ersten Offizier, Wickham, übergeben (dem hochmütigen Bürschchen auf dem Vordeck) und sich in seine Kabine eingeschlossen, war für niemanden zu sprechen, phantasierte vor sich hin und schimpfte seine halbfertigen Karten an. Die Nachricht hatte sich schnell verbreitet, es war schwierig, in einem Hafen wie diesem so etwas geheim zu halten, wenn die Mannschaft erst einmal an Land gegangen war.

»Aber ich führe Sie mit dem größten Vergnügen«, sagte Darwin. Mit einer kleinen Verbeugung lud er euch voll jugendlichem Stolz ein, ihm zu folgen.

»Ich fürchte, unser Schiff wird Ihnen sehr spartanisch vorkommen. Die ›Beagle‹ ist ein survey ship« – er suchte nach den passenden spanischen Wörtern –, »ein Schiff für Erkundungs- und Kartographierfahrten. Während Kapitän FitzRoy die Küsten erkundet, um unsere Seekarten zu verbessern, erforsche ich die Geologie und studiere die Flora und Fauna dieser Gegenden.«

»Das klingt faszinierend«, warf Carmen ein. »Und was haben Sie entdeckt?«

»Seit wir vor zweieinhalb Jahren aus Plymouth ausgelaufen sind, habe ich zwölf große Kisten voller Exemplare und Proben nach London geschickt … einschließlich der Fossilien einiger ausgestorbener Tiere, von der Größe dieses Bootes hier.«

Darwin zeigte auf ein Beiboot, das umgekehrt zwischen zwei Masten über Deck aufgehängt war und an dem sie gerade vorbeikamen.

»So groß? Gab es etwa auch Elefanten in Amerika?«, fragte Carmen von Mal zu Mal interessierter.

»Es scheinen eher so etwas wie große Gürteltiere gewesen zu sein. Doch das muss Professor Henslow in London bestimmen.«

Der Wunderknabe sprach mit Bescheidenheit, doch dahinter brannte das Feuer glühender Überzeugungen. »Er glaubt, er weiß viel mehr, als er zeigen möchte«, dachtest du. Das überraschte dich nicht. Es war der gleiche Hochmut wie der Humboldts, der den »Kosmos« mit dem Zündholz seiner Intelligenz ausleuchten wollte. Derselbe Wahnsinn, den du bei den Forschern von Langsdorffs Expedition nach Brasilien gesehen hattest. Männer, die verbissen der Natur ihre Geheimnisse entreißen wollten, den Regenbogen zerlegen und wieder zu dem weißen, aseptischen Licht – ohne jede Schönheit – werden lassen wollten, aus dem er entsteht. Diese Männer, die auch du, Moro, zu Beginn deiner Laufbahn einmal bewundert hattest. Zeugnis davon war, dass du mit deiner Malerei zu Humboldts wissenschaftlichen Vorstellungen hattest beitragen wollen und sie der Strenge synoptischer Beschreibungen unterwarfst, wie es der Baron von dir verlangte. Er behauptete, er schätze die Sensibilität des Künstlers als ein weiteres Instrument, um die Natur zu erforschen. In der Praxis jedoch begrenzte er die Phantasie des Malers auf die Zusammenfassung des Wesentlichen und die Eliminierung der Besonderheiten. Die künstlerische Freiheit musste sich darauf beschränken, eine menschliche Figur einzufügen, um einen Maßstab in die Landschaft einzuführen, oder einen Baum zu unterschlagen, der den Blick versperrt hätte. Plumper Realismus, Reproduktionen der wirklichen Welt, das war es, was man von dir verlangte, nicht den Ausdruck des Lebens.

Zu allem Überfluss schien Carmen mit ihren Sehnsüchten einer aufgeklärten, gebildeten Frau in einem Land, in dem die Aufklärer gerade erst gescheitert waren, von diesem unerwarteten Gesandten Humboldts ganz entzückt zu sein. »Gesandter«, so hattest du ihn für dich tituliert. Und die Vorstellung ließ dich zusammenfahren. Der Baron besaß weit ausgeworfene Netze. Er korrespondierte mit Forschern und Wissenschaftlern auf der ganzen Welt. Tagtäglich beantwortete oder schrieb er an die zwanzig Briefe. Es war gut möglich, dass er sich mit diesem jungen Engländer geschrieben und die Gegenwart eines auf Abwege geratenen reisenden Malers in dieser Gegend des Planeten erwähnt hatte. Ein Deserteur, der ihm ungehorsam geworden und über den Wendekreis des Steinbocks hinaus gereist war, und von dem er nicht wieder gehört hatte. Es war nicht allzu unwahrscheinlich, dass dieser Darwin nicht nur der Wissenschaftler dieser Expedition war, sondern auch ein Spion Humboldts. Ein Spitzel mit dem Auftrag, den Baron über das schwarze Schaf zu informieren, das seiner Herde entflohen war: über dich, Moro.

»Dies sind die vom Kapitän am meisten geschätzten Instrumente: seine Chronometer«, erklärte Darwin und öffnete ein Fach neben einer Treppe, die unter das Achterdeck hinunterführte. In seinem Inneren glänzten an ihren Haken zweiundzwanzig Messinguhren.

»Ich hätte gedacht, seine Lieblingsinstrumente wären diese hier«, warfst du ein und zeigtest auf die kleinen Kanonen, drei auf jeder Seite, die an den ebenfalls militärischen Charakter der Expedition erinnerten. Und an die Macht des britischen Empires, unbestrittener Herrscher über die Weltmeere.

»Die sind dazu da, uns Respekt zu verschaffen«, mischte sich lachend ein ahnungsloser Matrose ein, der kurz stehengeblieben war, um der Unterhaltung zu lauschen, und gleich darauf verschwand.

»Reicht denn eine Uhr dem Kapitän nicht?«, fragte Carmen, während sie sich wieder den Chronometern zuwandte und kokett eine Naivität vorspiegelte, dass es dir in den Ohren knirschte.

»Die einen kontrollieren die anderen«, antwortete Darwin höflich.

»Kontrolle«, das passende Wort für einen perfekten englischen Gentleman, dachtest du. Besser gesagt, einen abscheulichen englischen Wunderknaben, ganz aus Förmlichkeit bestehend und ohne jegliche sichtbare Passion; die reine Kontrolle seiner selbst, als trage er zehn Uhren in sich, die seine Triebe maßen, um sie zu beherrschen und so seine ganze Zeit der Intelligenz widmen zu können. Andererseits ein perfektes Temperament für die Aufgabe, die Natur zu entkleiden und dem Kosmos seine Geheimnisse zu stehlen. Und dir vielleicht noch nachzuspionieren.

XI

Die sichtbare Seele

DEIN WEICHSTER PINSEL, der aus Nutriahaar, strich über Carmens linke Leiste, fuhr den Stamm des »Y« hinab, das ihre Scham und die Linie bildeten, wo ihre Schenkel aneinander lagen. Und fuhr, langsam und liebevoll, wieder hinauf, jetzt auf der rechten Seite. Absichtlich streiftest du den violetten Rand ihres Geschlechts. Carmen seufzte, bewegte sich unruhig. Du fuhrst im schwarzen Schamhaar fort, bis du den Pinsel genau auf den Kamm ihrer Vulva gesetzt hattest. Öffnetest die rosafarbene Vertiefung, die sich im dunklen Geflecht kaum abzeichnete. Von deinem Daumen, Zeige- und Mittelfinger gehalten, fuhr der Pinsel von oben nach unten und spreizte mit sanften, kundigen Bewegungen sacht diese Furche im Fleisch, die vorher kaum zu sehen war. Carmen ließ wieder einen Seufzer hören. Du schaltest sie:

»Ruhig, ruhig.«

Du tauschtest den Pinsel gegen einen ebenso feinen, doch härteren aus Ochsenhaar, beugtest dich hinab und nähertest die Nase auf ein paar Zentimeter ihrem Geschlecht, aber nicht so sehr, dass es dir den Blick vernebelte und du nicht mehr sahst, was du tatst. Du bewegtest diesen Pinsel noch ein paar Mal, öffnetest dabei den Kamm der Vulva und streicheltest die Klitoris. Eine leichte Feuchtigkeit, fast wie Tau, glänzte auf den zartesten Teilen der großen Schamlippen. Der Pinsel drang noch ein wenig weiter ein, und zwischen dem Gewirr des Schamhaars und den von der Feuchtigkeit benetzten, halb geöffneten Schamlippen ließ sich eine kaum sichtbare fleischliche Knospe mehr erahnen als erkennen.

»Komm schon her, Moro. Ich halt's nicht mehr aus«, rief Carmen, die nackt auf dem Bett posierte.

»Leider wirst du warten müssen. Ich hab's gerade geschafft, dass deine Klitoris sich zeigt. Jetzt will ich sie malen, aber sie darf nicht wieder verschwinden«, antwortetest du ihr, über die Leinwand gebeugt.

Du maltest ihr Geschlecht mit der Liebe eines … eines Liebhabers oder eines Künstlers? Schon lange wusstest du: Der Akt der Schöpfung ist ein Liebesakt. Nur der, der liebt, kann auch erschaffen.

»Ach, könntest du dich doch nur mit meinen Augen sehen!«, fügtest du hinzu.

Ich fürchte, du warst auch ein Meister in der Kunst der Verführung, Moro. »Wenn du dich mit meinen Augen sähest, wüsstest du, wie sehr ich dich liebe«, sagtest du mir immer wieder. Und ich verzehrte mich vor Verlangen, mich mit deinem Blick zu betrachten. Sogar heute noch, in meinen Nächten ohne Stunden noch Sonnenaufgängen, auf dieses Bett geworfen, allein oder von Fremden umgeben, frage ich mich, was oder wen du in mir fandst. Jetzt, wo alle tot sind, wo die Welt von gestern sich entvölkert hat, versuche ich immer noch beharrlich, das zu sehen, was du sahst.

Carmen ruhte, zur linken Seite geneigt, auf den zerwühlten weißen Laken, den Rücken an zwei breite, spitzengesäumte Kissen gelehnt, die sie selbst zu diesem Zwecke mitgebracht hatte. Sie hielt die Arme erhoben und ihre Hände hinter dem Kopf verschränkt, in ihren glatten, glänzend schwarzen Schopf geschlungen, auf den sie so stolz war. In dieser Haltung standen ihre großen, runden Brüste weit auseinander. Die rechte, durch die Anstrengung des Arms emporgehoben, schien dem Körper nach oben entfliehen zu wollen. Die deutlich im Profil erkennbare Brustwarze zeigte nach außen, als weise sie dem Künstler die Tür, den Ausgang. Mit welchem Recht maltest du sie so nackt? Diese Brust vertrieb dich aus dem Paradies: Hinaus mit dir, Eindringling, Voyeur! Hinaus!

Carmens linke Brust dagegen fiel zum Bett hin und bot sich ihm vollständig von vorn. Die harte Brustwarze in ihrer Mitte erwiderte deinen Blick wie eine Pupille. Diese dunklere Brustwarze mit ihrem rosafarbenen Hof war wie ein drittes Auge, das den nachdenklichen Blick von Carmens wirklichen, leuchtend grünen Augen noch verstärkte. Ein Blick, der weder in seiner Intensität noch in seiner Neugier dem des Malers nachgab, der sie musterte.

Da kannten sie sich erst etwas mehr als einen Monat, schliefen kaum zwei Wochen miteinander. Und dennoch fühltest du es schon: Carmens ganze Zwiespältigkeit, ihr Feuer und ihr Eis, fand zwischen diesen Brüsten Platz, die in verschiedene Richtungen deuteten. Diese auseinanderstrebenden Brüste schienen dir jetzt sagen zu wollen: »Was hast du vor, Moro? Weshalb malst du mich so viel und so lange und so langsam? Glaubst du wirklich, dass du mich mit diesem Bild einfangen kannst? Komm lieber hier zu mir an meine Seite, törichter Künstler. Das Leben ist nur ein Moment. Die Schönheit kannst du nicht festhalten, so viel du sie auch malst. Es geht um etwas anderes. Nicht die Wahrheit, nicht meinen lebendigen Körper, nicht mein pulsierendes Blut, nicht dies Verlangen, das wir spüren. Warum verschwendest du die knappe Zeit, die Stunden, die wir uns gestohlen haben, mit dieser viel zu frühen Melancholie? Du malst mich, weil du weißt, weil wir wissen, dass du mich verlieren wirst. Und ich dich.«

»Du bringst mich um, Moro. Nun komm schon … Habe ich mich etwa dafür erobern lassen?«

Du wolltest schon etwas antworten, doch die gleiche Frage wie schon früher hielt dich zurück: Warst es wirklich du gewesen, der sie verführt hatte, Moro? Oder hatte sie dich verführt? Wie zur Antwort auf deine Zweifel hörtest du von der Terrasse draußen Rosa eine Melodie pfeifen, um sich die Wartezeit zu vertreiben. Mit welcher List hatte Carmen diese Hütte hier oben für dich ausgesucht! Mit wie viel Bedacht setzte sie Rosa dort draußen hin, seit dem ersten Mal, als sie zum Modell Sitzen zu dir heraufkam (und welche Pose hatte sie sich damals überlegt)! Sie hatte diesen Unterschlupf gefunden und für die Wächterin gesorgt. In einer Stadt, wo niemand seinen Besuch ankündigte, würde Rosa jeden ungebetenen Besucher ankündigen, und die hundertundein Treppenstufen würden genügend Zeit lassen, euch wieder herzurichten. Wer hatte hier also wen verführt?

Carmen beschwerte sich weiter (während du weitermaltest):

»Dafür sollte ich mich also ausziehen? Damit du mich foltern kannst?«

In der Tat musste die Unbeweglichkeit ihrer Haltung für eine so aktive Frau wie sie die reine Folter sein. Du gestattetest ihr kaum zu sprechen, erlaubtest ihr auch nicht zu lesen oder sich diese geheimnisvollen Notizen zu machen, die sie dir nie zeigte. Du wolltest, dass sie sich ganz deinen Augen hingab. Und jetzt konntest du beinahe den vulkanischen Druck ihres Verlangens sehen, der sich in ihrem Körper sammelte. Den Ausbruch, der sich ankündigte.

Doch wolltest du nicht hingehen und sie umarmen, noch nicht. Du hattest auf ihrem Oberkörper etwas entdeckt, das du vorher gemalt hattest, ohne es zu bemerken. Zwischen den Spitzen ihrer weit auseinanderstehenden Brüste und der Vertiefung ihres Nabels, kaum erhöht durch die Wölbung des Bauches, bildete sich ein noch weißeres Dreieck, leicht bläulich marmoriert durch die kleinen Blutgefäße, die unter der Haut sichtbar waren. Dies war die leuchtendste Partie des Bildes, ein Spiegel marmornen Fleisches. Oder vielleicht kein Spiegel: eine Quelle des Lichts, die aus eigener Kraft leuchtete, als ergieße sie sich aus dem Inneren ihres Körpers heraus.

Ob dies tatsächlich Carmens Seele ist, die ich da gemalt habe, fragtest du dich. Immer noch bewahrtest du, Moro, diesen naiven Glauben an die Kraft deiner Kunst, der an Hochmut grenzte. Habe ich es endlich geschafft, eine Seele zu sehen? Und sie auf einem meiner Bilder festgehalten?

Carmen wurde immer ungeduldiger:

»Ich werde nie mehr für dich Modell sitzen, wenn du nicht sofort herkommst und mich liebst. Danach kannst du ja weitermalen.«

»Wenn ich zu dir komme, kann ich dich nachher nicht mehr malen.«

»Das heißt, nachdem du mich geliebt hast, interessiere ich dich nicht mehr.«

»Nein, hinterher bin ich bloß im Paradies und will nicht mehr weg von dir. Und arbeiten auch nicht. Niemand arbeitet im Paradies.«

»Du sorgst dafür, dass ich mich ausziehe, nur um zu zeigen, dass du dich in der Gewalt hast. Unterdessen komme ich um vor Sehnsucht, dich zu besitzen.«

»Du wirst mich ja auch besitzen. Lass mich nur noch ein paar Pinselstriche machen, es wird ganz einzigartig.«

»Du bist grausam und egoistisch. Wie alle Männer!«

»Wenn du mich nicht noch diese kleine Korrektur machen lässt, bleibt dein Geschlecht unfertig … Die Ölfarbe trocknet und ich kann nichts mehr verändern.«

»Moro, ich werde jetzt wirklich böse. Bring mir sofort meinen kleinen Morito, sonst …!«

Mit dem Pinsel in der Luft hieltest du inne. Die Palette voller Farben in der linken Hand. Schautest sie gleichzeitig lächelnd und erschrocken an, du wusstest, das war keine leere Drohung. Du hattest ihren Zorn schon am eigenen Körper erfahren, als Beweis eine Narbe auf der Wange davongetragen. Wenn du nicht bald ins Bett kamst, liefst du wirklich Gefahr. Doch es machte dir Spaß, mit dem Feuer zu spielen.

»Ich glaube, ich sehe deine Seele, Carmen.«

»Komm mir jetzt nicht mit blumigen Versen, während ich mich hier verzehre.«

»Wenn die Liebe sehr groß ist, sehen wir die Seele im Fleisch. Dasselbe geschieht mit der Kunst.«

Das meintest du ganz im Ernst. Und halb im Scherz. Das waren deine zwei Seiten. Der Skeptiker, von tausend Enttäuschungen in der Liebe (und der Kunst) gegerbt, machte sich lustig über den Romantiker, der du genauso warst.

Carmen sah dich mit einem perplexen, ebenfalls schwankenden Ausdruck an, doch in ihrem Fall zwischen Ungläubigkeit und Wut. Dann drehte sie sich im zerwühlten Bett um, wandte dir ihre Kehrseite zu und rief:

»Du machst mich wahnsinnig!«

Ihr Rücken war jetzt in das flüssige Licht getaucht, das von der Bucht heraufgespiegelt wurde. Du konntest den Flügelansatz ihres linken Schulterblatts sehen, die geschwungene Linie des Rückgrats – mit der Kruste jener Hieroglyphen einer unbekannten Sprache –, die in der Spalte verschwand, die die festen

Hinterbacken trennte; die Krümmung der Taille und die vom angezogenen Bein hochgeschobene Hüfte. Auf der rechten Seite des Rückens sahst du diesen diffusen erblichen violetten Fleck, die »Cayena«, den Mongolenfleck, ein Zeichen, dass auch indianisches Blut in ihren Adern floss.

Carmen hatte dir von der Scham ihrer Eltern erzählt, als sie diesen Fleck auf dem Kreuzbein des neugeborenen Mädchens entdeckten. Unnötige Scham. Dieser Fleck tauchte schon seit zwei Jahrhunderten am Rücken ihrer Familienmitglieder auf. Wie um sich darüber lustig zu machen, dass diese stolzen Kreolen zu vergessen suchten, dass, seit die ersten Konquistadoren indianische Prinzessinnen geheiratet hatten, um in den Besitz ihrer Ländereien zu gelangen, in ihren Stammbäumen dieselben Indios auftauchten, die sie jetzt verachteten.

Carmen kannte keine falsche Scham. Sie erzählte allen, auch dir, dass sie mit der »Cayena« geboren worden war, und hoffte, dass auch ihre Kinder sie erbten.

»Das ist kein Fleck, sondern ein Prinzessinnenmal. Ich stamme von der als Hexe verschrienen Quintrala ab. Zwar hatte sie rotes Haar und sah auch sonst sehr nordisch aus, doch erbte sie dieses Mal von ihrer Großmutter Elvira, einer Kazikentochter aus Talagante. Ah, für den Fall, dass jemand sich darüber das Maul zerreißt, will ich es gleich laut sagen: Die Kazikentochter heiratete Bartolomeo Blumen, einen konvertierten deutschen Juden, der seinen Nachnamen in Flores übersetzte. Und so stamme ich also von Spaniern, Deutschen, Juden, Mapuches und vielen anderen ab!«

Auch unser Kind hätte dieses Mal geerbt, Moro, wenn, ja, wenn … Aber darüber will ich lieber nicht sprechen und auch nicht daran denken …

Dieser neuen Versuchung konntest du nicht widerstehen. Du schlugst dein Skizzenheft auf und zeichnetest schnell ihren Rücken, den die »Hieroglyphen« und der Schatten jenes Geburtsmals schmückten. Trotz des Risikos, das du eingingst, wenn du sie weiter warten ließest, konntest du nicht anders. Aber was widerstehen, der Kunst oder der Liebe? Du hättest in derselben Sekunde zu ihr gehen müssen, Moro, sie von hinten umarmen müssen, sie besänftigen müssen, bevor du die Folgen ihrer Frustration zu spüren bekämst. Doch dieser Anblick ihres Rückens ließ dich innehalten. Ein Porträt von vorn ist ein Fehlschlag, wenn es nicht den Rücken erahnen lässt. Lorenz, dein Vater, und Adam, dein Lehrmeister in München, hatten dies immer wieder gesagt. Der Maler muss das kennen, was hinter dem ist, was er malt. Das Unsichtbare trägt das Sichtbare.

Carmen wandte sich halb auf dem Bett um, nicht mehr zornig, sondern verwundert, durch einen Zweifel aufgeschreckt:

»Weshalb hast du eben gesagt, dass mein Geschlecht gut gemalt sein muss? Du hast mir doch versprochen, dass man es nicht sehen wird«, sagte sie und bedeckte ihre Scham mit einer Hand.

»Das stimmt auch. Nur du und ich werden es eine Zeitlang sehen. Jedes Mal, wenn du kommst. Bis wir beschließen, dich zu bekleiden.«

»Du wirst mich doch nicht nackt auf dieser Leinwand lassen, nicht wahr? Führ mich nicht hinters Licht, Moro …«

So hattest du es ihr versprochen. Du schworst ihr, dass du sie, nachdem ihr beide für eine Weile ihr Aktbild genossen hattet, ein wunderschönes Kleid anziehen würdest, diejenige ihrer Roben, die sie am meisten liebte. Oder eine, die sie immer schon hatte haben wollen.

»Ich muss mir mit deinem Akt Mühe geben, Carmen. Denk dran: Unter dem Kleid, das ich dir malen werde, wirst du keine

Leibwäsche tragen. Man wird deinen Körper nicht sehen, doch alles erahnen können.«

Carmen musste lachen. Schüttelte den Kopf.

»In wen habe ich mich da nur verliebt? Du bist ja kein Romantiker, sondern ein zügelloser Libertin! Willst du mich für immer nackt unter meinem Rock lassen?«

Das führte immer zum Erfolg, bei ihr und bei anderen Frauen: Sie zum Lachen zu bringen, wendete Gewitterstürme ab. Sie schmollte zwar immer noch, lächelte dabei jedoch verschmitzt:

»Immer, wenn ich das Bild betrachte, werde ich umkommen vor Scham.«

»Weshalb denn? Alle Frauen auf den Bildern haben unter ihrer Kleidung nichts an. Wie du, als du das erste Mal herkamst …«

Du hörtest, wie sie laut auflachte, während du weitermaltest. Und lachtest auch. Dieses Spiel hattet ihr schon zuvor gespielt. Die Neckereien der Verliebten sind wie die der Kinder. Je öfter man sie treibt, umso mehr Vergnügen bereiten sie.

XII

Der längste Penis der Welt

»WÜRDEN SIE UNS Ihre Instrumente zeigen, Mister Darwin?«, bat Carmen den Naturforscher an Bord der »Beagle«.

Den ganzen Besuch über hatte sie diesen koketten Unterton bewahrt, so ungewohnt für die Frau, die du kanntest. Und so ärgerlich für dich. Ihr hattet schon die öffentlich zugänglichen Teile des Schiffs besichtigt – andere konnten fremden Personen nicht gezeigt werden, weil es sich um ein Kriegsschiff handelte –, als sie diese Bitte äußerte.

»Meine Kabine ist sehr unordentlich ...«, versuchte er sich zu entschuldigen, hin- und hergerissen zwischen der Scham und der Eitelkeit, dass eine junge Frau, beinahe in seinem Alter, sich für diese Dinge interessierte. Offensichtlich kannte er Carmen nicht, musstest du denken. Denn ohne auf Darwins Ausreden zu achten, öffnete sie selbst die Tür, auf der ein Messingschild prangte: Ch. Darwin, Esq., und trat ein.

Die winzige Kabine lag unter dem Achterdeck und wurde von einem Oberlicht in der Decke erhellt. Ein Junge mit von Aknepusteln bedecktem Hals und Schläfen schlief, wie ein Hund zusammengerollt, auf dem Boden. Als sie fast über ihn stolperten, sprang er mit einem Satz auf. Darwin stellte ihn als seinen Burschen Covington vor und befahl ihm, hinauszugehen.

Dieser Bursche konnte nicht älter als fünfzehn Jahre alt sein. Der grinsende Matrose, der vorher die Kanonen der »Beagle« gepriesen hatte, mochte um die achtzehn sein. Darwin selbst nicht älter als fünfundzwanzig. Wie man sich im Hafen erzählte, hatte FitzRoy die dreißig noch nicht überschritten. Diese Engländer bemannten ihre Schiffe mit Kindern, dachtest du.

Der Forscher entschuldigte sich unablässig dafür, dass es so wenig Platz gab, und lud euch ein, auf den beiden am Boden festgeschraubten Stühlen Platz zu nehmen. Er selbst blieb stehen und war wegen der geringen Höhe der Kabinendecke dazu gezwungen, den Kopf einzuziehen. Eine umfangreiche Bibliothek bedeckte die hintere Wand der Kabine. Fast ohne sie zu suchen, entdeckten deine Augen die drei Bände der englischen Ausgabe von Humboldts Reisebericht: »Personal Narrative of Travels to the Equinoctial Regions of America«. Von einem Deckenbalken baumelte eine Hängematte, zur Seite gebunden, damit sie dem Arbeitstisch nicht das Licht wegnahm. Alles ließ die strenge Ordnung eines gut organisierten Expeditionsschiffs erkennen.

Außer dem Tisch selbst, wo das Auf und Ab des Seglers in der Dünung ein Dutzend weißer, unförmiger Klumpen erzittern ließ, auf denen abscheuliche kegelförmige Köpfe saßen, bewaffnet mit einem spitzen, zangenförmigen Dorn. Neben diesen Klumpen entdecktest du mehrere Muschelgehäuse in der Form kleiner Vulkane, aus deren Kratern diese schnabelbewehrten Tiere offensichtlich herausgezogen worden waren. Inmitten dieses glibberigen Gemetzels glänzte golden ein Mikroskop.

»Entschuldigen Sie den Geruch. Ich war gerade bei der Arbeit.«

»Sieht eher aus, als wollten Sie gerade essen«, gabst du zurück, als du die hässlichen Muscheltiere erkanntest, die die Fischer von Valparaíso direkt am Strand in großen, schwarzen Kesseln neben ihren Booten zu kochen pflegten.

»Ich bin äußerst erfreut«, erklärte er, ohne auf deine ironische

Bemerkung einzugehen und dir deine schroffe Art von vorhin nachzutragen. »Ich glaube, ich habe eine Entdeckung gemacht.«

»Und vermutlich werden Sie die uns jetzt verraten.«

»Diese Entenmuscheln. Wenn ich mich nicht irre, sind es die größten der Welt.«

»Ihre Entdeckung ist in Chile sehr bekannt und als Gericht sehr beliebt. Man nennt sie Picoroco«, unterbrachst du ihn und warfst Carmen einen Blick zu. Langsam gewannst du die Beherrschung zurück, die du, als du an Bord kamst, fast verloren hattest.

»Ist mir bekannt. Molina hat sie 1782 klassifiziert: Austromegabalanus psittacus. Es sind simultane Hermaphroditen. Gleichzeitig Männchen und Weibchen, in einem Muschelgehäuse, das ihre Behausung darstellt.«

»Fast wie ein Ehepaar«, warfst du ein, gabst deinen Versuch nicht auf, dem Forscher seinen Vortrag zu verderben. »Aber was machen sie nur, wenn sie sich mal streiten? Wie trennen sie sich dann?«

Von deinen ironischen Bemerkungen aus dem Konzept gebracht, schaute er dich verwirrt an.

»Sie sind nicht wie ein Ehepaar. Passen Sie auf: Ich glaube, diese Rankenfußkrebse befruchten sich nicht selbst. Sie suchen sich in benachbarten Muscheln einen Partner.«

»Ihre Picorocos begehen also Ehebruch, Darwin?«

»Ja. Ich meine, nein«, korrigierte er sich. »Nach ein paar Wochen des Sezierens, und glauben Sie mir, das ist nicht einfach bei diesem Seegang, habe ich herausgefunden, wie sie kopulieren. Das Männchen entrollt einen...«

Darwin machte eine Geste, versuchte zu beschreiben, was sich da entrollte. Doch dann hielt er inne und wandte sich Carmen zu. Er war rot geworden, sah verstört aus, schluckte trocken:

»Señora, bitte entschuldigen Sie. Wir sind zu lange auf See gewesen, immer nur unter Männern …«

»Das Thema scheint mir faszinierend. Bitte, fahren Sie fort«, ermunterte sie ihn.

Der Wunderknabe wirkte von Minute zu Minute verschämter. Flehentlich schaute er zu dir herüber – zu dir! –, als bitte er dich um deine Erlaubnis.

»Mich dürfen Sie nicht anschauen, Sie waren es, der mit dem Thema begonnen hat. Ich versichere Ihnen, meine Freundin wird Sie nicht eher in Ruhe lassen, als bis Sie zu Ende erklärt haben.«

»Ich weiß einfach nicht, wie ich es ausdrücken soll, ohne die Señora zu beleidigen«, antwortete Darwin

Dann beugte er sich zu dir herüber, damit Carmen ihn nicht verstand, als er flüsterte:

»Es ist der Penis …«

»Es ist der Penis, Carmen«, wiederholtest du sofort gut gelaunt mit lauter Stimme. »Der Señor Darwin hat anscheinend herausgefunden, dass dieses Viech einen Penis besitzt.«

Der Naturforscher schaute dich entsetzt an, so als hätte ihn ein alter Freund verraten. Instinktiv wollte er sich aufrichten, doch sein Kopf stieß an einen Deckenbalken. So duckte er sich wieder ein bisschen und erklärte förmlich:

»Ich habe entdeckt, dass dieser Zwitter den vielleicht längsten Penis des Tierreichs besitzt. Relativ gesehen, natürlich. Ungefähr vier Mal so lang wie sein eigener Körper.«

»Vier Mal!«, entfuhr es Carmen, die ein helles Lachen nicht unterdrücken konnte. »Das ist zweifellos eine kolossale Entdeckung, Mister Darwin!«

»Ganz bestätigt habe ich es noch nicht«, entgegnete der bescheiden.

»Wo ist denn dieses Naturwunder? Kann ich es sehen?«

Der Forscher setzte ein erschrockenes Gesicht auf. Auch du wandtest etwas ein. Allerdings nur der Form halber, denn – gib es zu, Moro – du genossest Carmens Ungezwungenheit und Darwins Notlage. Carmen verschränkte die Arme und beharrte:

»Ich werde nicht gehen, bevor Sie ihn mir zeigen.«

Darwin gab auf. Mit einem Gesicht, als leide er unter Verstopfung, holte er aus einer Schublade ein Fläschchen und hielt es euch hin. Darin schwamm etwas, das wie ein einsamer, rosafarbener, zusammengerollter Wurm aussah. Carmen betrachtete ihn lange, wobei sie den Kopf erst auf die eine, dann auf die andere Seite legte. Schließlich setzte sie sich gerade auf, sah euch beide an und erklärte vergnügt und langsam:

»Ihr Männer übertreibt ja immer, wenn es um die Länge von dem hier geht.«

Völlig verblüfft über so viel Schamlosigkeit wandte der Wunderknabe den Blick und tat so, als habe er nicht richtig gehört. Erst als er das neuerliche helle Gelächter hörte, mit dem Carmen ihren eigenen Scherz feierte, kam er wieder zu sich. Er versuchte, seine Entdeckung zu verteidigen:

»Aber es ist doch beeindruckend. Stellen Sie sich nur vor, wie dieser blinde Zwitterorganismus diesen … diesen Schlauch entrollt, um tastend am Grund des Ozeans ein anderes Exemplar seiner Art zu finden.«

»Warum beeindruckt Sie das denn so sehr, Señor Darwin?«, fragtest du hinterhältig, hattest du doch einen Verdacht, wo die Wurzel seiner Faszination lag.

Der Naturforscher zögerte einen Moment, räusperte sich und entschied sich schließlich zur Offenheit:

»Diese enorme Anstrengung lässt vermuten, dass diese Rankenfußkrebse nur für ihre Reproduktion leben.«

Da lächeltest du, Moro. Deine Augen wurden schmal vor

Befriedigung. Der angehende Naturforscher hatte sich verraten.

»Und wenn das für die Tiere gilt, warum dann nicht auch für uns Menschen, nicht wahr, Darwin? Ich möchte wetten, Sie vermuten schon, dass auch wir Männer und Frauen nur für unsere Fortpflanzung leben.«

Zutiefst überrascht schaute er dich an. Und du sahst befriedigt, wie überrascht er war. Es schien, als habest du seine Gedanken gelesen. Schmutzige Gedanken – für ihn –, derer er sich sicher schämte. So gebückt, wie er durch die niedrige Decke der Kabine zu stehen gezwungen war, schien ihm der Gedanke sogar Bauchschmerzen zu machen. Doch vor allem anderen war er ein englischer Gentleman und ein ziviles Mannschaftsmitglied auf einem englischen Kriegsschiff: Es war seine Pflicht, ehrlich zu sein.

»Ich gebe es zu«, sagte er. »Der Austromegabalanus psittacus ist vielleicht ein Extremfall, doch möglicherweise ist der Mensch gar nicht so verschieden.«

»Und die Liebe?«, widersprachst du triumphierend. »Die vergesst ihr Naturforscher doch immer. Kann ein Picoroco Liebe empfinden?«

»Wenn ein Picoroco Ihnen antworten könnte, würde er wahrscheinlich sagen, dass er sie tatsächlich empfindet. Wenn er seinen langen Penis ausrollt, um eine benachbarte Muschel zu suchen, empfindet er etwas, das wir Menschen ein heftiges Verlangen nennen würden, so stark, dass es diese riesige Kraftanstrengung rechtfertigt. Ich vermute, dass dies das ist, was wir Liebe nennen.«

Diese Argumente kanntest du schon, Moro. Dein Mentor, der Baron, hatte dich vorsichtig von ähnlichen Dingen zu überzeugen versucht. Er rechtfertigte seinen eigenen Verzicht auf die Liebe und die Fortpflanzung, die er auf dem Altar der Wissenschaft geopfert hatte, mit ähnlichen Vorwänden, geleitet von dem Willen, das Animalische zu negieren, das mit dem Menschlichen zusammenlebt. Eine Zeitlang hatten dich solche Gedanken ziemlich verwirrt. Du musstest hierher, nach Amerika, kommen, Moro, damit dich diese Natur, zusammen mit deiner eigenen, die sich hier Bahn brach, von solch falschen Vorstellungen heilte. Deine lange Reise, deine Hingabe an Amerikas Landschaften und Frauen – auch wenn du dich ihnen nie ganz hingabst – hatten dich von dieser kastrierenden Doktrin befreit. Inzwischen dachtest du, dass dein Herumvagabundieren auch eine Suche nach vitalen Argumenten gegen diese gewalttätige Vernunft war, die, indem sie das Leben zu erklären vorgab, es schließlich verdorren ließ. Und mit ihm die beiden Dinge, die dir im Leben etwas bedeuteten: die Kunst und die Liebe.

Du schicktest dich gerade an, dem Wunderknaben dies alles zu erklären, als Carmen dir ihre behandschuhte Rechte vor den Mund legte:

»Caballeros, wollen Sie etwa eine philosophische Diskussion abhalten?«, fragte sie, und ohne eine Antwort abzuwarten, rief sie fröhlich aus: »Wunderbar! Ich bin begeistert! Doch verbiete ich Ihnen, sie hier zu führen. Wir wollen bei mir zu Hause weitermachen.«

Bevor einer von euch etwas sagen konnte, verließ sie die Kabine und zog dich am Arm mit sich an Deck. Der junge Darwin folgte euch brav. Auch er wagte nicht zu widersprechen. Er war genauso verwirrt und fasziniert von Carmens Ungestüm wie du, als du sie zum ersten Mal auf dem Landungssteg gesehen hattest.

Schon am Fallreep stehend, teilte sie euch mit:

»In einer Woche werde ich einen philosophischen Salon abhalten. So haben Sie beide Zeit, Ihre Argumente vorzubereiten.

Und ich, die Gesellschaft von Valparaíso einzuladen. Oder erschreckt Sie etwa die Vorstellung, Ihre Gedanken in aller Öffentlichkeit auszutauschen?«

Du lächeltest, Moro, während du sie bewundertest. Die letzte Frage war nicht wirklich eine Frage. Dieses Weib der chilenischen Art benutzte ein Argument, dem diese Männer der englischen und der deutschen Art nicht widersprechen konnten. Keiner von beiden würde zugeben, dass so etwas ihm Angst einjagte.

»Es gilt also«, erklärte sie. »Nennen wir die Debatte doch ›Die Natur der Liebe‹«.

* * *

Die ganze Rückfahrt im Boot zum Landungssteg über sprach Carmen von Darwin. Von dem großen Privileg, einen Wissenschaftler wie ihn in Chile zu haben. Begeistert zählte sie laut auf, wen sie zu ihrem »philosophischen Salon« einladen wollte. Es sollten alle aus Valparaíso kommen, die einen offenen Geist hatten. Die Liberalen, die noch gedemütigt waren von ihren jüngsten Niederlagen, die Ausländer unterschiedlichen Glaubens und sogar der eine oder andere Konservative, der das nur in öffentlichen Angelegenheiten war, nicht aber in seinem Privatleben. Das würde ein unvergessliches Ereignis werden … Nicht wahr, das würde es doch?

Erst als ihr in Carmens Einspänner stiegt, den ihr neben dem Landungssteg angebunden hattet, bemerkte sie dein beharrliches Schweigen.

»Was ist los, Moro?«, fragte sie.

»Nichts.«

»Gefällt dir die Idee einer öffentlichen Diskussion mit Mr. Darwin nicht?«

»Ich habe nichts dagegen. Er weiß wahrscheinlich viel über sich paarende Krustentiere, doch von der menschlichen Liebe hat er keine Ahnung.«

»Was hast du denn dann?«

Du entschlossest dich, zu reden, ihr gegen all deine Erfahrung mit der weiblichen Denkweise zu gestehen, was mit dir los war. Du fingst an zu glauben, dass du, wenn du sie liebtest – und wenn diese Liebe zum ersten Mal von Dauer wäre –, auch ehrlich zu ihr sein musstest. Leise sagtest du:

»Der Penis.«

»Was?«

»Weshalb musstest du dich gegenüber einem Fremden so begeistert vom Penis des Picoroco zeigen?«

Auf Carmens Gesicht erschien ein ungläubiges Lächeln, das sie nur noch schöner aussehen ließ, wenn dies überhaupt möglich war.

»Mach dich nicht lächerlich. Der einzige Picoroco, der mich interessiert, ist dein Morito.«

»Du hast schamlos mit Darwin kokettiert!«

»Ich hab mich lustig gemacht über ihn, du Dummerchen.«

»Deine Augen glänzten ja richtig, als du dieses Fläschchen anschautest. Als bewundertest du seine Entdeckung.«

Carmen wurde ernster.

»Mir gefällt die Wissenschaft, das weißt du.«

»Oder gefällt dir der Mann dieser Wissenschaft?«

Carmen rückte ein Stück von dir ab, ging auf dem genoppten Ledersitz des Einspänners auf Distanz zu dir. Das hochgeklappte Verdeck schützte euch wie eine Muschel.

»Ja, er hat mir gefallen«, antwortete sie betont kühl. »Männer, die vom Wissen besessen sind, ziehen mich an. Ich bewundere diesen Willen, die Natur mit der Intelligenz zu durchdringen.«

»Offensichtlich möchtest du also eine Aufklärerin sein. Ich bin aber ein Romantiker. Zwischen uns beiden kann es keinen Frieden geben.«

Dieses lächerliche Urteil hattest du von dir gegeben, ohne darüber nachzudenken. Doch entfuhr es dir so entschieden, dass du es zweifellos gedacht – und gefürchtet hattest, seit du sie kennenlerntest. Sie nahm keine Notiz davon:

»Du bist einfach ein eifersüchtiger Künstler. Du möchtest der einzige interessante Ausländer unter uns sein.«

»Der einzige interessante für dich.«

Carmen wandte sich dir zu und schleuderte dir entgegen:

»Du warst wütend auf ihn, kaum, dass du ihn sahst. Als sei Humboldt selbst gekommen, um dich zu fragen, warum du die wissenschaftliche Malerei aufgegeben hast, weshalb du ihm ungehorsam geworden und hierhergekommen seist. Oder irre ich mich etwa?«

Das war etwas, das du nicht hinnehmen konntest, Moro. Dass Carmen deine Gedanken erriet, war schon schlimm genug. Doch dass sie dich an deinen Wortbruch gegenüber dem Baron erinnerte, war unerträglich. Du hieltest den Einspänner an, übergabst ihr die Zügel und sprangst vom Kutschbock. Da standst du mitten auf der Calle del Cabo, der belebtesten Straße der Stadt. Sehr aufrecht sitzend sah sie dich an, während sie mit dem Zügel das Pferd zurückhielt. Die Tränen, die ihr in den Augen standen, ließen ihre Pupillen größer erscheinen.

Und dort, mitten auf dieser mit Brettern bedeckten Straße, zwischen denen der Schlamm hervorquoll, wurde dir klar, dass du nicht fähig sein würdest, sie zu verlassen. Weder jetzt noch – vielleicht – jemals. Du begriffst, dass dies der Grund für die schlechte Laune war, die dich eben überfallen hatte, dieses Unwohlsein, das mit deiner maßlosen Leidenschaft für sie gepaart war. Der fahrende Ritter spürte, dass er vielleicht nicht länger durch die Welt ziehen würde.

Du bestiegst die Kutsche wieder. Gegen deinen Drang, sie gleich dort in aller Öffentlichkeit zu nehmen, griffst du nach den Zügeln und triebst mit einem Peitschenschlag das Pferd an, das sofort losgaloppierte.

XIII

In voller Lebensgröße

DU HATTEST SIE nicht lange überreden müssen, nackt für dich zu posieren. Anfangs hatte sie die zu erwartenden Einwände gehabt: die Respektlosigkeit, die schon der Vorschlag allein bedeutete, der mögliche Skandal, wenn jemand das Bild je zu sehen bekäme. Argumente, die du erwartetest und zu parieren wusstest. Geduldig hattest du ihr zugehört:

»Glaubst du etwa, ich wäre eine dieser kleinen Modistinnen, die ihr euch im Quartier Latin in Paris besorgt, damit sie für euch Modell stehen, euch die Hemden waschen und mit euch ins Bett gehen?«

Du wolltest schon mit deinen üblichen Gegenargumenten von oft erprobter, beinahe unfehlbarer Wirksamkeit antworten: die von der Reinheit der Kunst. Ein weiblicher Akt war Fleisch gewordene Schönheit, kein Fleisch mehr. Reine Wortgefechte, wusstest du doch von Anfang an, dass sie am Ende doch nachgeben würde. Schließlich und endlich war bei den Frauen dieser Widerwille, angeschaut zu werden, immer geringer als der Wunsch, gesehen zu werden. War dies nicht eine deiner Devisen als Verführer, Moro?

Doch war es gar nicht notwendig, diese alten Argumente zu bemühen. Plötzlich schwieg Carmen. Die Scham auf ihrem Gesicht wich einer deutlichen Verblüffung. Ein schmerzliches Schweigen trat an die Stelle des Stolzes. Ihre Augen glänzten tränennass. Ein trauriger Gedanke war durch die Hintertür in ihr Hirn gestohlen.

Du nahmst sie in die Arme, küsstest sie gerührt auf beide Wangen.

»Ich wollte dich nicht verletzen.«

Du schworst ihr, dass du sie nicht hattest kränken wollen, dass nichts außer deiner Liebe diesen Wunsch rechtfertigte, sie nackt zu malen. Das war die Wahrheit. Doch war es nicht die ganze Wahrheit. In der Liebe durfte man nie die ganze Wahrheit sagen, das war ein weiterer deiner philosophischen Sätze eines reisenden Liebhabers. Deshalb sagtest du Carmen nicht, dass du sie auch deshalb nackt malen wolltest, um einen unzweifelhaften Beweis deiner Leidenschaft für sie zu haben – für den dir jetzt unmöglich erscheinenden Fall, dass du sie verlieren könntest. So bekämst du ein Zeugnis, das dich über Kordilleren und Pampas begleiten würde, wenn du wieder zum fahrenden Ritter werden müsstest. Einen Beweis, dass dieses Glück existiert hatte – auch wenn es nicht von Dauer war –, wenn du wieder einsam loszögest, auf der Suche nach der nächsten Enttäuschung.

Vielleicht war dies die beste Gelegenheit, Moro, die du je hattest, um dich vor ihr deiner Rüstung zu entledigen. Du könntest Carmen von dieser Angst erzählen und ihr deine Feindin, »die Andere«, vorstellen. Doch du warst zu abergläubisch, das ist schon gesagt worden. Von diesen Ängsten zu sprechen, kam zu sehr ihrer Anrufung gleich, war, als ob es »die Andere« herbeiriefe, sie zum Erscheinen einlüde. So schwiegst du allzu lange, und als du endlich reden wolltest, legte dir Carmen ihren Zeigefinger auf die Lippen.

»Ich habe mich selbst noch nie ganz nackt gesehen, Moro.«

Das war ihr gerade klar geworden. Sie hatte ihren Körper bisher immer nur zum Teil und sehr verstohlen betrachtet. Wenn sie in der Wanne aus rosa Pelequén-Stein badete, die sie auf ihrer Hacienda Cachapoal hatte aufstellen lassen. Wenn sie sich in ihrem Zimmer vor den Schminktisch setzte und ihr Negligé oder ihr Nachthemd fallen ließ, um ihre Brüste zu betrachten und sie zu streicheln (seit Gutiérrez dies nicht mehr konnte und – vielleicht – vergessen hatte, wie man es machte). Doch in voller Lebensgröße und mit dem nötigen Abstand, um sich gut betrachten zu können, so hatte sie sich noch nie gesehen. So große Spiegel gab es in den Schlafzimmern ihres Hauses in Valparaíso nicht. Und auch nicht auf der Hacienda oder dem Gut El Membrillar, in Linares, den Häusern ihrer Kusinen oder bei ihrer Freundin Constanza. Erst jetzt entdeckte Carmen, dass sie noch nie in irgendeinem Schlafzimmer, Badezimmer oder einer Damentoilette einen Ganzkörperspiegel gefunden hatte, in keinem Privatgemach dieses ehemaligen Generalkapitanats von Chile, wo immer Krieg herrschte, ehemals äußerste Grenze des Kolonialreichs und jetzt frisch gegründete, eben der Anarchie entrissene Republik. Im Salon ihres Schneiders in Valparaíso schon. Und in den Salons oder Vestibülen der Herrschaftshäuser mochte man auch einen leicht geneigten, großen Spiegel an der Wand finden, gehalten von einer samt- oder seideummantelten Kette, dessen Goldrahmen und Oberfläche fast immer von der Feuchtigkeit zerfressen waren. Doch nie in den Schlafzimmern, wo sie sich ohne Anstoß zu erregen hätte nackt sehen können. Sie war in einem Land und einer Zeit zur Welt gekommen – so wurde Carmen klar –, wo noch der Widerschein des eigenen Körpers sündig war.

»Ich bin jetzt siebenundzwanzig, und es musste ein deutscher Maler kommen, ein windiger Hallodri, damit ich das überhaupt merkte. Ich müsste dich hassen, Moro, weil du mir all das zeigst, was ich nicht hatte, nie haben werde.«

»Jetzt kannst du es haben, und brauchst noch nicht mal einen Spiegel dazu.«

Carmen entschied sich:

»Male mich nackt, Moro. Ja, ich will wissen, wie ich aussehe. Schau mich so lange und genau an, wie du es brauchst. Dann will ich mich selbst ansehen, bis ich genug davon habe.«

* * *

Zu akzeptieren, dass du sie unbekleidet maltest, war natürlich eine Sache. Und eine ganz andere, warten zu müssen, während sie nackt posierte, weder lesen noch schreiben, noch sich irgendwie ablenken zu können und sich gleichzeitig innerlich zu verzehren.

»Moro, male mich nachher weiter, lass uns erst miteinander schlafen.«

»Nein! Das würde die Schattierungen deiner Haut verändern, und das merkt man. Außerdem ist das ungestillte Verlangen viel schöner als das gestillte.«

Du maltest sie so begierig, weil du die Röte vorzogst, die dann ihre perlmuttfarbene Haut entzündete. Du zogst ihre Brüste vor, wenn sie hart wurden, die aufgestellten Brustwarzen, die leichte Feuchtigkeit, die den Spalt ihrer Scham glänzen ließ. Doch was du vor allem festhalten wolltest, war diese undefinierbare Aura des Verlangens, die ihr Porträt umgeben würde.

Du wandtest dich wieder der großen, querformatigen Leinwand zu. Die Linie zwischen Carmens Schenkeln, dieses »Y«, dessen Mittelpunkt auf ihrem Geschlecht lag, war nicht perfekt. Besser so. Du fuhrst noch einmal mit dem Pinsel an ihr entlang, um die Unvollkommenheit zu betonen. Die Linie versteckte sich, verschwand an der Innenseite der Schenkel, die nicht genau zusammen-, sondern eher übereinanderlagen. Als habest du Carmen genau in dem Moment überrascht, als sie die Beine gekreuzt und wieder geöffnet hatte. Diese leichte Ungleichheit der Schenkel gab dem ganzen Bild seine Spannung. Trotz ihrer Reglosigkeit schien sie kurz davor zu sein, vom Lager aufzuspringen und so, wie sie war, aus dem Rahmen herauszuspringen, um sich auf den Maler zu stürzen – oder den Betrachter – und ihn zu umarmen.

Andere Maler, Moro, würden vielleicht sagen, dass das Ergebnis unvollkommen war, des Gleichgewichts entbehrte. Doch du liebtest dieses Ungleichgewicht. Diese Asymmetrie ließ das Bild vibrieren. Diese Unvollkommenheit gab ihm Leben.

Versunken in deine Retuschen und diese hochtrabenden ästhetischen Überlegungen sahst du die Gefahr nicht kommen, und dann war es schon zu spät. Als du dich ihr wieder zuwandtest, war Carmen tatsächlich vom Bett gesprungen und kam auf dich zugestürzt. Bevor du es verhindern konntest, riss sie dir Pinsel und Palette aus den Händen und warf sie in eine Ecke. Und indem sie deinen Schal packte, hängte sie sich mit ihrem ganzen Gewicht an deinen Hals, schnürte dir die Luft ab und ließ dich beinahe auf sie fallen.

»Jetzt ist Schluss mit der Kunst, Moro! Jetzt ist das Leben an der Reihe! Ich bin an der Reihe!«

»Die Kunst ist das Leben«, versuchtest du, halb stranguliert, zu scherzen.

»Seit Stunden warte ich nun schon nackt auf dich!«

Sie hatte dich auf den Teppich aus araukanischen Ponchos geworfen, saß auf dir und riss dir die Kleider vom Leib.

»Lass mich wenigstens noch einen letzten Pinselstrich machen, nur einen einzigen!«, betteltest du, jetzt aber nur noch, um sie zu necken: Dir war klar, dass du besiegt warst.

»Der einzige Pinsel, den du jetzt gebrauchen wirst, ist dein Morito.«

Carmen knöpfte dir die Hose auf. Als sie auf deinen »Morito« stieß, beugte sie sich über ihn, als wolle sie ihn in den Mund nehmen. Doch plötzlich fiel ihr etwas anderes ein. Mit einem Satz rutschte sie nach vorn und setzte sich rittlings auf dein Gesicht. Ihre Vulva, die du kurz zuvor noch so fein und sorgfältig gemalt hattest, war jetzt nur noch wenige Zentimeter von deinem Mund entfernt. Trotz all deiner künstlerischen Anstrengungen, Moro, übertraf ihre Wirklichkeit deine Malerei. Deine Nase nahm den Moschusduft war, den ihr Geschlecht verströmte. Die Schamlippen öffneten sich und ließen die Knospe ihrer Klitoris erkennen. Du öffnetest den Mund und strecktest die Zunge aus, lecktest nur ganz sacht, behutsam daran.

Doch Carmen war für Feinfühligkeit nicht zu haben. Mit beiden Händen packte sie deinen Kopf, zog dich dabei an den Haaren und sagte:

»Jetzt wirst du mir büßen, Moro.«

* * *

»Carmencita!«

Rosa klopfte an die Tür der Hütte. Du hörtest sie von weit her, wolltest nicht aus deinem Traum erwachen. Du warst in der Akademie deines Vaters, in Augsburg. Er zeigte dir, wie man ein Pferd zeichnet. Einen zimtfarbenen Fuchs mit schwarzen Hufen und wildem Blick. Du skizziertest ihn, stelltest dir die Schlacht vor, die du später um dieses Pferd zeichnen würdest, wenn dein Vater dich die Schlachtenszenen deines Urgroßvaters Georg Philipp kopieren ließ. Doch plötzlich änderte sich die Traumszene. Das Pferd war nicht mehr da. Besser gesagt, das Pferd warst du selbst,

Moro, mit dem Gesicht nach oben zu Boden geworfen. Auf deinen Hüften ritt eine nackte Frau, nicht Carmen, eine andere. Eine so bleiche Frau, dass sie aus Gips zu sein schien. Ihr Gesicht bedeckte eine wilde, nach vorn fallende rote Mähne. Die Frau stützte sich mit den Händen auf deine Brust, kratzte dich, riss dir den Brustkorb auf. Du blutetest. Wer war das? Plötzlich wusstest du es in deinem Traum. Es war »die Andere«, diese Todesgöttin, die immer deine Liebe tötete. Sie hatte dich eingeholt, und jetzt ritt sie dich und machte dich für alle Zeiten zu ihrem Liebhaber.

»Carmencita! Don Eduardo kommt!«

Diesmal erwachtest du und warst sofort auf den Beinen. Tratst ans Fenster und zogst den Vorhang ein wenig zur Seite. Unten am Hang, auf dem zweiten Absatz der langen Treppe, die zum Haus hinaufführte, sahst du einen groß gewachsenen, kahlköpfigen Mann mit buschigen Koteletten wie weiße Wolle. Er trug eine blaue Militäruniform und hatte gerade den Zweispitz abgesetzt, um sich den Schweiß von der Glatze zu trocknen, die im noch hellen Nachmittagslicht glänzte. Nachdem er ihn sich wieder aufgesetzt hatte, hielt er sich am hölzernen Treppengeländer fest, um seinem linken Bein mit dem Gewicht des steifen rechten zu helfen, und setzte seinen Aufstieg fort. Sein Pferd musste der Schimmel sein, den du neben Carmens Einspänner angebunden sahst.

Das konnte niemand anderes sein als der Oberst im Ruhestand Eduardo Gutiérrez, Carmens Ehemann. Sie hatte dir erzählt, dass eine Gewehrkugel ihm die Hüfte zerschmetterte, als er in der Schlacht von Ayacucho einen Kavallerieangriff befehligte. Trotz schrecklicher Schmerzen und hohen Blutverlusts führte er seine Männer – ein Bataillon der Husaren von Junín – gegen die feindlichen Linien und überrannte die spanische Infanterie an einer Flanke. Der General San Martín verlieh ihm dafür in Lima in Gegenwart des versammelten Generalstabs der Befreiungsarmeen den Sonnenorden. Man dotierte ihn mit einer Pension auf Lebenszeit, die sich anschließend die Regierungen von Peru und Chile alle Mühe gaben, nicht zu zahlen. Aus diesem Grunde trug Gutiérrez, immer wenn er in die Stadt kam, seine komplette Paradeuniform, mit allen Orden und Ehrenzeichen behängt, samt Zweispitz, um dem ganzen Land das Vergessen vor Augen zu führen, mit dem man ihn belohnte.

Du schätztest, dass ihr gerade genug Zeit hattet. Drei, vier Minuten, bis der humpelnde Kriegsheld seinen anstrengenden Aufstieg absolviert haben würde. Wieder einmal beeindruckte dich die vorausschauende Grausamkeit einer verliebten Frau.

Sie war dabei, sich mit Rosas Hilfe so schnell wie möglich anzuziehen. Du schlüpftest in deine Hose, ohne den komplizierten Hosenlatz zuzuknöpfen. Vor dein Hemd bandst du dir deine Malerschürze, zogst du den Vorhang zu, der dein Atelier in zwei Räume teilte, und verbargst damit das Bett. Dann nahmst du die querformatige Leinwand mit Carmens Akt von der Staffelei, lehntest sie verkehrt herum gegen die Wand und stelltest an ihren Platz das offizielle, kaum begonnene Brustbild. Carmen setzte sich sehr gerade in den Ledersessel. Mit zwei raschen Bewegungen drehte sie sich einen Haarknoten. Es fehlte der Schleier, der große Zierkamm aus Schildpatt, das Kleid war nicht dasselbe wie auf dem Bild. Aber was sollte man machen …

Es klopfte an der Tür. Carmen sah dich an, lächelte, warf dir einen Kuss zu. Du holtest tief Luft, um deine Ruhe wiederzuerlangen, gingst zur Tür und legtest die Hand auf den Türgriff, wobei du im Geist den feierlichen Satz übtest, mit dem du den Held und Ehemann begrüßen wolltest: »Sehr angenehm, Oberst Gutiérrez! Ihre Frau hat mir schon sehr viel von Ihnen erzählt«, so wolltest du sagen.

Erst in diesem Augenblick, Moro, schautest du zu Boden und bemerktest deine nackten Füße.

XIV
Die Phantasie allein

NACH SEINEM ÜBERRASCHENDEN AUFTAUCHEN blieb Gutiérrez kaum drei Tage in Valparaíso. Er pflegte sonst eigentlich gar nicht zu kommen und nannte keinen Grund für diesen Blitzbesuch. Carmen zog es vor, ihn für einen Zufall zu halten; du jedoch wusstest mehr von diesen Dingen und verstandst, dass es eine Kontrollvisite gewesen war. Ob dem Helden im Ruhestand ein Gerücht zu Ohren gekommen war? Oder hatte er mehr Intuition als ein gewöhnlicher Militär?

Während der Oberst in Valparaíso war, hattet ihr euch nicht ein einziges Mal gesehen. Diese kurze, doch jähe Unterbrechung eures tagtäglichen Liebeslebens, verbunden mit Carmens Koketterie gegenüber Darwin an Bord der »Beagle«, reichte aus, um dir die Stimmung zu verderben. Seit einigen Tagen warst du schlecht gelaunt …

Schlecht gelaunt nicht. Eifersüchtig! Gib's zu, Moro! Fast zum ersten Mal in deinem Leben verspürtest du Eifersucht. Die hattest du bei anderen oft genug hervorgerufen, doch dies war das erste Mal, dass du am eigenen Leibe diese unterdrückte, beklemmende Wut verspürtest. Nicht wahr?

In einigen wenigen Wochen hatte Carmen Gewalt über dich gewonnen wie nie eine Frau zuvor. Diese Gewissheit erzürnte dich noch mehr. Du empfandst sie wie ein Paar unsichtbare Fußfesseln, die dich am Gehen hinderten. Gutiérrez war inzwischen wieder abgereist. Du aber bliebst da, insgeheim gereizt und reizbar.

»Ich hätte mir doch schon früher einen Liebhaber suchen können«, sagte Carmen, während sie dir mit dem Zeigefinger die gerunzelte Stirn glatt strich. Gerade hattet ihr euch zum ersten Mal nach der Abreise des Oberst geliebt, und genau das waren deine Gedanken gewesen. Warum hatte sie sich nicht schon eher einen »Freund« gesucht? Einen chevalier servant, wie es die Venezianerinnen in »Beppo« machten, dem Gedicht von Byron, das sie so sehr liebte? Oder hatte sie vielleicht einen solchen gehabt, würde es dir aber niemals gestehen? Sehr wohl hätte sie sich einen »Beppo« besorgen können, aber natürlich. In Chile waren die Sitten nach den Unabhängigkeits- und Bürgerkriegen und der bis noch vor Kurzem herrschenden Anarchie ziemlich ungeordnet, im Grunde viel zügelloser, als ein Ausländer wie du mit seinen Vorurteilen (der meinte, er sei ans Ende der Welt gelangt) ahnen konnte. Die Heuchelei war viel verbreiteter als die Ehrbarkeit. Angeblich hatte sie jedoch vor dir keinen Liebhaber genommen. Neun Jahre lang hatte sie keine geschlechtliche Beziehung zu irgendjemandem gehabt, seit dem letzten Mal, als sie so halbwegs mit ihrem Mann schlief. Gelegenheiten hatten ihr nicht gefehlt, denn sie schliefen nicht zusammen und verbrachten lange Monate getrennt. Der pensionierte Oberst reiste viel, um die verschiedenen Güter der Familie zu verwalten (mit denen es immer mehr bergab ging). Dann war er noch einmal in die Armee eingetreten, diesmal auf Seiten der liberalen Truppen. Bis zur Niederlage bei Lircay vier Jahre zuvor war er fast nie zu Hause gewesen.

In ihrer Einsamkeit – in Valparaíso, in Santiago, auf ihren

Gütern im Süden – hätte Carmen sich einen Liebhaber nehmen können. Sie wäre nicht die erste verheiratete chilenische Dame gewesen, die dies tat, besonders in diesen unruhigen Zeiten. Sie gestand dir, dass sie einst begonnen hatte, Phantasien in Bezug auf einen wohlhabend gewordenen Bauern zu entwickeln, einen kräftigen, dunkelhäutigen Mann mit buschigen Augenbrauen, dessen Felder an ihre Hacienda Cachapoal grenzten. Sie kannten sich seit ihrer Kindheit, und er war immer schon in sie verliebt gewesen. Er war ihr »Galan«: ein Verehrer, der ihr mit sehnsüchtigem Blick folgte, doch die Augen niederschlug, wenn sie sich näherte. Manchmal hatte Carmen während der heißen Sommernächte die Fenster ihres Schlafzimmers, die auf den Garten hinausgingen, offenstehen lassen, die Vorhänge wehten nach draußen wie ein Signal. Nie traute er sich jedoch, zu ihr zu kommen. Und im Grunde hatte Carmen es auch nicht anders erwartet. Sie hätte deutlicher werden müssen: ihn ermuntern, es ihm befehlen müssen. Nur der Herr oder die Herrin konnten die sozialen Hürden überspringen. Doch das tat sie auch nicht.

»Ich erzähle dir das, um dir deine Eifersucht zu nehmen, Moro. Damit du siehst, wie schwer es mir gefallen ist, auf dich zu warten. Aber ich habe auf dich gewartet.«

Sie war ihrem pensionierten Helden treu geblieben, bis du kamst. Obwohl es im Nachhinein so aussah, als sei sie dir treu gewesen, dir, den sie noch nicht kannte, doch auf den sie wartete. Sie war dir treu, indem sie sich keinem anderen physisch hingab. Doch hatte sie sich viele Phantasien erlaubt. Wenn ihr die Wirklichkeit geteilte Lust nicht zugestand, so versagte sich Carmens freie Vorstellungskraft absolut nichts. Seit sie und ihr Ehemann in getrennten Zimmern schliefen, beschloss sie, auf keine Lust zu verzichten, die sie sich selbst gewähren konnte. Wenn sie in ihre Badewanne aus poliertem rosafarbenem Stein stieg, pflegte sie eine Kerze aus Bienenwachs mit sich zu nehmen, die im warmen Wasser weich wurde und sich so kneten ließ, bis sie genau die richtige Form bekam.

»Schockiert dich das? Möchtest du wissen, warum ich dir diese intimen Einzelheiten erzähle?«

»Das brauchst du nicht. Ich weiß es ja schon.«

»Warum also?«

»Weil du zu glauben begannst, verrückt zu sein. Und ich soll dir jetzt sagen, ob du es wirklich bist.«

Erstaunt und erschrocken sah sie dich an.

»Und? Bin ich es?«

»Nein, mein Liebling. Die Welt ist verrückt. Nicht du.«

Carmen küsste dich und stieß einen langen Seufzer aus. Du begriffst, dass sie wirklich dieses Urteil erhofft hatte. Mit wem auch sonst konnte sie über diese Dinge reden?

»Erkläre mich nicht so schnell für normal. Du hast das Schlimmste noch nicht gehört.«

Sie hatte nicht nur ihrem Körper erlaubt, diese einsame Lust zu empfinden. Sie hatte auch ihrer Phantasie die Zügel schießen lassen, ihr gestattet, sie überall dorthin mitzunehmen, wo es ihr gefiel.

Du dachtest für dich, dass dies alles immer interessanter wurde, nicht wahr, Moro? Du wolltest es wissen und fürchtetest es gleichzeitig auch. Würdest du sie an diese Orte begleiten können?

»Du musst mir das nicht erzählen, wenn du nicht willst«, sagtest du ohne Überzeugung.

»Jetzt wirst du mir schon zuhören müssen.«

Carmen befand sich völlig allein und nackt mitten auf einer großen, grasbewachsenen Ebene. Es war Nacht, doch sie spürte keine Kälte. Vielleicht lag es daran, dass der heiße Wind vom dunklen, spannungsgeladenen Horizont ein Sommergewitter herantrieb. (Ebene, Wind, Sommer? Sie konnte nicht sicher sein; obwohl sie wach war, fühlte sie sich wie in einem Traum. Vermochte diese Phantasie nicht zu kontrollieren.) Auf einer Seite des düsterschwülen Himmels zuckten Blitze. War Donner zu hören. Oder waren das Stimmen, die sich näherten? Sie war ganz allein auf dieser riesigen Ebene. Und fühlte sich allein. Musste sie diese Stimmen fürchten oder eher herbeisehnen? Sie wusste es nicht. Das Gewitter nahte im Galopp; wurde zum Galopp. Es waren Indios, das konnte sie jetzt hören. Ja, Indios, wie die der Pincheira-Bande, die ein paar Jahre zuvor in der Nähe von Talca ihre Kusinen entführt hatten. Diese hier trieben eine kleine Herde gestohlener Pferde vor sich her. So stark dröhnte der Galopp der Pferdehufe, dass die Erde unter Carmens Füßen erzitterte. Sie kniete nieder, dann legte sie sich flach ins feuchte Gras, um nicht entdeckt zu werden. So wartete sie mit immer stärker klopfendem Herzen, es schlug im Rhythmus dieses Gewittersturms aus Indios und Pferden, der auf sie zukam. Denn irgendwie war ihr jetzt klar, dass sie sie suchten. Sie wusste, dass sie sie mit ihrem scharfen Jägerblick in der Dunkelheit entdeckt hatten; vielleicht hatte der Widerschein ihrer weißen Haut bei einem Blitz sie aufmerksam gemacht. Die Indios durchkämmten das Gelände, traten mit ihren Pferden auf der Suche nach ihr das Gras nieder. Sie riefen nicht, flüsterten nur und schwiegen dann, um nach ihr zu horchen. Die geschliffenen Spitzen ihrer Speere glänzten im Schein der Blitze. Im großen Halbkreis kamen sie näher, waren schon fast über ihr, traten fast auf sie. Carmen konnte die runden Bäuche und die Geschlechtsteile der Hengste sehen. Warum bemerkten sie denn ihren nackten Körper nicht, der nass vom Tau glänzte? Obwohl es schon zu spät dafür war, verspürte Carmen den Drang, zu fliehen, sich zwischen den Pferdehufen Raum zu schaffen und einfach davonzulaufen. Doch wie lange würde diese Jagd gehen? Sie würden sie im Handumdrehen einholen. Oder schlimmer noch: Irgendeiner von ihnen würde seinen Speer nach ihr werfen und ihren Körper damit an den Boden nageln. Fliehen war längst zwecklos, nur sich ergeben machte Sinn. Als sie es murmelte – »ich will mich ergeben« –, verspürte Carmen eine wilde Erregung, die – du durftest sie nicht fragen, Moro – auch wie ein süßer Frieden war. Sie fürchtete sich nicht mehr, sie sehnte sich nach nichts mehr. Fühlte sich nicht mehr in Gefahr. Da stand sie auf, erhob sich langsam aus dem hohen Gras.

Die Indios umzingelten sie sofort auf ihren Pferden. Kreisten sie ein, kamen immer näher. Von den Pferderücken herunter leuchteten ihre Augen durch ihre schwarzen Mähnen. Jetzt senkten sie ihre Lanzen, richteten sie auf Carmen, bildeten einen Kreis von Lanzenspitzen, die sie in ihre Schultern und ihre Brüste stachen. Carmen wusste – auch wenn sie nicht verstand, woher sie dieses Wissen hatte –, dass sie einen von ihnen auswählen musste. Das war ihre einzige Chance, zu vermeiden, von allen vergewaltigt zu werden: sich einem von ihnen hinzugeben. Dem Größten und Stärksten, dem, dessen Oberkörper und Schenkel von schweißglänzenden Narben bedeckt waren. Der, dessen Haarschopf von einem roten Stirnband gehalten wurde. Ihren Entschluss gefasst, packte Carmen die Lanze dieses Mannes, klammerte sich an sie und hielt sich ihre Spitze an den Hals, bot dem Mann an, lieber zu sterben, bevor sie von den anderen genommen wurde. Die anderen Reiter reagierten zornig, schrien vor Wut, stachen auf sie ein und ritzten ihr Rücken und Arme auf. Sie fühlte, wie das Blut herausquoll, spürte jedoch keinen Schmerz. Sie war nur fähig, die Lanze des Mannes festzuhalten, den sie sich als ihren Besitzer ausgesucht hatte, die Spitze, die sie selbst an ihren Hals presste. Endlich akzeptierte sie der Mann mit den Narben und dem roten Stirnband. Er zog sie mit der Lanze zu sich heran, hob eins seiner muskulösen Beine und presste sie damit gegen die Flanke seines Pferdes. Dann hielt er mit seiner Lanze die anderen in Schach. Carmen spürte die feuchte Mähne des Tiers an ihren Brüsten, die muskulöse Wade, die gegen ihren Rücken drückte, das Geschlecht des Indios, hart unter dem Lendenschurz, auf Höhe ihres Mundes.

Einen Moment später hatte sie hinter ihrem neuen Besitzer aufgesessen und ritt nackt mit ihm über die sturmgepeitschte Ebene. Eine weitere Stute in dieser Schar, ihr schwarzes Haar flatterte im Wind. Entführt.

Während Carmen ihre Geschichte erzählte, konntest du spüren, wie mehr und mehr die Erregung von ihr Besitz ergriff. Die Stimme versagte ihr, sie befeuchtete ihre trockenen Lippen mit der Zunge. Schließlich hielt sie es nicht mehr aus. Sie nahm deine Hand, führte sie an ihre Klitoris und zwang dich, sie zu berühren. Allein diese Berührung genügte, um sie zu einem Orgasmus zu führen, der sie für einige lange Sekunden, fest an dich geklammert, stöhnen und erbeben ließ.

»Siehst du, was das mit mir macht?«, sagte sie, als sie endlich die Sprache wiedergefunden hatte.

Du hättest sofort noch einmal mit ihr schlafen wollen, getrieben von der Eifersucht und dem Verlangen, sie zu besitzen, was in diesem Augenblick dasselbe war. Sie jedoch zwang dich, innezuhalten.

»Ich habe dir gerade meine geheimste Phantasie erzählt, Moro. Jetzt musst du dasselbe tun. Gestehe mir etwas, was sonst niemand weiß.«

Du musstest ein wenig überlegen. Nicht, weil es dir an Phantasien oder Erinnerungen gefehlt hätte, sondern im Gegenteil. Schließlich stütztest du den Kopf in eine Hand, und während die andere Carmens Brustwarzen streichelte, die sich allein angezogen von deiner statisch geladenen Handfläche aufrichteten, erzähltest du:

Du warst in Rio de Janeiro, in Santa Teresa, auf einem der Hügel, die die Bucht von Guanabara umgeben, auf deiner ersten Reise nach Amerika, mit der Expedition von Langsdorff, im Auftrag des russischen Zaren. Es war das Jahr 1823, du warst einundzwanzig Jahre alt und branntest vor Lebenslust. Du warst zu einem Aussichtspunkt emporgestiegen, von dem aus man den weiten Bogen der Bucht sehen konnte. Deine Führerin war eine junge Mulattin, die gleichzeitig Mestizin war, eine Mischung aus weiß, schwarz und indianisch. Du hattest sie kennengelernt, als du die Porträts der verschiedenen Rassen maltest, die für die wissenschaftliche Mission von Langsdorff notwendig waren. Sie hieß Rossane. Sie war groß, hatte kleine Brüste und einen harten Hintern, der beim Gehen anmutig hin- und herschwang. Ihre dunkle Haut stand im Kontrast zu ihren europäischen Zügen, der schmalen, kleinen Nase. Du zeichnetest sie oft, aus allen Perspektiven. Doch bei Rossane hattest du dich – das einzige Mal, so schworst du – nicht darauf beschränkt, ein ethnographisches Porträt anzufertigen. An diesem Abend wart ihr zum Aussichtspunkt hinaufgestiegen, um die Bucht im Schein des Vollmondes zu sehen. Dort oben hobst du ihr die Röcke. Im Angesicht des Zuckerhuts liebtet ihr euch. Liebtet euch mit solcher Wucht, mit so viel selbstvergessener Glückseligkeit, dass ihr bei einem heftigen Stoß das Gleichgewicht verlort und den Hang hinunterstürztet. Die Zweige zerrissen eure Kleider, rissen sie euch vom Leib. Ein mitleidiger Kapokbaum fing euren Sturz auf und rettete euch das Leben. Benommen, halb nackt und blutend fandet ihr euch am Grund einer Schlucht wieder. Es war ein Wunder, dass ihr überlebt hattet. Du musstest lachen, als du jetzt daran zurückdachtest. Es war wundervoll gewesen, es war der intensivste Orgasmus gewesen, den du je in deinem Leben erlebt hattest. Fast wärst du beim Liebesakt ums Leben gekommen!

Während du erzähltest, setzte sich Carmen nach und nach im Bett auf und sah dich, erstaunt, ungläubig, mit leicht geöffnetem Mund an. Schließlich sagte sie:

»Und das wagst du, mir zu erzählen?«

»Du hast mich gebeten, dir ein erotisches Geheimnis zu verraten.«

Carmen stand auf und suchte außer sich vor Wut ihre Unterwäsche, ihr Kleid und ihren Regenschirm zusammen. Ohne dich eines Blickes zu würdigen.

»Mit einer Schwarzen die Hügel von Rio hinunterrollen.«

»Einer Mulattin. Und es waren nicht alle Hügel. Nur dieser eine Abhang …«

»Der intensivste Orgasmus deines Lebens also …«

»Bis ich dich kennenlernte.«

Carmen hob den Regenschirm, und bevor du dich davor schützen konntest, gab sie dir mit seiner eisernen Spitze einen Schlag auf den Kopf.

»Lügner!«

»Aber ich hab doch die Wahrheit gesagt …«

»Noch schlimmer!«

Du schütteltest den Kopf, verstandst nicht, was zum Teufel du falsch gemacht hattest. Sie zog sich hastig weiter an. Du wolltest aufstehen und zu ihr hingehen. Doch Carmen, das Kleid halb angezogen, reagierte mit der Geschwindigkeit einer Fechterin, hob erneut ihren Schirm und stieß ihn dir auf die nackte Brust, nagelte dich aufs Bett. Die Metallspitze dieses improvisierten Floretts hatte sich an den Steinen der wenigen gepflasterten Straßen des Hafens geschärft. Wenn sie noch ein wenig mehr drückte, konnte es wirklich gefährlich werden. Es tat schon ziemlich weh.

»Wie alt war sie denn, diese schwarze Hure?«

»Rossane? Keine Ahnung. So um die achtzehn.«

Carmen versuchte, dir einen weiteren Schlag zu versetzen. Diesmal von der Seite, wie mit einem Säbel. Du konntest gerade noch ausweichen, während du sie schreien hörtest:

»Du bist nicht mal fähig, wenigstens zu erfinden, dass sie alt war!«

»Na ja, vielleicht war sie das auch. Sie selbst wusste ihr Alter gar nicht«, stammeltest du und begannst, ihren Zorn zu verstehen.

Doch es war ein bisschen zu spät. Dich mit ihrem Schirm in Schach haltend, war Carmen schon, ohne dir den Rücken zuzuwenden, bis an die Tür des Ateliers zurückgewichen.

»Ich wollte eine Phantasie von dir hören, du Dummkopf!«

Ach, in welche Bedrängnis sich Verliebte doch bringen, Moro! Diese Turniere der Liebe, diese Spielchen völliger Nacktheit, absoluter Offenheit! Die ungezügelte Ehrlichkeit, so gefährlich wie eine Bande von Viehdieben. Wie zum Teufel hattest du deine goldene Regel vergessen können: niemals mit deiner derzeitigen Geliebten über deine vergangenen Geliebten zu sprechen? Oder hattest du sie absichtlich vergessen, um dich zu rächen?

Doch Carmen ging nicht, sondern zögerte. Du konntest sehen, wie diese dämonische Kraft, die ihr die Eifersucht verlieh, langsam erlosch. Schließlich ließ sie den Regenschirm fallen und glitt die Wand herab, bis sie am Boden auf dem Stoffwirrwarr ihres nicht ganz angezogenen Kleides sitzen blieb. Von da aus schaute sie dich an und stieß ein Lachen aus, das nicht fröhlich klang.

»Ich wollte eine Phantasie von dir hören, du Dummkopf! Nicht die Wahrheit!«

Du sprangst aus dem Bett und liefst, nackt wie du warst, zu

ihr. Setztest dich neben sie auf den Teppich und nahmst sie in den Arm. So schmiegtet ihr euch aneinander.

Natürlich, was sonst konnten Liebhaber voneinander verlangen oder sich anbieten? Nur die Phantasie, Moro. Carmen hatte das sehr klar erkannt, im Widerschein des Blitzes ihres Zorns. Die Wahrheit konnten sie sich gar nicht anbieten. Außer dieser: Die Phantasie allein ist die einzige Wahrheit der Liebenden.

XV

Die Natur der Liebe

DAS ARBEITSZIMMER UND OBSERVATORIUM war gut gefüllt. Die gebildeten Leute der Stadt hatten es gewagt, zur Debatte über die Liebe zu kommen, die Carmen anberaumt hatte. Obwohl dies in Chile keine guten Zeiten für gewagte philosophische Diskussionen waren, rochen sie doch von vornherein nach neuen Trieben der Französischen Revolution, nach Enzyklopädie, nach Liberalismus. Zwanzig Jahre zuvor hatten diese Ideen der Kolonie geholfen, unabhängig zu werden. Doch inzwischen waren sie nicht mehr gut angesehen. Seit die Liberalen vor vier Jahren in der Schlacht von Lircay besiegt worden waren, erlebte Chile seine eigene Restauration. Die Konservativen herrschten mit eiserner Hand. Diego Portales, der starke Mann des Regimes, hatte, als er noch Minister verschiedener Geschäftsbereiche war, per Dekret politische Versammlungen verboten, Straßenfeste und sogar die anstößigen Vorstadtspelunken, in die er selbst so gern ging. Auch hatte er Bücher und Zeitungen der Zensur unterworfen. Und er war der Erfinder der mobilen Gefängnisse, die dich sprachlos gemacht hatten, als du zum ersten Mal eines sahst. In einem von Ochsen gezogenen Käfig auf Rädern wurden die kahl geschorenen Gefangenen tagtäglich durch die Calle del Cabo, mitten im Zentrum von Valparaíso, gefahren, zu ihrer eigenen Schande und zur Abschreckung aller. In diesem Klima einen »philosophischen Salon« einzuberufen, war eine sehr kühne Tat.

Doch Carmen hatte einen meisterhaft schlauen Zug getan. Sie lud als Erste ihre Busenfreundin ein, die blutjunge Constanza Nordenflycht, seit ihrem fünfzehnten Lebensjahr die Geliebte eben jenes starken Mannes und Mutter seiner zwei unehelichen Kinder. Constanza, die die guten Sitten aus allen anständigen Salons verbannt hatten und die nur zu Hause Besuch empfangen konnte, nahm hocherfreut an. Und schickte Portales zum Teufel, als er es ihr verbieten wollte. Sobald die zaghaften Liberalen erfuhren, dass die Geliebte jenes gefürchteten Manns der Macht im Schatten des konservativen Regimes auch zugegen sein würde, entschlossen sie sich, ebenfalls zu kommen. In ihrer Anwesenheit konnte ihnen nichts Schlimmes zustoßen. Nebenbei konnten sie auch Portales eins auswischen. Und ihre Neugier über diesen unerhörten philosophischen Salon zu befriedigen, den die unverbesserliche Carmen da abhalten wollte.

Obwohl sie versuchte, dir diese politischen Intrigenspiele zu erklären, verstandst du sie nicht vollständig. Was du hingegen sehr gut verstandst, war die Freude auf ihrem Gesicht, als sie Constanza empfing, die in einem malvenfarbigen Tüllkleid hereinschwebte, und sie in das Arbeitszimmer führte, das bereits voller Zuhörer war. Beide leuchteten, zwei Liebhaberinnen – die eine offen, die andere heimlich –, die einer Debatte über die Liebe beiwohnen wollten. Du bewundertest die Lust an der Provokation, die Carmen antrieb.

Es waren ungefähr fünfundzwanzig Personen, die den großen Raum des Observatoriums füllten. Drei lange Holzbänke, speziell für die Gelegenheit angefertigt, ergänzten die Stühle aus dem Haus. Den gebildeten Einheimischen hatten sich ein paar wohlhabende ausländische Kaufleute und Angestellte aus dem Hafen hinzugesellt, die sich nicht um die lokalen ideologischen Auseinandersetzungen kümmerten, wie der Arzt Van Buren und der Ingenieur Gildemeister. Einige wenige hatten ihre Ehefrauen mitgebracht. Die anderen nicht: Sie mochten Liberale sein, doch so sehr nun auch wieder nicht.

Du und der junge Darwin standet vor dem Publikum, auf einem von einem Teppich bedeckten Podest, das man aus dem Salon geholt hatte. Die Art und Weise, wie ihr gekleidet wart, zeigte schon eure Gegnerschaft. Du trugst diesen Frack aus blauem Samt, wegen der Monate, die er während deiner langen Ritte durch Amerika in den Satteltaschen hatte verbringen müssen, so zerknittert, dass ihn kein Bügeln mehr retten konnte. Mit ihm und einem breiten, blutroten Seidentuch warst du die Inkarnation des romantischen Künstlers, der du gewesen warst, bevor dich der Baron für die Wissenschaft rekrutierte. Und der du jetzt wieder sein wolltest.

Dein Kontrahent dagegen war in einen makellosen, förmlichen schwarzen Gehrock mit steifem, hohem weißen Hemdkragen gekleidet. Man sah, dass sein Bursche, der junge Mann vom Schiff, emsig mit Bügeleisen und Bürste beschäftigt gewesen war, um ihn angemessen auszustaffieren. In diesem Aufzug besaß Darwin eher das Aussehen eines Wissenschaftlers und Naturforschers als das eines Theologiestudenten, der Pfarrer werden wollte; was er tatsächlich auch in Cambridge gewesen war, bevor er zu dieser Reise aufbrach. War es deine Einbildung oder roch er trotz dieser Förmlichkeit ein wenig nach Fisch?

Carmen leistete euch, in einem Sessel sitzend, auf dem Podest Gesellschaft. Sie trug ein weites Kleid aus granatfarbenem Brokat. Um zu unterstreichen, wie sehr sie die heimische Zurückhaltung herausfordern wollte, hatte sie neben sich eines ihrer ausgestopften Tiere stellen lassen. Den brüllenden (oder laut lachenden) Puma, dessen Kopf sie streichelte.

Du hättest ein herrliches Bild von dieser Szene malen können,

Moro. Alle drei wart ihr jung. Darwin fünfundzwanzig; Carmen siebenundzwanzig; du dreiunddreißig. Ihr befandet euch in jenem unschuldigen Alter, in dem der Tod noch ganz unmöglich scheint.

Nicht alle Tage – so begann sie – kamen in diesen Breiten solche Männer zusammen: ein großer Reisemaler, in ganz Europa bekannt, und ein junger Naturforscher, den Ihre Majestät, die britische Königin auf eine Reise um die Welt geschickt hatte, um sie zu erforschen. So und als nichts weniger hatte sie euch vorgestellt.

Wie eine erfahrene *Salonnière* verkündete Carmen die Spielregeln. Die Kontrahenten würden ihre Gespräch auf Spanisch führen. Doch weil es für keinen der beiden die Muttersprache war, und vor allem, weil der Señor Darwin sie erst in den vergangenen zwei Jahren auf seiner Reise durch Südamerika gelernt hatte, konnten beide auch Ausdrücke ihrer eigenen Sprache gebrauchen. In diesem Fall wollte sie aus dem Englischen oder aus dem Deutschen übersetzen. Aus denselben Gründen und um zuzulassen, dass die Diskussion sich bald für das Publikum öffnete, sollte der Dialog zwischen den Vortragenden kurz sein. Nicht mehr als zwei oder drei Argumente oder Gegenargumente auf jeder Seite. Sie wollte als Moderatorin oder besser »Provokateurin« wirken, fügte sie mit einem spitzbübischen Blick ihrer grünen Augen hinzu.

Hinter dem hohen Fenster des Observatoriums ging die Sonne unter. Ambrosio entzündete die Kandelaber, nachdem er sie vermittels ihrer Rollen von der Decke herabgelassen und die Kerzen mit einer Schere gestutzt hatte. Die Gäste machten es sich in ihren Sesseln und auf den Bänken bequem, die wenigen Frauen in der Nähe der zwei Wärme spendenden Kohlebecken. Hinter den Zuhörern oder zwischen ihren Beinen lugten einige der ausgestopften Tiere hervor: der Kondor, der Pinguin, der Bergschakal.

Ein Peso wurde in die Luft geworfen, landete mit dem Kopf nach oben, was bedeutete, dass du beginnen musstest. Du warst nicht nervös. Zwar war es nicht dein Beruf, in der Öffentlichkeit zu sprechen, doch fühltest du dich sicher. War denn nicht die Liebe deine zweite Spezialität, gleich nach der Malerei? (Oder vielleicht sogar eigentlich die erste?)

»Gibt es die Liebe oder gibt es nur das Begehren?«, fragtest du rhetorisch das Publikum.

Das Wort »Begehren« klang wie ein Peitschenhieb durch den Salon. Du sahst, wie eine Dame in der ersten Reihe mit dem Gesicht einer Eule deutlich bleicher wurde. Doch du hattest beschlossen, diesen Stier bei den Hörnern zu packen. Wenn du die Liebe verteidigen wolltest, konntest du nicht um den heißen Brei herumreden.

»Ich bin Maler, Künstler«, fuhrst du fort. »Ich misstraue den Theorien, die die Vernunft für uns bereithält. Statt eine These aufzustellen, möchte ich Ihnen lieber die Geschichte eines Gemäldes erzählen, die auch die Geschichte einer Liebe ist: die Geschichte von Velázquez in Rom.«

Ja, so war es: Du begannst mit Don Diego de Velázquez. Seit du Carmen kennengelernt hattest, ging dir die Geschichte des großen Malers aus Sevilla, den du für deinen unübertrefflichen Meister hieltst, im Kopf herum. Velázquez, der mit fünfzig Jahren auf seiner zweiten Italienreise die höchsten Mächte des Diesseits und des Jenseits herausforderte, und zwar aus Liebe.

Der offizielle Maler des spanischen Hofes war, so erzähltest du, als Sonderbotschafter seines Herrschers, des Königs Philipp IV., im Jahre 1649 nach Italien gekommen. Die Mission des Künstlers sollte nur wenige Monate währen. Ihr vorgeblicher

Anlass war der Kauf einiger Kunstwerke für die spanische Krone und das Studium antiker römischer Stücke; der geheime Auftrag waren jedoch gewisse politische Intrigen, die mit größtmöglicher Diskretion durchgeführt werden mussten. Doch statt seine Mission zu erfüllen und sofort zurückzukehren, um seinem Herrscher Bericht zu erstatten, blieb Velázquez drei Jahre, bevor er nach Madrid heimreiste. Der König musste ihm mehrmals befehlen, zurückzukommen; der Papst selbst, Innozenz X., ließ ihn wissen, dass seine Gegenwart in der Nähe des Heiligen Stuhls nicht mehr vonnöten sei.

»Was also hielt Velázquez in Rom zurück?«, fragtest du ins Publikum hinein. »Was verleitete ihn dazu, die mächtigsten Männer seiner Zeit herauszufordern?«

Du machtest eine Kunstpause, bevor du dir selbst die Antwort gabst:

»Es war die Liebe zu einer Frau, der zwanzigjährigen Flaminia, einer Malerin wie er.«

Velázquez, der fünfzig Jahre alt und verheiratet war, verliebte sich unsterblich in Flaminia. Wegen ihr blieb er so lange, wie er konnte, in Rom und missachtete auf gefährliche Weise die Befehle Philipps IV., eines der mächtigsten Monarchen der damaligen Welt, und auch des Statthalters Gottes auf Erden. Das heißt, Velázquez liebte gegen den Willen der größten Mächte des Diesseits und des Jenseits. Dabei motivierte ihn nicht nur eine späte, platonische Liebe, sondern auch eine sexuelle Leidenschaft, durch die ein Kind geboren wurde.

Wieder lief ein Murmeln durch den Raum.

»Doch war es eine Leidenschaft, die über das Fleisch hinausging, liebe Freunde, denn sie verwandelte es in Seele.«

Der beste Beweis dafür fand sich im Werk von Velázquez selbst. Als er begriff, dass diese großen Mächte ihm nie erlauben würden, in Italien zu bleiben, viel weniger noch, seine Geliebte mitzunehmen, löste er das Problem auf die Art eines Künstlers. Er beschloss, ein Porträt von Flaminia zu malen, ein Bild, das seine Liebe unsterblich machen würde. Er malte sie nackt; das heißt, in reiner Fleischlichkeit. Doch malte er sie so, dass jeder, der sie sah, nicht anders konnte als anzuerkennen, dass dieses Fleisch göttlich war.

Du schautest flüchtig zu Carmen hinüber. Suchtest ihre Augen. Fandst sie beunruhigt wegen deiner heimlichen Anspielung auf den Akt, den du von ihr maltest. Doch sie wirkte auch erregt von deiner Kühnheit.

»Velázquez malte seine Geliebte wie eine Göttin der Liebe. Denen, die nicht glauben wollen, dass die Liebe die Macht herausfordern und das Menschliche göttlich machen kann, sage ich nur, dass sie Velázquez' ›Venus vor dem Spiegel‹ nicht gesehen haben.«

Und dann kam der Knalleffekt, den du vorher geplant hattest: Auf den runden Tisch, der dich von Darwin trennte, hattest du einen schweren Folianten gelegt, eine deutsche Ausgabe mit dem Titel »Die großen Kunstwerke der Menschheit«, illustriert mit Dutzenden von Radierungen. Die hattest du ein paar Tage zuvor in Carmens Bibliothek gefunden. Jetzt schlugst du das Buch beim Velázquez gewidmeten Kapitel auf und zeigtest dem Publikum diese grandiose »Venus vor dem Spiegel«.

Eine junge Frau, wunderschön sogar noch in der schwarzweißen Reproduktion, liegt nackt und langgestreckt mit dem Rücken zum Betrachter. Das Antlitz dieser Venus ist im Spiegel zu sehen, den ihr Sohn, Cupido, für sie hält und in dem sie sich – oder uns – mit etwas anschaut, was man Unschuld nennen könnte, würde nicht alles andere – die gebogene Taille, der perfekt geformte Hintern im Vordergrund – Provokation ausdrücken.

Das Publikum drehte sich auf seinen Plätzen um, und eine Stimme in der letzten Reihe rief empört: »Welch Schamlosigkeit!« Das überraschte dich nicht, Moro. Bei deinen Reisen durch Amerika hattest du schon erfahren, dass ein gemalter oder gedruckter Akt nur ganz selten zu finden war. Es konnte so gut wie bezweifelt werden, dass es in ganz Chile einen einzigen weiblichen Akt gab. Sogar Reproduktionen wie diese hier gab es wohl kaum, nicht einmal in den Häusern von Liberalen. Und was dir noch mehr entgegenkam: Der Wunderknabe schien sich nach dem Zurschaustellen der Radierung genauso unbequem zu fühlen wie die Mehrheit der Anwesenden. Carmen selbst wirkte eher aufgewühlt als erschrocken über deine Kühnheit. Da zeigtest du eine der Quellen ihres eigenen Aktbildes – auch wenn nur ihr beide das Geheimnis kanntet. Ein unentschlossener Ausdruck zwischen Angst und Vergnügen spielte auf ihrem Gesicht. Ein Ausdruck, der sich nicht so sehr unterschied von dem der Venus, die sich und uns im Spiegel anschaut.

Du lächeltest, Moro. Ihre Bewunderung für dich war dein Hauptziel. Der Rest deiner Ausführungen interessierte dich weniger. Es würde dir nichts ausmachen, den Wettstreit zu verlieren, wenn du dafür ihre Zuneigung steigern konntest.

Du fasstest deinen Gedankengang zusammen:

»Wenn die Kraft der Liebe fähig ist, ein anderes menschliches Wesen zu vergöttlichen, indem sie von ihm ausgehend ein unvergängliches Kunstwerk schafft, haben wir da nicht den Beweis, dass die Liebe unabhängig vom Geschlechtlichen und ihm überlegen ist?«

Es entstand ein langes Schweigen, in dem deine Frage beinahe sichtbar im Raum schwebte, als nähme sie im Nachdenken des Publikums Gestalt an und bliebe im honiggelben Licht der Kandelaber präsent.

Wir brauchten nicht zu antworten, Moro. Wir glaubten das ganz ohne jeden Zweifel. Wir glaubten selbstverständlich, die Liebe könne eine andere Person vergöttlichen. Wir waren jung und schön und fähig, diese großen Wahrheiten zuzulassen, die nur die Leidenschaft erkennen lässt. So alt und deprimiert und skeptisch ich auch sein mag, ich werde nicht in den Zynismus verfallen, heute zu leugnen, was unsere Liebe mich damals empfinden ließ.

Schließlich erinnerte sich Carmen ihrer Rolle als Moderatorin und richtete sich in ihrem Sessel auf:

»Der Maler Rugendas hat uns die Meinung des Künstlers wissen lassen. Und er hat es sehr anschaulich getan«, fügte sie augenzwinkernd hinzu. »Doch jetzt brennen wir darauf, die Ansicht des Wissenschaftlers über die Liebe zu erfahren.«

Indem sie ihren blauen Fächer wie einen Zeigestock senkte, wies sie auf Darwin und bedeutete ihm, dass er an der Reihe war.

Dieser schien sich in seinem schwarzen Gehrock und steifen Stehkragen, der ihn sichtbar drückte, noch unbehaglicher zu fühlen als zu Beginn. Anscheinend hatte er sich seit Monaten, vielleicht sogar, seit die »Beagle« zwei Jahre zuvor in See gestochen war, nicht mehr der Folter solch förmlicher Kleidung unterworfen. Jetzt ließ ihn die plötzliche Ansicht der nackten Frau in dem großen Buch, das weiter offen vor ihm auf dem Tisch lag, in einem Maße schwitzen, das nicht den Kohlebecken geschuldet sein konnte. Seine Wangen waren gerötet, als hätte er getrunken. Er versuchte, den Kragen zu lockern, indem er einen Finger zwischen ihn und seine Kehle steckte.

Auf dem Tisch stand auch ein großer Keramikteller, von einer Serviette größtenteils bedeckt, den Darwin dort bei seiner Ankunft abgestellt hatte. Unter dem Tuch zeichneten sich ein paar seltsame Klumpen ab. Mit einem Male erkanntest du sie und verstandst, woher dieser unangenehme Geruch kam, den Carmen mit ihrem Fächer zu vertreiben suchte: Picorocos! Offensichtlich hatte der Wunderknabe die Einladung seiner Gastgeberin wörtlich genommen und hegte die Absicht, einen Vortrag über Naturgeschichte zu halten, den er mit diesen großen Rankenfußkrebsen anschaulicher gestalten wollte. Fast fühltest du so etwas wie Mitleid mit ihm.

Es sollte nicht das einzige Mal sein, dass du deinen Gegner unterschätztest. Der Naturforscher räusperte sich, zögerte, während er den Teller betrachtete. Schon streckte er die Hand aus, um ihn aufzudecken. Doch dann überlegte er es sich ganz plötzlich anders und wandte sich an die Zuhörerschaft:

»Señora Carmen, liebe Freunde, ich hatte vor, Ihnen meine Forschungsergebnisse über das Sexualleben eines Krebses dieser Küstenregionen vorzustellen, den man hier Picoroco nennt. Doch wie sollte ein hässlicher, übelriechender Rankenfußkrebs mit der Göttin Venus konkurrieren können?«

Das Publikum brach in Gelächter aus, feierte den Witz. Es war zu erkennen, dass der junge Mann in den Rhetorikschulen von Cambridge gut ausgebildet worden war. Auch wenn sein Spanisch dem deinen unterlegen war, Moro, so klangen seine langgezogenen Vokale (»üüübelriiiechender«) für das lateinamerikanische Ohr doch angenehmer als dein raues teutonisches »R«. Dies und seine größere Jugend weckten die übliche Sympathie der Zuhörer für den, der auf den ersten Blick schwächer erschien. Diese Vorteile hatte er immerhin dir gegenüber. So leicht würde es für dich nicht werden.

»Ich ziehe es vor, die Frage des Señor Rugendas ohne Umschweife zu beantworten«, fuhr Darwin fort. »Die nackte Frau, die er uns gezeigt hat, rief Unruhe hervor. Rührt ihre Kraft daher, dass sie eine Göttin der Liebe ist, oder vom schönen Körper selbst, den sie darstellt?«

Seine Scham überwindend hob Darwin das Buch und musterte noch einmal aufmerksam die Venus vor dem Spiegel.

»Dieser herrliche Rücken verbirgt etwas vor uns. Rugendas hat uns gerade berichtet, Velázquez habe diese Frau geschwängert. Dann könnte doch … Stellen wir uns einmal vor, dass es das ist, was auf der anderen Seite dieses Körpers zu sehen wäre. Stellen wir uns vor, sie posierte mit dem Rücken zu uns, weil ihr Leib wahrscheinlich schon durch diese außereheliche Schwangerschaft angeschwollen war.«

Die mehr als zwanzig Personen im Raum reagierten mit noch lauterem Gemurmel als vorher, als du die Venus gezeigt hattest. Eine Sache war es, diese Nacktheit zu sehen, aber eine andere, den ehebrecherischen schwangeren Leib zu erahnen, den sie vielleicht verbarg. Zwei Damen mit dunklen Tüchern um den Kopf standen auf und zogen, ohne sich zu verabschieden, ihre Ehemänner mit sich aus dem Observatorium.

Carmen schien das nicht zu stören, sondern eher zu amüsieren. Zärtlich tätschelte sie den Kopf des ausgestopften Pumas an ihrer Seite. Du warst nicht so fröhlich. Darwins Gegenangriff hatte gewirkt. Nicht ein einziges Mal in all den Jahren, die du dieses herrliche Gemälde bewundert, studiert und kopiert hattest, warst du auf eine solche Interpretation gekommen. War es möglich, dass Flaminia mit dem Rücken zum Betrachter posierte, damit man ihre Schwangerschaft nicht sah? Du begriffst augenblicklich, worauf der Naturforscher hinauswollte: Was wäre denn, wenn Venus nicht wegen der Liebe so mächtig wäre, zu der ihre Schönheit inspiriert, sondern wegen ihrer Fruchtbarkeit?

»Schauen wir uns diese Szene einmal genauer an«, fuhr Darwin fort, nachdem sich die Tür hinter denen geschlossen hatte, die gegangen waren: »Derjenige, der Venus den Spiegel hält, ist ein weiterer Liebesgott: ihr Sohn Cupido. Ich verstehe zwar wenig von Malerei, doch meine ich zu wissen, dass in der Kunst alles Symbolik ist. Jener Spiegel zwischen den beiden Gottheiten der Liebe sagt uns ganz deutlich, dass diese nur eine Spiegelung ist.«

Dabei wandte sich Darwin zu dir, forderte dich heraus, es zu bestätigen und zu verneinen. Verärgert darüber, dass dein schlauer Kontrahent dein Argument ins Gegenteil verkehrte und sich nicht scheute, ein Bild umgekehrt zu interpretieren, das du immer direkt, ohne Hintergedanken betrachtet hattest, erhobst du die Stimme:

»Wollen Sie etwa behaupten, die Liebe sei nur eine Spiegelung, ein Trugbild, das durch die fleischliche Begierde erzeugt wird?«

Darwin sah nervös und angespannt aus, ließ sich jedoch nicht einschüchtern:

»Diese Venus hier scheint ein Spiegelbild jenes Instinkts zu sein, der uns zur Fortpflanzung zwingt. Das sage nicht ich, das sagt das Bild, das Sie uns gezeigt haben.«

Er war geschickt, sehr geschickt. Vielleicht war er tatsächlich ein Wunderknabe. Doch fehlte ihm Lebenserfahrung, und er schien nicht einmal bereit zu sein, sie zu erwerben.

Du beschlossest, aufs Ganze zu gehen:

»Reden wir nicht länger um den heißen Brei herum«, fordertest du ihn heraus. »Sagen Sie uns ein für allemal, ob Sie, wie so viele der heutigen Philosophen, der Meinung sind, dass die Liebe nichts als eine Täuschung ist.«

»Ich scheue mich nicht, es zu sagen, Rugendas«, stammelte Darwin und runzelte dabei die Stirn, als tue ihm der Magen weh – oder als tue ihm das weh, was er zu wissen glaubte. »Ja, sie ist eine wunderbare Täuschung, die die Natur uns bietet, um uns dazu anzuspornen, unsere Art zu vermehren.«

Fast tat es dir leid, deine Beute so leicht zu erlegen. Langsam wandtest du dich dem Publikum zu:

»Ich möchte glauben, dieser junge Cambridge-Absolvent ist sich der Folgen seiner Doktrin nicht bewusst. Denn wenn die Liebe nichts als eine Täuschung wäre, dann wäre es auch nicht anstößig, in der Liebe zu lügen und zu betrügen. Und auch der Ehebruch wäre dann gerechtfertigt.«

Wie überlegen du dich fühltest, Moro, als du eine Antwort von solch perverser Schönheit formuliertest! Das war natürlich ein rhetorischer Trick, ein Sophismus. Doch war er wirksam. Und du dachtest gar nicht daran, in diesem Kampf mit deinem Gegner auf irgendein wirksames Mittel zu verzichten.

Carmen errötete. Sie überspielte es, indem sie stärker mit ihrem Fächer wedelte. Darwin hatte es die Sprache verschlagen, er stotterte etwas wie: »I wouldn't say that …«, und vergaß dabei, dass die Diskussion auf Spanisch geführt wurde. Doch kam er nicht dazu, seine Worte zu übersetzen oder sich zu sammeln. Denn im selben Moment stand ein Priester, der zum liberalsten Flügel der neuen chilenischen Kirche gehörte, die den Obskurantismus der Kolonialkirche bekämpfte, rot vor Zorn auf und rief: »Seid fruchtbar und mehret Euch! Das ist ein Gebot Gottes, für das es den heiligen Bund der Ehe gibt. Nichts rechtfertigt den Ehebruch! Ich weiß nicht, wer von diesen beiden hier der größere Gotteslästerer ist, der Wissenschaftler oder der Künstler!«

Der Pfarrer war schon dabei, sich einen Weg durch das Publikum zu bahnen, als ihn vom Gang her ein Lärm erstarren ließ, der die Aufmerksamkeit der gesamten Zuhörerschaft auf sich zog. Von draußen hörte man erregte Stimmen, die etwas forderten. Und darüber, lauter noch, die tiefe, kehlige Stimme von Ambrosio: »Aber das geht doch nicht!« Einen Augenblick später sah man den Dienstboten, in seine enge Livree gezwängt, rückwärts in den Raum kommen. Die Spitzen mehrerer aufgepflanzter Bajonette ließen ihn zurückweichen. Dahinter tauchte ein Trupp Gendarmen auf, unter dem Befehl des Polizeipräfekten.

Es sah aus wie eine Operettenszene. Später solltet ihr erfahren, dass es sorgfältig geplant worden war, um euch nicht nur zu demütigen, sondern auch der Lächerlichkeit preiszugeben.

Benítez, der Präfekt, ein dicker Mann in seinen Vierzigern mit einer blitzenden Goldrandbrille, wirkte eher wie ein Notar als ein Polizist. Du hattest ihn schon ab und zu gesehen, wie er in der Nähe des Zolls die Leute schikanierte, Schmiergeld erpresste oder Bekanntmachungen an das Tor seiner Präfektur im halb verfallenen Fort von San Antonio nagelte. Jetzt stammelte er nervös, und man sah von Weitem, dass er seiner Mission nur mit Widerwillen nachkam.

»Señora Lisperguer«, stotterte er. »Sie sind … Sie sind festgenommen wegen des Abhaltens einer politischen Versammlung. Und alle anderen auch …«

Benítez' zittriger Säbel beschrieb einen Bogen, der Darwin, dich und den Rest der Gesellschaft umfasste.

XVI

Wetten wir, wer glücklicher sein wird

DU WARST SCHON früher im Gefängnis gewesen, Moro. In Mexiko hätte man dich, unter der Anklage, gegen den General Santa Anna konspiriert zu haben, fast an die Wand gestellt. Doch diese Haft war seltsamer. Verhaftet, weil ihr über die Liebe diskutiert hattet! Der Präfekt Benítez ließ keinerlei Beschwerde zu und nahm, verschanzt hinter wütendem Schweigen, alle Anwesenden mit. Drei Gendarmen, die Gewehre schussbereit, geleiteten auf jeder Seite den Trupp Gefangener. Möglicherweise um einen Aufruhr zu vermeiden, mied Benítez die Straßen des Zentrums und führte euch im Gänsemarsch durch die dunkle, neblige Nacht über den Strand zur San-Antonio-Festung. Die Nachricht verbreitete sich dennoch wie ein Lauffeuer. Neugierige Anwohner kamen mit Petroleumlampen an die Türen und Fenster, um euch vorbeikommen zu sehen. Einige folgten euch mit brennenden Fackeln über den feuchten Sand und überschütteten euch mit Fragen.

Die an die zwanzig Gefangenen grüßten ihre Bekannten, doch protestierten kaum. Das überraschte dich nicht. Du hattest im spanischen Amerika schon andere entstehende Republiken kennengelernt, wo die Freiheit nicht mehr war als ein Wort in ihren eben entworfenen nationalen Wappen. Wenn sich diese Republik fürs Erste durch irgend etwas davon unterschied, dann dadurch, dass hier eine ordentlichere und diskretere Tyrannei praktiziert wurde.

Carmen hatte dich untergehakt und grüßte mit fester Stimme die Menschen, die euch Mut zusprachen.

»Vielleicht verbannt man uns auf die Juan-Fernández-Insel, wie meinen Vater«, meinte sie irgendwann während eures Fußmarsches. »Dort müssten wir in einer Höhle leben.«

Sie klang sichtlich erfreut bei dem Gedanken. Die Rebellion ihres patriotischen Erzeugers, eines Freundes von O'Higgins und San Martín und Aufständischen der ersten Stunde, faszinierte sie.

Darwin begleitete Carmen auf der anderen Seite. Das karge Licht der Pechfackeln reichte aus, um seine Angst erkennen zu können. In der Linken trug er den großen Keramikteller mit seinen Picorocos, von einer Serviette bedeckt. Er sah aus wie ein verrückt gewordener Kellner. Unablässig schaute er auf die Bucht hinaus, wo neben anderen Lichtern die Hecklaterne der »Beagle« flackerte. Vielleicht würde er seinen ganzen Mut zusammennehmen, ins Wasser springen und zum Schiff hinausschwimmen.

»Kommen Sie nur nicht darauf«, rietst du ihm leise. »Eine Nacht im Gefängnis ist besser als eine Kugel im Rücken.«

»Aber warum … Ist denn etwa eine Revolution ausgebrochen?«, fragte der junge Forscher Carmen und dich.

Euer beider Gelächter beruhigte ihn ein wenig.

In der Festung angekommen, sah sich der Präfekt einem weiteren Problem gegenüber. Der größte Teil des Forts lag in Trümmern, seit die königstreuen Spanier vor ihrem Rückzug das, was nicht schon vorher durch Erdbeben zerstört worden war, vermint und in die Luft gesprengt hatten. (Seit du angekommen warst, hattest du die herrlichen Ruinen ein paar Mal gezeichnet, sie bildeten einen wunderbaren Kontrast zu den Felsen und dem Meer.) Es gab dort nur einen großen Gemeinschaftskerker voller Trunkenbolde und Bösewichter. Undenkbar, dort zwanzig politische Gefangene einzusperren. Und Benítez wollte sie auch nicht in seiner Präfektur haben. Wutschnaubend blieb ihm nichts anderes übrig, als sie im Gerichtssaal einzuschließen. Der übrigens nie benutzt wurde, weil die Richterstelle nicht besetzt war.

Der Saal war ein großer Raum mit Wänden aus Naturstein, hohen, vergitterten Fenstern und einem Tonnengewölbe. Hoch oben flatterten unsichtbar die Fledermäuse. Draußen brandeten die Wellen direkt gegen die Außenmauern. Zwischen den Steinen drang die Feuchtigkeit herein. Doch wenigstens der Richtertisch und der Zeugenstand waren aus Holz, es gab ein paar Kirchenbänke, und Benítez willigte ein, ihnen zwei Petroleumlampen dazulassen. Kaum hatten die Wachen die Türen geschlossen, da lösten sich die Zungen und vertrieben mit hitzigen Worten die herrschende Kälte. Es war offensichtlich, wer diesen niederträchtigen Befehl gegeben hatte. Der Präfekt war ein Lakai! Und selbst der Gouverneur war nur eine vom mächtigen, »pensionierten« Minister Portales manipulierte Marionette!

Als dieser Name gerufen wurde, brach Constanza in Tränen aus und ließ sich auf eine der Bänke fallen.

»Señores, señores …«, mischte sich Carmen mit wunderbarer Gelassenheit ein. »Hier haben die Wände Ohren. Wenn wir über Politik reden, geben wir ihnen alle nötigen Beweise für eine Anklage.«

Eine fast vollständige Stille entstand, nur unterbrochen von Geflüster und Getuschel.

»Aber wir dürfen auch nicht stumm bleiben«, fuhr sie fort. »Unsere beste Antwort auf die Tyrannen, die uns zum Schweigen bringen wollen, ist es, wenn wir mit der Debatte über die Liebe fortfahren, die wir abgehalten haben. Señor Darwin …«

Überrascht richtete sich der Naturforscher auf, als hätte ihn sein Kapitän gerufen. Und tatsächlich unterschieden sich Carmens Worte nicht sehr von einem Befehl:

»Jetzt, wo wir so viel Zeit haben, und bevor sie anfangen, noch übler zu riechen, zeigen Sie uns doch bitte Ihre Picorocos.«

Darwin wusste nicht, wie er sich weigern sollte. Er hatte den großen Keramikteller mit seinem Inhalt neben eine der Petroleumlampen auf den staubigen Richtertisch gestellt. Als er die Rankenfußkrebse aufdeckte, verstandst du, weshalb er sie nicht in Carmens Haus stehen gelassen hatte. Der Teller trug, über der Inschrift »HMS Beagle«, das britische Wappen eingraviert: Nie und nimmer hätte er das Eigentum Ihrer Majestät der britischen Königin fremden Händen überlassen. Doch vor allem hätte er ihnen nicht so viel Arbeit überlassen: In die röhrenförmigen, aufrechten Muschelgehäuse der Picorocos hatte der Forscher kleine Fenster geschnitten und diese sorgfältig mit Reagenzglasstückchen verschlossen. Durch diese konnte man das fleischige Innere der Tierchen beobachten, ohne sie herausziehen zu müssen.

»Ich hatte anfangs falsch verstanden«, begann er mit einer Entschuldigung. »Ich dachte, die Señora Carmen habe mich eingeladen, um Ihnen diese Entdeckung vorzuführen. Die ist allerdings ein wenig derb … Aber da Sie Chilenen sind, und dieser Krebs ebenfalls …«

Das Gelächter der Verhafteten, die den breiten Richtertisch umstanden, ließen den Wunderknaben erkennen, dass er sich auf schlüpfriges Terrain begab. Nervös beschloss er, zur Tat zu schreiten, holte aus der Tasche seines Gehrocks eine lange, goldfarbene Pinzette und zeigte damit auf einen der kleinen Muschelvulkane.

»Dieser Krebs ist ein Hermaphrodit«, erklärte er.

Gleich darauf steckte er die Pinzette in die Öffnung des Kegels und zeigte durch das Fensterchen eine rosafarbene, spiralförmige Erhebung, die am weißen Körper des Tierchens klebte. Sehr vorsichtig entrollte er dieses Röhrchen – das er euch schon auf der »Beagle« gezeigt hatte – und zog es an einem Zipfel aus dem Kegel.

»Der Penis«, verkündete er feierlich.

Das Gelächter erschallte noch lauter als zuvor. Selbst der liberale Pfarrer, der von seiner Verhaftung völlig demoralisiert zu sein schien, lächelte ein wenig. Mit seiner Pinzette zog der Forscher diesen dünnen Schlauch in die Länge und führte ihn in die benachbarte Muschel ein. Jetzt verband der langgezogene Penis die Gipfel dieser beiden kleinen Vulkane wie das Seil eines Seiltänzers. Dann konnten alle durch das zweite Fensterchen sehen, wie Darwin die Spitze des Schlauchs am weißen Körper rieb.

»Die Paarung!«, rief er triumphierend aus.

Lauter Beifall krönte sein Experiment. Strahlend und sprachlos stand der Wunderknabe da, genoss seine plötzliche Beliebtheit und begann zu ahnen, dass seine Wissenschaft auch unterhaltsam sein konnte. Auch Carmen feierte ihn, war dies Gelächter doch auch ihr Sieg. Eine echte Herausforderung der Mächte, die sie eingesperrt hatten und gerade jetzt vor Wut kochen mussten über diese Freude.

Nur du, Moro, warst unzufrieden. Indem er sich lächerlich machte, hatte dieser Forscherfrischling deinen Sieg in Carmens Haus von vor zwei Stunden zunichte gemacht. Und sein Experiment besaß eine gewisse Schönheit … Es zeigte, dass sogar zwei so in ihren Muschelhäusern getrennte Wesen wie diese es einrichten konnten, sich zu lieben. Aber das wolltest du nicht so einfach zugeben:

»Wir menschliche Wesen sind keine Picorocos, Darwin. Die Länge des Penis spielt bei uns keine so große Rolle.«

Ein paar Stimmen pflichteten deinem Einwand bei. Constanza, an Carmen gelehnt, hörte zu seufzen auf und lächelte ein wenig. Doch der Forscher gab sich nicht geschlagen. Ein leicht fanatisches Leuchten, ein Anflug des Predigers, der er hatte werden wollen, weitete seine Augen. Ohne Zweifel hatte er in der Woche, seit ihr diese Diskussion an Bord der »Beagle« begonnen hattet, viel geforscht und nachgedacht. Er würde nicht zulassen, dass seine neuen Erkenntnisse in den Schmutz gezogen wurden:

»Sie irren sich, Rugendas. Der Krebs, der einen längeren Penis hat, kann mehr Muscheln erreichen. Sich besser vermehren. Bei den Menschen ist das Prinzip ähnlich. Sowohl bei den Frauen als auch bei den Männern steigern kleine Vorteile in Größe oder Form, Intelligenz oder Sensibilität die Möglichkeiten, sich zu paaren und fortzupflanzen. Und haben Einfluss auf die Partnerselektion.«

»Wir normalen Menschen treffen keine Partnerselektion. Wir lieben! In diesen Unterschieden sehen wir Schönheit, die unsere Liebe weckt.«

»Falsch. Wir sehen gewisse Vorteile, uns fortzupflanzen. Die Natur experimentiert ständig mit uns, um unsere Art zu verbessern.«

»Und wo hat dann in Ihrer eiskalten Theorie die Liebe Platz?«

»Jetzt kommen Sie schon wieder mit Ihrer verdammten Besessenheit von der Liebe!«, rief Darwin aus, seine Haltung verlierend. »Die Liebe ist eine Illusion, mit der wir Menschen das schmutzige Geschlechtliche verbergen!«

Das schrie er fast und zeigte dabei mit zitterndem Zeigefinger auf dich. Carmen legte ihm ihre Hand auf den Unterarm und zwang ihn sanft, diesen zu senken, wobei sie ihn durchdringend ansah. Das Flattern einer Fledermaus war hoch oben im Gewölbe zu hören. Darwin entspannte sich und der Prediger verschwand aus seinen Augen. Er bat um Verzeihung:

»Ich bin noch nie in einem Gefängnis gewesen. Und in den

vergangenen Monaten war die Spannung auf unserem Schiff einfach zu groß … Bitte entschuldigen Sie mein Geschrei.«

Doch so einfach wolltest du ihn nicht davonkommen lassen:

»Mit solchen Ideen könnten Sie und diejenigen, die so wie Sie denken, das Beste in unserem Leben abtöten: die romantische Leidenschaft.«

»Die werden Sie auch weiterhin empfinden, Rugendas, auch wenn Sie ab jetzt wissen, dass sie eine Illusion ist.«

»Man kann keine Leidenschaft empfinden, wenn man glaubt, sie sei nur ein Paarungsinstinkt.«

»Ich ziehe es vor, mich nicht selbst zu betrügen«, entgegnete Darwin. »Wir sind eine Handvoll Eingeweide, die verzweifelt danach trachten, sich fortzupflanzen. Diese Verzweiflung nennen wir Leidenschaft.«

»Wenn Ihre Vorstellung von der Liebe sich durchsetzen würde, dann sähe ich eine entsetzliche Zukunft voraus. In ein paar Jahrhunderten werden wir eine Kälte erleiden wie diejenige, die in diesem Gefängnis herrscht. Die Menschen werden über die Liebe reden und sie besingen und feiern. Doch wird das nicht mehr sein als eine armselige, entzauberte Kopie unserer romantischen Liebe.«

Diese allgemeine Ernüchterung, die du an die Wand gemalt hattest, schien sich schneller einstellen zu wollen, als du vorhersahst. Bei einem Blick in die Runde stelltest du fest, dass ihr beide seit geraumer Zeit vor den dunklen Schatten im Gefängnis spracht. Nach dem Experiment und jenem ersten Gelächter hatten sich die übrigen Gefangenen vom Tisch entfernt und auf die Bänke gesetzt, wo sie jetzt verstreut in der Dunkelheit saßen. Nur ihr drei standet neben der einzigen Petroleumlampe, die noch brannte. Carmens granatfarbenes Kleid war violett geworden, als das andere Licht ausging.

Darwin, der nicht merkte, dass man euch im Stich gelassen hatte, fuhr unermüdlich fort zu diskutieren. Für einige Minuten verlorst du den Faden seiner Argumentation und antwortetest ihm einsilbig, fast ohne genau zu wissen, was du sagtest. Es war, als durchlöchere die metallische Sicherheit, mit der er sprach, nach und nach deine Überzeugungen. Wenn du ihm weiter zuhörtest, würdest du vielleicht noch an deinen eigenen Gefühlen zweifeln. Zu deinem Glück gelang es dir zu reagieren, als der junge Forscher mit seinen eigenen Überzeugungen zu weit ging.

»Die Wahl des Partners muss rational sein. Sein Aussehen ist dabei wichtig: Er muss gesund sein und fähig, sich fortzupflanzen. Doch muss es auch gegenseitige Sympathie geben, damit man die lange Zeit des Aufziehens der Kinder gemeinsam durchsteht.«

»Welch ein Unsinn«, widersprachst du. »Nur mit Sympathie werden es die Partner nicht einmal schaffen, sich selbst gegenseitig zu ertragen. Dazu braucht es Leidenschaft!«

»Ein Märchen! Die Leidenschaft vernebelt nur die Urteilskraft. Seinen Partner muss man mit kühlem Kopf auswählen. Das Für und Wider genau abwägen.«

Ein empörtes Schnauben entfuhr dir, Moro. Das blitzgescheite Hirn dieses jungen Forschers war unfähig, die Absurditäten zu erkennen, in die ihn seine Logik stürzte. Schließlich bissest du dir nicht länger auf die Zunge und schleudertest ihm den Verdacht entgegen, den du schon lange hegtest:

»Die einzige Erklärung für so viel Vernunft in Bezug auf die Liebe und das Geschlechtliche, Darwin, ist, dass Sie noch Jungfrau sind.«

Diesen Tiefschlag konnte er kaum verkraften. Sogar das schwache Licht der Lampe, die noch auf dem Tisch brannte, reichte aus, um seine roten Wangen zu erkennen.

»Mein Intimleben geht Sie gar nichts an«, presste er zwischen den Zähnen hervor.

»Jungfrau«, schlugst du noch einmal zu. »Und nicht nur sexuell, sondern auch emotionell. Sie haben noch nie geliebt.«

Der junge Forscher streckte seine großen Hände aus und ballte die Fäuste. Einen Moment lang sah es so aus, als wolle er sich auf dich stürzen. Doch diesmal gelang es ihm, sich im Zaum zu halten. Mit hochmütiger Geste gestand er:

»Ja, ich bin Jungfrau, was macht das schon.«

»Das macht, dass Sie deshalb nicht wirklich etwas von diesem Thema verstehen«, setztest du nach. »Sie verstehen nur etwas von Theorien. ›Doch grau, mein Freund, ist alle Theorie und grün des Lebens goldner Baum‹.«

Merkwürdigerweise hinderte dich, nachdem du Goethe zitiert hattest, eine unerwartete Sympathie für diesen Wunderknaben daran, deinen rhetorischen Sieg zu feiern. Er war fünfundzwanzig Jahre alt und körperlich und in seinem Herzen noch Jungfrau. Damit konnte er nicht verschiedener sein von dir, der du deine spirituelle und körperliche Jungfräulichkeit schon mit fünfzehn verloren hattest. Der du dieser romantischen und körperlichen Liebe – nicht immer in dieser Reihenfolge – durch halb Europa und dann von Mexiko bis Chile nachgelaufen warst. Und dennoch fühltest du in diesem düsteren Gefängnis, an das die Wellen brandeten, ganz plötzlich eine unerwartete Solidarität mit diesem Forscherlehrling, der bis jetzt noch nie geliebt hatte. Es würde ihm schwerfallen, sich zu verlieben, wenn er glaubte, die Liebe sei nichts als ein Trick, um die Art zu erhalten. Dir hingegen, Moro, waren bis vor Kurzem deine Liebesgefühle gestorben, kaum dass du sie empfunden hattest … Wem von euch beiden ging es besser?

Als habe er deine Gedanken erraten, murmelte Darwin:

»Ich habe noch keine passende Frau gefunden. Doch ich finde sie schon noch!« Um dich gleich darauf mit wohl berechneter Absicht bewusst herauszufordern: »Wetten wir, wer von uns beiden glücklicher sein wird. Sie mit ihrer Leidenschaft oder ich mit meiner Vernunft.«

Zuerst verstandst du nicht, was er dir da vorschlug. Dann dachtest du, es wäre ein Versuch des Forschers, seine Niederlage nicht anzuerkennen, indem er das Ergebnis dieser Auseinandersetzung auf unbestimmte Zeit verschob. Doch sprach er mit vollem Ernst. Setzte dich unter Druck. Streckte die Hand aus, damit du einschlagen konntest:

»Nehmen Sie die Wette an, wenn Sie sich trauen. Bei Ihrer und meiner Ehre fordere ich Sie heraus, uns in zwanzig Jahren wiederzutreffen und unser Leben zu vergleichen. Wetten wir doch, wer von uns beiden glücklicher sein wird!«

Du zögertest, schlucktest trocken. Im feuchten Zwielicht dieses Steingewölbes hallte Darwins Herausforderung mit einer merkwürdigen Aura. Es lag etwas Feierliches und zugleich Unheimliches in der Wette, die der junge Forscher dir anbot. Wenn du annahmst, würdet ihr beide einem Pakt verpflichtet sein, dessen Konsequenzen du nicht vorhersehen konntest, die dir jedoch Angst machten. Auf dein Glück zu wetten war ganz klar ein schlechtes Omen, das wusstest du genau, abergläubischer Moro. Das war diese Art von Wetten, die nur der Teufel selbst entscheiden kann.

Doch dein Stolz siegte über deinen Aberglauben, vor allem in Gegenwart von Carmen. Du strecktest den Arm aus und ergriffst die verschwitzte Hand des Wunderknaben.

XVII

Die küssende Wanze

AM NÄCHSTEN MORGEN gegen sieben Uhr wurden die Riegel des improvisierten Gefängnisses zurückgeschoben. Carmen, die, an deine rechte Schulter gelehnt, im Sitzen schlief, schrak auf. Du hattest die ganze Nacht kein Auge zugetan. Im Gegenlicht saht ihr beide den ehemaligen Minister Portales auf der Schwelle stehen, der für jeden vernehmlich den Präfekten Benítez schalt. Mit lauter Stimme, damit niemandem sein Großmut entging, lud der »starke Mann« anschließend die Gefangenen ein, herauszukommen.

Der anbrechende Morgen empfing euch, nach Algen und Jod duftend, im Innenhof der Festung. Dort erklärte Portales mit zynischem Grinsen, er habe persönlich bei den Behörden interveniert, damit man euch ohne Anklage laufen ließ. (»Obwohl ich, wie Sie wissen, keinerlei Macht mehr besitze.«) Ihm zufolge war diese Debatte über die Liebe aus Übereifer mit einer politischen Verschwörung verwechselt worden.

»Aber natürlich gibt es auch in der Liebe Politik und Verschwörungen, nicht wahr, Carmen?«, fragte er hinterhältig und bot ihr seine Hand..

Sie verschmähte seine Geste. Ohne ihn eines Blicks zu würdigen, schritt sie, gefolgt von den erschöpften Teilnehmern des Streitgesprächs, auf das morsche Tor der Festung zu. Allen, bis auf Constanza, die sich ihm, von Neuem weinend und wimmernd, an den Hals warf, ihn küsste, tadelte und schalt.

Durch den Nebel deiner eigenen Erschöpfung drang die Ahnung zu dir, dass der Hauptgrund für die Festnahme nicht die Absicht war, diese Liberalen und ihre ausländischen Freunde einzuschüchtern. Nein, das war zweitrangig gewesen. Vielmehr wart ihr unfreiwillige Opfer eines Streits unter Liebhabern geworden! Eines Krachs zwischen Portales und seiner Geliebten, die ihm nicht gehorcht und an der Debatte teilgenommen hatte. Was für ein Land war dies bloß?

Zu Fuß gingt ihr bis zur Plaza de la Matriz. Außer der Kirche flankierten ihn weiß gekalkte, aus Lehmziegeln errichtete Gebäude und der inzwischen verfallene infame alte Lagerschuppen für die frisch importierten Sklaven. Vor der Kirche ging die Gruppe auseinander, nicht ohne kräftige, freundschaftliche Umarmungen auszutauschen. Alle beglückwünschten Carmen. Offensichtlich betrachteten die Liberalen die im Gefängnis verbrachte Nacht als einen Sieg. Darwin trug immer noch seinen Teller mit den zugedeckten Picorocos und zeigte ein Gesicht, als leide er unter Verstopfung, einer Kolik. Als er sich Carmen näherte, um sich zu verabschieden, erhöhte sie sein Unwohlsein noch: Sie umarmte ihn, zog ihn an sich und küsste ihn lange auf beide Wangen, sehr nahe seinem Mund. Der junge Forscher trat ganz verdattert einen Schritt zurück, sein tief gerötetes Gesicht konnte nicht die kleinen Knutschflecke verbergen, die ihm das Saugen verursacht hatte. Zu Recht nannte man Carmen »Vinchuca«, erinnertest du dich, wie diese küssende Wanze, die Blut saugte, ohne dass es wehtat. Du hattest inzwischen auch mehrere solcher Knutschflecken, allerdings größer und an weniger sichtbaren Stellen. Schließlich fing sich der Wunderknabe wieder und stammelte:

»Señora … In England küsst man nicht einmal die Hand.«

»Sie haben solche Küsse verdient, Mister Darwin, und noch viele mehr. Sie waren brillant«, antwortete Carmen und fügte, entzückt darüber, ihn quälen zu können, hinzu: »Vielleicht möchten Sie noch einen?«

»Nur meine Schwestern haben mich bisher geküsst, Señora. Und das auch nur, als ich noch klein war und meine Mutter starb.«

Du schütteltest ungläubig den Kopf, Moro. Der junge Forscher war nicht nur Jungfrau; er hatte in seinen fünfundzwanzig Lebensjahren noch nicht einmal eine Frau geküsst. In seinem Alter hattest du dir schon das Herz mehrfach brechen lassen. Und hattest es dennoch weiter aufs Spiel gesetzt.

Ohne darauf einzugehen, hakte Carmen ihn und auch dich unter, während sie zärtlich und spitzbübisch sagte:

»Ich erkläre Sie beide für sehr brillant und sehr töricht. Der eine behauptet, die Natur sei der Schlüssel, der andere behauptet, die Liebe sei es. Ich sage, das Entscheidende ist die Natur der Liebe.«

* * *

Du stiegst zu deiner Hütte hinauf und schliefst bis in den Nachmittag hinein. Ein unruhiger Schlaf, in dem du Stimmen hörtest, Fragen, unergründliche Antworten. »Ob es eine Lüge ist, das, was wir Liebe nennen?«, hörtest du jemanden fragen, vielleicht diese nackte Frau, das rothaarige Gespenst, das dich in deinen Alpträumen heimzusuchen pflegte. In deinem Traum wusstest du nicht, was du antworten solltest.

Als du erwachtest, nahmst du, um den Kopf freizubekommen, deine Malutensilien und gingst los, um zu malen. Malen war für dich, Moro, eine Art zu meditieren. Du stiegst den Hohlweg zum alten Pulverturm hinauf, auf dem Elías-Hügel, von wo aus du einen Rundblick von einhundertachtzig Grad auf die Landschaft um dich herum hattest. Du stelltest deine Staffelei auf, klapptest deinen dreibeinigen Hocker auseinander und setztest dich, um das atemberaubende Panorama mit deinen Farben festzuhalten. Gerade ging die Sonne über dem Meereshorizont unter, hinter einer langen Formation dichter, leuchtender Wolken. Sie wirkten wie eine Flotte bedrohlicher Eisberge. Oder eher wie die Ansicht einer Stadt aus Eis, märchenhaft und weit entfernt. Du sahst Kathedralen, Kuppeln, Minarette, Türme, die der Sonnenuntergang in rotes Licht tauchte. Ein ganz neuer Kontinent aus Eis, der in der Nacht aus diesen südlichen Meeren aufgetaucht zu sein schien. Ein neues Land, dessen Namen noch niemand wissen konnte.

Ob das die zukünftige Welt sein würde, die Darwin euch vergangene Nacht in jenem Gefängnis fast prophezeit hatte? In der Hitze der Diskussion wolltest du nicht zugeben, dass eine solche Zukunft möglich wäre. Doch vielleicht irrtest du dich. Vielleicht war die Antwort auf jene Frage aus deinem Traum: Ja, die Liebe ist eine Lüge. Und du dachtest: Warum schafft die Natur intelligente Wesen, wenn diese Intelligenz nur dazu dient, das Trugbild der Liebe zu demaskieren? Es wäre weniger grausam – und wirksamer – gewesen, uns einfach dumm und unsensibel zu erschaffen, anstatt ein so kompliziertes Blendwerk zu entwerfen, nur um dann zuzulassen, dass wir enttäuscht werden, wenn wir es entschlüsseln. Doch du lehntest dich auf dagegen. Vielleicht war die Liebe eine menschliche Erfindung wie die Kultur, wie die Kunst … erfundene Dinge, für die es sich zu leben lohnte. Der Rest ist reines Überleben. Die Liebe war vielleicht nicht göttlich, aber auch nicht animalisch. Die Liebe ist vielleicht nicht Venus, doch dieser stinkende Picoroco kann sie auch nicht sein!

Ja, bekräftigtest du dir selbst gegenüber, die Liebe ist wahr. Wenn wir verliebt sind, sehen wir es klar und deutlich. Wenn wir sie nicht empfinden, sehen wir es nicht mehr … Doch deshalb hat die Liebe nicht aufgehört, wahr zu sein.

So beruhigtest du dich selbst, und gleich darauf kamen die Zweifel zurück. Diese Zweifel, die der junge Forscher in deine Überzeugungen gesät hatte, während in eurem improvisierten Kerker die letzte Lampe flackerte und du für ein paar Minuten abwesend warst und ihm nicht zuhörtest. War die Liebe vielleicht nur eine Frage der Perspektive? So wie wir auf einem Bild einen Baum oder eine Person im Vordergrund trügerisch groß sehen im Vergleich zu einem Berg im Hintergrund, so scheint uns auch die Liebe riesengroß, wenn wir sie ganz nah bei uns haben. Doch selbst wenn die Liebe eine Frage der Perspektive wäre – widersprachst du dir selbst –, wäre die Liebe wirklich. So wirklich wie der »Fluchtpunkt«, dieser Ort am Horizont, wo alle parallelen Linien zusammenlaufen. Vielleicht würde ein Wissenschaftler sagen, dieser Punkt sei nur eine Täuschung. Und doch, auch wenn man es für unmöglich hält, befinden sich die Parallelen andauernd vor unseren Augen.

Auch dieser trügerische Größenunterschied zwischen dem Nahen und dem Fernen, den wir auf einem Gemälde sehen, ist reiner Schein. Aber er ist nicht unwirklich, weil er die Entfernung und die Zeit ausdrückt, die zwischen ihnen liegt. Auf ähnliche Weise bieten uns die Liebe und die Kunst, indem sie uns mit ihren Perspektiven täuschen, eine Vorstellung von der Tiefe der Welt. Nichts weniger als das! So hättest du es Darwin entgegenschleudern sollen! Wenn du schon gestern und nicht erst heute darauf gekommen wärst …

Stattdessen warst du gestern Abend in dumpfes Brüten verfallen und hattest wehrlos haarsträubenden Unsinn wie diesen über dich ergehen lassen: »Die ganze Natur befindet sich im Krieg. Die Männchen kämpfen um die Weibchen, und diese wählen ihre Männchen aus. Nur die Stärksten bekommen die Besten und sichern so die Nachkommenschaft.« Hatte Darwin das wirklich so gesagt? Oder war dies die Stimme in deinem Alptraum von vorhin? (Oder war es schon die Stimme jenes höhnisch-traurigen Eremiten, des Opferschamanen, den du nicht kanntest – noch nicht –, doch bald kennenlernen solltest?)

Die riesige Stadt aus Eis hatte sich am Horizont (und auf deinem Gemälde) inzwischen scharlachrot gefärbt, als dich plötzlich eine weitere Angst überfiel. Dieser Konkurrenzkampf zwischen den Männchen um die Weibchen … Wäre es möglich, dass Carmen dich mit dem Wunderknaben hatte konkurrieren lassen, um auf diese Weise zu entscheiden, wen von euch beiden sie wählen sollte? Während der Diskussion hattest du wieder festgestellt, wie sehr sie die nicht zu leugnende Intelligenz des jungen Forschers bewunderte. Diese Vinchuca-Küsse, die sie ihm zum Abschied gegeben hatte, bedeuteten die etwa, dass Darwin der Erwählte war?

Dein Verfolgungswahn – so tief in dir verwurzelt wie dein Aberglaube, Moro – begann zu erwachen. Du unterbrachst dein Malen (noch ein Bild, das, wie öfter in jüngster Zeit, nur halb fertig wurde), klapptest die Staffelei zusammen, verstautest deine Farben im Kasten und liefst eilig den Hügel hinab.

Ein Holzsammler, der samt seinem mit Brennholz beladenen Esel neben dir stehengeblieben war, um dir beim Malen zuzuschauen, rief dir nach: »Vaya con Dios – Gehen Sie mit Gott!« Während du hastig abwärts stiegst, ging am Horizont hinter der Stadt aus Eis mit einem letzten blaugrünen Glanz die Sonne unter.

* * *

Carmen empfing dich auf einem Lager aus Kissen auf dem mit Teppichen bedeckten Podest, das man noch nicht aus ihrem Arbeitszimmer entfernt hatte. Du kamst erregt bei ihr an, schwitzend, begierig, sie mit deinen neuen Zweifeln zu überfallen. Ihre Schönheit ließ dich innehalten. So hingestreckt besaß sie etwas von der »Bekleideten Maja« Goyas. Allerdings war diese hier eine schreibende Maja, die ihre Feder sehr konzentriert auf einem kleinen tragbaren Sekretär tanzen ließ. Der brüllende Puma bewachte sie, als schaue er ihr über die Schulter. Du hättest am liebsten dasselbe getan, doch Carmen ließ dich nie ihre Manuskripte lesen. Ein weiteres ihrer Geheimnisse … Als sie deine Gegenwart bemerkte, senkte sie die Feder, schloss den Sekretär und klopfte fröhlich auf das Kissen neben ihr, um dich zum Platznehmen einzuladen.

»War es nicht wunderbar?«

Da hatte sie gerade eine Nacht im Gefängnis verbracht und schien doch freier als vorher, trotz all ihrer Fesseln. Strahlender sogar – dachtest du beklommen – als nach einem Liebesnachmittag mit dir.

»Ja, du bist wunderbar, wirklich …«

»Nicht ich, Dummerchen. Die Debatte meine ich. Die war wunderbar.«

»Ich weiß immer noch nicht, wer gewonnen hat.«

»Typisch Mann. Was macht es schon, wer gewonnen hat?«

»Ich glaube, ich habe verloren«, sagtest du kleinlaut und suchtest schamlos ihren Trost. »Ich hatte den Wunderknaben schon in die Enge getrieben … Doch als ich die Wette annahm, gestand ich ein Unentschieden ein.«

»Dann lass uns sagen, dass ich gewonnen habe«, erwiderte Carmen. »Denn mich hat niemals interessiert, dass irgendeiner von euch verlöre.«

»Diese englische Rotznase und ich interessieren dich gleichermaßen?«

»Mich hat etwas ganz anderes interessiert. Und ich habe es auch erreicht.«

»Die konservativen Honoratioren herauszufordern …«

»Etwas viel Besseres: zu zeigen, dass die Republik ein einziger Betrug ist. Dabei leben wir in einer Tyrannei, in der man uns einsperrt, wenn wir über die Liebe reden.«

»Dann sind wir also dein Werkzeug gewesen.«

»Ich bete euch beide dafür an, dass ihr mir geholfen habt, mich an all diesen Heuchlern zu rächen. Auch wenn ihr es gar nicht wusstet.«

Dieser Satz – »ich bete euch beide an« – bestätigte deine schlimmsten Befürchtungen. Carmen verglich dich mit deinem Kontrahenten, stieß dich vom Vorzugsplatz ihrer Liebe. Diese verdammte Wette hatte nicht nur Darwin mit dir gleichziehen lassen, sondern ihn dir auch in den Gefühlen deiner Geliebten gleichgestellt. Oder noch schlimmer: Er war sogar an dir vorbeigezogen. Das jüngere Männchen hatte den alten, desillusionierten Hengst besiegt, der du in diesem Augenblick zu sein glaubtest. Der brüllende (oder sich totlachende) Puma, der neben Carmen saß, schien sich über dich lustig zu machen: Du hattest verloren.

Sie bemerkte deine Verzweiflung und zog an deiner Hand, damit du deinen Kopf in ihren Schoß legtest.

»Du wirst diese Wette gewinnen. Nicht in zwanzig Jahren, sondern jetzt«, sagte sie und streichelte dich zärtlich.

»Ich glaube, ich habe schon begonnen, sie zu verlieren«, jammertest du.

Dabei machte es dir in Wahrheit gar nichts aus, eine idiotische Wette über diesen abstrakten Begriff »Glück« zu verlieren. Was du fürchtetest, war, sie, Carmen, zu verlieren.

Sie beugte sich über dich, küsste dein linkes Ohr und fragte:

»Bist du am Ende nicht vielleicht ein bisschen eifersüchtig?«

»Ich? Aber nicht doch!«

»Natürlich nicht. Don Johann ist niemals eifersüchtig. Er macht nur eifersüchtig.«

»Don Johann«, so nannte sie dich manchmal, wenn sie sich über den Don Juan lustig machen wollte, den sie in deiner Vergangenheit vermutete.

»Ja, ich bin eifersüchtig«, gabst du schließlich zu. »Aber ich habe auch Grund dazu. Erkläre mir mal, weshalb du dieses fromme Bürschchen vor aller Augen abknutschen musstest?«

»Du weißt doch, dass das meine Art ist. Ich bin eben sehr zärtlich.«

»Mich hast du nicht schon beim zweiten Mal so abgeküsst, als wir uns sahen. Ich musste wochenlang warten, bis du das tatst.«

»Du wirst jetzt nicht die Küsschen, die ich Darwin gegeben habe, mit den richtigen Knutschflecken vergleichen wollen, die ich dir mache. Möchtest du vielleicht jetzt einen haben?«

Aber du warst nicht zum Scherzen aufgelegt. Du warfst dich auf Carmen, drücktest sie aufs Podest nieder, setztest dich rittlings auf ihren Bauch und hieltst ihre Arme fest, sodass sie sich nicht bewegen konnte:

»Niemand darf dich so abknutschen! Du gehörst mir!«

Sie antwortete dir kummervoll:

»Ich gehöre dir nicht. Das ist deine ganze Verzweiflung, Moro. Und meine auch.«

Carmen wehrte sich, um freizukommen. Wieder überraschte es dich, wie stark sie war. Ihre Kindheit auf dem Land, das Reiten, Schwimmen, auf die Bäume Klettern hatte sie mit diesem biegsamen, kräftigen Körper ausgestattet. Doch dennoch schaffte sie es nicht, sich zu befreien. Da nahm sie Zuflucht zum stärksten ihrer

Muskeln: ihrer Zunge. In fast verächtlichem Ton sagte sie: »Wenn du mich so sehr liebst, dann entführe mich doch, du Feigling!«

Mit einem Blick voller Angst und Zorn forderte sie dich heraus. Mit einem Schlag wurde dir klar, dass sie nicht nur zu dir sprach, sondern durch dich auch zu dem Indiohäuptling ihrer Phantasien, dem, der sie nackt mitten auf der Pampa fand und sie auf seinem Pferd entführte. Zu ihm sprach sie, als sähe sie ihn vor sich: forderte ihn auf, an deine Stelle zu treten, denn du warst ja ein …

»Feigling«, wiederholte Carmen.

Blinde Wut ergriff dich. Diese verfluchte Wette, dieses Vinchuca-Geknutsche, die unheimliche Stimme deiner Träume … Ohne nachzudenken hobst du die rechte Hand und warst kurz davor, sie zu ohrfeigen. Du tatst es nicht; doch deine erhobene Hand reichte aus. Für ein paar Sekunden bliebt ihr beide reglos, keuchend, unfähig, weiterzukämpfen. Auch der brüllende Puma schien starr vor Schreck zu sein…

Dann änderte sich Carmens Gesichtsausdruck. Die Überraschung wich einer flammenden Röte, die vom Hals zu den Wangen und der Stirn emporstieg. Ihre tränennassenAugen starrten dich an. Ein wutverzerrtes Lächeln glitt über ihre Züge, das nicht erkennen ließ, was darin stärker wog: die Verachtung oder die Herausforderung.

»Schlag mich!«, befahl sie. »Na, mach schon! Schlag mich, bis ich tot bin. Wenn du dich schon nicht traust, mich lebend mitzunehmen, dann nimm mich eben tot mit!«

Du ließt sie los, stiegst von ihr ab. Legtest dich neben sie zwischen die Kissen. Lange lagt ihr so schweigend und heftig atmend da und schautet zum Geflecht der Balken hinauf, das die Decke des Observatoriums trug.

Dann drehtet ihr euch nach und nach auf die Seite und saht

euch an. Du hobst die Hand und streicheltest mit einem Finger die Wange, die du beinahe geschlagen hättest. Küsstest sie viele Male. Murmeltest ihr ins Ohr:

»Verzeih mir.«

»Das habe ich schon, Moro. Außerdem habe ich dich tatsächlich geschlagen, mit meiner Zunge.«

»Warum haben wir uns so gestritten? Ich weiß es nicht mehr.«

»Vielleicht, weil es keine Leidenschaft ohne Leiden gibt?«, fragte sie.

»Dann hat Darwin vielleicht doch Recht. Man sollte seinen Partner mit kühlem Kopf, leidenschaftslos auswählen. Um weniger zu leiden.«

Carmen wandte sich unruhig auf dem Podest hin und her.

»Untersteh dich!«

Jetzt war sie es, die dich bestieg, rittlings auf deinen Hüften saß, während ihre Brüste aus dem Dekolleté drängten, das sich bei eurem Kampf geöffnet hatte. Ihr Haarknoten hatte sich gelöst, ihr schwarzes Haar fiel wirr um ihr Gesicht, als reite sie dich wirklich.

»Ich ziehe tausend solcher Kämpfe der Kälte vor«, fügte sie hinzu.

»Das, was ich vorziehe«, sagtest du und fühltest, wie sich dein Glied unter dem Druck ihres Beckens rührte, »sind die Versöhnungen.«

»Sie sind wunderbar«, stimmte Carmen lächelnd zu.

»Ob es sich lohnt, nur deshalb zu streiten, damit man sich wieder versöhnen kann?«

»Ja«, nickte sie lebhaft und zog sich, so schnell sie konnte, die Bluse aus. Dann fügte sie kokett hinzu: »Streiten wir noch ein bisschen?«

XVIII

Darunter sind sie alle nackt

DU WARST DABEI, in sie einzudringen, wie sie es am liebsten hatte, nicht nur mit deinem Glied, sondern auch mit deiner Stimme. Du flüstertest ihr ins Ohr und konntest spüren, wie deine Worte ihren Körper öffneten, im gleichen Rhythmus, wie du in sie glittest.

»Erzähl mir was, Moro, erzähl mir eine Phantasie«, stöhnte sie.

Das war zu einer Angewohnheit zwischen euch geworden. Einem weiteren Geheimnis, das ihr teiltet. Jedes Mal, wenn ihr miteinander schlieft, musstest du eine erotische Geschichte für sie erfinden. Du warst wie eine umgekehrte Scheherazade: Du phantasiertest nicht, um dein Leben zu retten, sondern um ihren Körper zu beleben.

Doch an diesem Morgen, zwei oder drei Tage nach eurem letzten Streit (ihr strittet viel mehr als nur ein bisschen, Carmen und du) … was hatte dich da gestochen, Moro? Vielleicht warst du noch eifersüchtig wegen der Knutschflecke, die Carmen Darwin auf die Wangen gedrückt hatte. Auf jeden Fall wähltest du noch einmal eine wahre Geschichte, obwohl du wusstest, dass Carmen »Phantasien, nicht die Wirklichkeit« wollte. Auch wenn du sie, aus Schaden klüger geworden, so ausschmücktest, dass sie die Geschichte für erfunden halten musste.

Du wähltest das Mädchen eines der Bilder der typischen

Frauengestalten, die die Wände deiner Hütte zierten. Die Stierkämpferin, die mit ihrem langen Reitrock mit dem Schlitz vorn in der Mitte, kurzer Jacke mit Silberknöpfen, andalusischem Hut und einem Torerodegen in der Hand wie eine Mexikanerin aus Jalisco gekleidet war. Das war Octavia, mit der du dich in Mexiko fast vermählt hattest, doch vor der du dann schließlich doch geflohen warst, genau wie vor den anderen. Obwohl du dies Carmen nicht erzählt hattest, noch nicht.

Stattdessen erfandst du, sie sei eine deiner Phantasien. Es errege dich, dir vorzustellen, du würdest eine Torera lieben. Du träumtest, so erzähltest du, du sähest sie beim Stierkampf zu Pferde, auf ihrer Hacienda am Chapala-See. Schautest zu, wie sie im Galopp einem wilden Stier die Lanzen und die Speere in den Nacken stieß. Nach dem Todesstoß sahst du sie eine Runde durch die Arena reiten, während das Blut von ihren Steigbügeln troff, und begehrtest sie. In deiner angeblichen Phantasie gelang es dir, ihre Aufmerksamkeit auf dich zu ziehen, indem du ihr eine Zeichnung schenktest. Und schließlich liebtet ihr euch in den Ställen in einer himmelblau gestrichenen Paradekutsche, die dem alten Besitzer der Hacienda gehörte.

»Was soll ich dir noch erfinden, Carmen? Ach ja …«, keuchtest du ihr ins Ohr.

Du erzähltest ihr, wie das Mädchen sich aufbäumte, genau wie eine ungezähmte Stute. Wie du sie nach und nach bezwungen hattest. Wie du sie umdrehtest und ihren schweißnassen Rücken ablecktest, vom Hals bis zum Steiß mit der Zunge ihr Rückgrat entlangfuhrst, sanft ihre Hinterbacken auseinanderzogst und fühltest, wie sich, durch die Nähe deiner Lippen angezogen, der dunkle Haarflaum aufrichtete, während sie sich hin und her wand und bebte und stöhnte …

»Schon wieder!«, unterbrach dich Carmens Schrei.

Empört stieß sie dich von sich, stand auf und herrschte dich an:

»Das ist gar keine Phantasie! Das hast du tatsächlich so gemacht, du Schwein! Ich habe dich gewarnt …!«

Wie zum Teufel sie es erraten hatte, konntest du nicht wissen. Doch ihre Brust hob und senkte sich erregt, ihre steilen Brustwarzen zeigten anklagend auf dich. Sie sah sich um, suchte etwas mit ihrem Blick. Erst dachtest du, es wären ihre Kleider. Doch schließlich stürzte sie zum Tisch, wo du deine Bilderrahmen zimmertest, und griff nach der großen Schneiderschere, mit der du die Leinwand zuschnittest. Dann wandte sie sich wieder dir zu, hielt dir die Schere entgegen:

»Ich steche dir die Augen aus, Moro!«, drohte sie.

Ein Anflug von Wahnsinn in ihren grünen Augen sagte dir, dass Carmen nicht nur im Spaß so redete. Sie sah wirklich aus wie eine Sultanin, und du warst ihre Scheherazade, die ihr die falsche Geschichte erzählt hatte und jetzt geköpft werden würde. Sie stürzte sich aufs Bett. Gerade noch rechtzeitig sprangst du vom Lager. Mit hoch erhobener Schere verfolgte sie dich. Sicher war das alles nur ein Spiel. Doch in deiner Vorstellung eines fahrenden Ritters war sie für Augenblicke »die Andere«, die hinter dir her war. Um ihr zu entkommen, öffnetest du die Tür und liefst auf die kleine Terrasse hinaus. Fataler Fehler. Ohne zu zögern lief Carmen hinzu, griff den Türknauf und schloss sie. Als du sie mit einem Stoß öffnen wolltest, legte sie schon den Riegel vor.

Erst da bemerktest du, dass du nackt warst. Unbekleidet im Freien an einem grauen Wintermorgen an der Küste, an der Spitze einer Treppe mit hundertundein Stufen. Du sahst aus wie die Skulptur eines griechischen Helden hoch oben auf ihrem Sockel. Aber hier war gar nichts heldenhaft. Es war kalt, und du hattest eine Gänsehaut. Du bedecktest dein Geschlecht mit den

Händen und hocktest dich nieder, versuchtest, dich vor möglichen neugierigen Blicken zu schützen. Obwohl deine Hütte wegen ihrer Höhe ziemlich allein lag, kamen nicht selten Brennholzsammler mit ihren Eseln den Hohlweg hinauf. Rosa saß, als Aufpasserin, etwas weiter unten auf dem zweiten Absatz der Treppe. Glücklicherweise schlief sie.

Du benahmst dich nicht wie ein griechischer Held, Moro. Du flehtest sie an. Batest sie unterwürfig, sie möge dir öffnen. Ihres Schweigens überdrüssig, gabst du deiner Wut nach und schlugst hysterisch an die Tür, vergebens. Der scharfe Winterwind schien, verstärkt noch vom eisigen Humboldtstrom, mehr denn je direkt aus der weit entfernten Antarktis heraufzuwehen. Es war, als mache sich der Baron selbst über dich lustig und lasse dich mit seinem eisigen Atem erschauern: »Das geschieht Ihnen nur, weil Sie meinen Anweisungen nicht gefolgt sind, Rugendas! Weil Sie die Tropen verlassen, Gefühle gemalt und Frauen geliebt haben!«

Auf der Suche nach der Wärme deines Bauches war dein Geschlecht gehörig geschrumpft. Du krümmtest dich auch zusammen, imitiertest mit deinem ganzen Körper diesen Selbstverteidigungsreflex. Du versuchtest zu lachen. Doch der Humor hielt nicht lange an, nur so lange, wie du Carmen zu erweichen suchtest, indem du alles als einen Witz nahmst.

»So mach doch auf … Wenn du das nicht tust, laufe ich im Adamskostüm zum Hafen hinunter, nur von einem Blatt bedeckt. Und dort sage ich allen, sie sollen dich nach dem Grund fragen.«

Doch sie reagierte nicht auf deine Bitten und Schmeicheleien. Schickte dich nicht einmal zum Teufel. Ein langes Schweigen antwortete auf dein Gejammer. So verging eine Stunde oder mehr.

Es war nutzlos, um die Hütte herumzugehen, um durch ein Fenster hineinzugelangen. Auf der anderen Seite ging das Häuschen auf die Schlucht hinaus. Dir blieb nur, die Tür aufzubrechen.

Doch sie war gut verriegelt und es gelang dir nicht einmal, sie auch nur ein Stückchen zu bewegen. Als du jedoch mit deinem ganzen Gewicht dagegen drücktest, begannst du auf einmal einen seltsamen Geruch zu bemerken, der durch die Ritzen drang. Der wilde Duft der Boldo- und Quillaypflanzen am Hang machten es dir anfangs schwer, ihn zu identifizieren. Dann wusstest du auf einmal, was es war: Terpentin.

Terpentin! Dein Herz tat einen Satz. Schnell standst du wieder auf, jetzt war es dir egal, ob dich jemand nackt sah. Du stelltest dir vor, wie sie den Verdünner trank, der neben deinen Farben stand. Maltest dir aus, wie sie sich jetzt auf dem Teppich aus araukanischen Ponchos wälzte, demselben, der ihre Rückenwirbel wundgescheuert hatte, als ihr euch zum ersten Mal liebtet, und ihr die Hieroglyphen einer unbekannten Sprache auf den Rücken schrieb. Jetzt spie sie vielleicht schon Schaum unter furchtbaren Krämpfen, biss sich auf die Lippen, um nicht vor Schmerz laut loszuschreien. Du trommeltest verzweifelt an die Tür. Verfluchtest dich.

Eine Möwe, die so hoch hier oben vorbeisegelte, antwortete dir mit ihrem Schrei, der eher einem Gelächter glich. Du ließest dich wieder zu Boden gleiten.

»Carmen …«, stöhntest du.

Da hörtest du, wie der Riegel zurückgeschoben wurde. Der Türknauf drehte sich. Die Tür öffnete sich langsam wie von selbst, ohne dass du sie aufstießt oder sofort hineinzukommen versuchtest. Du wusstest nicht, was du stärker fühlen solltest: Erleichterung darüber, dass sie am Leben war, oder Angst vor der großen Schere, mit der dich Carmen vielleicht immer noch erwartete. Du fandst sie vollständig angezogen mitten im Raum stehen. In der Hand hielt sie ein Tuch, mit dem sie sich sorgfältig die Finger reinigte. Die große Schere lag zu deiner Erleichterung in einer Ecke.

Du tratst auf sie zu und breitetest die Arme aus:

»Liebes, ich bin fast umgekommen vor Angst, ich dachte schon …«

Doch sie wies deine Annäherung hochmütig zurück, streckte den Arm aus, um dich auf Distanz zu halten, als stoße sie dein nackter Körper ab, den sie noch ein paar Stunden zuvor mit Küssen bedeckt hatte. Du blicktest auf die zarte Hand, die sie auf Höhe deiner Brust vor dir hielt. An ihren Fingerkuppen leuchtete ein Regenbogen. Vielleicht hatte sie die Finger in die Farben auf deiner Palette getaucht. Oder vielleicht …

Erst da bemerktest du das, was am Rande deines Blickfelds darum kämpfte, ins Zentrum deiner Wahrnehmung zu dringen. Du wandtest dich den Wänden deines Ateliers zu, wo die zwölf Frauenporträts hingen, die du in ihrer typischen Kleidung auf deinen Reisen durch Amerika gemalt hattest.

Jeder Einzelnen von ihnen schienen die Kleider vom Körper gerissen worden zu sein. Die Mulattentänzerin aus Rio, die schwarzen Zwillinge aus Salvador do Bahia, die Korbflechterin aus Maracaibo, die Kreolinnen aus Santiago de Cuba und aus Veracruz, die Bonbonverkäuferin aus Puebla, die kräftige Mestizen-Wasserträgerin aus Acapulco, die Novizin aus Cartagena de Indias, die indianische Harfenspielerin aus Guayaquil, das halb bedeckte Mädchen aus Lima, das nur ein Auge sehen ließ. Sogar die mexikanische Stierkämpferin stand völlig nackt neben ihrem Pferd.

Die Aquarellfarben, mit denen du ihnen sorgfältig ihre typische Kleidung auf den Körper gemalt hattest, troffen von den Bildern, rannen über die Wände und auf den Boden. Unterdessen erschienen darunter die herrlichen, nackten Körper, die du unauslöschlich und exakt mit Ölfarben festgehalten hattest.

Carmen hatte deinen Wasserkrug über jedem einzelnen dieser Bilder ausgeleert. Anschließend hatte sie die mit Glycerin und Honig vermischte Aquarellschicht abgewischt, mit der du die Körper bedeckt hattest, bis das eigentliche Bild zum Vorschein kam: das Ölgemälde, mit dem du diese Frauen nackt porträtiert hattest.

Einen Augenblick lang warst du eher fasziniert als entsetzt. In dem Maße, wie die Aquarellfarben sich verdünnten, entkleideten sich die Frauen nach und nach. Es war, als ob diese schönen Mädchen, die du einmal besessen hattest, wieder zum Leben erwacht wären und sich langsam auszögen. Für dich. Alle tanzten sie und ließen dabei ihre Röcke, Kleider, Schürzen und Lendenschurze fallen, warfen ihre Blusen oder Brusttücher von sich, wiegten sich in den Hüften, streckten ihre Brüste vor, versuchten, deine Aufmerksamkeit auf sich zu ziehen, damit du sie anschautest, wieder begehrtest, noch einmal nahmst. Du spürtest, wie du eine Erektion bekamst.

Und du wusstest, dass du entlarvt worden warst, Moro. Erlegt. Du wagtest nicht, dich umzudrehen und Carmen gegenüberzutreten. Du ahntest, dass du sie hiermit unweigerlich verloren hattest. Doch gleichzeitig, gib es zu, fühltest du dich auch unangemessen stolz. Schon lange hattest du diese Akte nicht mehr gesehen, und jetzt ließ dich deine nicht zu unterdrückende Künstlereitelkeit denken, dass sie gar nicht schlecht waren. Zusammen gesehen bewiesen diese Porträts ohne jeden Zweifel, dass du ein großer romantischer Maler warst. Du warst nicht für diese »wissenschaftliche Malerei« geboren, zu der dich der Baron verdammen wollte. *Du warst dazu geboren, die Schönheit mit Liebe zu malen.* Ja, inmitten der größten Katastrophe deines Lebens dachtest du, dass sie sehr gut waren, diese Bilder. Gib es ruhig zu, Moro!

Statt deine Arbeiten zu zerstören, hatten das Wasserbad und

Carmens wütendes Schrubben deine Arbeiten sogar noch ausdrucksstärker gemacht. Dieser Aquarellerguss, aus dem die nackten Körper wuchsen, verlieh ihnen eine verstörende Kraft. Und du warst ein so unverbesserlicher Künstler, dass du dir sogar Zeit nahmst, darüber nachzudenken, ob du vielleicht aus dieser Mischung von Klecksen und Körpern eine neue Technik entwickeln könntest …

Hinter dir unterbrach Carmen deine Grübelei:

»Jetzt verstehe ich erst, woraus deine fabelhaften Lasuren bestanden«, sagte sie ironisch und fügte, wie ein Richter, der Tatsachen festhält, hinzu: »Darunter sind sie alle nackt.«

Zwar hatte deine Erektion, von deinen ästhetischen Überlegungen gedämpft, nachgelassen, doch überkam dich jetzt die Scham von Neuem. Du strecktest den Arm aus, griffst nach einem der Bettlaken und hülltest dich darin ein wie in eine römische Toga. So bekleidet, wagtest du endlich, dich umzudrehen und sie anzuschauen. Sie war dabei, sich ihre langen, grünen Handschuhe aus Ziegenleder anzuziehen, knöpfte sie ohne Eile bis zum Ellenbogen zu.

»Wie hast du es entdeckt?«, fragtest du.

»Weil ihre Gesichter so aussehen, als seien sie nackt. Du hast sie angezogen, aber nicht ihren Ausdruck verändert. Typisch Mann.«

»Aber, Carmen, es ist nicht, wie du denkst. Das sind nur Studien, Übungen…«

»So so, geübt hast du also mit all diesen Huren!«

Du wichst zurück, bemüht, der Wahrheit dieses Vorwurfs auszuweichen. Doch es war schwierig. Dennoch versuchtest du, bei deinem Alibi zu bleiben:

»Ein perfekter Akt entsteht aus den besten Partien vieler Körper. In ganz Amerika habe ich diese Partien gesucht, um sie zusammenzufügen. Doch dann habe ich dich gefunden: den perfekten Körper.«

»Schluss jetzt, du Zyniker! Wahrscheinlich hast du allen dasselbe erzählt: dass du sie später übermalen würdest, sodass sie niemand nackt sähe. Allerdings hast du uns nicht erklärt, dass du das mit Aquarellfarben machen wolltest, um uns wieder ausziehen zu können, ganz wie es dir beliebte.«

»Dir wollte ich das Kleid in Öl malen. Du warst anders.«

»Anders? Weshalb hast du mich dann in diesen imaginären Harem eingereiht, dein perverses Museum? Dies ist nichts anderes als eine Sammlung all der Frauen, mit denen du's getrieben hast.«

Carmens Scharfsinn verblüffte dich. Sie war in ihrem Leben nur mit zwei Männern intim gewesen, oder vielleicht nur mit einem, wenn es stimmte, dass du es warst, der sie wirklich entjungfert hatte. Und dennoch schien sie mehr vom männlichen Geschlecht zu verstehen als du. Du hattest das nicht überlegt, hattest nicht so schlecht von dir gedacht. Doch als sie es jetzt aussprach, wurde dir klar, dass sie Recht hatte. Auch aus diesem Grund hattest du sie alle nackt gemalt. Nicht nur, um zu lernen, um die Formen des menschlichen Körpers zu beherrschen, aus Liebe zur Kunst. Du hattest das auch aus dem Instinkt des Eroberers heraus getan, des Jägers und Sammlers. Um sie aufzubewahren und überall, wohin du reistest, die herrliche Erinnerung an ihre Schönheit mitzunehmen – um sie nicht zu verlieren, auch wenn du sie längst verloren hattest.

In das Laken gehüllt, schienst du nicht mehr der griechische Held zu sein wie vorher auf der Terrasse. Jetzt kamst du dir eher vor wie ein gebrechlicher, verkommener römischer Kaiser. Ein Tiberius, ein Caligula.

»In Europa verkaufen sich diese Bilder von exotischen Frauen sicher besser, wenn sie nackt sind, stimmt's?«

»Carmen, wie kannst du nur so von mir denken?«

»Und mich wolltest du dann wohl auch nackt verkaufen?«

Das konntest du nun wirklich nicht hinnehmen. Deine Liebe zu ihr glich nichts, was du je zuvor empfunden hattest. Sie war eine wahrhafte Leidenschaft. Es war, als hättest du dich dein ganzes Leben darauf vorbereitet, sie zu malen, jawohl. Doch auch darauf, sie zu lieben. All diese Frauen und diese Porträts waren eine lange, manches Mal verzweifelte Suche nach der Perfektion gewesen, die sie allein verkörperte. All dies wolltest du ihr sagen, als ein Verdacht dich überfiel. Mitten im Satz und dem Gedanken hieltst du inne und wandtest dich der großen Truhe zu, in der du das Porträt der nackten Carmen aufbewahrtest, wenn du nicht daran arbeitetest. Du tratst auf die Truhe zu, wobei du sie aus dem Augenwinkel beobachtetest. Sie hatte ihre Handschuhe fertig zugeknöpft und sah dir jetzt anscheinend ganz ruhig bei deinem Tun zu, die Hände vor dem Leib verschränkt. Du hobst den Deckel.

Ein starker Terpentingestank ließ dich die Nase rümpfen. Dir fiel ein, dass dies der Geruch gewesen war, der durch die Türritzen drang, als du draußen standst, und den du als Suizidversuch missverstanden hattest. Jetzt sahst du, dass es in der Tat so etwas Ähnliches gewesen war. Du hobst die Leinwand aus der Truhe und starrtest sie ungläubig an. Ein wüstes Durcheinander vieler Farben bildete eine Gewitterwolke, einen Wirbel zwischen grau und purpurrot. Die Figur war fast vollständig ausgelöscht, nur ein Fuß, ein rosaweißer Fuß hatte in einer Ecke überlebt. Carmen hatte das Terpentin über ihr eigenes Porträt verschüttet. Und dann hatte sie ihre Wut an den feuchten Farben ausgelassen und das beste Bild eines menschlichen Körpers zerstört, das du je gemalt hattest, auf dem du es geschafft hattest, die Seele durch das Fleisch hindurchscheinen zu lassen.

Nichts blieb mehr von diesem Werk, mit dem es dir gelungen war, die Liebe zu malen.

Nur das andere Porträt, das bekleidete Brustbild, ihr »offizielles« Konterfei, war Carmens Wut entgangen. Dieses oberflächliche Porträt, falsch und verlogen, bei dem sowohl sie als auch der Künstler verborgen hatten, was sie fühlten. Wütend und geschlagen wandtest du dich ihr zu:

»Ist gut. Du hast es zerstört. Hast dich gerächt. Jetzt verzeihe mir auch.«

Doch inzwischen hatte sich Carmens Ausdruck verändert. Jetzt wirkte sie nicht mehr herausfordernd oder stolz. In ihrer Stimme lag tiefe Enttäuschung, als sie sagte:

»Eben erst habe ich begriffen, dass du mich gemalt hast, um ein Andenken von mir mitzunehmen.«

»Doch nicht nur deshalb …«

»Du hast nie daran gedacht, zu bleiben.«

»Bei dir vielleicht schon …«

»Nein, du verstehst nur, abzureisen. Doch bevor du das tust, gehe ich lieber selbst.«

Es war so schwierig, dieser Zusammenfassung deines Lebens zu widersprechen, dass, als du es versuchen wolltest, Carmen schon gegangen war.

XIX

Die Musen entkleiden

EINE WOCHE LANG gingst du zwei Mal täglich und klopftest an die Tür von Carmens Schiffhaus. Jedes Mal wies dich der vierschrötige alte Diener, Ambrosio, zurück, mit der Behauptung, seine Herrin sei nicht da. Oder habe anderen Besuch. Oder befände sich unpässlich. Ungefähr beim zehnten Mal beschlossest du, statt den Schwanz einzuziehen und wieder nach Hause oder in eins der Wirtshäuser im Hafen zu gehen und dort dein Unglück zu ersäufen, dieses auf Grund gelaufene Schiff im Sturm zu nehmen, das man dir uneinnehmbar machen wollte.

Über die Felsen am Strand umrundetest du den Fuß der Anhöhe, auf der sich das Haus erhob, und erreichtest so den Dienstboteneingang, wo du das erste Mal ins Haus gekommen warst. Es gelang dir, die Tür aufzustoßen, und du warst schon hinter der Fassade auf dem Weg nach oben, als du von Ambrosio überrascht und im Handumdrehen wieder vor die Tür gesetzt wurdest. Mit halb zorniger, halb mitleidiger Stimme rief dir Rosa aus einem der Bullaugen des oberen Stocks zu:

»Die Señora Carmencita sagte, sie will Sie nicht mehr sehen, Señor. Verstehen Sie doch endlich!«

Und damit du es auch recht verstandest, ließ sie den Inhalt eines großen Nachttopfs auf dich niederregnen, so wie man einen rolligen Kater verjagt. Die Dusche durchnässte dich bis auf die Haut. Wenigstens ein Liter gelbliche Brühe troff dir von deinem langen Haar auf die Jacke. Durch die Straßen des Stadtzentrums gingst du zu deiner Hütte auf dem Cerro Alegre zurück, fordertest mit deinem Blick die Passanten heraus, die es wagten, dich in deinem bedauernswerten Zustand anzustarren. Dabei strichst du dir über das lange, durchweichte Haar, fühltest, wie der Urin dir den Hals hinunter bis in die Unterhosen rann, und grübeltest über die Ausreden nach, die du Carmen hattest geben wollen.

Nicht um sie zu betrügen, hattest du deinen typischen Frauengestalten mit Aquarellfarben Kleider übermalt, oder wenigstens nicht nur deswegen. Sondern auch, um durch das bigotte spanische und lusitanische Amerika reisen zu können, das sich vielerorts noch in den Klauen der Inquisition befand. Du wolltest vermeiden, dass man dir diese Gemälde konfiszierte, wie man es schon mit einigen deiner Skizzenbücher gemacht hatte. Anders gesagt, du hattest es aus praktischen Gründen getan, um zu überleben. Carmen natürlich hattest du mit Öl ein endgültiges Kleid malen wollen. Du warst ja kein … Ein rolliger Kater, du, Moro?

Ja, vielleicht hatte die schlaue Araukanerin, die Zofe und Freundin von Carmen, dich gut durchschaut, als sie den Nachttopf über dir ausschüttete. Bei deinen langen Reisen durch Amerika hattest du dich mehr als einmal wie ein rolliger Kater verhalten, warst auf Balkone und Dächer gestiegen, um an unerreichbare Fenster zu gelangen (die jedoch für dich offen gelassen waren), warst über Mauern gesprungen, um in Klostergärten einzudringen. Und hattest sogar – mit deiner schlechten Stimme und deinem deutschen Akzent! – im Schein des Mondes Serenaden gejault, begleitet von bezahlten Musikern, die dich, falls nötig, auch vor wütenden Vätern oder Brüdern schützen sollten.

Nicht nur maltest du deine Eroberungen nackt, so oft du konntest. Du maltest auch dich selbst bei gefährlichem Liebeswerben. Zum Beispiel, wie du tatsächlich einem Kater gleich auf einen Balkon stiegst, wo dich eine Schöne aus Rio de Janeiro erwartete. Im Hintergrund maltest du die Gouvernante, wie sie den Zeigefinger an die Lippen führt, um die sich freudig begrüßenden Liebenden zum Schweigen zu bringen; auf ein Kissen am Boden maltest du eine Mandoline, mit der die Geliebte zum Zeitvertreib sehnsüchtige Fados sang, während sie auf dich wartete, und du maltest dich selbst, kaum verhüllt unter einem hohen Strohhut …

Was war aus diesem Bild geworden? Plötzlich fiel es dir wieder ein: Du hattest es unter die Illustrationen deiner »Voyage pittoresque dans le Brésil« aufgenommen, die du nach deiner ersten amerikanischen Reise in Paris herausgabst. Dank dieses Buchs wurde der Baron auf dich aufmerksam, lud dich ein, ihn zu besuchen, und verwickelte dich sofort in sein verfluchtes Projekt wissenschaftlicher Malerei, wegen dem du fast dein Talent ruiniert und deine Berufung verloren hättest!

Abrupt bliebst du mitten auf dem Ziegenpfad zwischen dem Dornengestrüpp stehen, über den du deinen Weg zur Hütte abzukürzen pflegtest. Anders gesagt, du hattest eine ganz intime Erinnerung verkauft. Anders gesagt, du hattest ein Album mit dieser und anderen Abbildungen deines Liebeslebens, kaum verhüllt, veröffentlicht und zum Kauf angeboten. Zum ersten Mal dachtest du so darüber nach. Zweifellos bestätigte dies Carmens Verdacht, du seist pervers und würdest sie »nackt in Europa verkaufen«.

Wozu dich selbst betrügen: Das war es, was du mit all diesen typischen Frauengestalten machen wolltest, die du hattest unbekleidet malen können, nachdem du sie verführt und geliebt hattest. Du würdest ihnen die Aquarellkleider wieder ausziehen, würdest sie, wenn möglich, in einer Pariser Galerie ausstellen und diese Körper verkaufen, die einmal dir gehörten.

Aber natürlich! Wie ein Sklavenhändler würdest du sie verkaufen. Und du schämtest dich dessen nicht einmal. Du warst ein Künstler. Du schufst, um zu leben und zu überleben. Machte dich das auch zu einem schlechten, verkommenen Menschen? Vielleicht ja. Vielleicht war jeder Künstler verkommen, dachtest du wie im Fieber. Von dem Moment an, da er lebt, um ausgehend von seiner Erfahrung etwas zu schaffen und es dann zu verkaufen, gibt es keinen unschuldigen Künstler. Auch du, Moro, hattest mit Hintergedanken geliebt: um das Geliebte zu malen.

Carmen hatte dir das auf die drastischste Art vor Augen geführt: indem sie deine Musen entkleidete. Wenn du sie »zum zweiten Mal« entjungfert hattest, dann hatte sie dir für immer die Unschuld deines Handwerks genommen. Nun gut. Jetzt wart ihr quitt.

Du warst schon dabei, die letzten Stufen zu deiner Hütte zu erklimmen, die dir nie länger vorgekommen waren, als der wolkenbedeckte Winterhimmel die Strafe wiederholte, der dich Rosa unterworfen hatte. Ein eiskalter Regenguss fiel auf das Amphitheater der Hügel um den Hafen nieder und durchnässte dich bis auf die Knochen. Du lachtest auf, ließest ein lautes Gelächter hören, Moro: Selbst der Himmel hielt dich für einen rolligen Kater und begoss dich, um dich zu vertreiben!

Andererseits jedoch reinigte dich der Guss von der Jauche, mit der man dich gestraft hatte. Jede Demütigung enthielt auch eine Lehre. Du breitetest die Arme aus und gabst dich diesem eisigen, reinigenden, klärenden Regen hin. Einverstanden, einverstanden, du gabst es zu: Du hattest deinen Musen nicht nur wegen der Liebe selbst den Hof gemacht, sondern weil du sie nackt malen wolltest.

Und dennoch, nach dieser ersten Erkenntnis blieb die Frage, die Carmen dich dir selbst zu stellen gezwungen hatte, indem sie diese Täuschungen aufdeckte. Was suchtest du in all diesen Körpern? Suchtest du die Suche selbst?

Plötzlich erahntest du in dieser Frage eine mögliche Antwort auf das Rätsel deines Herzens eines fahrenden Ritters. Ja, vielleicht war es das: Die Frauen wollten die Liebe finden; die Männer liebten es, sie zu suchen.

In all diesen typischen Frauen, an die du dich voll Zärtlichkeit erinnertest, suchtest du das Abenteuer, das Erkunden, das Unbekannte. Genauso wie auf deinen Reisen und in deiner Kunst. Die Liebe war für dich die Kunst mit anderen Mitteln. Und die Kunst war ihrerseits die Liebe auf anderen Wegen. Immer lag die schönste Aussicht, der überwältigendste Anblick der Natur vor einem, hinter jenem Hügel und dann dem nächsten und dem übernächsten … Genauso war jede schöne Frau für dich das Präludium für die nächste, die noch schöner sein würde …

Andere mochten in einem einzigen Land bleiben, einem einzigen Tal, einer einzigen Liebe, einer einzigen Ehe, um sie so gut und bis auf den Grund kennenzulernen, wie kein Reisender, so sehr er sich auch bemühte, es jemals vermochte. Doch du warst nicht von dieser Art. So hättest du nie herausgefunden, wie jene anderen Täler gewesen wären, jene anderen Schöße, in die du deinen Kopf legtest. Jemand, der nicht wusste, dass er auf dich wartete, hätte bis in alle Ewigkeit auf dich warten können. Du selbst hättest lange auf den warten können, der du sein konntest, auf all diese anderen Rugendas, die du nur beim Reisen, Lieben und Malen kennenlerntest.

Mitten in diesem brutalen und gleichzeitig wohltuenden Regen begannst du zu ahnen, dass deine gefürchtete Feindin, »die Andere«, diejenige, die dem fahrenden Ritter folgte und seine Liebschaften tötete, nicht ohne dessen Einwilligung hätte handeln können, ohne seine stillschweigende Zustimmung. Sie nahm dir deine Illusionen, weil du desillusioniert werden wolltest. Dein unerbittliches Malerauge entdeckte nicht nur Flecken und Fehler auf der Haut und in der Seele deiner Geliebten; es vergrößerte sie auch über jedes Maß hinaus. Mit diesem optischen Instrument durchbrachst du die Ketten der Liebe und setztest deine endlose Suche fort.

Reglos standst du auf einem Absatz der Treppe, tropfnass unter dem Regenguss, wie erschlagen von der Erkenntnis: Wenn »die Andere« den Ritter immer einholte, dann deshalb, weil dieser sich einholen ließ. Der Ritter und seine Feindin waren ein und derselbe.

Die Frauen wollen die Liebe finden; die Männer lieben es, sie zu suchen, sagtest du dir noch einmal.

* * *

Ohne zu wissen wie, äußerlich völlig durchnässt und innerlich lichterloh brennend, so kamst du wieder in deinem Atelier an. Warfst die Jacke und den Schal in eine Ecke. Zogst das Tuch zur Seite, mit dem du vor dem Weggehen die Staffelei bedeckt hattest, und stelltest dich davor, um das Gemälde zu betrachten, das du maltest. Über der wirbelnden Gewitterwolke, die Carmen hinterlassen hatte, als sie ihr Aktbild zerstörte, schwebte deine zweite Version davon.

Du stelltest fest, dass du, von der Verzweiflung gepackt, noch besser maltest. Dieses zweite Porträt, das du aus der Erinnerung schufst, besaß nicht mehr die vortreffliche Genauigkeit, die zwanghafte Detailtreue, mit der du beim ersten Mal die Schattierungen ihrer Haut bis ins Letzte wiedergegeben hattest. Dagegen besaß dieses neue, noch nicht fertige Bild die ganze wilde Kraft der kurzen, doch leidenschaftlichen Beziehung, die euch verbunden hatte.

Dieses neue Porträt enthielt die doppelte Intensität des ersten, weil ihr es tatsächlich zusammen gemalt hattet, Moro. Carmen löschte mit Terpentin dein voriges Gemälde. Indem sie das tat, trug sie diesen Hintergrund eines wilden, blitzgeschwängerten Gewitters bei, das auf den Betrachter zukam und in seinem Inneren den nackten Körper der Frau barg, die jetzt die Arme und die Beine spreizte, als wolle sie jemand näher beim Betrachter erreichen – oder umklammern, auf dieser Seite der Wirklichkeit.

Dieser neue Akt war zwar noch unfertig und weniger perfekt, doch wahrhaftiger. Beim ersten hattest du ein erstaunliches Gleichgewicht zwischen Begehren und Geduld erreicht. Doch der Mann, der ihn malte, kannte seine Geliebte nur äußerlich. Dieser Maler, der du noch vor ein paar Wochen warst, hatte Carmens Hunger nach Liebe erahnt und ihn in dieser leuchtenden Stelle verortet, die du zwischen ihren Brüsten sahst. Du hattest ihre Seele erahnt, doch warst noch nicht in sie eingedrungen. Jetzt konnte dieser verzweifelte Mann noch mehr tun, und er erreichte es auch: Auf diesem zweiten Gemälde maltest du Carmens Leidenschaft und verwobst sie mit der deinen. Leidenschaft, die aus dem Auge und der Hand des Künstlers – zittrig und ungestüm zugleich – strömte, der sein Werk noch einmal schuf.

Der Unterschied war offensichtlich. Im ersten lagen Begehren und Geduld; in diesem zweiten lagen Lust und Schmerz.

Die Liebe, die das erste Bild bestimmt hatte, war jetzt ihrem höheren, perfekteren Zustand gewichen: der Leidenschaft. Der Leidenschaft, in der sich zur Liebe die Verzweiflung gesellt. Nur die Leidenschaft in ihrem schmerzhaften Sinn macht die Liebe perfekt, so sagtest du dir. Und diese perfekte Liebe hatte deine Kunst beängstigend großartig und wunderbar gemacht. Zum ersten Mal gelang es dir, das Erhabene zu schaffen.

Deine Augen füllten sich mit Tränen, Moro. Tränen, die dem

Leid deines Verlustes entsprangen, doch merkwürdigerweise auch aus der Erwartung eines Triumphs. Vor diesem unfertigen Bild weintest du nicht nur um die Frau, die dich verlassen hatte, sondern auch in Erwartung des Meisterwerks, das du aus der Trauer um diesen Verlust heraus schaffen konntest. Jetzt maltest du noch besser, denn die Kunst, die den Schmerz enthält, ist größere Kunst, so wie die Liebe, die Leidenschaft enthält, größere Liebe ist, und das Leben in der Nachbarschaft des Todes größeres Leben.

Wenn es dir gelänge, es zu Ende zu malen, sagtest du dir, dann wäre dieses Bild eins jener Meisterwerke, deren Anblick schmerzt.

Dieser mögliche Triumph lenkte dich vom Verlust deiner wirklichen Liebe ab, tröstete dich darüber hinweg. Du weintest aus Schmerz und Freude zugleich.

Ah, welch unverbesserlicher Künstler warst du doch, Moro!

Von den Wänden her schien deine Sammlung vom Wasser entkleideter Musen dich in diesem lustvollen Schmerz zu begleiten, während die Aquarellfarben ihrer Kleider auf den Boden troffen. Es war nur gerecht, dass auch sie weinten: Für jede Einzelne von ihnen hatte dein Herz geschlagen, doch nur für Carmen hatte es ausgesetzt.

Du fühltest dich auf einmal wie im Fieber. Im kalten Raum stieg Dampf von deinem feuchten Hemd auf, das die Wärme deines Körpers trocknete. Du bandst dein Haar mit dem schwarzen Samtband zu einem Pferdeschwanz zusammen, das du immer dafür nahmst. Krempeltest dir die Ärmel auf. Griffst zu den Pinseln. Schobst den Daumen durch das Loch deiner farbverschmierten Palette.

Und so, in die Dampfwolke gehüllt, die von deinem Körper aufstieg, machtest du dich wie eine Furie daran, die verlorene Geliebte noch einmal zu malen. Gegen das Vergessen. Gegen das Ende der Liebe. Gegen den Tod. Ja, so musstest du malen.

XX

Der kummervolle Held

TACK. TACK. TACK. Klingeling!

Ungefähr eine Woche später störte dich ein merkwürdiges Klopfen, gefolgt von einem seltsamen Klingeln, in jenem rasenden, besessenen Schaffenswahn. Als ob jemand mit einem Stock auf einen Schädel schlüge und gleich darauf Münzen zählte; das war die Vorstellung, die dein Bewusstsein streifte.

So konzentriert, wie du am zweiten Bild der nackten Carmen maltest, hattest du in dieser ganzen Zeit nicht einmal die Nase aus deiner Hütte gesteckt. Draußen kam und ging der Regen mit der Unberechenbarkeit des Winters am Meer. Drinnen maltest du, maltest frenetisch. Trugst Farbe auf die Leinwand auf und modelliertest sie sofort, sogar mit den Fingern. Unfähig, innezuhalten, spucktest du manchmal sogar auf die Ölfarbe, um sie zu verdünnen. Die Formen entstanden fast von selbst aus dieser Masse. Manchmal glaubtest du, dein Werk räche sich für so viel schöpferische Gewalt. Seine Schönheit strahlte von ihm aus wie ein Pesthauch, der dich zu vergiften drohte. Doch du konntest nur weitermachen. Musstest dieses Vergiften provozieren. Dieser Giftrausch ist die wahrhafte Kunst, dachtest du. Alles andere ist nur schmückendes Beiwerk. Niemals mehr – außer im Angesicht des Aconcagua – solltest du etwas Ähnliches noch einmal fühlen.

Nur, wenn es draußen dunkel wurde, ruhtest du aus und aßest etwas (und trankst starken Schnaps, der dir in der Kehle brannte). Die Leuchtkraft des Waltrans, der in deiner einzigen Öllampe flackerte, war zu schwach, um den Schwung deiner Pinselstriche zu erhellen.

Tack. Tack. Tack. Klingeling!

Wieder dieses Klopfen und Klingeln in den Außenbezirken deiner Sinne. Unwillig legtest du Pinsel und Palette beiseite und gingst die Tür öffnen. Da war niemand, nur der junge, wie blank geputzte Morgen eines leuchtenden Tages auf dem Cerro Alegre. Du begannst schon zu glauben, die Erschöpfung ließe dich nicht vorhandene Laute hören, als du auf die Terrasse hinaustratst und ihn sahst.

Dreißig Stufen unter dir kam der pensionierte Oberst Eduardo Gutiérrez, der kriegsversehrte Held, mühsam das letzte Stück Treppe heraufgestiegen. Seine beschädigte Hüfte zwang ihn dazu, beide Füße auf eine Stufe zu stellen – tack, tack –, bevor er die nächste erklomm. An der Brust seiner Uniformjacke klingelten dabei seine Orden – clink, clink.

Wie schon beim vorigen Mal, als er euch fast im Bett überrascht hätte, trug der ehemalige Husar seine Paradeuniform: blank gewichste schwarze Stiefel, weiße Hosen mit silberfarbenem Nahtband, eine mit Litzen verzierte Jacke und sogar einen federgeschmückten Zweispitz. Carmen hatte es dir ja schon erzählt: Immer, wenn er in die Stadt kam, trug der Held von Ayacucho seine vollständige Uniform eines Obersts der Befreiungsarmee, mit allen Orden und Ehrenzeichen. So protestierte er öffentlich dagegen, dass man ihm seine Pension nicht ausbezahlte, und gegen die Demütigung, die er nach der Niederlage von Lircay durch die konservative Regierung erlitten hatte. Dir allerdings nötigten diese Staffage samt Zweispitz keinerlei Respekt ab, eher Hohn und Spott. Mit seinem Hut sah Gutiérrez wirklich nach dem aus, was er war: einem gehörnten Oberst! (Wie grausam du da noch sein konntest, Moro. Später solltest auch du Liebesschlachten verlieren und einen entsprechenden »Zweispitz« tragen.)

Ohne Eile, beinahe lustlos, gingst du ins Haus zurück und ließest die Tür offenstehen. Du kanntest ja schon das langsame Geklapper des Husaren. Langsam beim Laufen und langsam beim Begreifen. Du legtest das Bild der nackten Carmen in die Truhe und holtest daraus deine kleine, doppelläufige Pistole hervor, die dich auf allen deinen Reisen begleitete, ludst sie und legtest sie auf den unaufgeräumten Tisch zwischen die Farbtuben, Terpentinflaschen und Gläser voller Pinsel. Dir blieb sogar noch Zeit, den Vorhang zuzuziehen, um dein nicht gemachtes Bett zu verbergen.

Schnaufend wie ein Pferd erschien Gutiérrez auf der Schwelle. Als Folge seiner Hüftverletzung bewegte er sich wie ein Automat. Rumpf und Beine unabhängig voneinander.

»Rugendas«, ächzte er, während er sich den Zweispitz abnahm. »Darf ich hereinkommen?«

»Welch Überraschung, Oberst. Seien Sie willkommen.«

Du ludst ihn ein, auf deinem dreibeinigen Klappstuhl Platz zu nehmen, mit dem du im Freien malen zu gehen pflegtest, während du dich in den Sessel setztest, wo Carmen posiert hatte, und die Beine übereinanderschlugst. Von dieser Position aus, leicht erhöht und die Pistole in Reichweite, wartetest du ab, dass er wieder zu Atem kam und sich die von Altersflecken übersäte Stirn vom Schweiß trocknete. Nichts ist besser als die Würde, wenn man sich einem wutschnaubenden Ehemann gegenübersieht.

»Nun komme ich schon zum zweiten Mal unangemeldet«, sagte Gutiérrez schließlich. »Entschuldigen Sie meine Taktlosigkeit.«

In seiner Stimme lag eine schwer zu deutende Mischung aus Stolz und Schüchternheit. Vielleicht war dies für ihn ein und dasselbe. Dich jedoch verwirrte so viel Förmlichkeit. War dies vielleicht eine Art und Weise, Zeit zu gewinnen, während er seine Kräfte sammelte, um dich anzugreifen? Gutiérrez' kastanienbraune Augen glitten über die Unordnung im Atelier, als wolle er sich vergewissern, dass hier keine Gefahr für ihn drohte. Du nutztest die Gelegenheit, ihn dir genauer anzusehen. Beim ersten Mal hattest du ihn in deiner Nervosität nicht lange gemustert. Er besaß ein interessantes Gesicht, der Oberst. Die Narbe eines Säbelhiebs verlief quer darüber hinweg, kreuzte es von der Stirn bis auf die rechte Wange. Dies verlieh ihm ein wildes und gleichzeitig trauriges Aussehen. Ja, er sah wirklich aus wie ein kummervoller Held.

Gutiérrez schaute auf die verschmierten nackten Frauenbilder an den Wänden und wies nach einigen Sekunden mit dem zusammengefalteten Zweispitz auf sie, den er in der Hand hielt. Sein trauriger Gesichtsausdruck wirkte wie ein Tadel, so als schuldetest du ihm eine Erklärung. Du beschlossest, dass du ihm wenigstens dies zugestehen konntest:

»Das sind lateinamerikanische Frauen. Typische.«

»Ja, die haben Sie mir letztes Mal schon gezeigt. Doch damals«, er räusperte sich, »waren sie noch bekleidet.«

»Sie wissen ja, wie die Frauen sind in diesen Ländern. Erst lassen sie sich von niemandem ausziehen. Und dann reißen sie sich, ohne lange zu überlegen, selbst die Kleider vom Leib.«

»Sie reißen sie sich vom Leib?«, fragte er verblüfft.

Dann schüttelte er mit einem ergebenen Lächeln den Kopf, als bedaure er seine eigene Naivität.

»Ah, Sie halten mich zum Narren. Ihr Künstler …«

Zwischen seinen buschigen, grauen Koteletten verzog ein gequältes Lächeln seine Lippen. Auf der Brust der Uniformjacke hoben und senkten sich unter seiner schnell gehenden Atmung die Orden, die er sich auf den Feldzügen gegen Napoleon in Spanien, an der Seite von Bolívar in Kolumbien, mit Sucre in Hochperu verdient hatte. Du dachtest an Carmen: Wie öde musste es für sie sein, an der Seite dieses völlig humorlosen großen Helden zu leben.

»Ich dachte, Sie verbrächten den Winter immer auf dem Land, Oberst.«

»Ab und zu … komme ich in die Stadt.«

»Seit ich hier bin, sind Sie schon zwei Mal gekommen«, bemerktest du.

»Im Winter ist auf den Haciendas nicht viel zu tun, und ich …«

Der alte Offizier hatte den Hang, seine Sätze nicht zu vollenden. Deine Ungeduld beendete sie:

»… und Sie langweilen sich, natürlich.«

»So viel Zeit zum Nachdenken ist nicht gut für einen Soldaten«, bestätigte er.

Du fingst an, diesen kummervollen Helden zu verstehen. Diese Vereinbarung mit Carmen, der zufolge sie die Hälfte des Jahres getrennt lebten, musste eine harte Prüfung für ihn sein. Die langen Winter auf dem Land, ohne Aussaat oder Ernte, um die man sich kümmern musste, ohne eigentlich auch ein richtiger Landwirt zu sein, und sich dabei seine Frau vorzustellen, allein und schön, in dieser Hafenstadt, in der es von unbekannten, sehnsuchtsvollen Männern wimmelte. Zu viel Zeit zum Nachdenken. Seine tiefen Schatten unter den Augen zeigten, dass er das wirklich auch tat.

»Also sind Sie gekommen, um sich ein wenig zu zerstreuen, Oberst.«

»Ja, um mich zu zerstreuen. Nein, nein. Das heißt …«

Es war, als hinke er auch mit der Zunge. Seine Langsamkeit

irritierte dich mehr und mehr. Kaum vorstellbar, wie er mit dieser stockenden Stimme ein Regiment peruanischer Lanzenreiter kommandieren wollte. Du spürtest die teuflische Versuchung, seinem wahrscheinlichen Vorwurf zuvorzukommen und ihm die ganze Wahrheit ins Gesicht zu schleudern. Ihm klarzumachen, dass dieser Zweispitz, den er mit so viel Stolz wie Naivität zur Schau stellte, ihn gleichzeitig auch lächerlich wirken ließ, aus anderen Gründen. Und ein für alle Mal das Spiel beenden. Stattdessen schenktest du dir ein Glas Schnaps ein und botst ihm ebenfalls eins an.

»Ich trinke nie am Vormittag«, wies er es zurück.

Doch gleich darauf griff er doch nach dem Glas, das du ihm hinhieltst, und trank es auf einen Zug aus. Der Alkohol schien ihn zu beleben. Er legte den Zweispitz auf den Teppich, warf die spitzen Schöße seines Uniformrocks nach hinten, setzte sich aufrecht hin, spreizte die Beine und legte die Hände auf seine Knie. Soweit du sehen konntest, war er unbewaffnet. Doch was er dir jetzt sagte, tönte wie ein Schuss:

»Wo ist Carmen?«

Du schautest ihn verständnislos an. Der Unterkiefer des Oberst zitterte leicht, sein Kinn zog sich zusammen, als wollte er einen Flunsch ziehen. Zum ersten Mal ahntest du, dass dieser Mann etwas Schlimmeres tun konnte, als dich zu töten oder zum Duell zu fordern; vielleicht würde er weinen, dich anflehen, ihm seine Frau zurückzugeben. Die Vorstellung ließ dich noch zorniger werden.

»Woher soll ich das wissen, Oberst Gutiérrez? Ist sie denn nicht zu Hause?«

»Nein. Sie ist vor drei Tagen verschwunden. Kurz nachdem ich vom Land gekommen bin.«

»Und sie hat Ihnen nicht gesagt, wohin sie wollte?«

»Kein einziges Wort, keine Nachricht, gar nichts.«

Das nahezu unsichtbare Zittern seiner Kinnlade hatte sich auf seine Stimme übertragen, doch sein Rücken blieb gerade und sein Kopf hoch erhoben, vom goldbestickten Stehkragen seiner Uniform dazu gezwungen.

Es schien fast, als sage der pensionierte Offizier vor dem Kriegsgericht aus. Und ihm gegenüber, Moro, schämtest du dich beinahe, den Hauch einer überraschenden Hoffnung zu spüren.

»Fragen Sie doch ihre Freundinnen«, schlugst du vor.

»Ich habe schon mit allen gesprochen. Keine von ihnen weiß etwas, oder sie wollen mir nichts sagen.«

Nach und nach ließ Gutiérrez seinen Ängsten freien Lauf.

»Vielleicht ist sie ja nach Santiago gereist«, spekuliertest du.

»Daran habe ich schon gedacht und Boten geschickt, und heute sind sie zurückgekommen mit der Nachricht, dass sie auch dort niemand gesehen hat.«

»Ich vermute, Sie denken nicht, dass ich sie versteckt halte.«

Der alte Soldat klopfte sich auf die Knie, als beleidige der Gedanke ihn.

»Ich bitte Sie, Rugendas! Ich möchte nur wissen, ob Sie eine Ahnung haben, wo sie sich aufhalten könnte. Schließlich und endlich war sie sehr angetan von …«

»Ihr Porträt habe ich noch nicht zu Ende gemalt«, entschuldigtest du dich, obwohl es nichts zur Sache tat.

Und plötzlich fiel dir das Wort ein, das in diesem Dialog fehlte, das keiner von euch beiden benutzte: verlassen. Beide wart ihr von Carmen verlassen worden. Du spürtest eine unangenehme Ähnlichkeit mit dem betrogenen Ehemann.

»Darf ich Ihnen etwas anvertrauen?«, fragte er dich.

»Ich würde es vorziehen, wenn Sie das nicht täten …«

Doch Gutiérrez tat, als habe er dich nicht gehört. Du fingst an, ihn kennenzulernen, er war einer jener Menschen, die lieber überhören, was ihnen wehtun könnte. Er sagte:

»Carmen besitzt einen allzu stürmischen Charakter.«

»Das habe ich schon bemerkt.«

»Sie kam mir sehr nervös vor, als ich vom Land kam. Manchmal glaube ich sogar, sie könnte sich etwas antun …«

Ohne es zu wollen, schautest du zur Terpentinflasche auf dem Tisch mit den Farben hinüber. Die Pistole spiegelte sich in ihrem grünen, bauchigen Glas. Auch du hattest geglaubt, Carmen könne …

»Denken Sie, sie könnte sich das Leben nehmen?« Es fiel dir nicht leicht, diese Frage zu formulieren.

»Nein, um Gottes willen!«

Sein flehentlicher Ausruf klang dieses Mal wirklich wie ein Befehl. Doch seine Nervosität widersprach dieser Verneinung. Er war jetzt aufgestanden, fuhr sich mit der Hand an die silberfarbenen Seitenstreifen auf seiner weißen Hose und rieb sie dort. In früheren Zeiten musste Oberst Gutiérrez eine imponierende Erscheinung gewesen sein. Er besaß das Auftreten eines, wenn auch besiegten, Feldmarschalls. Diese großen Hände, die in Spanien und Südamerika sein Pferd im Galopp gelenkt hatten, als er mit gezogenem Säbel seine Männer zum Töten und zum Sterben in die Schlacht führte, diese Hände, leer und offen, zitterten jetzt ein wenig, zeigten die Verwirrung und Ratlosigkeit ihres Besitzers. Anscheinend vertraute er dir tatsächlich, vielleicht, weil er sonst niemandem trauen konnte. Wenn er nicht wollte, dass alle Welt von seinem Missgeschick erfuhr: Wer konnte – und sollte – schließlich und endlich besser als du dieses Geheimnis bewahren?

»Also gut, Oberst. Setzen Sie sich bitte. Lassen Sie uns ein wenig nachdenken. Was geschah, bevor Carmen verschwand?«

»Nie zuvor habe ich sie so erregt erlebt. Sie sah aus, als habe sie tagelang nicht geschlafen. Und als habe sie …, nun, als habe sie viel geweint.« Aus seinem Mund klang das Wort »weinen« wie eine Sünde. »Ich bemühte mich, sie abzulenken, erzählte ihr Dinge vom Land, dass ihre Pferde und die anderen Tiere sie sehr vermissten.«

»Vielleicht brauchte sie menschlichere Zuneigung«, warfst du ironisch ein.

Gutiérrez verstummte, sah dich ein paar Sekunden lang starr an: dein Sarkasmus schien ihn zu verletzen. Doch ein Mann, der diese fürchterliche Verletzung an der Hüfte erlitten hatte, dachtest du, der wäre sicherlich an den Schmerz gewöhnt. Er fuhr fort:

»Carmen liebt die Tiere, wissen Sie? Auf der Hacienda hat sie viele. Sogar einen Puma. Doch nicht ausgestopft wie den hier in der Stadt, sondern in einem Käfig.«

»Natürlich.«

»Wie ich schon sagte: Ich bemühte mich, sie abzulenken, erzählte ihr, wir hätten ein paar Besucher auf der Hacienda gehabt. Einen jungen englischen Naturforscher, zum Beispiel, ein sehr sympathischer Bursche…«

Gutiérrez sprach jetzt flüssiger. Und du, du horchtest auf:

»Das wird vermutlich der Señor Darwin gewesen sein.«

»Ich habe ihn natürlich zum Essen und Übernachten bei mir eingeladen. Chilenische Gastfreundschaft, wissen Sie?«

»Ich kenne sie gut.«

»Beim Abendessen erzählte er mir von seinem Aufenthalt in Valparaíso und von einer Art Debatte … einem merkwürdigen Streitgespräch, an dem teilzunehmen er unklugerweise akzeptiert hatte. Er schien sehr verärgert über die Erfahrung.«

»Glaubte er vielleicht, er habe dieses Streitgespräch verloren?«, fragtest du vorsichtig.

»Nein, das war es nicht. Der Señor Darwin erzählte mir, er hätte den Verdacht, man habe mit ihm … mit anderen Absichten gespielt. So hat er es ausgedrückt.«

»Seltsam«, murmeltest du.

»Er berichtete mir auch, beim Abschied habe ihn die Hausherrin auf die Wangen geküsst und ihm ein paar Male hinterlassen. Wie eine Vinchuca-Wanze, meinte er.«

»Und da verstanden Sie, wer bei diesem Streitgespräch die Gastgeberin gewesen war.«

»Jawohl, das verstand ich auf Anhieb«, antwortete Gutiérrez und schnipste dabei mit den Fingern.

Dann schwieg er und wartete auf deine Reaktion. Die Narbe über seiner Stirn ließ seinen Blick noch kummervoller wirken.

»Was sollen wir lang drum herumreden, Oberst. Dieses Streitgespräch hat ihre Frau organisiert, und ich habe auch daran teilgenommen. Es wurde ja nicht im Geheimen abgehalten.«

»Ein Streitgespräch über die Natur der Liebe«, seufzte der Oberst und räusperte sich.

Es schien ihn zutiefst zu verwundern, dass in seinem Haus über die Liebe philosophiert – oder einfach gesprochen – worden war.

»Und da haben Sie beschlossen, in die Stadt zu kommen«, folgertest du, um seinen Bericht zu beschleunigen.

»In Chile geschieht so wenig, dass man sofort alles erfährt«, fuhr er fort.

»Das war ein Streitgespräch, Gutiérrez. Keine Orgie.«

»Ein Streitgespräch, das im Gefängnis endete!«

»Ja. Und Ihre Frau hat es sehr genossen, wie sich die Konservativen aufregten.«

»Carmen liebt es zu provozieren, das stimmt.«

»Sogar Darwin wollte sie mit ihren Küssen verschrecken«, spekuliertest du.

»Glauben Sie das nicht«, widersprach Gutiérrez. »Als ich ihr von diesem jungen Naturforscher erzählte, schien Carmen richtig erleichtert. Ihre schlechte Laune war wie verflogen.«

»Sie war erleichtert?«

»Ja, und ich würde auch sagen, sie hat sich sehr gefreut zu hören, dass dieser junge Mann auf unseren Ländereien seine Forschungen anstellt.«

»Darwin ist immer noch dort?«

»Ja. Er bat mich darum, botanisieren und geologische Proben nehmen zu dürfen. Als ich das Carmen erzählte, hat sie laut losgelacht. Und mir sogar einen Kuss gegeben, hier auf meine Glatze.«

Gutiérrez fasste sich mit der Hand an eine Seite seines kahlen Kopfes, dort, wo der gefiederte Zweispitz ein rosa Mal hinterlassen hatte, das genau so aussah, als wolle ihm dort ein Horn wachsen.

»Und in jener Nacht …«, begannst du erschrocken.

»Als ich sie so glücklich sah, wie konnte ich da ahnen, dass sie noch in derselben Nacht davonlaufen würde.«

Wie konnte er es ahnen? Da war er in Ayacucho, mit zerschossener Hüfte reitend, fähig gewesen, eine ganze Flanke der spanischen Infanterie zu überrennen, doch den Grund für diesen plötzlichen Gemütswechsel seiner Frau, den konnte er sich nicht vorstellen. Diese Freude, die du, Moro, sofort zu deuten wusstest.

Auf einmal sahst du alles ganz klar vor dir. Stütztest den Kopf auf deine Hände und lachtest jetzt auch. Obwohl in deinem Lachen kein Quäntchen Freude lag.

»Oberst«, sagtest du dann und standst auf. »Sie ist auf der Hacienda.«

Der kummervolle Held schaute dich unentschlossen an, als frage er sich, ob dies eine weitere deiner ironischen Bemerkungen war.

»Auf dem Land? Das ist ausgeschlossen, Carmen hasst es, im Winter dorthin zu reisen. Was sollte sie dort tun? Und wenn sie das wollte, dann wäre sie mit mir zurückgereist …«

Du wartetest nicht ab, bis er das lahme Bein seiner Gedanken vollends nachgezogen hatte, sondern stürztest dich in fieberhafte Aktivität. Zogst deine Reitstiefel an. Stopftest ein paar Sachen in deine Satteltaschen. Schließlich nahmst du die Pistole und stecktest sie zwischen Hose und Gürtel, während du schon zur Tür gingst. Von der Schwelle aus musstest du dem Helden zurufen, der immer noch verständnislos dasaß:

»Carmen ist auf ihrer Hacienda, Mann! Mit Darwin!«

Und ein unverhofftes Mitleid hinderte dich daran, hinzuzufügen: »Sie hat uns beide verlassen.«

XXI

Die Hexe

VON ALLEN RITTEN, die du je durch Amerika unternahmst, war dies der haarsträubendste. Wenn irgendein armer Bauer euch im gestreckten Galopp vorbeikommen sah, muss er an ein paar Spione gedacht haben. Oder an die Geister jener Soldaten, die nach dem Ende der Unabhängigkeitskriege marodierend umherzogen und später zur Anarchie beitrugen. Doch Gutiérrez und du wart etwas noch Exotischeres. Da ritten der Ehemann und der Liebhaber gemeinsam hinter der Frau her, die beide verlassen hatte.

Während du neben ihm galoppiertest, bewundertest du, wie stattlich der Husar wirkte. Trotz seiner zerschmetterten Hüfte ritt er ohne Klagen und sehr aufrecht. Dir ging durch den Kopf, was du, weil Carmen es dir erzählt hatte, vom pensionierten Oberst Eduardo Gutiérrez wusstest. Als einziger, früh verwaister Sohn einer adligen, doch verarmten Familie war er 1786 – mit zehn Jahren – zur militärischen Ausbildung nach Spanien geschickt worden. Fast von Kindesbeinen an hatte er gekämpft. In Oran und Melilla gegen die Mauren. In den Schlachten von La Albuera und beim großen Sieg von Bailén gegen die Franzosen. Dann hatte Gutiérrez in London Bolívar kennengelernt, der ihn davon überzeugte, dass es seine Pflicht war, für die Unabhängigkeit Amerikas zu kämpfen. Er war in Pichincha und Junín dabei gewesen. In Ayacucho führte er schwer verwundet die peruanischen

Lanzenreiter zum Sieg. San Martín verlieh ihm den Sonnenorden. Hinkend, die Brust mit Orden behängt, trat Gutiérrez in den Ruhestand und kehrte nach dreißig Jahren des Kriegführens auf der halben Welt nach Chile zurück. Er kam als Invalide heim, besaß kein Vermögen und keine lebenden Verwandten, hatte nichts gelernt außer dem Kriegshandwerk, als alle Kriege schon zu Ende waren. Carmen sah ihn bei einer Parade oder einem Ball und setzte sich in den Kopf, ihn zu heiraten, ließ nicht locker, bis sie ihn vor den Altar führen konnte. Sie war achtzehn Jahre alt, er achtundvierzig. »Seine Niederlage rührte mich«, so erzählte sie dir einmal, als ihr von der Liebe ausruhtet.

Und dich rührte sie auch ein wenig, Moro, gib es zu. Auf deinen Reisen hattest du andere Soldaten gesehen, die genauso schwer verwundet waren wie Gutiérrez. An Leib und Seele verkrüppelte Soldaten. Soldaten, die nach dem Sieg über die Spanier einfach weitermachten mit den tausenden blutiger Scharmützel der Anarchie. Immerzu die Seiten wechselten, bis sie eines Tages ein für alle Mal am Ufer irgendeines entlegenen Flusses starben, niedergemetzelt von anderen, betrunkenen Soldaten, die sich inzwischen völlig sinnlos, nur noch aus Gewohnheit, gegenseitig umbrachten. Du hättest wetten können, dass sich Gutiérrez fragte, ob dieses Schicksal nicht besser gewesen wäre als sein eigenes: ohnmächtiger Ehemann einer davongelaufenen Frau.

Der Oberst und du beschlosst, mit Postpferden bis Rancagua zu reisen, um fast ohne Halt reiten zu können. Ihr erklommt die Küstenkordilleren den Zapata-Hügel hinauf, durchquertet das Casablanca-Tal und das Tal von Curacaví, rittet an Palmwäldern entlang, deren wedelgeschmückte Stämme voller winziger Kokosnüsse hingen. Dann bogt ihr nach Süden ab, querfeldein auf Melipilla zu. Von dort ging es an Santiago vorbei Richtung Paine: Ihr überquertet ein Feld voller bunter Stiefmütterchen, so weich, dass das Auge glaubte, eine schaumbedeckte Ebene zu sehen. Weder eure fieberhafte Eile noch die Geschwindigkeit deines Pferdes hinderten dich daran, auf deiner Netzhaut die Landschaften festzuhalten, die ihr durchquertet.

Es war Ende September. Der Frühling hielt Einzug im Zentraltal Chiles. Einmal hieltet ihr Rast unter der riesigen goldenen Kuppel einer Duftakazie; gleich darauf rittet ihr durch einen langen Tunnel grauer Pappeln, dicht mit leuchtenden roten Misteln bewachsen, und stiegt in ein von Fuchsien, Krokussen, Salbei und Vergissmeinnicht überwuchertes Tal hinab. Dann rittet ihr wieder zwischen Myrten und Boldo-Bäumen, deren Stämme nach Süden hin nach dem Winterregen vom Filz grünlicher Moose bedeckt waren, bergan. Unter Gefahr für Leib und Leben durchwatetet ihr den Rio Maipo, der vom ersten Tauwetter stark angeschwollen war. Ihr tränktet eure Reittiere in einem himmelblauen See, in dem die Wolken wie Eisschollen schwammen. Am Ufer eines Teichs kniete eine Frau und wusch Wäsche. Neben ihr saß ein Viehhirte müßig auf seinem Pferd und unterhielt sich mit der Wäscherin, während er verschlagen in den Ausschnitt ihres nassen Kleides schielte, das an ihren üppigen Brüsten klebte.

Dann galoppierten Gutiérrez und du direkt nach Süden. Jetzt begleitete euch die Bergkette der Anden, zur Hälfte schneebedeckt, auf eurer linken Seite. Als die Sonne unterging, tauchte sie die verschneiten Hänge in ein fast blutiges Rosarot. Nach Anbruch der Nacht erlaubte es euch ein abnehmender Mond, kaum von einem Wolkenschleier verhüllt, in seinem gespenstischen Glanz weiterzureiten. Bis euch nach Mitternacht die Müdigkeit übermannte.

Auf der Höhe von Mostazal hieltet ihr an, um unter den zotteligen Zweigen einer Weide ein paar Stunden zu schlafen. Deine Bewunderung für Gutiérrez wurde immer größer. Trotz seiner zerschmetterten Hüfte, die ihm große Schmerzen bereiten musste, hatte er in deinem Tempo mitgehalten, ohne sich ein einziges Mal zu beklagen. Am meisten bewundertest du aber, dass er den ganzen Weg über nicht ein einziges Mal nach dem Hintergrund deines Verdachts fragte. Wollte nicht wissen, weshalb du vermutetest, dass sich Carmen in Begleitung von Darwin auf der Hacienda befand. Zweifellos fand er es unschicklich für sich selbst – und beleidigend für seine Frau –, Eifersucht zu fühlen oder zu zeigen. Dies musste seine Art sein, sie zu lieben.

Erst als ihr euch endlich auf euren Satteldecken am Boden ausstrecktet, erlaubte es sich der kummervolle Held, sein Schweigen zu brechen.

»Sie sind wirklich ein guter Freund«, murmelte er.

Durch die Flammen des Funken sprühenden, mit Kiefernzweigen genährten Feuers schautest du ihn an und fragtest dich, ob der Oberst einer ironischen Bemerkung fähig war.

»Freund von Carmen«, klärte er dich auf. »Sie sorgen sich sehr um sie.«

»Sie war sehr großzügig zu mir. Hat sich um mich gekümmert, als ich ankam und noch niemanden kannte«, hörtest du dich antworten. Dein Zynismus ekelte dich selbst an.

»Glauben Sie wirklich, dass es nötig ist …?«

Der Oberst verfiel in seine alte Angewohnheit, die Sätze nur halb auszusprechen. Vielleicht wollte er auch diese Verfolgung seiner Frau nach der Hälfte abbrechen. Doch das wolltest du nicht zulassen.

»Gutiérrez, Sie haben doch befürchtet, sie könne sich etwas antun …«

»Ja, manchmal befürchte ich das. Vielleicht, weil ich sie zu sehr liebe.«

»Aber wie wollen Sie erfahren, ob es ihr gut geht, wenn wir sie nicht suchen?«

»Also … Und wenn sie nicht will, dass wir sie finden?«

Dabei beließ es der Oberst. Und du wolltest die Frage nicht beantworten. Du hättest dich gezwungen gesehen, ihn noch mehr zu verletzen. Hättest ihm sagen müssen, wenn Carmen so vor ihm floh, ohne auch nur eine Nachricht zu hinterlassen, dann deshalb, weil man so vor einem Ehemann flieht, der von seiner Ehefrau gar nichts mehr weiß. Doch nicht vor einem Liebhaber. Diese Flucht war ihre verschlüsselte Botschaft für dich, ihre Herausforderung und ihre Drohung. Carmen kannte dich nur zu gut: Sie wusste, wenn du davon erführest, würdest du spontan das tun, wovor der Oberst zögerte: ihr hinterherreiten.

Neben dem Lagerfeuer schlieft ihr ein. Mitten in der Nacht weckte dich etwas. Der Mond hatte seinen Wolkenschleier ganz verloren und schien jetzt voll auf dein Gesicht und das des Obersts. Im Schlaf hatte er den Kopf auf seinen angewinkelten Arm gelegt; mit der anderen Hand umklammerte er ein weißes, spitzenbesetztes Stück Stoff. Du strecktest den Arm aus und sahst es dir genauer an: Es war das Leibchen einer Frau. Du zweifeltest keine Sekunde, wem es gehörte.

Bevor die Sonne über dem Horizont erschien, setztet ihr euren Ritt fort. In Rancagua wechseltet ihr die Pferde und um Mittag hattet ihr Rengo hinter euch gelassen. Am späten Nachmittag überquertet ihr mit kurzem Zügel eine breite, lange Hängebrücke über einen reißenden Gebirgsbach. Gutiérrez bedeutete dir, weder stolz noch freudig, dass ihr jetzt schon auf Carmens Hacienda wart.

Staunend gewahrtest du von einer Anhöhe aus die riesige Ausdehnung des Guts, das deine rebellische Geliebte von ihrer deutschen und spanischen, kreolischen und indianischen Urahnin, der Kazikin von Talagante geerbt hatte, dieser Quintrala, deren Schatten die Chilenen immer noch die Stimme senken ließ.

Die Sonne ging über den Bergen an der Küste unter, als ihr endlich die Gebäude der Hacienda Cachapoal vor euch liegen saht.

Das Anwesen bestand aus mehreren großen, weiß gekalkten Lehmziegelhäusern, die vier oder mehr quadratische Innenhöfe umschlossen. Mit seinen vergitterten Fenstern und nagelbeschlagenen Toren bot der Gebäudekomplex eher den düsteren Anblick einer Festung als den eines landwirtschaftlichen Betriebs. Du begriffst, weshalb es Carmen missfiel, den Winter in diesem von der Welt abgeschnittenen alten Bau zu verbringen. Während der übrigen Jahreszeiten war ihr Ehemann sicher vollauf damit beschäftigt, Aussaat und Ernte zu überwachen, Mast, Auftrieb und Schlachtung. Im Winter jedoch blieben die beiden wohl praktisch allein, saßen sich am riesigen Esstisch gegenüber, der aus einem Klosterspeisesaal hätte stammen können und an dem leicht die vielköpfige Familie hätte zu Abend essen können, die sie nicht besaßen. Und da saßen sie und aßen allein und hatten sich nichts zu sagen, aus Angst, alles zu sagen.

Gutiérrez und du rittet in den ersten, kopfsteingepflasterten Innenhof hinein, umgeben von offenen Wirtschaftsgebäuden, deren breite Vordächer auf achteckigen Eichenständern mit Fundamenten aus rosa Bimsstein ruhten. Während ein paar Stallburschen die Zügel hielten und ihr absaßt, kamen aus den hinteren Höfen die Mägde und ein paar Knechte gelaufen, überrascht wegen der plötzlichen Rückkehr ihres Herrn. Der Verwalter der Hacienda, ein großer Mestize mit gelb unterlaufenen Augen und einer olivenfarbigen Haut, die schon ins Grau überging, knöpfte sich bei seinem Erscheinen noch seine kurze Jacke mit Perlmuttknöpfen zu und strich sich das lange, dunkle Haar aus der Stirn.

»Don Eduardo«, begrüßte er Gutiérrez mit zerknirschtem Gesichtsausdruck. »Gut, dass Sie wieder da sind, Herr.«

Man konnte auf den ersten Blick erkennen, dass der Mann irgendeine schwere Verantwortung trug, von der er sich am liebsten sofort befreit hätte.

»Doña Carmen ist nicht da …«, begann er zu berichten.

Als er den Namen seiner Frau hörte, unterbrach der Oberst seinen Verwalter. Das war die erste Bestätigung deiner Vermutung. Und du sahst im Gesicht des kummervollen Helden, dass es ihm lieber gewesen wäre, wenn du dich geirrt hättest.

»Wir wollen lieber drinnen reden, Colleras«, befahl er.

Es war nicht nötig, die düsteren Mienen der restlichen Dienstboten zu mustern, die unter den Vordächern aufgereiht standen, um zu erahnen, dass es nicht mehr viel zu verbergen gab. Totenstille herrschte im Hof, nur unterbrochen vom Schnauben der erschöpften Pferde und dem Knurren eines jungen Pumas mit goldfarbenen Augen, der in einem riesigen Eisenkäfig Achten lief.

Mit dem unregelmäßigen Klappern seiner Absätze, noch verstärkt durch die langen Stunden des Reitens, betrat der Oberst das Haus. Colleras und du folgtet ihm durch zahlreiche Räume. Du spürtest den Luftzug, den Geruch nach Rauch von feuchtem Feuerholz, der in den Vorhängen hing. Sahst an den weiß gekalkten Wänden mehrere dunkle Porträts. Zweifellos die Vorfahren von Carmen, die Herrscher, die mit Schwert und Galgen diese Gegenden erobert und mit feudalistischer Strenge noch bis gestern regiert hatten. Vielleicht war eine von ihnen die berüchtigte Quintrala, auf deren Abstammung Carmen so stolz zu sein schien. Am Ende eines Gangs zog der Oberst einen Schlüssel aus seiner ledernen Gürteltasche und schloss die Tür eines großen Arbeitszimmers auf.

Der Raum mutete an wie ein Offizierskasino: An den Wänden hingen Erinnerungsstücke aus den Kriegen Europas und Südamerikas, in denen der Oberst gekämpft hatte. Da sah man eine

Sammlung rostiger Säbel und gekreuzter Lanzen, eine Standarte der Husare von Junín – von Kugeln durchlöchert –, die an ihrem Mast baumelte, eine anschauliche Karte der Schlacht von Ayacucho mit den Positionen und Bewegungen beider Heere. In einer Ecke auf einem Sockel unter einer Glasglocke schien sich ein Metallsplitter wie ein lebender Wurm zu winden. Du schautest Gutiérrez an.

»In schlechten Zeiten erinnert mich dieser Splitter immer daran, dass es noch Schlimmeres gibt«, erklärte er mit schiefem Lächeln.

Du stelltest dir den Oberst vor, wie er während seiner langen Mußestunden eines unfreiwilligen Gutsherren diesen Granatsplitter tätschelte, der ihm die Hüfte zertrümmerte und womöglich noch mehr. Vielleicht dachte: War es das wert? Ein Anflug von Sympathie, Moro, gesellte sich zu der Eifersucht, die dich dazu gebracht hatte, zu dieser so weit entlegenen Hacienda zu reiten.

Gutiérrez setzte sich hinter seinen mächtigen Schreibtisch, der schräg im hinteren Teil des Arbeitszimmers stand. Die ganze Müdigkeit der Reise schien jetzt auf ihn niedergefallen zu sein und ihm die Schultern niederzudrücken wie ein durchnässter Poncho.

»Also, was ist, Colleras«, sagte er mit gespielter Gleichgültigkeit. »Ich dachte, Doña Carmen würde mich hier erwarten.«

Ehemann zu sein bedeutete auch dies: eine Kontrolle vorzutäuschen, über die man nicht gebietet, den Schein einer Ordnung wahren. Vielleicht deshalb hattest du bisher nie einer werden wollen.

»Wir wussten ja nicht, dass Euer Gnaden so bald zurückkehren würde. Und ich konnte nicht ahnen, dass vorher die Herrin käme … Entschuldigen Sie bitte die Unordnung.«

Er entschuldigte sich, ja, aber es lag eine Beschwerde im verschlagenen Ton des Mestizen versteckt. An der Unordnung war nicht er schuld.

»Na gut, ohne Umschweife jetzt: Wo ist die Señora?«

Colleras strich sich mit beiden Händen das lange, strähnige Haar glatt und ließ dabei ein Paar imposanter silberner Manschettenknöpfe sehen. Später solltest du erfahren, dass man ihn genau deshalb »Colleras«, Manschettenknöpfe, nannte. Er schluckte vernehmlich und platzte heraus:

»Die Herrin ist gestern weggeritten. Auf ihrem Pferd. Und bisher ist sie nicht zurückgekehrt.«

»Und Sie haben ihre keine Begleitung mitgegeben?«, fragte der Oberst mit kaum verhohlenem Ärger.

»Die Herrin wollte unbedingt allein reiten. Ich wollte ihr einen Knecht hinterherschicken, den hat sie mir aber mit Peitschenknallen verscheucht. Sie wissen ja, wie die Herrin sein kann.«

»Ja, ich weiß«, gab Gutiérrez mit zusammengebissenen Zähnen zu. »Aber heute hätten Sie sie suchen sollen …«

»Ich wollte heute Morgen schon einen Suchtrupp losschicken«, erklärte der Verwalter. »Aber zuvor …«

Der Mestize unterbrach sich und warf dir einen Blick zu.

»Sie können weiterreden, Colleras. Der Señor Rugendas hat mein volles Vertrauen.«

»Ich weiß nicht …«, stammelte Colleras unsicher, fasste dann jedoch Mut: »Heute Morgen kam ein junger Engländer, der Bursche des Señor Darwin, Sie wissen ja, von wem ich spreche. Als er ankam, weinte er fast, erzählte eine merkwürdige Geschichte.«

»Dann haben Sie also nicht nach ihr suchen lassen?«

»Ich hatte einfach Angst davor, sie zu finden«, gab Colleras zu und senkte kleinlaut den Kopf.

Es war peinlich, dachtest du, einen so stattlichen Mann sich auf diese Weise vor seinem Herrn kleinmachen zu sehen. Der alte Militär stand auf, als wolle er ihn schlagen.

»Beruhigen Sie sich, Oberst«, mischtest du dich ein und fügtest, Colleras zugewandt, hinzu: »Wo ist denn dieser Bursche?«

»Na, ich hab ihn eingesperrt. Damit er nicht überall die Geschichte herumerzählt.«

»Bringen Sie ihn her, sofort«, befahlst du. Jetzt täuschtest du die Kontrolle vor, die Gutiérrez gerade verloren hatte.

Colleras schien sich nicht gern etwas von dir befehlen zu lassen, doch er verschwand, ohne aufzumucken.

Der Frühlingsabend zog über diesem abgeschlossenen Tal etwas früher auf als an der Küste. Eine Magd kam mit einem Handleuchter und entzündete die Kandelaber auf zwei Wandtischen. Gutiérrez kümmerte sich selbst um die Öllampe auf seinem Schreibtisch. Die Säbel und die Lanzen mit ihren Rosshaarbehängen schienen sich im flackernden Lichtschein zu bewegen, so als schwänge sie eine Geisterarmee. Du tratst an die große Karte der Schlacht von Ayacucho, die über der Glasglocke hing, unter die Gutiérrez den Granatsplitter gelegt hatte, der ihn verwundet hatte. Er sah dich die Karte betrachten.

»Welch große Schlacht«, bemerktest du, um etwas zu sagen. »Soweit ich weiß, wurde sie auch dank Ihnen gewonnen, nicht wahr?«

Gutiérrez wandte den Blick von der Karte und verharrte nachdenklich. Die zornige, zerschnittene Stirn wurde wieder kummervoll. Vielleicht gehörte er zu den Menschen, die zu schüchtern sind, um Lob zu empfangen.

»Es ist seltsam, wissen Sie? Ich habe immer auf der Seite der Sieger gekämpft: mit Spanien gegen die Mauren und gegen Napoleon; mit dem Befreier Bolívar und mit Sucre gegen

Spanien. Und dennoch kommt es mir vor, als hätten immer andere diese Schlachten gewonnen.«

Unterdessen kehrte Colleras zurück, ein schmächtiges Bürschchen vor sich her stoßend. Diesem hatte man die Hände mit einem geflochtenen Lederband gefesselt. Du erkanntest den Schiffsjungen, der Darwin auf der »Beagle« gedient und der bei eurem Besuch zusammengerollt am Boden der Kabine geschlafen hatte. Covington hieß er. Die Angst machte seine Züge noch hässlicher, beinahe so sehr wie die von eitriger Akne übersäte Haut. Man brauchte nur einen Blick auf ihn zu werfen, um zu wissen, dass Colleras sich nicht darauf beschränkt hatte, ihn einzusperren. Er trug den Abdruck der Finger einer riesigen Hand auf seiner linken Wange und zitterte wie Espenlaub. Als er euch sah, begann er zu schluchzen:

»I'm not a pirate, Sir«, winselte er.

Gutiérrez erklärte dir:

»Manche Leute hier nennen die Engländer immer noch Piraten. Die versetzten sie nämlich mit ihren Überfällen jahrhundertelang in Angst und Schrecken.«

»Vor dem hier habe ich keine Angst«, entrüstete sich Colleras. »Aber ich lasse ein solches Bürschchen nicht schlecht von unserer Herrin reden.«

Als er Colleras' Stimme hörte, zuckte Covington zusammen. Es war klar, dass er vor diesem nichts sagen würde. Erst als Gutiérrez Colleras hinausschickte und dem Gefangenen die Hände losband, begann der Bursche zu reden.

Es fiel euch nicht leicht, seinem Bericht zu folgen. Zum starken walisischen Akzent des jungen Manns gesellte sich seine blühende Phantasie, die sicherlich von zahllosen Seemannslegenden genährt wurde. Dies, vermischt mit seinem Schniefen und seinen argentinischen Ausdrücken, die er beim Ritt über die Pampa mit

Darwin aufgeschnappt hatte, ließen seine Erzählung nicht nur unwahrscheinlich, sondern geradezu phantastisch erscheinen.

Man konnte unmöglich erahnen, was Colleras von Covingtons halbem Spanisch verstanden hatte. Du jedoch würdest die Szene, die der junge Bursche beschrieb, nie vergessen.

Darwin und Covington waren schon seit zehn Tagen in der Region unterwegs und sammelten Exemplare der Flora und Fauna. Eine Woche zuvor war der Señor Gutiérrez so freundlich gewesen, ihnen das Forschen auf den Ländereien der Hacienda zu gestatten. Am Vorabend hatten sie auf einer Lichtung in einem Buchenwäldchen kampiert. Sie entzündeten sofort ein Feuer, aus Furcht vor den Pumas, die, wie man ihnen erzählt hatte, dort in den Bergen häufig anzutreffen sind. Wie jeden Abend machten sie sich dann daran, die gefundenen Blumen zwischen Papierblättern zu pressen und die gefangenen Tierchen in Flaschen mit Weingeist zu konservieren. Der Señor Darwin war hocherfreut, weil er durch den frühen Einzug des Frühlings viele unbekannte Pflanzen fand. Die Fauna hingegen, außer gewissen Käfern und einigen Vögeln … Gutiérrez und du wurdet ungeduldig und wart kurz davor, ebenfalls Covington eine Ohrfeige zu geben, damit er zur Sache käme. Auf jeden Fall – fuhr der Gehilfe des Naturforschers endlich fort – schliefen er und sein Herr, vom Tagewerk erschöpft, ziemlich spät ein. Vielleicht hörten sie deshalb den Galopp nicht, bis er fast schon über ihnen war. Plötzlich erwachten sie durch den Hufschlag eines Pferdes, das über ihr Lagerfeuer sprang. Sie konnten sich gerade noch retten, indem sie sich zur Seite rollten. Und da sahen sie die Hexe. Ein Wirbel aus Funken und Rauch umgab jene Furie, die ohne Sattel auf einem schwarzen Hengst ritt. Die Hexe trug nichts als ein langes, bis zu den Schenkeln aufgerolltes Hemd, aus dessen zerrissenem Ausschnitt eine Brust quoll, und schrie ihnen etwas zu.

Sicher, dass sie gekommen war, um sie in die Hölle mitzunehmen. Schreckgepeitscht versteckte sich Covington hinter einem Baum, von wo aus er die weitere Szene beobachtete. Die Hexe war mit einem Satz vom Pferd gesprungen und warf sich auf Darwin. Ihr schwarzes Haar hing wirr, ihre Augen glänzten wie glühende Kohlen. In seinem Versteck brauchte Covington eine Weile, bis er die Señora erkannte, die seinen Herrn auf der »Beagle« besucht hatte. Dennoch traute sich der Bursche nur langsam näher heran. Auch wenn es sich nicht um eine Hexe im eigentlichen Sinne handelte, hatte Darwin ihn in diesen Tagen mehrfach vor den chilenischen Frauen gewarnt, »die so frivol und draufgängerisch sind, dass sie einen ohne Erlaubnis küssen«. Schließlich konnte Covington, den die Kälte immer näher ans Feuer trieb, hören, was die Señora in Darwins Armen schluchzte. Carmen berichtete ihm, ihre Hacienda sei gerade von der berüchtigten Bande der Pincheira-Brüder überfallen worden, den letzten königstreuen Guerilleros, die jetzt zu einfachen Strauchdieben verkommen waren, die argentinische Pampa unsicher machten und ab und zu von der anderen Seite der Anden her an der Spitze von Horden aus Pehuenche-Indianern in Chile einfielen, um Dörfer zu plündern, Haciendas auszurauben und Frauen zu entführen. Sie selbst hatte sich, um nicht von der ganzen Bande Wilder vergewaltigt zu werden, dem einen Pincheira-Bruder ausgeliefert, der die Horde anführte … natürlich mit dem Plan, bei der erstbesten Gelegenheit zu fliehen …

Erschrocken, Moro, begannst du im schwer verständlichen Bericht des Burschen – der seinerseits die ungenaue und möglicherweise übertriebene Wiedergabe von Carmens Erzählung darstellte – das Echo einer Phantasie zu erkennen, die du schon einmal gehört hattest. Eine Unruhe, in der sich Empörung und Scham abwechselten, ergriff von dir Besitz. Carmen hatte

Darwin – Covington zufolge – erzählt, dass sie im Durcheinander des Rückzugs der Banditen vom Pferd des José Antonio Pincheira höchstpersönlich hatte springen und dann auf einem der gestohlenen Pferde davongaloppieren können. Stundenlang irrte sie umher, bis sie auf dieses kleine Biwak stieß: Sie hatte es nur durch Zufall gefunden! Doch wenn ihr das gelungen war, dann konnte es auch Pincheira und seinen Indios gelingen. Anders gesagt, hier waren sie nicht in Sicherheit. Sicher waren sie inzwischen schon hinter ihr her. Während sie erzählte, hatte sich Carmen ein paar Mal zum dunklen Feld hingewandt, als höre sie schon die Indios angaloppiert kommen. Gleich darauf schrie sie wieder, ihre Hacienda stünde in Flammen, ihre Mägde seien vergewaltigt und entführt worden, ihre Knechte seien von den Pehuenches an Pfähle gebunden und mit zehn Fuß langen Lanzen durchbohrt worden. Darwin beschwor sie, sich zu beruhigen und die Brust zu bedecken, die aus dem Riss in ihrem Nachthemd hervorlugte. Sie würden sie nach San Fernando bringen und dort Alarm schlagen. Als er dies vorschlug, schrie Carmen, dann würden sie unweigerlich den Indios in die Hände fallen. Nein, nein, wenn sie Carmen wirklich beschützen wollten, dann müsse Darwin dort bei ihr bleiben und auf sie aufpassen. Covington solle unterdessen Hilfe holen. Aber allein! Der Forscher stimmte zu und befahl seinem Burschen, loszureiten. Dieser gehorchte zähneknirschend. Die ganze Nacht irrte er umher und suchte den Weg zur Stadt, ohne ihn zu finden, immer in der Angst, auf die grausamen Indios zu stoßen. Schließlich, kurz vor dem Morgengrauen, gelangte er zur Hacienda. Und fand sie vor, wie sie jetzt auch war: völlig unbeschädigt.

Gutiérrez versank in seinem Sessel hinter dem Schreibtisch. Sein Gesicht verschwand beinahe im Schatten. Von dort aus murmelte er vor sich hin: »Carmen ist wahnsinnig geworden.«

»Aber verstehen Sie denn nicht?«, fragte Covington und erschauerte.

»Was denn?«, fragtest du übelgelaunt.

»Diese Frau war wirklich Hexe. Haus steht ja noch. Leute leben. War kein Überfall. War nicht die Señora Carmen, die Mister Darwin und mir selbst erschien. War Hexe!«

Du hättest laut loslachen können, wäre da nicht diese dumpfe Wut gewesen, mit Angst durchsetzt, die sich deiner bemächtigte, als du feststelltest, wie sich nach und nach dein Verdacht bewahrheitete. Darwin, dieser Trottel, hielt Carmen für frivol und draufgängerisch. Doch sein Diener hatte sie mit seiner kindlichen Naivität viel besser erkannt: Carmen war eine Hexe!

XXII

Vorderlader

»CARMEN IST WAHNSINNIG GEWORDEN!« Zunächst klammerte sich Gutiérrez an diesen Gedanken, der letztendlich tröstend war. Doch dann musste es sogar für ihn offensichtlich werden, dass, auch wenn es schmerzlicher war, die Vernunft dieses unglaubliche nächtliche Abenteuer besser erklärte.

Nach ein paar Minuten des Nachdenkens erlangte der ehemalige Husar einen Teil der Geistesgegenwart wieder, die er einmal besessen haben musste. Indem er sich in seinem Sessel aufrichtete, entfaltete er auf dem Schreibtisch eine alte, vergilbte Karte von der riesigen Hacienda und machte sich daran, die Suche nach seiner Frau zu organisieren. Er plante die Verfolgung, als handele es sich um eine Schlacht. Einen Trupp Knechte schickte er gen Süden, nach Chimbarongo hin, um dort Darwins Lager zu suchen. Mehr oder weniger in die Richtung, wo es Covingtons wirrer Bericht vermuten ließ.

Unterdessen sollte ein zweiter Trupp Reiter – der Oberst, der nervöse Covington, du selbst und eine weitere Handvoll Knechte – nach Nordosten aufbrechen, Richtung Peumo und zur Lagune von Tagua Tagua hin. Ihr würdet auch eine Meute Spürhunde mitnehmen. Du versuchtest, in diesem Plan eine Logik zu entdecken, fandst aber keine.

»Wenn Covington sagt, sie hätten im Südosten kampiert, Oberst: Warum wollen wir dann in entgegengesetzter Richtung suchen?«, protestiertest du.

Gutiérrez hob den Blick vom Schreibtisch und musterte dich mit der gleichen Verachtung, mit der er einen Adjutanten angesehen hätte, der ihn bei einer Besprechung des Generalstabs unterbrach. Zum ersten Mal schüchterte dich seine Gegenwart ein.

»Covington hat auch gesagt, dass sie kaum noch Wasser hatten«, antwortete er kalt. »Überlassen Sie die Strategie lieber mir.«

Überrascht stelltest du fest, dass du seine Autorität anerkanntest. Der Oberst wirkte beeindruckend, so als wachse er mit dieser Rückkehr in den Krieg (auch wenn dies ein Krieg der Liebe war und ebenso verloren schien).

Gutiérrez ging zu einem hohen, schmalen Schrank im hinteren Teil seines Arbeitszimmers und öffnete seine Türen mit einem Schlüssel, den er ebenfalls aus seiner Gürteltasche zog. Dort standen in Reih und Glied zehn oder zwölf unterschiedliche Gewehre: Vorderlader mit Trompetenmündung und so große, alte Karabiner, dass sie fast wie Hakenbüchsen aussahen.

»Holen Sie die raus, Colleras. Lassen Sie sie reinigen und laden und verteilen Sie sie.«

Covington überreichte er einen Karabiner, der so lang war wie er selbst und den der junge Mann begeistert und rot vor Aufregung in Empfang nahm. Dir gab er keinen. Offensichtlich hielt er dich mit deiner Pistole für ausreichend bewaffnet. Er selbst begnügte sich mit einem schweren Kavalleriesäbel, den er von der Wand nahm. Es handelte sich um eine lange und nur leicht gekrümmte Waffe, die gut auch als Schwert hätte durchgehen können. Während er ihn umschnallte, fragte er Covington:

»Ist dein Herr bewaffnet?«

»Er führt eine Pistole mit sich, die nicht funktioniert, nur zur Abschreckung.«

»Gutiérrez«, warfst du leise ein. »Wozu diese ganzen Waffen?«

Der pensionierte Oberst würdigte dich keines Blicks, zog seinen Säbel und prüfte die ziselierte Klinge.

»Die Pincheira-Brüder und ihre Indios sind vor zwei Jahren in Neuquén endgültig besiegt worden«, sagte er dann und fügte spöttisch hinzu: »Aber wenn Carmen erzählt hat, dass sie sie wieder hier gesehen hat, dann muss ich doch zeigen, dass ich ihr glaube. Meinen Sie nicht?«

* * *

Es war bereits nach Mitternacht, als die beiden Suchtrupps, mit Fackeln ausgerüstet, die Hacienda verließen. Der Größere der beiden ritt unter dem Kommando von Colleras Richtung Süden. Gutiérrez befehligte euer Grüppchen, zu dem drei Knechte gehörten, die ihre Vorderlader am Riemen über ihren gestreiften Ponchos trugen. Die drei ritten langsam und sichtlich lustlos, so als misstrauten sie genau wie du dem seltsamen Plan des Obersts. Mit mehr Begeisterung setzte sich das halbe Dutzend Spürhunde an die Spitze, kaum dass Gutiérrez aufzubrechen befahl. Er hatte seine Paradeuniform gegen Reithosen und eine kurze schwarze Husarenjacke getauscht, deren Futter aus Guanakofell über den Kragen auf seine Schultern fiel.

Alle fielen in den leichten Trab, mit dem Gutiérrez sein Pferd antrieb, einen nervösen, honigfarbenen Fuchs mit weißer, leicht gekräuselter Mähne. Es leuchtete euch derselbe schräg stehende abnehmende Mond wie in der vorigen Nacht, nur diesmal von allen Wolkenschleiern befreit. Ein perfektes schiefes, ironisches Lächeln im harten Gesicht dieses chilenischen Himmels.

Du rechnetest nach: Mehr als vierundzwanzig Stunden waren vergangen, seit Carmen die Hacienda verlassen hatte. Eine Nacht und ein ganzer Tag. In vierundzwanzig Stunden konnte viel passieren. Unter anderem, dass sie die Rache schon ausgeführt hatte, die du befürchtetest. Du warst versucht, umzukehren, so wie es Gutiérrez vorgeschlagen hatte, als ihr zur Hacienda rittet. Ja, vielleicht war es besser, nichts zu erfahren. Die Augen zu verschließen und abzureisen. Du warst immer vor der Liebe geflohen. Und jetzt, Moro, liefst du einer Geliebten hinterher, die dir nicht einmal gehörte, die dir keine Nachricht schickte und die dich möglicherweise schon betrogen hatte. Während du zwischen diesen Knechten in ihren Ponchos und den Furcht einflößenden Hunden unklarer Rasse rittest, fragtest du dich, welches Geheimnis dieses Labyrinth von Bergen barg, diese verworrene Geographie, die einen so erfahrenen Reisenden wie dich in die Irre führte, durcheinanderbrachte und bei dieser wahnwitzigen Jagd mitmachen ließ. Am liebsten hättest du kehrtgemacht. Doch stattdessen gabst du deinem Pferd die Sporen und rittest weiter, fast blind die Abhänge hinunter, die nach Quillaja-Bäumen dufteten, einem Flusslauf folgend, der sich glänzend wie ein Quecksilberband dahinschlängelte. Du warst in deiner eigenen Suche gefangen.

Durch eine enge Schlucht zwischen zwei Bergen gelangtet ihr in ein sehr breites, von dunklen Fichten bestandenes Tal. An seinem Ende blinkte, als sei dort das fehlende Stück des abnehmenden Mondes niedergefallen, in der Ferne die Tagua-Tagua-Lagune. Gutiérrez befahl seinen Knechten, fächerartig auszuschwärmen. In einem Abstand von fünfzig Metern zwischen den Reitern sollten sie das Tal in Richtung auf den See durchkämmen. Die Männer zögerten misstrauisch. Sie zügelten ihre Pferde, die sich drehten, zurückwichen. Unter ihren Filzhüten glänzten ihre schwarzen Augen nur ein bisschen weniger als die breiten Räder ihrer Sporen. Schließlich gehorchten sie und verteilten sich den Anweisungen entsprechend.

Erst als Gutiérrez den lodernden Schein ihrer Fackeln sich in der Ferne verlieren sah, befahl er dir und Covington, ihm zu folgen.

»Wir decken die östliche Flanke«, sagte der Oberst und gab seinem Pferd die Sporen, sodass es in Galopp fiel.

Jemand, der ihn so sah und nichts von der Angst wusste, die an ihm nagte, hätte ihn für glücklich gehalten: Er spielte wieder Krieg.

Im Zickzack galoppiertet ihr zwischen Dornenbüschen, Litri-Bäumen und großen Büscheln Pampagras, denen die Pferde immer wieder abrupt auswichen, aus Angst, sich an den scharfen Blättern zu schneiden. Covington, der kein großes Talent zum Reiten besaß, war fast auf eines dieser Büschel gefallen und blieb von da an vorsichtig hinter euch. Die Hunde liefen, ohne zu bellen. Gute Jagdhunde, dachtest du, dazu abgerichtet, die Beute nicht zu verschrecken.

Es musste gegen drei Uhr morgens sein, als ihr den östlichen Rand dieser großen Lagune erreichtet, die eher wie ein Sumpf aussah. Ihr Ufer waren von Binsen und Bambus bestanden, der mehr als drei Meter hoch war.

»Tagua Tagua«, sagte Gutiérrez, als ihr hieltet.

Von den Knechten, die fächerartig ausgeschwärmt waren und am See wieder zueinander stoßen mussten, war keine Spur zu sehen.

»Sieht fast so aus, als wären Ihre Soldaten desertiert, Oberst«, bemerktest du verwundert.

»Die werden auch nicht näher rankommen«, antwortete er kurz angebunden, doch nicht feindselig. »Diese Knechte haben Angst vor der Hexe, dem Seeungeheuer.«

Du begriffst, weshalb diese abgehärteten Männer zögerten, als sie in das Tal einritten. Warum sie sich so unwillig auf die

Suche machten. Der Oberst war weniger naiv oder ein besserer Stratege, als du vermutet hattest. Natürlich war es besser, wenn ihr Carmen ohne Zeugen fandet.

»Gibt es hier Ungeheuer?«, fragte Covington mit unsicherer Stimme von hinten her.

»So erzählt man sich, mein Junge. Mit zwei Schwänzen und Alligatorschuppen, Frauenmähne und Löwenkrallen. Es gibt sogar Zeichnungen davon. Es kommt nachts heraus und fängt Tiere, die es in den See schleift.«

»My Lord!«, rief der Bursche zitternd aus.

»Du bleibst hier. Weit vom Ufer weg und mit deinem Karabiner bewaffnet hast du nichts zu befürchten.«

Fast hättest du den Hut gezogen, um Gutiérrez eine unfreiwillige Reverenz zu erweisen.

Der Oberst saß mühsam ab, über die Seite seiner gesunden Hüfte. Der Säbel klapperte dabei an seiner Seite. Aus seiner Uniformjacke zog er ein weißes Stück Stoff, wandte sich um und pfiff ein paar Mal, bis die Hunde kamen und ihn im Halbkreis umgaben. Sie hechelten erwartungsvoll und spitzten die Ohren. Gutiérrez ließ sie an dem Stoff schnüffeln. Im klaren, kalten Licht dieses ironisch lächelnden Mondes erkanntest du das Leibchen, das der Oberst die Nacht zuvor im Schlaf umklammert hielt.

»Gehört es Carmen?«, fragtest du, als sei das noch nötig.

Ohne zu antworten sah dich der Oberst von der Seite an. Ein Schweigen, das bedeuten mochte: »Anscheinend kennen Sie es besser als ich.« Und er hatte Recht, natürlich: Du hättest schwören können, dass dich die sanft von Süden her wehende Brise mit Carmens typischem Parfüm streichelte. Einem Duft von Jasmin, der die Nasenflügel weitete und dich wie die Hunde schnüffeln ließ.

Der Rüde, der die Meute anführte, schwarz und gesprenkelt – eine Kreuzung aus Hühnerhund und wer weiß was – nahm eher als die anderen am Boden Witterung auf, schoss am Ufer entlang und watete planschend in die Binsen hinein. Die anderen folgten ihm und bellten dabei, doch ganz leise, nur um sich gegenseitig Zeichen zu geben. Die Halme des Uferröhrichts schwankten, durch ihren Lauf bewegt, immer weiter entfernt und wiesen eine Spur, die westlich führte.

Ohne Eile saß der alte Oberst wieder auf und blieb, die Hände auf den Sattelknauf gelegt, ruhig sitzen. Covington durchbrach das merkwürdige Schweigen, vielleicht um sich selbst Mut zu machen:

»Señor, hier nicht. War kein See bei unserem Lager.«

»Wir suchen dieses Lager nicht, mein Junge.«

»Und was zum Teufel suchen wir dann?«, fragtest du gereizt.

»Eine schwimmende Insel«, antwortete Gutiérrez.

Du wolltest schon protestieren. Warst nicht zum Scherzen aufgelegt. Doch rechtzeitig fiel dir ein, dass Carmen zufolge ihr Ehemann überhaupt keinen Sinn für Humor besaß.

In der Ferne wurde das Hundegebell lauter. Jetzt klangen sie wütend, ungeduldig. Gutiérrez lockerte den Zügel und sein Fuchs lief in die Richtung los, ohne dass er angetrieben werden musste. Du stelltest dir Carmen und Darwin vor, wie sie, in diesem Sumpf umzingelt, von der Hundemeute bedrängt wurden. Du hättest nicht sagen können, ob du dabei Schrecken oder Befriedigung verspürtest.

Ein paar Kilometer weiter liefen die Hunde schnuppernd im Kreis um einen Punkt am Ufer herum. Ihr Fell glänzte nass, ihre Pfoten und Schwänze waren schlammverschmiert. Aufgeregt sprangen sie in das sumpfige Wasser, planschten zwischen den Binsen und kamen wieder ans Ufer zurück. Als ihr näher kamt, sahst du, dass dort zwei Pferde standen, sie waren an die unteren Zweige einer Myrte angebunden, damit sie grasen konnten.

»Sie haben Sie in die Irre geführt, Gutiérrez!«, riefst du aus, als du zu ihm aufschlossest. »Sie müssen die Pferde gewechselt haben, damit wir ihre Spur verlieren.«

»Im Gegenteil, Maler«, gab der zurück. »Hier ist es.«

Und indem er seinem Pferd die Sporen gab, ritt er zwischen den hohen Stängeln des Röhrichts ins Wasser hinein. Eine unerwartete Angst hielt dich davon ab, ihm zu folgen. Wenn nun Gutiérrez dich hierhergebracht hatte, zum entlegensten Ort seiner Ländereien – von Carmens Ländereien –, um dich auf freiem Feld zu töten? Um dich mit seinem Säbel niederzumetzeln und in diesem Sumpf liegenzulassen, wo dich niemand finden würde? War er verrückt geworden? Waren sie beide, Frau und Ehemann, gleichermaßen wahnsinnig? Würdest du vielleicht ein weiteres Opfer eines perversen Spiels werden, das sie schon oft gespielt hatten?

Du fasstest nach der Pistole in deinem Gürtel und triebst dein Pferd ins sumpfige Wasser, dem weißlichen Schweif des Fuchses hinterher, der zwischen dem Röhricht auftauchte und wieder verschwand. Dein Hengst schnaubte, strengte sich an, mit seiner breiten Brust das Rohr zu teilen, das ihm beim Zurückschnellen Peitschenhiebe versetzte. Ungefähr zehn Meter vom Ufer entfernt, als das Wasser dem Pferd schon auf halber Bauchhöhe stand, hörte das Bambusgestrüpp plötzlich auf. Vor dir glänzte der See im Schein des lächelnden Halbmonds. Neben dir suchte Gutiérrez, das Wasser genau wie du über den Steigbügeln, mit einem Feldstecher den Horizont ab.

»Dort haben Sie sie«, sagte er und gab dir das Fernglas. »Carmens schwimmende Insel.«

Durch den Feldstecher schautest du in die angegebene Richtung. Anfangs konntest du überhaupt keine Formen unterscheiden. Dann, als du das Glas weiter zur Mitte des Sees hin richtetest, erkanntest du in ungefähr dreihundert Metern Entfernung eine dunkle Masse, die sich langsam, doch gut sichtbar bewegte und sich vom gegenüberliegenden Ufer der Lagune abhob. Im Mondlicht sah sie aus wie der Rücken eines Wals, doch voll gesträubter Haare. An einem Ende blinkte wie ein rötliches Auge Feuerschein.

XXIII

Die reisende Insel

»WAS ZUM TEUFEL ist das?«, murmeltest du, während dir ein Schauer über den Rücken lief, den du am liebsten auf deine mit Wasser gefüllten Stiefel zurückgeführt hättest.

»Eine Insel aus verflochtenen, verfestigten Binsen. Sie entstehen von allein. Sie können bis zu sechs Fuß dick werden und eine ganze Kuh tragen. Die Knechte nennen sie Chivines.«

»Und Sie glauben, Carmen und Darwin befinden sich auf dieser Insel?«

»Sehen Sie nicht jenen roten Punkt? Das ist der Schein eines Lagerfeuers.«

»Das könnten Campesinos sein«, zweifeltest du mit deinem Tick, ihm zu widersprechen.

»Die trauen sich nachts nicht hierher, das sagte ich Ihnen doch schon. Außerdem haben die Hunde hier Carmens Spur verloren. Das heißt, hier haben sie die Insel bestiegen.«

»Woher wussten Sie das?«, entfuhr es dir gegen deinen Willen. Du presstest es zwischen den Zähnen hervor, denn du begannst zu zittern.

»So, wie Sie wussten, dass Carmen zur Hacienda geflohen war. Durch Schlussfolgerung also«, antwortete der Oberst und tippte sich an die Schläfe. Es schien dir, als zittere jetzt auch seine Stimme, doch er fing sich wieder: »Meine Frau liebt diesen See und die schwimmenden Inseln über alles. Sie sagt immer, es seien ihre reisenden Inseln. Es ist wohl nicht das erste Mal, dass sie eine von ihnen besteigt.«

»Um zu reisen, ohne fortzugehen«, murmeltest du, weil du an etwas dachtest, das Carmen einmal auf dem Bett gesagt hatte, das ihr teiltet: Auf ihm reistet ihr, ohne fortzugehen.

Doch Gutiérrez hörte dich gar nicht.

»Ich habe vermutet, dass sie die Inseln einem Naturforscher zeigen wollte«, fuhr er fort. »Dies ist der Ort mit der reichsten Flora und Fauna in der ganzen Gegend.«

Die Vorstellung, dass Carmen Darwin hierhergebracht hatte, um ihm diese seltsamen schwimmenden Inseln zu zeigen – von denen sie dir nie etwas erzählt hatte –, erboste dich noch mehr.

»Und was wollen wir jetzt machen? Hinschwimmen?«, fragtest du mit spöttischem Unterton.

»Am Tag treibt der Südwind die Chivines in die Lagune hinaus. Wenn es Abend wird, legt sich der Wind, und sie bleiben da draußen und dümpeln vor sich hin. Doch später beginnt der Wind wieder zu wehen, diesmal von Norden, und treibt sie ans Ufer zurück. Wir brauchen nur hier auf sie zu warten.«

Eine vor sich hin dümpelnde schwimmende Insel, und darauf zwei Personen und ein Lagerfeuer. Moro: Bei all den Romanzen, die du hattest, hast du da jemals eine bessere Definition der Liebe gehört?

Dein Hengst und der von Gutiérrez stampften im sumpfigen Uferwasser. Dein grauer Filzumhang, mit Tau vollgesogen, kam dir doppelt schwer vor. Um sie nicht im Wasser hängen zu lassen, kreuztest du deine Beine über dem Pferdehals. Von Zeit zu Zeit batst du, um irgendetwas zu tun, den Oberst um seinen Feldstecher und sahst damit zur Insel hinüber, auf deren Rückkehr ihr wartetet. Nichts bewegte sich auf ihr, und gleichzeitig bewegte sie sich als Ganze, während sie trieb.

In irgendeinem Augenblick der Nacht glaubtest du, eine Halluzination zu erleiden. Als du die Insel einmal mehr mit dem Fernglas absuchtest, erkanntest du die Silhouette eines Baums. Er stand an einem Ende der Insel, in der Nähe des Feuers. Du wundertest dich, dass du ihn nicht früher bemerkt hattest. Vor allem, weil sich der Baum zu bewegen schien. Seine weißlichen Zweige bogen und wanden sich. Der Stamm schwankte hin und her, als rüttle der Wind an ihm. Dabei wehte nicht ein einziges Lüftchen … Er sah aus wie ein lebender Baum.

Ganz schwach, so als käme es vom Grund des Sees, drang ein Flüstern an dein Ohr: Moooorooooo… Du spürtest, wie sich dir die Nackenhaare sträubten. Das konnte nicht sein. Du schautest zu Gutiérrez hin, um zu sehen, ob er auch diesen gespenstischen Schrei gehört hatte. Der Oberst saß reglos mit gesenktem Kopf, schlief vielleicht. War das Carmen gewesen, die dich rief? Es war unmöglich, dass sie dich in dieser Dunkelheit sehen konnte. Oder war es vielleicht »die Andere«, die mit dir spielte, dich fahrenden Ritter sogar bis hierher noch verfolgte?

Du riebst dir die Augen und sahst noch einmal ängstlich durch das Fernglas. Der lebende Baum war verschwunden. Nur der rote Schein flackerte noch an einem Ende der Insel. Und gleich darauf erlosch auch dieser. Durch diesen optischen Effekt schien sich die Insel noch weiter zu entfernen. Dir kam es vor, als wolle sie nie mehr zurückkehren, sich im offenen Meer der Nacht verlieren. Nur der Mond stand immer noch sicher am Himmel. Dieser abnehmende Mond, der euch spöttisch zuzulächeln schien: die alte, weise Lilith, die »andere« Frau Adams, die über die Wahnvorstellungen der Männer lacht.

So, wie es der Oberst vorhergesagt hatte, frischte der Wind

nach ein paar Stunden wieder auf und begann, in eure Richtung zu blasen. Du befeuchtetest deinen Finger, hieltst ihn in die Höhe und spürtest die Rückkehr einer sanften Brise, die sich bald darauf in einen eisigen Wind verwandelte, der vom Gebirge her wehte und dir bis in die Knochen drang. Es war, als habe die breite Brust der Nacht tief eingeatmet, die Luft angehalten und lasse sie nun auf einmal wieder heraus. Dein Pferd drehte die Ohren, um sie vor dem kalten Wind zu schützen. Du zittertest, als du wieder das Fernglas hobst …

Die Insel begann, zurückzukommen. Nachdem er seine größte Unabhängigkeit erlangt, die Grenzen seiner Freiheit getestet hatte, kehrte dieser »Chivín« zu euch zurück. Die Liebenden schaffen um sich selbst eine schwimmende Insel, auf der sie vor der Welt und ihrem früheren Leben fliehen zu können glauben. Doch der Wind dreht sich immer und treibt sie wieder zu dem zurück, was sie gewesen sind.

Noch einmal spürtest du die Versuchung, die Jagd hier abzubrechen. Davonzureiten, bevor diese reisende Insel und ihre Bewohner zum Festland zurückkehrten. Schon fort zu sein, vor der Liebe geflohen zu sein, statt sie zu verlieren, wie du es tausend Mal zuvor getan hattest … Und vielleicht wäre dann dein ganzes Leben anders verlaufen, Moro. Doch du bliebst und fragtest dich: Und wenn sie auf jener Insel ist? Was tue ich dann? Habe ich etwas, was ich ihr anbieten kann, damit sie mir verzeiht? Werde ich ihr verzeihen können, wenn meine bittere Vermutung zutrifft? Bin ich wirklich bereit, die beiden zu töten, wenn sie sich bestätigt? Oder will ich es nur sehen? Der Fluch des Malers: sehen. Sehen, auch wenn es weh tut. Sehen, mehr noch als lieben.

Kurz vor dem Morgengrauen legte sich dichter Nebel über die Lagune. Wieder verloren sie die Insel aus den Augen. Ungefähr eine Stunde lang hüllte sie der Nebelmantel ein. Obwohl es schon

Tag wurde, konntest du kaum Gutiérrez sehen, der ein paar Schritte entfernt auf seinem Pferd saß. Dann durchbrach mit der Gewalt eines Lanzenstoßes ein fast waagerechter Sonnenstrahl diese Watteschicht und färbte die Bambuswedel grün. Und der Nebel begann sich aufzulösen. Die Schwarzhalsschwäne tauchten im Röhricht auf, um den Tag zu begrüßen. Hinter dir regte sich ein rosafarbener Vogel, der auf einem Bein geschlafen hatte, und senkte das andere. Näher am Ufer erwachten die Farben der Lilien, Kallas, Hyazinthen, des Pfeilkrauts und der Seerosen. In dieses Paradies hatte Carmen den lächerlichen Wunderknaben geführt …

Als du wieder nach vorn schautest, schwamm der flache Hügel der reisenden Insel auf dich zu, zerriss den Nebel und war schon auf weniger als zehn Meter herangekommen. Vom selben Wind, der den Nebel vertrieb, wurde sie mit Macht direkt auf euch zugetrieben. Die Pferde wichen rasch zurück, erschreckt von dieser stacheligen Masse, die entschlossen schien, sie zu überrollen. Myriaden von Wurzeln und Lianen hingen wie Bärte von ihren Seiten herab. Jetzt verstandst du die Campesinos besser: Die Insel wirkte wirklich wie ein Monster, ein Leviathan auf der Suche nach Opfern.

Minuten später lief die reisende Insel auf Grund, zerdrückte die Binsen direkt vor den Hufen der Pferde. Gutiérrez erwachte aus seiner Reglosigkeit, gab seinem Fuchs die Sporen und trieb ihn näher an das »Ungeheuer«. Dann stieg er mit einem hörbaren Knacken seiner eiskalten Knochen aus dem Sattel und ließ sich auf die Insel fallen. Du tatest es ihm nach.

Das nierenförmige Inselchen mochte eine Ausdehnung von zweihundert Quadratmetern haben. Es schien tatsächlich fest zu sein, abgesehen vom weich gepolsterten Boden ohne jeden Stein. Und dem leichten Beben, das es durchlief, als ihr sie betratet. Mehr als eine reisende Insel wirkte es wie ein riesiges schwimmendes Bett. Voller Wut stelltest du dir vor, dass dies der Grund gewesen war, weshalb Carmen ihren neuen Liebhaber hierher gebracht hatte. Von der Erforschung der Natur konnte keine Rede sein! Sie hatte ihn hergeholt, um mit ihm auf einem schwimmenden Bett zu schlafen!

Ihr wart noch keine zehn Schritt gegangen, da fandet ihr sie schon. Auf einer Lichtung im Schilf, mit den Sätteln ihrer Pferde als Kopfkissen, schliefen auf einer Decke an der erkalteten Feuerstelle eng umschlungen Carmen und Darwin. Ein Poncho und ein Seemannsumhang aus Wachstuch bedeckten sie bis zum Hals.

Dein ganzes Leben hattest du dem Schauen gewidmet, Moro. Dennoch warst du auf diesen Anblick nicht gefasst. Die ganze lange Nacht über hattest du dir unzählige Male deine Reaktion ausgemalt: das, was du sagen, was du tun, was du fühlen würdest. Doch jetzt, als du sie dort eng umschlungen schlafen sahst, überkam dich eine plötzliche Erschöpfung. Durchlief dich eine so heftige innere Kälte, dass sie dich verbrannte. Ein eisiges Feuer, so gegensätzlich wie die innere Stimme, die dir sagte: Dort ist deine Liebe und gleichzeitig dein Hass.

Gutiérrez zog seinen Säbel. Die Klinge glitt leicht, fast ohne zu knirschen, aus der Scheide. Dazu hatte er ihn also mitgenommen, dachtest du. Um sie ehrenvoll, aus der Nähe zu töten. Mit dieser schweren Kavalleriewaffe würde er sie durchbohren, sie in Stücke hauen. Carmen den Kopf abschlagen. Und ihn dann mitnehmen, um ihn unter seine Kriegstrophäen einzureihen, unter einer Glasglocke, neben dem Granatsplitter, der seine Manneskraft zerstörte …

Nein. Dieses Abschlachten würdest du nicht zulassen. Du wolltest deinen Rivalen töten und Carmen vor dem Zorn ihres Ehemanns schützen, auch wenn du sie in diesem Augenblick auch hättest ermorden wollen. Du griffst in deinen Gürtel und zogst deine kleine Pistole. Doch du kamst gar nicht dazu, sie auf den Oberst zu richten. Bevor du es tun konntest, wandte der sich mit einer raschen Bewegung zu dir um und schlug dir den vergoldeten Knauf seines Säbels gegen die Brust, oberhalb des Herzens. Der Knauf trug an seinem Ende eine Verzierung in Form einer Schnecke, die sicher für genau diesen Zweck vorgesehen war. Ein treffsicherer, mit kundiger Hand geführter Schlag, mit dem der Soldat deinem wild pochenden Herz stillzustehen befahl.

Du fielst auf den Rücken, spürtest, wie die Atemluft mit einem Schlag aus deinen Lungen wich. Fürchtetest, sie nie wieder mit Luft füllen zu können. Du musst geschrien haben, hörtest dich aber nicht. Stattdessen konntest du vom Boden aus mit tränenden Augen und offen stehendem, nach Luft schnappendem Mund sehen, wie Darwin mit einem Satz auf die Füße sprang. Nur ein Hemd bedeckte mehr schlecht als recht seinen nackten Körper. Sein schütteres, blondes Haar hing ihm wirr in die Stirn, seine schreckgeweiteten, blauen Augen flackerten im vor Scham geröteten Gesicht. Oder vor Angst. Er stammelte etwas, konnte sich aber nicht verständlich machen. Als er bemerkte, dass er fast nackt war, bedeckte er sein Geschlecht mit einem Zipfel seines Hemds. Dabei wedelte er flehentlich mit der anderen, ausgestreckten Hand, als wolle er etwas abstreiten. Etwas, das sich, weil so offensichtlich, gar nicht abstreiten ließ. Hätte der Schmerz in deiner Brust dich nicht daran gehindert, du hättest laut loslachen mögen. Und hättest ihm gar noch geraten: Das Offensichtliche abzustreiten war die schlechteste Strategie gegenüber einem wutentbrannten Ehemann. Besser wäre es gewesen, an seine Ehre zu appellieren, ihm formell Genugtuung anzubieten, ein Duell vielleicht. Und Zeit gewinnen.

Solch seltsame Gedanken dröhnten dir in den Ohren, während du noch mit den Folgen jenes fürchterlichen Schlages kämpftest. Doch bekamst du keine Gelegenheit, sie zu äußern. Gutiérrez hob seinen Säbel nicht, um damit diese Parodie eines Rivalen abzuschlachten. Er ließ vielmehr den langen Arm mit der Waffe baumeln, während er zu Darwin sagte (und das, das hörtest du wohl):

»Nun gehen Sie schon, mein Junge«, um, jetzt mit dem Säbel auf dich zeigend, hinzuzufügen: »Gehen Sie, bevor der Künstler Sie umbringt.«

Darwin ließ sich das nicht zwei Mal sagen. Ohne auch nur einen Blick auf Carmen zu werfen, griff er nach seiner Hose, lief zum Rand der Insel und sprang ins Wasser. Ihr saht, wie er zwischen den Binsen hindurch zum Ufer watete, wo ihn Covington erwartete, sein Pferd am Zügel haltend.

Carmens Würde stand der ihres Mannes in nichts nach. Von deinem Platz am Boden aus sahst du sie aufstehen. Ein paar Augenblicke lang starrte sie euch beide an, dich und Gutiérrez. Dann warf sie einen Blick zu Darwin hinüber, der schon aufgesessen war und eine absurde Geste machte, so, als wolle er sich von ihr verabschieden, dies dann aber zu bereuen schien und, gefolgt von seinem Gehilfen, davongaloppierte. Schließlich sah sie an sich selbst herunter, wie sie, bedeckt mit Darwins langem Wachsumhang, da vor euch stand. Gepackt von etwas, das vielleicht – so wolltest du glauben – Abscheu war, nahm sie ihn plötzlich ab und warf ihn zu Boden.

Völlig nackt stand sie jetzt vor euch. Die Kälte ließ ihre Haut wie Perlmutt glänzen. In der Mitte des Ovals ihrer Hüften ahmte das schwarze Büschel ihrer Scham, umgekehrt und klein, die dunkle, von der Feuchtigkeit gewellte Mähne nach, die über ihre Schultern fiel und ihre Brüste bedeckte. In ihrem Haar sahst du kleine Zweige, Blätter, Blümchen.

»Venus«, musstest du denken. Unverbesserlicher Künstler, der du warst, konntest du sogar in diesem unpassenden Augenblick nicht umhin, an ein Gemälde zu denken. Doch jetzt war es nicht die Venus vor dem Spiegel, die du beim Streitgespräch von Valparaíso präsentiert hattest, sondern die Geburt der Göttin, wie sie Botticelli malte. Die Circe deiner frühen Ängste, die dämonische Lilith, die dich in den Nächten zuvor verfolgt hatte, war mit dem Tagesanbruch wieder zur Liebesgöttin geworden.

Gutiérrez zog seine schwarze, mit Guanakofell gefütterte Uniformjacke aus, trat zu Carmen und hüllte sie damit ein. Dann ging er zum Inselrand, griff nach dem Zügel seines Pferdes und bot ihn mit einer Geste wortlos seiner Frau, um sie zum Aufsitzen zu bewegen.

Langsam ging Carmen barfuß auf das Pferd zu. Als sie an dir vorbeikam, blieb sie stehen. Hockte sich neben dir nieder. Ihre langen, nackten Beine verschwanden unter der Uniformjacke. Ihre grünen Augen, gräulich in diesem Licht, musterten dich aufmerksam. Als sie schließlich sprach, tat sie es wie in Trance:

»Du bist nicht fähig, mich aus diesem Leben zu befreien, und auch nicht, mich zu töten.«

Du öffnetest den Mund, um zu widersprechen, dich zu entschuldigen, vielleicht sie anzuklagen. Oder vielleicht um zu sagen: Ich liebe dich. Ich liebe dich auch jetzt noch, obwohl ich dich hasse. Doch sie ließ dich nicht zu Wort kommen. Sie legte ihren langen Mittelfinger auf deine Lippen und murmelte mit schiefem Lächeln, so schief wie das des Mondes, langsam und genüsslich jedes Wort auskostend:

»Der von Darwin ist so lang wie der von seinem Picoroco. Im Verhältnis.«

DRITTER TEIL

Mise en abyme

Within a dilemma, choose the most unheard of,
the most dangerous, solution.
Be brave, be brave!

ISAK DINESEN, SEVEN GOTHIC TALES

XXIV

Ich werde Sie erschießen

»ICH WERDE SIE erschießen, Darwin.«

»Ein Kopffüßer, Rugendas«, entgegnete der mit seinem schönsten Wunderknabenlächeln, ohne auf deine Drohung zu reagieren. Mit seinem Geologenhammer zeigte er auf den Felsen, wo spiralförmig das Fossil eines Meerestiers zu kreisen schien, und ergänzte:

»Ich denke, es ist ein Nautilus Pompilius. Was glauben Sie, wie der hierhergekommen ist?«

Und du, wie zum Teufel warst du hierhergekommen, Moro. Dort standst du am Hang des Aconcagua, des höchsten Bergs Amerikas (und vielleicht der ganzen Welt), auf fünftausend Meter Höhe, und zieltest mit deiner Pistole auf diesen jungen Naturforscher, der mit nicht mehr als einem Hämmerchen bewaffnet war. Du zieltest auf ihn, obwohl es mit jeder Sekunde, die du verstreichen ließt, ohne den Abzug durchzuziehen, offensichtlicher wurde, dass er deine Drohung nicht verstehen wollte noch verstehen konnte. Denn das hätte bedeutet, seine eigene Unschuld in Frage zu stellen, zuzugeben, dass er vor Carmen geflohen war und der Leidenschaft, die er auf jener schwimmenden Insel zum ersten Mal erlebt hatte; das Melodram, das die absolute Perfektion seiner wissenschaftlichen Vorstellungen über die Liebe ins Wanken gebracht hatte. Deine Drohung wahrzunehmen hätte für ihn bedeutet, anzuerkennen, dass er vor allem floh, was nicht in seine Wissenschaft passte.

»Dieser Kopffüßer existiert im chilenischen Meer nicht mehr. Und er ist nicht hierher hochgeschwommen!«, fuhr Darwin fort. »Was hochgekommen ist, sind die Berge, vor Millionen von Jahren.«

Seit du und Gutiérrez Carmen und den Naturforscher auf der schwimmenden Insel in der Tagua-Tagua-Lagune überraschtet, hattest du dir geschworen, ihn zu töten. Du hattest dir erfolgreich eingeredet, dass nur der heimtückische Schlag, den dir der Oberst mit dem vergoldeten Knauf seines Säbels auf die Brust versetzte, dich daran gehindert hatte, dein Vorhaben bei dieser Gelegenheit auszuführen.

Du konntest ihre nackten Körper nicht aus dem Kopf bekommen, hattest Alpträume, in denen du sie kopulieren sahst. Carmen ritt in Ekstase auf dem langen, rosafarbenen Körper Darwins. Entjungferte ihn. »Jetzt ist er keine Jungfrau mehr!«, schrie sie dir in einem dieser schrecklichen Träume zu. »Ich habe ihm alles beigebracht, was du konntest.«

Du schworst dir, bei der nächsten Gelegenheit nicht zu versagen. Du würdest ihn töten und Chile ohne Umschweife verlassen.

Doch du musstest dich in Geduld üben, während du dich von dieser unrühmlichen Verletzung erholtest und in San Fernando auf die nächste Postkutsche wartetest. Drei Tage lagst du in einer üblen Absteige, wo in der Zimmerdecke unablässig die Ratten nagten. Bei deiner Fahrt mit der Kutsche nach Santiago spürtest du jedes Schlagloch des Wegs in dem Bluterguss auf deiner Brust und wurdest daran erinnert, dass es ein Fehler gewesen war, dich so in dem Husaren zu irren. Obwohl er den Mann hatte entkommen lassen, den er mit seiner Frau im Bett erwischte, zeigte dir dieser stechende Schmerz, dass der Oberst seinen scharfen Verstand nicht verloren hatte. Mit diesem furchtbaren Schlag, erlernt vielleicht in den heftigen Kämpfen der spanischen Kavallerie gegen die Mauren, hinderte Gutiérrez dich daran, deinen Rivalen zu töten. Außerdem hatte er deutlich gemacht, dass er wusste oder vermutete, wer sein wirklicher Gegner war. Letztendlich warst du der Einzige gewesen, der verletzt worden war. Und der gehörnte Oberst mit seinem nutzlosen Bein und seinem federgeschmückten Zweispitz hatte seine Ehefrau behalten.

In Santiago musstest du eine Zwangspause einlegen, bevor du einen Platz in der Postkutsche nach Valparaíso bekamst. Als du schließlich die Hafenstadt erreichtest, war fast eine Woche vergangen. Und Darwin war verschwunden.

Zwei Mal ließt du dich mit einem Boot zur »Beagle« hinüberrudern, die immer noch auf Reede lag. Doch ließ man dich nicht an Bord gehen. Mister Wickham, jener hochmütige Leutnant und zweite Mann an Bord, den du bei deinem vorigen Besuch auf der »Beagle« gesehen hattest, antwortete dir barsch, der Forscher befände sich nicht auf dem Schiff. Er sei auf Expedition und noch nicht zurück. Und, nein, du könnest auch nicht Kapitän FitzRoy sprechen. Der sei weiterhin »unpässlich«. Ein sehr britischer Euphemismus, denn inzwischen wusste jedermann im Hafen, dass der Kapitän wahnsinnig geworden war und sich seit drei Wochen in seiner Kabine einschloss, wo er unter Geschrei und Rumoren gegen seine bösesten Geister kämpfte. Wahrhaftes Geheul, das man in den ruhigen Nächten bis an das entfernte Ende des hölzernen Landungsstegs hören konnte. Die Brigg des Verrückten: So nannte man die »Beagle« in Valparaíso inzwischen.

Du fragtest nach Darwin in den drei Gasthäusern des Hafens. Horchtest vorsichtig die prominentesten Engländer aus und besuchtest sogar – unter irgendeinem Vorwand – den britischen Konsul. Ohne Ergebnis. Die fieberhafte Betriebsamkeit des

Hafens, wo die fremden Kaufleute in ihren schwarzen Gehröcken über die plankenbesetzten Straßen stolzierten und sich unter die Seeleute aus zwanzig Nationen mischten, schien wie geschaffen, um einen Flüchtling zu verbergen. Niemand wusste irgendetwas. Oder logen sie? Konnte es sein, dass Darwin an Bord war und sich in seiner Kabine versteckte? Hatte ihn das Meer verschluckt, als sei ihm das Ungeheuer aus der Tagua-Tagua-Lagune bis hierher gefolgt, um ihn zu verschlingen?

Voller Empörung, nicht bereit, aufzugeben, nahmst du zwei Tage später noch einmal ein Boot und nähertest dich heimlich der Silhouette der »Beagle« mit ihrem Hundekopf am Bug. Du fühltest – wie bei deinem ersten Besuch –, dass etwas Unheilvolles über diesem kleinen schwarzen Schiff mit den dauernd gerefften Segeln lag, das so isoliert und hermetisch wirkte wie ein Sarg. Es war, als habe es die Pest an Bord, sagtest du dir. Die Pest der Wissenschaft, die die Geheimnisse der Natur löste, um anschließend nur die Knochen übrig zu lassen. Du klettertest schon das Netz unter dem Bugspriet empor, als über dir der Kopf desselben Wickham auftauchte. Diesmal sagte er gar nichts, sondern drohte dir nur mit einem Stutzen.

Mit leeren Händen musstest du in dein Boot zurückklettern. Auf dem Landungssteg kam dir der Gedanke, den Hafenkapitän zu befragen. Der alte Seemann mit seiner schmutzigen Mütze auf dem Kopf und seinem riesigen blechernen Sprachrohr in der Hand versicherte dir, dass niemand mit dieser Beschreibung in den letzten Tagen zur »Beagle« übergesetzt habe. Wo zum Teufel hatte sich also Darwin versteckt?

Niedergeschlagen verließest du den Landungssteg. Dort hattest du Carmen zum ersten Mal gesehen. Es kam dir vor, als seien drei Jahre seither vergangen, nicht drei Monate. Du überquertest den Zollhof voller Kisten und Säcke. Es roch nach feuchten

Tauen, nach fauligen Algen. Dann gingst du den Strand entlang, wo auf dem goldenen Sand die Fischer ihre schwarzen Netze flickten, geduldig Seesterne und Muscheln aus dem Geflecht pflückten. Während du schließlich durch krumme Straßen, an denen der Lehm sichtbar von den Wänden der Häuser blätterte, Richtung Stadtmitte gingst, kam es dir vor, als verstecke sich hinter jedem von Jalousien verhangenen Balkon dein Feind. Die Frühlingssonne schien über deine gerunzelte Stirn zu spotten, wenn du in den Himmel schautest. So wie es ohne Hemmungen zwei Frauen taten, die, ihre Gesichter fast ganz vom Schleier verhüllt, unterwegs zur Hauptkirche waren. Sie wandten sich um, sahen dich mit ihrem einen freiliegenden schwarzen Auge an und brachen gleichzeitig in schallendes Gelächter aus. Da erst fiel dir auf, dass du gestikulierend mit dir Selbstgespräche führtest. Auch dich hatte die »Beagle« mit ihrer Verrücktheit angesteckt, allein dadurch, dass du ihr nahegekommen warst.

Diese Chileninnen! Anscheinend so sittsam, doch in Wahrheit so schamlos wie sonst kaum jemand. Schlimmer noch: je verhüllter, umso verhurter! So gingst du und hingst deinen eifersüchtigen, frustrierten Gedanken nach, während du dir den Bluterguss auf deiner Brust riebst, der immer noch schmerzte. Er hatte inzwischen eine violette Färbung angenommen, und seine Form erinnerte an ein Herz. So als habe Gutiérrez' Schlag dieses Organ freigelegt, das du bei deinen lateinamerikanischen Abenteuern so oft riskiert hattest, ohne es – bis jetzt – je auf- noch herzugeben.

Ohne Zweifel versteckte sich Darwin im Haus irgendeines britischen Kaufmanns, vielleicht in einem der Landhäuser außerhalb der Stadt. So murmeltest du vor sich hin. Es war ehrlos von ihm, sich so zu verbergen, sich wie ein Dieb davonzuschleichen. Aber was konnte man schon von einem verklemmten Engländer erwarten, einer Rotznase, die sich in jenes schwimmende Bett hatte schleifen lassen, von einer Frau, die ihn nur dazu benutzte, sich zu rächen. Und erreichte hatte sie es! Carmen hatte sich für deinen Versuch gerächt, sie in eine weitere deiner typischen Frauengestalten zu verwandeln. Sie war es, die dich in einen typischen Macho verwandelt hatte: eifersüchtig, besitzergreifend, besessen.

Au! Wieder fuhr dir der Schmerz in die Brust. Beruhige dich, beruhige dich, Rugendas, musstest du dir mit lauter Stimme sagen. Wenn dich die Wut übermannte und dein Herz schneller schlug, dann schmerzte es noch stärker. Und es schien, als vollende sich Carmens Rache immer mehr. In solch dunkle Gedanken versunken, bliebst du an der Kreuzung der Calle del Cabo stehen. Ein junger Reiter, herausgeputzt mit einem hohen Hut und einer bestickten, granatfarbenen Weste, ließ sein Pferd steigen, um ein paar Frauen zu beeindrucken. Die Hufe des Tiers trommelten auf die beplankte Straße wie Kastagnetten. Offensichtlich war er der Galan einer der Frauen und machte sich lächerlich, um ihre Aufmerksamkeit zu erlangen. Von diesem Schauspiel abgelenkt – das dich innerlich mit Scham erfüllte –, brauchtest du einen Moment, um in der Menge den kleinen Seemann zu erkennen, der auf der gegenüberliegenden Straßenseite neben einem mit Milchkannen beladenen Esel stand und genau wie du dem Spektakel zuschaute.

Der junge Bursche mit dem von eitriger Akne gesprenkelten Gesicht, weiten, blauen Hosen und runder Matrosenmütze hob gerade eine Kalebasse voller Milch an den Mund. Als er dich bemerkte, ließ er jedoch sofort das Gefäß fallen und rannte davon, allerdings mit solchem Pech, dass er hinter dem Englischen Gasthaus in einer Sackgasse landete. Du musstest nur ein wenig schneller gehen, um ihm den Fluchtweg zu versperren. Dann nähertest du dich ihm langsam, um ihn noch ein bisschen leiden zu lassen, und drücktest ihn gegen die bepisste, übelriechende hintere Wand.

»Covington, kleiner Bastard, wo steckt dein Herr?«

Du packtest ihn bei den Bändern seines weißen Seemannskragens und stranguliertest ihn nur ein bisschen. Das war schon mehr als genug, um den feigen kleinen Matrosen in Angst und Schrecken zu versetzen.

»De… de… de…«, begann er zu stottern.

Du musstest ihn noch ein wenig schütteln, bis schließlich, wie bei einem Beutel, der seinen Inhalt preisgibt, die Wörter aus seinem von der Akne belagerten Mund purzelten.

»Deserted«, wiederholte er ein paar Mal mit Tränen in den Augen.

Du ließest ihn los, zogst seinen Matrosenkragen zurecht und versprachst, ihm kein Leid zuzufügen und niemandem etwas davon zu sagen, wenn er dir erzählte, wie, wann und wohin Darwin desertiert war. Covington ließ sich nicht lange bitten.

Er und sein Herr hatten vier Tage zuvor Valparaíso erreicht. Sie ritten nachts in die Stadt, damit niemand sie sah, und vermieden auf ihrem Weg zum Strand die Nachtwächter. Von dort aus schwammen sie, obwohl es mühselig war, zur »Beagle«, um nicht ein Boot nehmen zu müssen, dessen Besitzer sie hätte verraten können. Kaum auf dem Schiff angekommen, verlor Darwin keine Zeit, sich Mister Wickham zu erklären. Er informierte den Ersten Offizier, dass er seinen Posten niederlegen und die Expedition verlassen wolle. Er käme nur, um seine Sachen zu holen, dann wolle er gleich wieder abreisen. Mister Wickham zeigte sich nicht sehr überrascht. Die Moral an Bord der »Beagle« lag am Boden. Der vorige Kapitän des Schiffs, Pringle Stokes, hatte sich in der Magellanstraße das Leben genommen. Acht Jahre später erlitt der neue Kapitän, FitzRoy, einen Nervenzusammenbruch, nachdem ihn die Admiralität wegen seiner hohen Kosten gerügt hatte. Die Matrosen behaupteten, das Schiff sei verhext. Mister Wickham konnte es Darwin nicht verdenken, dass er gehen wollte. Bei Licht besehen, handelte es sich nicht einmal um Fahnenflucht, denn Darwin war ja ein von FitzRoy angeheuerter Zivilist. Dennoch vereinbarten sie, sein Ausscheiden geheim zu halten. Die Männer mussten ja nicht unbedingt noch weiter demoralisiert werden. Wo er denn hinwolle? Darwin erklärte, er plane, die Andenkordilleren in Richtung Buenos Aires zu überqueren. Von dort aus wolle er das erstbeste Schiff zurück nach England nehmen. Er wolle so schnell wie möglich dieses Land voller wilder Männer und voller … voller noch schlimmerer Frauen verlassen. Der Forscher schwieg, und Wickham fragte nicht weiter.

Noch vor dem Morgengrauen verließ Darwin die »Beagle« wieder, samt seinem Gepäck, seinen Instrumenten und, in ein paar Kisten, einem Teil seiner Sammlung. Das war vor drei Tagen gewesen. Covington endete mit dem Geständnis, er habe seither nichts mehr von seinem Herrn gehört. Fast rollte dem Burschen eine dicke Träne über die Wange.

Du brauchtest einen Tag, um die Verfolgung vorzubereiten. Du verkauftest dein Pferd, das ziemlich heruntergekommen war, kauftest ein neues und packtest deine Malutensilien zusammen, denn von diesen trenntest du dich niemals. (Nicht mal, wenn du loszogst, um jemanden umzubringen, hörtest du auf, Maler zu sein, Moro!) Dann schriebst du Carmen einen pathetischen Abschiedsbrief, erklärtest ihr noch einmal deine Liebe. Öffnetest ihr dein Herz, um ihr die »schreckliche, unheilbare Wunde« zu zeigen, die sie dir zugefügt hatte. Da du so nicht mehr weiterleben könntest, hättest du beschlossen zu sterben. Doch nicht, ohne vorher die Beleidigung zu rächen, die ihr eigener Ehemann nicht hatte tilgen können. Du wollest Darwin verfolgen und ihn töten, das schworst du. Und dich dann selbst erschießen. Als du diese Worte schriebst, weintest du, Moro, gerührt von der Tragik deines Schicksals. Der Löschsand, den du auf das Papier rieseln ließest, trocknete nicht nur die Tinte, sondern auch echte, ehrliche Tränen. Der heiße Siegellack, mit dem du deinen Brief verschlossest, kam dir vor wie dickes Blut. Als du den Brief abschicktest und aufbrachst, fühltest du dich, als seist du schon ein bisschen gestorben.

Und das war nicht übertrieben! Ich weiß, dass du dies alles wirklich so fühltest, wie du es mir später erzähltest. Du fühltest es, und gleichzeitig schaute dir ein Teil von dir dabei zu, wie du es fühltest. Und amüsierte sich sogar über deine romantischen Ergüsse. Natürlich wusstest du, dass du möglicherweise lächerlich wirktest, so wie du auch bei jenem Galan mit seinem Spektakel auf dem Pferd gleich seine Lächerlichkeit bemerktest. Doch warst du lieber lächerlich als kalt. Beide wussten wir, dass die Menschen, die, aus Angst oder aus Stolz, weit weg von ihrem Herzen leben, schlimmer sind als Feiglinge. Sie haben schon zu sterben begonnen, ohne es zu merken, auch wenn sie diese Agonie »Vernunft« nennen.

Du setztest darauf, dass Darwin die Route das Tal des Rio Aconcagua hinauf nehmen würde. Du sagtest dir, wenn du nur ein kleines bisschen von diesen Naturforschern verstandst, dann würde der Wunderknabe nicht einmal auf der Flucht der Versuchung widerstehen können, zu botanisieren, Blumen zu sammeln und Zweige zu vermessen. Und seltsame Steine zu untersuchen. Dazu hatte er dieses ganze Instrumentarium mitgenommen, von dem Covington berichtete. Seine Wissenschaft würde ihn unweigerlich langsamer reisen und dich ihn einholen lassen.

Du irrtest dich nicht. In der Poststation von Quillota erfuhrst du, dass er noch drei Tage Vorsprung besaß. Dass er jedoch nur langsam vorankam, weil seine zwei schwer beladenen Maultiere seine Flucht behinderten. Ein paar Tagesreisen weiter oben, in San Felipe, hattest du den Vorsprung schon auf einen Tag verringert. Dort hatte Darwin Halt gemacht, um ein paar Maultiertreiber zu mieten, die ihn beim Überqueren der Kordilleren Richtung Mendoza begleiten sollten. Die Águila-Brüder, ortskundige Führer, waren jetzt mit ihm unterwegs. Du beschlossest, allein weiterzureisen, ohne Führer oder unbequeme Zeugen. Ohnehin begann der Weg ein paar Meilen weiter zwischen so engen Bergen zu verlaufen, dass es kaum möglich wäre, sich zu verirren. Ohne eine Rast einzulegen, folgtest du ihm. In jedem kleinen Weiler fragtest du nach dem jungen Gringo, der Steine vermaß und Kräuter sammelte, und eine zahnlose Bäuerin oder ein triefnasiges Kind antworteten dir unter ihren kümmerlichen Weinranken, dass er gerade erst am vergangenen Nachmittag oder am selben Morgen vorbeigekommen sei.

Doch auch du machtest irgendwann Halt, konntest gar nicht anders. Die überwältigende Schönheit dieser Berge kämpfte mit deiner Besessenheit, den Forscher einzuholen. In dein Skizzenbuch zeichnetest du die verschneiten Gipfel, die von Stunde zu Stunde ihre Farbe wechselten: vom hellen Rosa des Morgens zum strahlenden Weiß der Mittagsstunde bis zum dunklen Violett des späten Nachmittags. Und du hieltest die Schattierungen der Steine fest: lila, rot und purpur an den steil aufragenden Porphyrfelsen; Adern grünlicher Minerale; schwarze Lava. Du warfst das Bild eines Schmelzwasserfalls aufs Papier, der sich in eine Schlucht ergoss. Sogar nachts zeichnetest du im Schein der immer näher rückenden Sterne die Konturen der Berge wie eine dich umgebende, bis zu den Hüften eingegrabene Menschenmenge. Wenn du dich bewegtest, ließ dein statisch aufgeladener grauer Stoffumhang in der Dunkelheit Funken sprühen.

Bei Tagesanbruch setztest du deine Verfolgungsjagd fort. Und zeichnetest weiter. Im Vorgebirge hieltest du Bäume und Kakteen mit deinem Stift fest; weiter oben fandst du dich in steppenartiger Vegetation. Wunderschöne Frühlingsblumen, polsterförmige Yareta-Pflanzen, gelbe Calandrinien, blaue Kapuzinerkresse: Sie bedeckten die Hänge in Zonen, eine jede bis zu einer genau begrenzten Höhe. Die Isothermen des Barons bestätigten sich auch in diesen südlichen Breiten mit wissenschaftlicher Präzision. »Wissenschaftlich!«, riefst du aus, dachtest an deinen Rivalen und triebst wütend dein Pferd an, setztest den Aufstieg fort. Noch einmal hattest du ihm einen Vorsprung verschafft.

Am Morgen des vierten Tages ließest du die Inka-Lagune hinter dir und stiegst zum Portillo-Pass hinauf. Zum ersten Mal verspürtest du Höhenschwindel; dein Pferd keuchte so sehr, dass du es vorzogst, abzusitzen und es am Zügel weiterzuführen. Gegen Mittag fiel dir auf, dass sich das Gefälle änderte. Ohne es zu bemerken, hattest du argentinischen Boden betreten. Die dummen Grenzen der Menschen waren nur Striche auf einem Stück Papier. Ein neues Tal öffnete sich, nach Osten hin breiter werdend, zu deinen Füßen. Und dort ganz in der Ferne erkanntest du winzig klein eine Schar Maultiere. Wenn du dich beeiltest, konntest du sie vielleicht noch an diesem Nachmittag einholen.

Du saßest wieder auf und wolltest schon in ihre Richtung losreiten, als etwas deine Aufmerksamkeit gefangen nahm und dich zwang, dein Pferd zu zügeln. Zu deiner Linken, am Ende eines seitlich abzweigenden Tals, erhob sich wie eine steinerne Welle, gekrönt vom Schaum ihrer Gletscher, eine Felswand von einer Größe, wie du sie noch nie gesehen hattest, viel höher noch als die mächtigen Berge, die du bereits überquert hattest.

Du erkanntest den Aconcagua, dieses riesige Bergmassiv, das du am Tag deiner Ankunft vom Meer aus gesehen hattest und das dir damals wie ein schlechtes Omen erschienen war. Der höchste Berg der Anden und der bekannten Welt, den trigonometrischen Berechnungen nach, die Darwin von Bord der »Beagle« aus angestellt hatte. Da hattest du ihn jetzt vor dir, über dir: den Steinernen Wächter, was sein Name auf Quechua bedeutete, mit den Höckern seiner vierzehn Gipfel ewigen Eises.

Wieder schautest du zur kleinen Maultierschar hinunter, die vor dir in das Tal hinabstieg. Wahrscheinlich war es die von Darwin. Aber zum Teufel damit. Du würdest sie schon noch einholen. Was für ein Künstler wärst du denn, wenn du diese Gelegenheit nicht nutzen würdest, wenn du nicht das erhabenste Schauspiel malen würdest, das deine Augen je gesehen hatten. Auch wenn das Erhabene dich so oft an den Rand des Ruins gebracht hatte. Der Gipfel leuchtete. Wer konnte wissen, wann er wieder so klar zu sehen sein würde. Du musstest ihn jetzt malen. Darwin konntest du auch morgen noch töten!

Du zogst am linken Zügel und lenktest dein Pferd nach Norden, ins Tal des Rio Horcones hinein, zum Fuß des Aconcagua hin.

XXV

Ein herrlicher Orgasmus

»TACK, TACK, TOCK.« Ein unregelmäßiges Klopfen sickerte in die Peripherie deines Bewusstseins. Du warst so versunken in das Malen des Bergs, dass du eine Weile brauchtest, bis du darauf aufmerksam wurdest. Du hattest deine Staffelei tief in einem U-förmigen Tal direkt am Fuße des Aconcagua aufgestellt, ihre Füße mit Steinen gesichert und die Leinwand auf den Querbalken gestellt. Jetzt klapptest du deinen dreibeinigen Hocker auseinander, setztest dich darauf und schobst den linken Daumen durch das Loch in der Palette, die so von Farben verkrustet war, dass das Rosenholz, aus dem sie bestand, kaum noch zu sehen war. Du hobst den Pinsel …

Und das war das Letzte, was du bewusst tatst. Immer ging es dir so. Wenn du dich zu malen anschicktest, vergaßt du dich selbst. Besonders, wenn du es im Freien tatst und entsprechend deiner Methode das, was du sahst, sehr schnell auf die Leinwand zu bringen versuchtest, ohne es vorher zu zeichnen. Ohne der Zeit genügend Zeit zu geben, sich zu verändern, um das zu bewahren, was du ihr stehlen wolltest.

Du vergaßt dich selbst, Moro. Wurdest reine Betrachtung, gingst in dem auf, was du sahst, verwandeltest dich in die Landschaft selbst – oder die Frau –, die du maltest. Und welch immense Erleichterung war es doch, nicht mehr du selbst zu sein: vereinzelt, widersprüchlich, vergänglich. Welche Wohltat, in der Natur oder der anderen Person aufzugehen. Welcher Trost, das Verrinnen der Zeit außer Kraft zu setzen, sie auf der Leinwand festzuhalten, die Flüchtigkeit des Seins aufzuhalten.

Vor dir im Vordergrund sahst du einen eiskalten Bergsee von milchig-grüner Farbe, umgeben von gelblichen Moorflächen. Dahinter diente ein mit ockerfarbenem Geröll bedeckter, schneegesprenkelter Hügel deinem Blick als Sprungbrett, um in schwindelerregende Höhen zu steigen. Um zu diesen Höhen hinaufzuschauen, musstest du den Kopf so weit zurücklegen, dass dir der Nacken schmerzte. Die Südwand des Aconcagua erhob sich steil über dir, bis auf die Höhe von dreiundzwanzigtausend Fuß, die Darwin berechnet hatte. Diese abstrakte, unvorstellbare Höhe nahm auf deinem Entwurf Gestalt an, indem sie die oberen vier Fünftel der Leinwand füllte. Ein Riese mit mächtigem Rücken, der die mit einer Schicht schwarzer Steine und glänzendem Schnee bedeckten Arme ausbreitet, bereit, das zu umschließen oder zu zerdrücken, was sich ihm in den Weg stellt. Lange rostrote Metalladern durchzogen schräg seine Brust. Von seinen buckligen Schultern hingen riesige, bläuliche, mehrere hundert Fuß dicke Gletscher. Und vom pyramidenförmigen Kopf des Kolosses löste sich, über diese ganze Pracht herrschend, eine weiße Mähne wirr wehenden Nebels, loderte nach Osten wie die Rauchwolke eines Vulkans.

Doch du konntest nicht allzu lange hinsehen. Dein Nacken schmerzte. Außerdem verspürtest du ein umgekehrtes Schwindelgefühl, eine Ohnmacht, eine Benommenheit. Ein paar Augenblicke lang fürchtetest du, das Bewusstsein zu verlieren wie Stendhal, der die Kunst so sehr liebte, dass er – so behauptete er – beim langen Betrachten einiger Fresken von Giotto beinahe ohnmächtig geworden war. Dich jedoch ließ nicht die Kunst ohnmächtig werden. Dich überwältigte die ungeheure Schönheit der Natur, die du jetzt vor dir hattest.

Um wieder zu dir zu kommen, konzentriertest du dich auf die Leinwand. Du maltest mit breitem Pinsel, aus Pferdehaar, trugst Farbe auf und formtest sie zu Strukturen, die vibrierten, während du sie übereinanderlegtest. So erreichtest du, dass die Textur der Leinwand auch die Unebenheiten des Gesteins wiedergab. Obwohl du keine genaue Übereinstimmung suchtest. Wer wollte, konnte den Berg erkennen. Doch das, was dich, Moro, mehr interessierte, war, wie Luft und Licht die Farben beeinflussten, wie es auch bei dem von dir so verehrten Turner geschah, dessen Werke du in der Akademie in London bewundert hattest. Wie weit entfernt warst du doch inzwischen von dieser naturalistischen Malerei, zu der dich der Baron zwingen wollte!

»Tick, tick, tock.« Wieder dieses Klopfen, das dich störte, dich von der erhabenen Ansicht ablenkte, die du so geschwind wie möglich festhieltst. Dir fiel Oberst Gutiérrez ein, wie er zu deiner Hütte heraufkam, um dir zu berichten, dass Carmen geflohen war, und dabei ein ähnliches Geräusch gemacht hatte. Das war das Vorzeichen zahlreicher unheilvoller Ereignisse gewesen. Doch der Oberst konnte es diesmal nicht sein. Du senktest den Blick vom Berggipfel, schautest dich um, blicktest an der Leinwand vorbei, um sehen zu können, was sie verbarg. Nichts. Vielleicht hatte das Brausen des böigen Windes in deinen Ohren dich verwirrt. Aber da war es wieder: »Tick, tick, tock«.

Bei dieser Ablenkung konntest du nicht malen. Du hängtest die Palette an die Staffelei, tauchtest die Pinsel in das Wassertöpfchen. Standst auf und gingst um den kleinen Bergsee herum auf die Quelle des Geräusches zu. Stiegst auf den mit Geröll bedeckten Hügel und warst sprachlos vor Staunen. Wie es im Gebirge fast immer geschieht, verbarg sich hinter diesem

Hindernis ein noch herrlicherer Anblick. Zu deiner Rechten lag eine tiefe Schlucht, an deren Grund sich der Rio Horcones schlängelte. Der Einschnitt war so abrupt, dass er von dem Platz aus, wo du deine Staffelei aufgestellt hattest, nicht zu sehen gewesen war. In der Ferne schlugen auf dem langen Sims aus hellviolettem Porphyr, der sich am Abgrund entlangzog, ein paar Maultiertreiber mit ihren Pferden und Maultieren ein Lager auf, neben einem noch kleineren Teich als dem deinen. Männer und Tiere wirkten winzig am Fuß des gigantischen Bergs. Dieser Anblick war noch besser als der deine, dachtest du mit Bedauern. »Tick, tick, tock.«

Du senktest den Blick. Fast zu deinen Füßen, gefährlich nahe am Abgrund, kniete Darwin auf einem Vorsprung des Simses und schlug mit seinem Geologenhämmerchen auf ein Stück Sedimentgestein ein. Ganz in seine Arbeit versunken klopfte der Forscher Stücke aus dem Stein, schaute sie genau an und warf sie fort oder steckte sie in einen Segeltuchbeutel. Deine Gegenwart bemerkte er gar nicht. Vielleicht vergaß auch er sich selbst, während er so arbeitete, wurde eins mit dem Gestein oder der Pflanze oder dem Muscheltier, dem er seine Geheimnisse entreißen wollte. Du erinnertest dich, wie er in seiner Kabine auf der »Beagle« und im Gefängnis in Valparaíso den Penis des Austromegabalanus psittacus präsentiert hatte. Und dachtest an die nackte Carmen auf der schwimmenden Insel in der Tagua-Tagua-Lagune, wie sie dir im Vorbeigehen sagte, dass … Nein, daran wolltest du nicht denken.

Allerdings wusstest du, um ehrlich zu sein, jetzt nicht, was dich wütender machte, die Bilder deiner Erinnerung oder diese erneute Störung des Wissenschaftlers, der mit seinem Hämmern deine schöpferische Konzentration zunichte gemacht hatte. Über den rutschigen Geröllhang glittest du zum Rand des Abgrunds hinunter, wobei du versuchtest, dich möglichst vorsichtig zu bewegen, um ihn nicht zu erschrecken. Der Wind, der dir dieses unangenehme Hämmern zugetragen hatte, schützte jetzt dein Heranschleichen. Er hörte dich nicht und bemerkte nichts, bis du neben ihm standst.

»Darwin … Darwin!«, musstest du zwei Mal sagen, um ihn aus seiner Versunkenheit zu holen.

Der Forscher wandte den Kopf und sah dich von unten her an, wie er da neben dem Sedimentfelsen kniete, an dem er herumklopfte. Mehrmals blinzelte er bei dem Versuch, zu verstehen, was du hier triebst oder – vielleicht – wer du überhaupt warst. Dann stand er auf und lächelte mit dieser unerträglichen Naivität eines Wunderknaben, die der spärlich sprießende Schnurrbart und die unrasierten Wangen nicht verbergen konnten.

»Rugendas! Was machen Sie denn hier?«

»Ich habe gemalt«, antwortetest du ironisch, unterdrücktest deinen Zorn und zeigtest auf deine Staffelei, die der andere jetzt, als er aufstand, auch sehen konnte. »Bis Sie mich abgelenkt haben!«

»Die Natur gehört uns allen«, gab er zurück, ernst, doch ohne sein Lächeln zu verlieren.

»Nicht, um sie zu zerstören.«

»Ich versuche, sie zu verstehen.«

»Mit Ihrem Hämmerchen machen Sie nur Lärm. Und ruinieren die Landschaft. Sogar noch hier oben zerstört Ihre Wissenschaft die Schönheit.«

Irgendwie schaffte er es immer, dich in eine Diskussion zu verwickeln. Statt ihn auszulöschen, fühltest du dich herausgefordert, ihn zu überzeugen. Einmal mehr wurde dir klar, dass du mit Darwin strittst, anstatt deine Pistole zu ziehen, weil dich, außer der Eifersucht, noch etwas anderes dazu gebracht hatte, ihn zu verfolgen. Du hasstest ihn, weil er diese Wissenschaft verkörperte, die die Landschaften und die Liebe erklärte, indem sie sie in Definitionen verwandelte. Diese Wissenschaftlerlarve stellte für dich den Baron dar, so kalt wie der Strom, der seinen Namen trägt, den starren, preußischen Geist, der dich beinahe deiner Sensibilität beraubt hätte. Vielleicht war Darwin sogar noch schlimmer als der Baron.

»Die Wissenschaft entdeckt die Schönheit«, erwiderte er und zeigte stolz auf die Silhouette des großen Fossils, das er gerade dem Fels zu entreißen versuchte. »Dies ist ein Nautilus pompilius, glaube ich. Man nennt ihn auch den Herrscher. Schauen Sie sich seine logarithmische Spirale an. Sie ist perfekt.«

»Wenn sie perfekt ist, dann lassen Sie sie einfach da und zerstören Sie sie nicht, indem Sie sie herausreißen!«, schriest du ihn an.

Doch dein Geschrei war fast nicht zu hören. Ein Windstoß, stärker als die vorigen, riss dir die Wörter vom Mund. Dieselbe Böe, die dort hinter dir deine Staffelei und deinen Klappstuhl umwarf. Die Leinwand mit deinem eben begonnenen Bild des Aconcagua flog davon und trudelte über die Felsen. Ohnmächtig sahst du zu, wie sie in den Bergsee fiel, über seine eisige, grünliche Oberfläche dahinglitt und dann in einem Wasserstrudel unterging. Wieder einmal scheitertest du beim Versuch, dich mit dem Erhabenen zu messen.

Dein Zorn erwachte und brauste auf wie der Wind, der mit der beginnenden Abenddämmerung zunahm. Du entschlosst dich. Griffst in deinen Umhang, zogst deine Pistole hervor und zieltest auf den Forscher.

»Ich werde Sie erschießen, Darwin. Und Sie wissen auch, warum.«

Doch er schaute dich nicht an, sondern betrachtete wieder

sein Fossil, während er leicht mit dem Hammer daran herumklopfte.

»Was glauben Sie, wie dieser Kopffüßer hierhergekommen ist?«

Der Wissenschaftler, der die Natur verstehen wollte, weigerte sich, die Ernsthaftigkeit deiner Drohung zu akzeptieren. Die Vernunft seiner Wissenschaft konnte die Wirklichkeit deiner Leidenschaft nicht anerkennen.

»Dieser Kopffüßer existiert im chilenischen Meer nicht mehr. Und er ist nicht hierher hochgeschwommen!«, fuhr Darwin fort. »Was hochgekommen ist, sind die Berge, vor Millionen von Jahren.«

Erst jetzt schaute er dich an. Sah deinen ausgestreckten Arm, die doppelläufige Pistole, die ihn bedrohte. Sein unschuldiges Lächeln erstarb. Wie um eine Erklärung bittend breitete er die Arme.

Und fiel auf die Knie.

Jetzt wird er wie ein Wurm vor mir kriechen und darum betteln, dass ich ihn am Leben lasse, dachtest du und wünschtest, er würde genau das tun, damit du ihn noch mehr verachten konntest. Du würdest auf ihn schießen und seine Leiche in den Abgrund werfen, der kaum einen Meter von euch entfernt lauerte. Und zusehen, wie die Kondore ihn verspeisten. All dies ging dir im Bruchteil einer Sekunde durch den Kopf, während du den Mut fasstest, auf ihn zu schießen.

Du kamst nicht dazu, es zu tun. Denn plötzlich fühltest du eine seltsame Macht, die dir in die Beine fuhr und sie einknicken ließ, dich ebenfalls auf die Knie zwingen wollte. Und nicht nur dich. Auch die Berge um euch her schienen sich niederzubeugen. Der Aconcagua neigte sich. Alles schien einzustürzen. Ein Erdbeben rettete Darwin das Leben …

Es tut mir leid, aber das glaube ich dir nicht, mein lieber Moro. Ich glaube es dir immer noch nicht, wie damals vor so vielen Jahren, als du es mir zum ersten Mal erzähltest. Vielleicht hast du ja wirklich auf ihn gezielt. Doch war es nicht die bockige Erde, die dich daran hinderte, den Abzug durchzuziehen. Dieses gütige Eingreifen des Schicksals muss wieder mal eine deiner Übermalungen gewesen sein. Ich denke das, weil du, wie immer, unterschiedliche Versionen über die Episode parat hattest. Anfangs hieß es, es seien einige Stunden und sogar ein ganzer Tag zwischen deinem Zusammentreffen mit Darwin und dem Beben vergangen. In dem Maße, wie du nach und nach in Begeisterung gerietst, brachte deine Künstlerphantasie die beiden Ereignisse zusammen. Du erfandst eine dramatischere Geschichte, die deinem Hang zu stürmischen Landschaften und Operneffekten mehr entsprach, und legtest sie über das tatsächliche Geschehen. Das werfe ich dir nicht vor. Wie sollte es nicht herrlicher und ironischer sein, einem Erdbeben, das heißt der Natur oder ihrem Schöpfer selbst die Rettung des Forschers zuzuschreiben, der sie so verbissen zu entschlüsseln sucht? Deine Versionen der Wirklichkeit waren vielleicht nicht die genauesten, aber sie waren schöner, das gebe ich zu. Und du warst nicht fähig, der Schönheit zu widerstehen, stimmt's, mein lieber Moro? Dieses Erdbeben kam erst später, aber lassen wir es einfach jetzt und hier geschehen, so, wie du es wolltest …

Ein mächtiges, chilenisches Erdbeben wie die, von denen du schon so viel gehört, die du aber noch nie erlebt hattest, schüttelte die Berggipfel. Seit deiner Ankunft in Chile hattest du fast täglich kleine Erdstöße gespürt. Dich versetzten sie in Angst und Schrecken, doch die Einheimischen machten sich nichts daraus, lachten über deine Angst und rieten dir nur, dich darauf vorzubereiten, wenn mal ein richtiges käme. Hier hattest du es nun.

Große Felsbrocken polterten die Hänge herab und walzten auf ihrem Weg die Geröllkegel mit ihren Schneehäubchen nieder. Die einen Kilometer tiefe Schlucht neben dir wand und krümmte sich und zeigte, was sie wirklich war: eine pulsierende Wunde, etwas Lebendiges. Der Felsvorsprung aus lila Porphyr, auf dem ihr beide standet, bockte und bäumte sich über dem Abgrund und drohte, euch in die Schlucht zu reißen. Von ihrem Grund stieg eine dichte Staubwolke auf, wie der Rücken eines wilden Tiers, das mit ohrenbetäubendem Brüllen erwachte.

Darwin versuchte, sich an dem Felsen festzuhalten, an dem er herumgehämmert hatte, doch dieser brach unter seiner Hand auseinander. Das Fossil, das er herausklauben wollte, zerfiel in zwei Teile. Du hieltest dich mühsam aufrecht, während du den Hang hinaufschautest, wo direkt über euch eine große schwarze Basaltplatte herabzurutschen begann. Der Forscher sah ebenfalls den riesigen Stein, der auf euch zukam, blickte dich verzweifelt an. Du zögertest ein paar Sekunden … dann stürztest du zu ihm, halfst ihm, aufzustehen, und gemeinsam, aneinander geklammert und aufeinander gestützt, gelang es euch, zur Seite zu springen.

Gerade noch rechtzeitig. Die Basaltplatte rutschte auf dem losen Geröll nur wenige Zentimeter an euch vorbei und riss dabei den halben Felsvorsprung, auf dem ihr standet, mit sich in die Tiefe.

In der Ferne hatten Darwins Maultiertreiber nicht so viel Glück. Ein riesiger, fast kugelförmiger Felsbrocken zermalmte die Maultiere, die am Rand des Bergsees angebunden standen, als seien sie Spielzeug. Die Treiber suchten unter ihren Pferden Schutz, um dem Steinhagel zu entgehen, doch die Tiere bäumten sich auf, rissen sich los und galoppierten in Panik davon. Eins wollte über die Schlucht entkommen, die sich mit trügerischem, zähem Staub gefüllt hatte. Das Letzte, was man von ihm sah, waren die Hinterbacken, die langsam in dieser scheinbar festen Erde versanken. Den Treiber, der ihm hinterherrannte, zerschnitt eine Schieferplatte glatt in zwei Teile. Darwin schrie: »My God!« Doch hier oben schien sein Gott aus Cambridge weniger mächtig als der Aconcagua. Und er wusste nicht, wie er weiterbeten sollte. Vor euren Augen verschwand jetzt der kleine See, an dem er kampiert hatte, sein Wasser brodelte und schäumte, als koche es, während es, von seinem eigenen Wirbel verschluckt, in der Erde verschwand.

Es waren die drei längsten Minuten deines Lebens, Moro. Noch Jahre später hattest du, wenn du von diesem Beben erzähltest, das Gefühl, als schwanke die Erde unter deinen Füßen. Als die Erdstöße schwächer wurden, lösten sich Darwin und du langsam voneinander. Du stelltest fest, dass du seinen Arm so fest gedrückt hattest, als sei er dein bester Freund. Auch dir schmerzte die Stelle, wo seine Hand dich gepackt hatte. Keuchend schautet ihr euch an und lächeltet mit dieser vielleicht verwerflichen, doch unvermeidlichen Freude, überlebt zu haben. Ihr hattet einen Mann sterben sehen, hattet eure Pferde und eure Ausrüstung verloren, wart auf einem halb zerstörten Felsvorsprung gefangen, aber ihr wart am Leben. Die Erde bebte noch leicht, doch das Schrecklichste, das unterirdische Grollen, war verstummt. Und vom Abendwind vertrieben löste sich jetzt auch die dichte Staubwolke schnell auf.

»Das waren genau zwei Minuten und dreizehn Sekunden, seit ich gemessen habe. Insgesamt ungefähr drei Minuten«, sagte Darwin und zeigte dir den Chronometer, den er geöffnet in der Hand hielt.

»Gut gemacht«, antwortetest du mit echter Bewunderung.

Drei Minuten vorher hattest du ihn noch umbringen wollen, Moro. Eine Minute später rettetest du ihm das Leben und jetzt beglückwünschtest du ihn schon. Nichts kann uns so mit unserer menschlichen Art versöhnen wie eine Naturkatastrophe. Plötzlich wird uns klar, dass wir alle allein an einem Abgrund stehen.

Jetzt polterte noch ein Felsbrocken von der Größe eines eingerollten Gürteltiers nur ein paar Zentimeter gemächlich an dir vorbei, er wäre fähig gewesen, einem Maultier den Kopf einzuschlagen, doch nicht mehr, es in zwei Stücke zu hauen.

»Sie haben mir das Leben gerettet«, sagte Darwin und streckte dir die Hand entgegen. »Ich danke Ihnen.«

»Danken Sie mir noch nicht.«

»Weshalb?«

»Weil es verfrüht sein könnte. Schauen Sie sich nur den Aconcagua an.«

Darwin wandte den Kopf, deinem Blick folgend. Ungefähr zweitausend Meter über euch brach etwas durch die Nebel- und Staubschwaden, die die Stirn des Riesen bedeckten. Etwas bewegte sich zwischen den Wolken, die die Abendsonne rot färbte. Etwas zog diese scharlachfarbenen Vorhänge zur Seite und spähte von dort oben auf deinen verfrühten Frieden mit dem Engländer hinunter.

Vielleicht um sich selbst Mut zu machen, sprach Darwin seine Gedanken laut aus:

»Wenn es sich um einen Ausbruch handelt, würde es beweisen, dass der Aconcagua ein schlafender Vulkan ist, der jetzt erwacht. Das wäre eine große Entdeckung …«

Ein ohrenbetäubendes Knirschen, tief und schrill zugleich, wie von einer riesigen Tür, die über Millionen von Jahren geschlossen war und sich jetzt in ihren Angeln drehte, drang euch in die Ohren.

Als es aufhörte, klopftest du dem Forscher auf die Schulter und holtest ihn aus seinen Grübeleien zurück. Du hattest so etwas Ähnliches schon einmal in den Alpen gesehen, wenn auch das Ausmaß nicht auch nur halb so groß gewesen war.

»Es ist eine Lawine, Darwin. Und wir befinden uns genau auf ihrem Weg.«

Ein riesiges Stück des Gletschers, der die linke Schulter des Aconcagua bedeckte, begann die Südwand des Bergs hinunterzurutschen und wurde jetzt unter der Nebeldecke sichtbar. Ein langsames, phantastisches Schiff ganz aus Eis, stahlblau, majestätisch, unwiderstehlich. Sein Bug, durch hunderte Vergletscherungen gehärtet, bahnte den Weg für einen riesigen Kiel, der den Hang aufschlitzte. Sprachlos schautest du hinauf, Moro, und fühltest dabei, dass das Erhabene – dem du so sehr nachgejagt warst – jetzt dir nachjagte. Das losgelöste Gletscherstück von mindestens einem halben Kilometer Länge zerschnitt mit seinem Sporn die Metalladern, die den Hang kreuzten, zerteilte die Sehnen aus Stein, die ihn zusammenhielten. Der Aconcagua brüllte und kreischte vor Schmerz, während das Eis seine Flanke aufschlitzte. Auf eurem Felsvorsprung mussten Darwin und du sich die Ohren zuhalten.

Der Forscher versuchte jetzt, den Hang hinaufzuklettern, und machte dir Zeichen, ihm zu folgen. Doch ließen ihn die Nervosität und das Geröll, vom Erdbeben noch stärker gelockert, immer wieder zu der kleinen Plattform über dem Abgrund zurückrutschen. Deinerseits begriffst du, dass es keinen Unterschied machen würde, ein paar Meter an Höhe zu gewinnen. Und vor allem fesselte dich eine furchtbare Faszination an diesen Platz. Dieses Schauspiel wolltest du dir nicht entgehen lassen, und wenn es das Letzte wäre, was du je sahst. Tausend Bilder gingen dir durch den Kopf. Du erinnertest dich an deine Expeditionen in der Schweiz; die Übungsarbeiten über die graeco-romanische Mythologie, die du in der Werkstatt deines Vaters und später auf der Kunstakademie in München absolviert hattest, bei Adam und Quaglio; die Gemälde von Claude Lorrain, die du im Louvre kopiert hattest. Weder die Pyramide des Matterhorns noch Zeus auf dem Olymp, noch die unheilvollen Himmel Lorrains erreichten diese überwältigende Pracht mit ihrem herrlichen Schrecken, der dich jetzt überfiel.

Unterdessen bahnte sich die Lawine weiter ihren Weg die tiefe Rinne hinunter, von deren Rand aus ihr sie beobachtetet. Auf beiden Seiten wirbelte ihr Sporn Wellen grauen Schlamms auf: zerriebenen Schnee, vermischt mit dem Staub von durch die Reibung pulverisierten Steinen. Die Masse aus Eis glitt jetzt beinahe unter deinen Füßen vorbei und sah dabei aus wie das zerklüftete Deck eines Geisterschiffs, gespickt mit Eiszapfen in Form von Sensen, Äxten, Lanzen …

Der Temperaturumschwung in der Nähe des Eises war brutal. Der von der Reibung erhitzte Schlamm, der vom Grund der Schlucht emporspritzte, überzog dich und gefror fast sofort darauf, während dich die schneegeschwängerte Druckwelle des Eisriesen weiß färbte. Nie solltest du ihn vergessen: diesen zähen, warmen Guss, gefolgt von einem uralten, kalten Wind, der Kälte von Millionen Jahren, dem eisigen Hauch der Zeit, der dir zuflüsterte: Du bist ein Nichts.

Als die Eislawine endlich zum Stehen kam, sahst du Darwin an und er dich. Zwei Masken. Ein weißlicher Raureif, der schnell hart wurde wie Gips, bedeckte euch beide von Kopf bis Fuß. Ohne dich im Zaum halten zu können, überwältigt von der reinen Glückseligkeit, am Leben zu sein, schriest du wie ein Wahnsinniger:

»Das war ja wie ein Orgasmus!«

Und obwohl du es gar nicht gedacht hattest, bevor du es herausschriest, schien dir der Vergleich perfekt. Jener warme Schlammregen, der euch durchnässte, war eine Ejakulation gewesen. Die Nachbeben, die in unregelmäßigen Abständen folgten, waren wie die Zuckungen, die den geliebten Körper nach der Liebe durchlaufen. Und dein lustvolles Gefühl, dem Tod entgangen zu sein, unterschied sich auch nicht so sehr davon.

XXVI

Das Grab

NACHDEM DEINE ERSTE BEGEISTERUNG über diesen »herrlichen Orgasmus« vorüber war, verdüsterte sich deine Stimmung. Wie das Klima. Schwarze Wolken begannen sich von Westen her aufzutürmen und füllten nach und nach den engen Himmel über dem nicht wiederzuerkennenden Tal des Rio Horcones. Die Geographie dieser Abhänge des Aconcagua hatte sich mit der beunruhigenden Geschwindigkeit einer Theaterkulisse verändert. Nicht einmal das Firmament war mehr dasselbe: wirr, durcheinander, unruhig. Das Gewitter stürzte mit unaufhörlichem Donner auf euch nieder, vom Echo vervielfältigt. Deine Kleidung war feucht, schwer, dein Umhang von Schlamm und Reif bedeckt. Wenn es jetzt zu schneien begänne, dann hätte es dir nichts genützt, ein Erdbeben und eine Lawine überlebt zu haben, Moro. Du würdest erfrieren, sobald die Nacht hereinbräche.

Mit einem kleinen goldfarbenen Fernglas, das sich deutlich von seinem schlammverschmierten Gesicht abhob, musterte Darwin aufmerksam die Berge um euch her.

»Das sieht aus wie eine Höhle«, sagte er schließlich. »Da, schauen Sie nur.«

Du hieltest das Glas in die Richtung, die er dir wies. Ungefähr fünfzig Meter den Hang hinter euch hinauf entdecktest du in der Felswand ein offensichtlich von Menschenhand geschaffenes dunkles Loch. Es lag mehr oder weniger über der Stelle, wo du dein Pferd angebunden hattest. Von dem Tier war allerdings keine Spur übrig geblieben. Genauso wenig wie von der nahen Umgebung, die du gerade noch gemalt hattest. Sogar der grünliche Eissee war verschwunden, ein Erdrutsch aus Schutt und Steinen hatte ihn gefüllt. Das ganze Tal schien sich verengt zu haben. Jenes Loch dort oben schien eure einzige Zuflucht zu sein.

Kletternd und rutschend, ein paar Mal fast in den Abgrund stürzend, erreichtet ihr die Öffnung in der Felswand. Es war ein Wall aus aufeinandergeschichteten Steinen, eine Mauer, die errichtet worden war, um eine Aushöhlung in einem großen Kalkfelsen zu verdecken. Als ihr den Kopf hineinstecktet, saht ihr, dass der Überhang und der untere Vorsprung so etwas wie einen offenen Mund formten. Einen Mund, den jemand mit dieser Mauer aus Schieferplatten geknebelt hatte. Ganz offensichtlich war die Mauer uralt. Der Gletscherabgang, der den Hang verwüstete, hatte auch den Schutthaufen weggerissen, der sich über Jahrhunderte gebildet und diese Wand bedeckt hatte. Die größte Schieferplatte, die wahrscheinlich das Eingangsloch verschlossen hatte, lag jetzt viel weiter unten, auf dem Vorsprung aus lila Porphyr, auf dem ihr euch noch kurz zuvor in heiklem Gleichgewicht gehalten hattet.

»Ein Tambo, eine Schutzhütte auf dem Inka-Pfad«, erklärte Darwin und untersuchte flüchtig die steinerne Wand.

Er sprach schwerfällig, keuchend. Auf den letzten Metern eures schwierigen Anstiegs hattest du ihn schon schwer atmen hören, seine Kehle stieß rasselnde, pfeifende Geräusche aus. Jetzt steckte er die Hand in seine Jacke und zog ein Höhen- und Barometer hervor. Du begriffst, weshalb Darwin bei jedem Schritt wie ein wandelnder, mit Kesseln behängter Kupferschmied klang. Er schien ein unerschöpfliches Arsenal an Instrumenten mit sich herumzuschleppen. Es war ein eher unpassender Moment, um sich der Wissenschaft zu widmen. Doch nach und nach verstandst du, dass für den Wunderknaben der Gebrauch seiner Werkzeuge, alles zu messen, die Länge eines Erdbebens festzuhalten und die Höhe zu bestimmen, die ihm die Luft nahm, eine Form war, seine Angst zu bekämpfen. Vielleicht war die gesamte Wissenschaft, so dachtest du, nichts anderes als eine Art und Weise, gegen die Furcht vor dem Unbekannten anzukämpfen. Der Traum davon, Ordnung ins Chaos zu bringen. So wie manche Leute im dunklen Wald pfeifen, um sich Mut zu machen. Du empfandst eine gewisse Sympathie für diese Art der Flucht. Schließlich und endlich war deine Kunst, was dies betraf, nicht so sehr anders. Vielleicht wart Darwin und du euch ähnlicher, als du dir eingestehen mochtest. Der eine malte die Natur, der andere entschlüsselte sie. Keiner von beiden in der Lage, sie einfach zu betrachten oder in ihr zu leben.

Nachdem er sein Höhenmeter eingestellt und konsultiert hatte, verkündete er:

»15 550 Fuß. Wenig Sauerstoff.«

Dabei zeigte er beklommen auf seine Brust, die sich unter der Anstrengung, möglichst viel Sauerstoff aufzunehmen, heftig hob und senkte.

»Was Sie fühlen, wird hierzulande ›apunarse‹ genannt, von Puna, dem Namen der hohen Anden. Die Höhenkrankheit also«, erklärtest du ihm.

»Der Luftdruck fällt jetzt sehr schnell«, fuhr er fort, während er auf das Barometer des Instruments schaute.

Doch das bestätigte nur die Nähe des Gewitters, das nun schon über euch war. Weiche Schneeflocken begannen auf die Pelerine deines reifüberzogenen Umhangs zu fallen. Ein paar dieser Flocken fielen auf das Glas des Barometers, das der Forscher in der Hand hielt. Und mit ihnen ein, zwei, drei … Blutstropfen.

Darwin schaute verständnislos darauf und sah dann, deutlich erschrocken, dich an. Aus seinen Nasenlöchern rannen zwei blutige Rinnsale. Er wischte sie mit dem Jackenärmel ab und musterte ihn aufmerksam. Dann hustete er mehrmals und schwankte hin und her. Für einen Augenblick dachtest du, er würde wieder auf die Knie fallen, sahst, wie er die Augen verdrehte und hattest gerade noch genügend Zeit, ihn festzuhalten, bevor er umkippte und den Hang hinunterrutschte.

Du packtest ihn unter den Achseln, halfst ihm, in die Höhle zu gelangen und sich an die Steinwand zu setzen. Der Forscher keuchte und zitterte, seine weit aufgerissenen Augen glänzten im Halbdunkel, seine Zähne schlugen aufeinander, er biss sich von Zeit zu Zeit auf die Lippen, um das Zähneklappern zu unterdrücken. Dann keuchte er noch stärker und hielt sich angsterfüllt die Brust, als erleide er einen Herzanfall. Du hattest schon früher Menschen mit Höhenkrankheit erlebt. Als du mit Courcy in Mexiko den Popocatépetl bestiegst, musste der Franzose bei 15 000 Fuß aufgeben, er litt unter Erbrechen und unerträglichem Kopfschmerz. Doch das war nichts gegen dies hier. Der Körper des Forschers zitterte von Kopf bis Fuß, heftige Beben durchliefen ihn. Eine unerwartete Beklommenheit, beinahe Verzweiflung, ergriff von dir Besitz. Jetzt wolltest du nicht mehr, dass er starb. Wolltest nicht allein in dieser Höhle bleiben. Allein und zu Füßen dieses zornigen Steinernen Wächters.

»Kalt, sehr kalt«, flüsterte Darwin nahezu unhörbar.

»Ich werde Brennholz für ein Feuer suchen«, schlugst du vor.

»Hier oben gibt es keine Bäume«, stammelte er.

Du ließt seine kalkweiße Hand los und gingst nach draußen. Der Schnee fiel jetzt stärker. Auf dem Hintern rutschtest du bis zu der Stelle hinab, wo du glaubtest, einen Fuß deiner Staffelei gesehen zu haben. Du grubst sie, zusammen mit deinem Klappstuhl und der Kiste mit den Farben, aus und machtest dich mühsam mit deiner Last auf den Rückweg, versuchtest, dich im verlöschenden Tageslicht zu orientieren.

Doch jetzt fandst du den Eingang zur Höhle nicht mehr. Du klettertest in die eine und in die andere Richtung, ohne sie zu sehen. Der Schneefall wurde immer heftiger. Die Silhouette des Aconcagua war verschwunden und gleichzeitig schien sein Schatten näher gekommen zu sein und das ganze Tal auszufüllen. Du gabst dich schon verloren, als ein schwacher Schein, ein kaum zu erkennender bernsteinfarbener Fleck durch das dichte Schneetreiben schimmerte, an die zwanzig Schritte über dir. Du hattest von den Halluzinationen gehört, die Alpinisten manchmal in einem Schneesturm überfallen, und wusstest nicht, ob du deine schwachen Kräfte für etwas verschwenden solltest, was sicher nur ein Trugbild war, als dich ein unzweifelhaft wirklicher Schrei aufschrecken ließ und zur Höhle zurückführte.

Als du keuchend vor Kälte durch den Eingang krochst, fandst du Darwin im Licht einer kleinen Öllampe tief in der Höhle knien. Er war so darin versunken, etwas zu untersuchen, dass er deine Rückkehr erst bemerkte, als du deine Last zu Boden fallen ließest. Du wusstest nicht, ob du dich freuen oder wütend werden solltest. Anscheinend war der Wunderknabe wieder zu Kräften gekommen, während du draußen beim Brennholzsuchen fast erfroren wärst.

»Rugendas«, rief er mit zittriger Stimme.

Du gingst zu ihm, Darwins Lampe zeigte, dass die Höhle tiefer war, als ihr geglaubt hattet. Nur gebückt gelangtest du in den hinteren Teil. Dort, wo die Decke der Höhle und ihr Boden zusammenstießen, im Rachen dieses steinernen Mundes, saß jemand und schien zu schlafen.

Es war ein Mädchen zwischen sechs und zehn Jahren mit rötlichem, ausgetrocknetem, dürrem Körper, doch vollkommen erhalten. Die dünnen, mit goldenen Reifen geschmückten Ärmchen hielten die Beine umschlungen. Den Kopf hatte es seitlich auf die Knie gelegt. Sein langes, zum Zopf geflochtenes staubiges Haar wurde von einem großen, fächerförmigen Kopfschmuck aus bunten Papageienfedern gehalten. Zu seinen Füßen war es von einer Reihe Opfergaben umgeben: Schalen voller Mais, Quinoa und getrockneten Chilischoten, ein geborstener, doch immer noch bunt bemalter Korb voll getrockneter Kartoffeln, eine großer, schwarzer Tontopf in Form eines dickbäuchigen Affen, ein wunderschöner Beutel aus Wolle und sogar eine Stoffpuppe, die ihm wahrscheinlich im letzten Moment aus der Hand gefallen war. Der Gesichtsausdruck des Kindes war so entspannt, dass es zu atmen schien.

»Was zum Teufel …?«

»Das hier ist keine Schutzhütte. Es ist ein Grab«, antwortete Darwin. »Ein Menschenopfer, um den Gott des Aconcagua gnädig zu stimmen.«

Er keuchte auch jetzt noch. Doch nun schien es von der Aufregung durch die Entdeckung herzurühren statt von der Höhe. Das getrocknete Blut aus seiner Nase klebte in seinem frisch sprießenden blonden, schmutzigen Schnauzbart: Er sah aus wie ein Wikinger-Kannibale.

»Sie war hübsch.« Deine Bemerkung klang absurd.

»Diese Wilden«, murmelte Darwin.

»Aber die Kleine hat nicht gelitten.«

»Wie kann man das wissen, Herr Maler?«

»Ganz einfach. Schauen Sie doch nur, sie starb mit einem Lächeln. Man hat ihr Chicha oder eine Droge gegeben. Und gewartet, bis sie eingeschlafen war. Die Kälte hat dann den Rest erledigt. Ein süßer Tod.«

Draußen heulte wie zur Bestätigung der Sturm. Hier drinnen schautet euch Darwin und du im Angesicht der lächelnden Mumie an und dachtet vielleicht dasselbe: Würde auch euch ein paar Jahrhunderte später irgendein verirrter Entdecker finden, so lächelnd und vertrocknet, und auch sagen, dass ihr einen süßen Tod gehabt hattet?

Die Kälte holte dich aus einer Träumerei, die dir unter diesen Umständen fast angenehm vorkam. Deine Hände waren violett angelaufen, in deinen nassen Stiefeln fühltest du die Füße nicht mehr. Darwins kleine Öllampe wärmte nicht und würde auch nicht mehr lange brennen. Die Aussicht, mit dem angeschlagenen Forscher und jener Mumie, die so lebendig wirkte, in diesem Unterschlupf, der sich als Grab erwies, im Dunkeln zu sitzen, war nicht gerade angenehm. Auf allen vieren kehrtest du zum Eingang zurück, packtest, vor Kälte zitternd, deine Staffelei, legtest eins ihrer Beine über das Knie und zerbrachst es. Nie solltest du dieses Geräusch vergessen. Du hattest das Gefühl, als brächst du deiner Kunst das Genick, Moro.

In wenigen Minuten hattest du mit Hilfe von Darwins Hämmerchen auch deinen Klapphocker, deine Farbenkiste und sogar deine große Palette zu Kleinholz gemacht. Nur deine Pinsel aus sibirischem Marderhaar verschontest du, ein Geschenk deines Vaters, als du loszogst, die Welt zu malen. Der Aconcagua konnte jedes Opfer von dir verlangen, außer diesem.

»Wir werden die Ölfarben als Brandbeschleuniger benutzen, Darwin. Die Kunst dient sogar dazu, sich warm zu halten. Nützlicher als Ihre Wissenschaft …«

Als einzige Antwort holte der Forscher eine kleine Metallschachtel mit modernen Congreve'schen Streichhölzern hervor und reichte sie dir. Während er am Eingang ein paar Steinplatten aufeinanderschichtete, um die Windstöße und Schneeflocken draußen zu halten, entzündetest du im Handumdrehen ein kleines, doch passables Feuer.

»Haben Sie immer eine Lampe dabei?«, fragtest du ihn, während du ein bisschen Brennholz nachlegtest.

»Das ist eine Höhlenforscherlampe. Für den Fall, dass ich eine solche finde.«

»Na, jetzt haben Sie ja eine gefunden, und gleich mit einem Schatz darin. Nur schade, dass wir so wenig davon haben werden.«

Das hübsche Feuerchen, das den Zehen deiner jetzt nackten Füße ihr Gefühl zurückgab, reichte nicht aus, um deine eisige Bitterkeit zu erwärmen. Das Brennholz aus deinen Utensilien würde höchstens ein paar Stunden reichen. Und dann …

»Wir haben den süßen Tod nur ein wenig aufgeschoben.«

»Reden Sie nicht davon«, bat Darwin und machte eine abwehrende Geste. Sein Kinn zitterte, sein Gesicht verzog sich, als wollte er weinen.

»Das ist einfach nur Realitätssinn, wie der, der Ihnen immer so sehr gefällt. Wenn das Feuer ausgeht, werden wir erfrieren, genauso wie die dort hinten.«

Es machte dir Spaß, den Wunderknaben zu quälen. Wenn du ihn schon nicht hattest umbringen können, dann konntest du dir wenigstens diese kleine Rache gönnen. Deine Pistole fiel dir ein, du suchtest in deinen Taschen nach ihr. Sich zu erschießen, war auch eine Möglichkeit, statt langsam an Kälte und Hunger zu sterben. Schließlich und endlich war es das gewesen, was du ursprünglich geplant hattest: deinen Rivalen umzubringen und dir anschließend ein Kugel durch den Kopf zu jagen … Der Forscher sah dir erschrocken zu.

»Keine Sorge, Darwin, ich glaube, ich habe die Pistole verloren. Außerdem brauche ich Sie jetzt nicht mehr zu töten. Der Aconcagua wird das für mich erledigen.«

»Schluss jetzt. Ich hasse solch melodramatische Szenen«, gab er zurück.

»Na, seit Sie in diesem Land sind, haben Sie ja schon in einigen mitgespielt.«

»Wenn ich daran denke, dass ich längst weit weg von hier sein könnte, fast schon in Mendoza«, rief er aus und fasste sich an den Kopf.

»Wo Sie es schon erwähnen: Weshalb zum Teufel sind Sie eigentlich hierher abgebogen?«

»Wegen des Aconcagua, genau wie Sie.«

»Sie haben diesen Umweg gemacht, um ihm ein paar Steine zu stehlen? Vielleicht hat sich der Berg deshalb gerächt.«

»Nein, ich wollte ihn besteigen. Wie es Ihr Herr und Meister gemacht hat, Humboldt, am Chimborazo.«

»Er ist nicht mein Herr und Meister!«

Du wurdest wütend, hörtest ihm aber, sehr zu deinem Leidwesen, doch zu. Darwin sprach wie der zum Tode Verurteilte, den man gleich erschießen wird, als habe er nichts mehr zu verlieren. Unter Gestotter und Geseufze gestand er dir, er sei an den Aconcagua gekommen, um den Rekord von Humboldt zu übertreffen, der im Jahre 1802 fast den Gipfel jenes ecuadorianischen Vulkans erreicht hatte und immerhin bis auf 20 000 Fuß aufgestiegen war. Weshalb er als der »Mann, der auf dem Planeten am höchsten gestiegen war« betrachtet wurde, der Londoner Times zufolge. Die Expedition der »Beagle« um die Welt war gescheitert. FitzRoy war wahnsinnig geworden …

»Und ich hatte eine Affäre mit …«, murmelte Darwin und senkte verschämt den Blick, ohne Carmens Namen auszusprechen.

Um all diese Misserfolge wettzumachen, hatte der Forscher beschlossen, auf seiner Flucht den Gipfel des Aconcagua zu besteigen, seine 23000 Fuß zu bezwingen und der neue »Mann, der auf dem Planeten am höchsten gestiegen war«, zu werden. Aber wie du gesehen hattest, wollte ihm einfach nichts gelingen. Anstatt den Berg zu bezwingen, hatte der euch beide verschluckt. Dabei zeigte er zum Gaumen des steinernen Mundes hinauf, in dem ihr gefangen wart.

Während er sprach, hatte sich Darwin seine weite Jacke aufgeknöpft. Aus den zahlreichen Innentaschen zog er ein ganzes Arsenal von Instrumenten – Chronometer, Barometer und Höhenmeter, Windmesser, Spektrograph, Sextant, prismatischer Kompass, alle aus Bronze oder glänzendem Messing – und legte sie im Halbkreis neben sich, als hoffe er, dass sie ihn beschützen würden. Jetzt sah er aus wie die Mumie des Mädchens, umgeben von Opfergaben, die ihm bei seiner Reise ins Jenseits nützen sollten.

Du warst deinerseits mit jenem Schatz der geopferten Prinzessin beschäftigt. Ihre Beigaben ließen vermuten, dass sie eine Inka war. Du erkanntest mehrere Objekte ähnlich denen, die man dir in Peru angeboten hatte und die aus uralten, geplünderten Gräbern stammten. Du nahmst den Kopfschmuck aus Papageien- und Tukanfedern ab, der den länglichen Kopf des Mädchens bedeckte. Zogst die Metallbrosche heraus, ein großes Topu in Form eines Löffels, und stecktest sie dir selbst an die Brust. Wogst den Schmuck in der Hand, die silberne Brustplatte, eine Halskette aus Malachit, sechs kleine, goldene Statuen. Untersuchtest eine Mate-Rinde, in die erotische Szenen eingraviert waren (die dich in Erinnerung an Carmen lächeln ließen, und genau deshalb warfst du sie ins Feuer, wütend auf deine eigene Erinnerung). Bliest in die Musikinstrumente: eine Flöte aus Stein und eine aus Rohr, eine Okarina in Form einer kleinen Taube, die ein ähnliches Heulen wie der Sturm hören ließ, nur viel leiser. Kämmtest dich mit einem zerbrechlichen Holzkamm. Dann setztest du den Kopfputz auf, hängtest dir den Wollbeutel um den Hals und setztest dich, einen silberbeschlagenen Holzstab in der Hand, wieder ans Feuer.

»Legen Sie die Sachen zurück«, bat Darwin.

»Fürchten Sie etwa die Rache der Mumie? Sie, ein Naturforscher?«

»Sie haben Recht!«, schrie Darwin und stieß mit dem Fuß seine Instrumente von sich. »Wir sterben hier vor Hunger und Kälte. Und diese ganze Wissenschaft hilft mir nicht, das zu akzeptieren.«

Die Inka-Prinzessin, feierlich lächelnd wie eine Priesterin, war die Schiedsrichterin dieses unablässigen Duells zwischen euch beiden. Es schien dir, als läge eine gewisse Ironie in ihrem stummen Stolz, so als bemerkte sie die Lächerlichkeit: zwei verbissene Intellektuelle, die sogar noch miteinander streiten, wenn der Tod nur noch ein paar Stunden entfernt ist.

Während der Forscher vor sich hin jammerte, holtest du den Inhalt des Wollsacks hervor und breitetest ihn vor dir aus. Wie du vermutet hattest, enthielt er eine ebenso unverzichtbare Ausrüstung wie die dargebotene Nahrung für die Reise durch das Reich ewiger Träume. Du fandst ein kleines Tablett aus geschnitztem Holz für Inhalationen, an dessen einem Ende die Figur eines Priesters mit Augen aus dunkelgrünem Obsidian und einem abgeschnittenen Kopf in der Hand zu erkennen war. In Peru hattest du eine ähnliche Figur gesehen: Das war der Opferschamane. Da waren auch ein ebenfalls beschnitztes Rohr mit einer Schlangenfigur, ein verschlossener Becher aus Bambus, ein kleiner Mörser mit seinem Stößel, mehrere Schneckenhäuser und ein Lederbeutel, der eine Reihe schwärzlicher Schoten enthielt. Du schobst sie Darwin hin.

»Hören Sie endlich auf zu jammern und schauen Sie sich lieber das hier an.«

Der Naturforscher wurde wieder etwas munterer. Er beäugte die Schoten von allen Seiten, brach eine von ihnen auf und untersuchte die Samen mit der Lupe.

»Ich glaube, das sind Schoten der Acacia niopo, sehr verbreitet in Südamerika. Humboldt beschreibt, wie die Indios diese Samen zerstoßen und …«

»In Peru und Bolivien nennen sie diesen Baum Cebil«, unterbrachst du ihn aufgeregt. »Dort mischt man das Pulver mit gemahlenen Schneckenhäusern und bereitet dies hier zu: Es heißt Vilca … Ich bin sicher, Humboldt hat sich nicht getraut, es auszuprobieren.«

Du schüttetest etwas von dem weißlichen Pulver aus dem Bambusgefäß auf das Tablett. In Ayacucho hattest du die Wirkung dieses Vilca bei ein paar Indios beobachten können. Sie hatten dir auch erzählt, was sie sahen, wie der Opferschamane Leben forderte und ihnen im Traum die Köpfe abschnitt. Er schnitt ihnen die Gedanken ab, so hattest du es verstanden, und erlaubte, dass das Blut frei von allen Fesseln floss, mit seinem ganzen Strom von Wünschen und Verlangen. Damals hattest auch du dieses Pulver probieren wollen. Doch sie erlaubten es dir nicht. Sie ließen dich nur Kokablätter mit Asche kauen, ein mehr als armseliger Ersatz … Und jetzt hattest du hier, in dieser Bergkrypta, die Gelegenheit dazu.

Du führtest das beschnitzte Röhrchen an dein linkes Nasenloch und setztest das andere Ende auf das Tablett. Der Opferschamane sah dich mit seinen weit geöffneten grünen Steinaugen von der anderen Seite her an. Vorsichtig inhaliertest du. Ein bitteres Kitzeln weitete dir die Lunge, ließ dich aufrecht sitzen. Deine Augen füllten sich mit Tränen, der Federschmuck schwankte auf deinem Kopf und du hattest das Gefühl, als schlügen Blitze aus ihm. Dann knicktest du unvermittelt ein und niestest das Pulver so heftig heraus, dass das kleine Lagerfeuer aufflackerte und eine Aschewolke die Höhle füllte.

»Was machen Sie denn da, Rugendas?«

»Das hier ist starkes Zeug. Und es ist aktiv«, antwortetest du, als du wieder sprechen konntest. »Damit können Sie noch höher aufsteigen als der Aconcagua. Probieren Sie mal …«

Über das Feuer hinweg reichtest du ihm das Tablett. Er aber wies es entsetzt zurück. Ein sanfter Wirbel drehte sich in deinem Kopf, ohne dass dir schwindlig wurde. Es war, als schwebtest du in einer dieser warmen Windspiralen, die die Kondore über die Schluchten trugen. Und dabei hattest du fast noch nichts eingeatmet!

Behutsam, um nicht deinen Federschmuck zu zerdrücken, legtest du dich gemütlich auf die Seite. Das Feuer wärmte dir den Bauch, seine Glut glänzte wie farbige Augen im Wäldchen aus goldenen Flammen. Du fühltest dich vornehm mit deinem bunten Kopfputz und dem silberbeschlagenen Stab. Und sogar der Schnee, der durch die ungeschützten Lücken des Eingangs hereindrang, kam dir eher erfrischend als bedrohlich vor.

»Da wir in ein paar Stunden sterben werden, Darwin, verraten Sie mir mal etwas: Dieser Anfall, den Sie da vorhin erlitten haben, der hatte nicht nur mit Höhenkrankheit zu tun, stimmt's?«

XXVII

Der süße Tod

NEIN, ES WAREN nicht nur die Auswirkungen der Höhenkrankheit, der »Puna« gewesen, was Darwin am Eingang der Höhle hatte zusammenbrechen lassen. Während der langen Tage, die ihr wegen des Unwetters am Hang des Aconcagua gefangen saßet, Moro, Tage, die dir wie Jahre vorkamen, als ihr beide mehr als einmal dachtet, dass ihr dort sterben würdet, gestand er dir, dass er schon früher solche Anfälle erlitten hatte. Und gab zu, dass deren Ursache die Angst war.

Wenn er nicht Arzt werden konnte wie sein Vater und sein brillanter Großvater, dann deshalb, weil er an der Universität von Edinburgh nicht in der Lage war, der Amputation an einem Kind beizuwohnen. Bevor er ohnmächtig wurde, war er schnell aus dem Operationssaal geflohen. Und schlimmer noch: Kurz vor Beginn der Reise um die Welt vor zweieinhalb Jahren war im Hafen von Plymouth ein Matrose von Bord gefallen und ertrunken. Als er davon hörte, bekam Darwin plötzlich Herzstolpern, und gleich darauf erlitt er einen so heftigen Herzanfall, dass er meinte, von der Reise zurücktreten zu müssen. Er hatte sich übergeben, hatte Schweißausbrüche bekommen und gezittert, ohne auch nur das geringste Fieber oder einen anderen offensichtlichen Grund zu haben. Außer natürlich die drohend bevorstehende Reise, die unter solch schlechten Vorzeichen begann. Auf einmal erschien ihm die »Beagle«, diese kleine, ovale schwarze Brigg, wie ein schwimmender Sarg. Ein mit einem Hundekopf am Bug verzierter Sarkophag, der nur darauf wartete, mitsamt seiner Besatzung in unbekannten Tiefen zu versinken.

Es verschlug dir die Sprache: Genau dieses Bild hatte jenes Schiff in dir hervorgerufen, als du es zum ersten Mal auf der Reede von Valparaíso gesehen hattest. Doch kamst du nicht dazu, das zu erwähnen, denn Darwins Beichte nahm jetzt Fahrt auf:

»Es stimmt, ich leide unter Panikanfällen.«

Jetzt, wo der weiße Tod draußen vor der Höhle heulte, machte es ihm nichts mehr aus, dir anzuvertrauen, was er sich vorher nicht einmal selbst eingestanden hätte. Und außerdem verband euch beide schließlich »eine besondere Vertrautheit«. (Er gebrauchte diesen sehr britischen Euphemismus, um zum ersten Mal zu erkennen zu geben, dass er von deiner Beziehung mit Carmen wusste.) Unter diesen Umständen konnte er dir gestehen, dass diese Zusammenbrüche bei großen Veränderungen in seinem Leben, wie der, die er vor ein paar Stunden, nach dem Erdbeben, erlebt hatte, Panikanfälle waren. Nicht nur Anfälle von Furcht oder Beklemmung: reine Panik.

Um sich selbst zu beweisen, dass er kein Feigling war, hatte sich Darwin einen Platz bei der Expedition der »Beagle« gesucht. Er hatte dafür bezahlt, in die Mannschaft aufgenommen zu werden. Obwohl er das Reisen hasste, auf Schiffen seekrank wurde und sich nur sehr ungern von seiner Familie trennte, vor allem von seinen drei Schwestern, die sich wie Mütter um ihn kümmerten … Ja, trotz all dieser Ängste hatte er sich auf diese Fahrt gewagt, die möglicherweise Jahre dauern und in unwirtliche Breiten führen würde, um »barbarische Länder« zu erforschen. Er, der Abenteuer hasste und die Routine liebte, das vorhersehbare Leben ohne Überraschungen und Geheimnisse … Ein genau zu bestimmendes Leben, das war es, was er wollte. Ein angenehmes Dasein, das sich möglichst mit Hilfe all der Instrumente messen und vorhersagen lassen sollte, die er überallhin mitnahm. Wie er sich danach sehnte, nach England zurückzukehren! Dort würde er sich einen geregelten Tagesablauf schaffen, in dem er sich sicher fühlen konnte. In den Festungsmauern dieser strengen Gewohnheiten könnte er sich seinen größten Vorlieben widmen: Steine klassifizieren, Käfer fangen, Vögel sezieren. Er würde sein Haus mit toten Insekten und ausgestopften Vögeln füllen, die keine unangenehmen Überraschungen mehr bereiten konnten.

»Wollen Sie wissen, was mein größter Traum war, bevor ich auf diese Reise ging?«, fragte Darwin.

Du warst nicht sicher, ob du es wissen wolltest. Doch er wartete deine Antwort gar nicht ab. Der Tod, unter dessen Fittichen sie sich befanden, trieb ihn dazu, ein jahrelanges, vielleicht lebenslanges Schweigen zu brechen. Auch wenn du nicht weiter hättest zuhören wollen, wäre dieser Forscherlehrling in seinem Monolog nicht aufzuhalten gewesen.

Landpfarrer werden. Das war sein größter Traum. Sich weihen lassen. Eine kleine Pfarrstelle bekommen, mit wenigen Verpflichtungen außer der sonntäglichen Predigt, um viel Zeit zu haben, sich seinen Sammlungen zu widmen. Und eine kleine, ruhige Frau heiraten und viele Kinder mit ihr zeugen, um sie beschäftigt zu halten und auch, um sie hören zu können, wie sie – und er selbst auch – sie »Mammy« riefen: Wie wunderbar!

»Wie fürchterlich!«, widersprachst du, echt empört, und schwenktest deinen silberbeschlagenen Stock. »Jetzt verstehe ich Ihre Panikanfälle besser, Darwin. Ihr Körper hat Angst vor Ihnen. Deshalb verteidigt er sich, indem er Sie angreift. Ihr Körper fürchtet, Sie könnten ihn bei lebendigem Leibe umbringen.«

Der Naturforscher sah dich durch die Flammen des kleinen Feuers aufmerksam an. Normalerweise vermied er es, so direkt zu schauen, weil es ihm wenig höflich vorkam. Doch jetzt tat er es, obwohl dein Aussehen entsetzlich sein musste, voller Schlamm und mit dem Federschmuck der toten Prinzessin auf dem Kopf. Vielleicht begannen die Beben der Erde und seiner Gefühlswelt den Kerker aufzubrechen, in den sich Darwin eingeschlossen hatte. Das Feuer schien seine blauen Pupillen zerlaufen zu lassen, als seien es zwei Stückchen Eis. Aus seinen Augenwinkeln rollten zwei dicke, glänzende Tränen.

»Kann sein«, antwortete er schließlich.

Es konnte sein, denn er war sich nicht mehr sicher, ob er diesen Traum noch wollte. Oder ob er auf diese Art völlig glücklich werden könnte. Diese Weltumsegelung, auf der er so viele Antworten zu finden hoffte, hatte ihn nur noch mit mehr Fragen überhäuft. Wenn du wüsstest, wie es in seinem Gehirn brodelte in den langen Nächten auf See, vor den Küsten Patagoniens oder in den Fjorden Feuerlands. Die Fundamente seiner Überzeugungen zerbrachen immer mehr. Sein Geist und sein Körper waren Erdbeben und Lawinen ausgesetzt worden, Menschen, die in der Steinzeit lebten, und Fossilien von gigantischen Tieren. Und er …

»… und ich habe mich einer Frau ausgesetzt.«

Er hatte sich »ausgesetzt«. Der schüchterne Engländer gebrauchte seufzend dieses verschämte Verb, um über das zu sprechen, was zwischen ihm und der Frau geschehen war, die ihn entjungferte. Dem jungen Forscher, so ahntest du, musste diese Frau gefährlicher erschienen sein als alle anderen Katastrophen zusammen. Als sie ihm seine Jungfräulichkeit nahm, hatte sie auf die radikalst mögliche Weise diese aseptische Distanz überwunden, mit der er die Welt kennenlernen wollte, ohne in sie einzudringen. Der Forscher wandte den Blick wieder scheu zur Seite, zog den Kopf zwischen die Schultern und stammelte:

»Kann ich über sie sprechen, Rugendas?«

Seine Rücksichtnahme überraschte dich mehr als deine plötzliche Angst. Du wolltest es ihm schon verbieten, doch er wartete deine Erlaubnis nicht ab.

»Ich weiß nicht, ob ich mich nach Carmen noch mit meiner ersehnten Mammy begnügen kann«, erklärte er düster.

Ein Teil von dir, der noch den Nachgeschmack des Vilca spürte, die du vor einer Stunde inhaliert hattest, wollte schon in lautes Gelächter ausbrechen. Doch deine andere Seite, Moro, die dunkle, gewalttätige, verspürte einen wütenden Schmerz, der wie ein Krebs in deiner Brust emporkroch. Doch einen Augenblick mal: Gegen wen kochte diese Wut denn? Du hörtest den Naturforscher hier in der Höhle faseln und konntest es ihm nicht verdenken noch verneinen, dass du etwas Ähnliches fürchtetest: Würdest du noch etwas anderes fühlen können, nach dem, was du mit ihr gefühlt hattest?

Darwin nutzte deine Verwirrung, um sich ein wenig zu erholen.

»Inzwischen weiß ich, weshalb ihre Freundinnen Carmen die ›Vinchuca‹ nennen«, verkündete er, indem er Thema und Tonfall wechselte, lächelte gezwungen, während er sich die Tränen mit dem Ärmel seiner weiten Jacke abwischte.

Sie nannten sie »Vinchuca«, weil sie mit derselben bohrenden Zärtlichkeit küsste wie dieses kleine Tier, das in diesen Gegenden so verbreitet war. Der junge Wissenschaftler erzählte dir, wie er auf seiner Flucht in einer Hütte in der Umgebung von Santa Rosa de los Andes übernachtet hatte. Von der Decke fielen Dutzende dieser »küssenden Wanzen«: So nannten sie die Maultiertreiber. Ein braunes, plattes Insekt von einem halben Zoll Länge. Als

Experiment hatte sich Darwin absichtlich beißen lassen – so wie der von ihm so bewunderte Humboldt sich von einem elektrischen Aal Stromstöße hatte verpassen lassen. Es tat nicht weh, der Biss des Insekts war nicht zu spüren. Doch gleichwohl war er tief. Darwin hatte beobachtet, wie der kleine Parasit, zuerst noch ganz dünn, sich wie ein Ball füllte, während er Darwins Blut saugte, bis er den Durchmesser einer Fingerkuppe erreichte …

»So fühlte ich mich nach diesen zwei Nächten mit Carmen«, erklärte er und deutete ein Lächeln an.

Er fühlte sich, als hätte sie ihm sein ganzes Blut ausgesaugt. Carmen war totenbleich gewesen, als sie in jener Nacht in sein Lager galoppiert kam, um – angeblich – Schutz zu suchen. Bei Anbruch des übernächsten Tages, als Gutiérrez und du sie auf der schwimmenden Insel überrascht hattet, sah ihre Haut strahlend rosa aus. Du warst Zeuge gewesen! Carmen strotzte vor Energie. Er dagegen …

»… ich fühlte mich wie …«

»Sie fühlten sich wie der menschliche Spargel, der Sie auch sind. Ein ausgelutschter Spargel!«, riefst du, indem du dich aufrichtetest, wohl wissend, dass dir dieses absurde Bild das Vilca diktierte, bevor es seine Wirkung ganz verlor.

Als du dich über das Feuer beugtest, warfen die Federn deines Kopfschmucks die Schatten bedrohlicher Lanzen an die Höhlendecke. Noch einmal dachtest du daran, ihn umzubringen, doch dann fiel dir wieder ein, dass du im Erdbeben deine Pistole verloren hattest. Und außerdem, wozu überhaupt, wo doch der Aconcagua bald mit euch Schluss machen würde. Man brauchte ihm nur noch ein bisschen Zeit zu geben.

»Als ich in jenen See gesprungen bin, da bin ich weder vor Gutiérrez noch vor Ihnen weggelaufen«, fuhr Darwin fort. »Ich floh vor Carmen.«

Oder wenigstens hatte er das anfangs geglaubt, sagte er. Doch während seiner langen Ritte von San Fernando nach Valparaíso und dann auf der Flucht in die Berge hatte Darwin der leise Verdacht beschlichen, dass er vielleicht doch nicht allein vor Carmen floh. Jetzt glaubte er vielmehr, dass er vor dem Gefühl floh, das Carmen in ihm hervorrief. Verstandst du das? In dieser Furcht, die ihn zu fliehen drängte, hatte er ein anderes berauschendes Gefühl versteckt gefunden, zärtlich und wild zugleich. Und das war es, wovor er floh.

Ja, der Forscher, daran gewöhnt, alles ganz methodisch zu untersuchen, hatte das Ungeheuer dieser neuen Angst seziert und in seinem Innern den schrecklichen, erbarmungslosen Keim der Leidenschaft gefunden.

»Ob es das ist, was man Liebe nennt?«, fragte er.

Darwin befragte dich, wie man einen erfahrenen Arzt befragt, erwartungsvoll und gleichzeitig voller Angst vor der Diagnose.

Doch du brauchtest ihn dafür nicht abzuhören. Es reichte, einen Blick auf ihn zu werfen, um zu wissen, dass er alle Symptome davon hatte. Diese dicken Tränen, die ganz von allein aus seinen Wunderknabenaugen kullerten, dieses Seufzen, dieses Grübeln. Zweifellos hatte sich der junge, unerfahrene Forscher, als er mit der Vinchuca schlief, mit der Krankheit angesteckt, die er so sehr fürchtete. Und nach der er sich ganz offensichtlich entgegen all seiner Logik und all seinen Gedanken auch sehnte.

»Sie sind verliebt, Darwin.«

Der junge Forscher warf den Kopf nach hinten und atmete heftig. Die Flammen des kleinen Lagerfeuers flackerten auf. Die geopferte Inka-Prinzessin schien sich in der Tiefe ihres Grabs zu bewegen, als seufze sie ebenfalls.

»Doch Sie haben sich rechtzeitig kuriert«, fügtest du betont kühl hinzu. »Sie sind vor dieser Leidenschaft geflohen. Jetzt müssen Sie aufpassen und sich nicht noch einmal verlieben. Bleiben Sie brav, und Sie werden nie wieder so etwas verspüren. Wenn Sie das hier überleben, natürlich.«

Du sprachst mit einem neuen, dir bisher unbekannten Zorn. Was war los mit dir, Moro? Unversehens wurde dir klar, dass du ihn beneidetest. Die Verachtung, die du für seine britische Förmlichkeit und Prüderie empfandst, hinderte dich nicht daran, seine Gefühlskontrolle zu beneiden, seine Abscheu vor melodramatischen Szenen, seine Zurückhaltung gegenüber Leidenschaften. Der junge Wissenschaftler hatte die charakterliche Stärke besessen, sich selbst die Liebe abzuschneiden, die er empfand. Und den Weg der Wissenschaft weiterzugehen, indem er sich von der Leidenschaft abwandte. Darin würde er nicht nachlassen. Damals wusstest du das noch nicht, würdest es aber Jahre später bestätigt finden.

Du dagegen … Du konntest sie nicht aus deinem Hirn und deinem Herzen reißen. Der Forscher floh vor der Liebe. Du verfolgtest sie. Und liefst durch sie auch Carmen hinterher.

Lange schwiegt ihr. Der Wunderknabe vermied es, dich anzuschauen. Die Schneide der Bitterkeit, die in deinen vorigen Worten lag, hatte diese »besondere Vertrautheit« zerschnitten, die euch, ihm zufolge, einte. Draußen brüllte weiter der Sturm.

XXVIII

Geheul

EIN HAUFEN SCHNEE war durch das Loch in der Mauer in die Höhle gedrungen. Von Zeit zu Zeit ließ das schwache Licht der Glut, die du mit Stöckchen nährtest, das schreckliche Gespenst des Schneesturms ahnen, der am Eingang tobte und hereinzubrechen versuchte. Dann entfernte sich das Monster heulend, schleifte seinen weißen Umhang mit sich fort, nur um beim nächsten Anschwellen des Sturms von Neuem anzugreifen.

Darwin murmelte Unverständliches und gestikulierte dabei, brach jedoch unversehens ab und verschränkte die Arme. Sogar in seiner Empörung war er noch ein Gentleman, dachtest du spöttisch. Schließlich brachte er genügend Wut auf, um seine Schüchternheit zu überwinden:

»Sie … Sie wollten mich gar nicht umbringen.«

»Das Erdbeben hat Sie gerettet, Wunderknabe.«

»Sie hätten doch schon schießen können, als Sie mich sahen. Oder zulassen können, dass mich der Felsbrocken erschlug.«

»Mir war klar, dass ich Sie brauchen würde, um mich selbst zu retten.«

»Lügen!«

Darwin sprang auf und trat dabei fast in das Feuerchen, das euch vor dem Erfrieren schützte. Sein zitternder Zeigefinger zielte auf dich, seine dünne Maske aus aschgrauem Lehm, von seiner Aufregung zerbrochen, platzte ihm vom Gesicht. Die Wut der

Kleinmütigen, dachtest du, scheint heftiger, weil sie so kurz ist. Darwin spie dir seine Worte ins Gesicht:

»Ihre ganze Verfolgung war nur romantisches Theater! Sie wollten nur diese groteske Eifersuchtsszene aufführen, weiter nichts!«

»Und weshalb, bitte, sollte ich eine Szene aufführen wollen, Mister Darwin?«, fragtest du mit absoluter Gelassenheit.

Es machte dir Spaß, gegenüber diesem englischen Gentleman die Ruhe zu bewahren, die er verloren hatte.

Darwin biss sich auf die Lippen. Senkte seinen anklagenden Zeigefinger. Zögerte. Wusste die Antwort nicht oder war vielleicht peinlich berührt, dass er sie dir geben sollte. Plötzlich bekamst du eine diffuse Angst vor dem, was er sagen könnte, und wolltest ihn schon zum Schweigen bringen. Doch er kam dir zuvor:

»Sie haben dieses Theater nur aufgeführt, um sich selbst zu beweisen, dass Sie Carmen lieben.«

»Das brauche ich nicht zu beweisen. Ich liebe sie!«

Darwin lächelte, du wusstest nicht, ob ungläubig oder mitleidig.

»Sie lieben sie so sehr wie jene typischen Frauengestalten, die Sie auch gemalt und dann verlassen haben?«

Das war ein ordentlicher Tiefschlag. Der Mund blieb dir offen stehen, voller Verblüffung verstummtest du. Oder besser gesagt, voller Bewunderung. Carmen hatte sich nicht damit begnügt, den Wunderknaben zu verführen und zu entjungfern, sondern ihm auch noch das Geheimnis deiner Sammlung nackter Frauen verraten. Zweifellos hatte sie ihm auch erzählt, dass du sie ebenfalls so gemalt hattest.

Welch große Widersacherin im blumigen Krieg der Liebe hattest du dir da ausgesucht, Moro! Wenn es ein Triumph gewesen war, sie erobert zu haben, so war es das nicht weniger, von ihr besiegt zu werden.

»Geben Sie es zu«, forderte Darwin, doch jetzt nicht mehr zornig, sondern eher, als bitte er dich, eine wissenschaftliche Wahrheit zuzugeben. »Sie haben Carmen nackt gemalt, weil Sie auch sie verlassen und dieses schamlose Andenken mitnehmen wollten.«

»Ich wollte mit ihr leben«, widersprachst du ohne Überzeugung. »Ich hätte sie entführt, wenn sie gewollt hätte.«

»Nein«, bekräftigte Darwin. »Sie sammeln Frauen, wie ich Steine und Insekten sammle: kaltblütig.«

Jetzt warst du es, der zum ersten Mal einen leichten Schwindel verspürte. Vielleicht warst auch du zu hoch geklettert. Warst zu hoch geklettert und hattest mit zu hohem Einsatz gespielt. Auch jetzt versuchtest du noch, verächtlich zu klingen:

»Kaltblütig sind vielleicht Sie, als Rationalist. Ich dagegen ...«

»Ich dagegen bin Künstler«, wolltest du noch hinzufügen. Doch nicht einmal das schien dir mehr die Garantie für ein leidenschaftliches Leben zu sein, dem Schöpferischen und der Liebe gewidmet. Seit jener Offenbarung, die du, von Jauche und Regen durchnässt, in Valparaíso erlebt hattest, gabst du nicht mehr nur »der Anderen« die Schuld an der Enttäuschung und dem unvermeidlichen Tod deiner Verliebtheiten. Du selbst warst es ja auch, der sie mit seinem unerbittlichen Auge des Malers tötete ...

Darwin unterbrach deine Gedanken:

»Ihre Liebe reicht gerade so aus, um zu erobern, Rugendas. Bevor Sie enttäuscht werden, verschwinden Sie. Weil Sie Angst haben.«

Also hatte Carmen es gewusst. Der frisch entjungferte Jüngling war nichts anderes als ein Bote: Er wiederholte, was er gehört hatte. Sie war es, die durch seinen Mund zu dir sprach. Sie, die in irgendeiner Pause der zwei Nächte, die sie mit dem Forscher verbracht hatte und in denen sie im Freien schliefen und miteinander schliefen, auf der schwimmenden Insel segelten, die Phantasie der Entführung lebten, von der sie träumte, ihrem zufälligen Liebhaber gesagt hatte, dass du, ihre wirkliche Liebe, nicht zu lieben wusstest.

Und plötzlich verstandst du auch, warum du sie nackt gemalt hattest. Carmen und all die anderen. Nicht, um ihre Schönheit unsterblich zu machen, sondern weil diese Bilder tatsächlich die einzigen Frauen waren, bei denen du dich sicher fühltest. Sie konnten dich nicht eines Tages anschauen und entdecken, dass du sie nicht mehr liebtest.

Woher hatte Carmen diese Fähigkeit, die Abgründe deiner Einsamkeit auszuloten? Wie hatte sie es geschafft, so tief in diese eisige Krypta deiner Brust hineinzuschauen, wo nicht einmal du dies wagtest? Dieses dreihundert Jahre lang verschlossene Grab, wo ein geopfertes Kind ohne Hoffnung darauf wartete, geweckt zu werden.

Und trotz alledem hatte sie dich geliebt.

Die Glut des kleinen Feuers, inzwischen von Asche bedeckt, erhellte die Höhle kaum noch. Fast sahst du das Gesicht deines Kontrahenten nicht mehr. Warst dankbar für die Dunkelheit, die deine Verwirrung und deinen Schmerz verbarg. Die Kälte ließ dich erschauern. Dein Fleisch erinnerte dich daran, dass nicht nur dein Geist erfror. Auch dein Körper war dabei, zu erstarren! Im Halbdunkel suchtest du verzweifelt nach noch mehr Feuerholz, doch deine Hände ertasteten nur den groben Kies am Boden und die Opfergaben der Mumie. Während des Streits mit Darwin hattest du, ohne es zu bemerken, das Feuer wutentbrannt mit Stücken deiner Staffelei, deines Klappstuhls und deiner Farbkiste gefüttert. Und sogar deiner Palette. Als alle deine Werkzeuge im Feuer gelandet waren, hattest du sogar den silberbeschlagenen Inka-Stab in die Flammen geworfen, und auch der war inzwischen verbrannt. Jetzt schüttetest du den Rest des Öls aus Darwins Lampe ins Feuer, das einen Moment lang fröhlich aufflackerte, nur um gleich darauf mit einem spöttischen Knistern beinahe ganz zu verlöschen. Nichts Brennbares war mehr übrig. Und das Klappern deiner Zähne ließ dich ahnen, dass der schlimmste Teil der Nacht noch bevorstand. Wenn die letzte Glut erlosch, würdet ihr morgen früh in dieser Höhle am Aconcagua erfroren sein, die dann zwei weitere Opfer empfing.

Darwin hielt sein Thermometer in die Nähe der Glut, um es besser sehen zu können, und las:

»Minus fünfzehn.«

»Und das so nah am Feuer. Auf meinem Rücken sind es wahrscheinlich minus fünfundzwanzig.«

»Verbrennen Sie die Pinsel. Das ist das einzige Feuerholz, das uns noch bleibt.«

»Niemals. Die hat mir mein Vater geschenkt. Er wollte, dass ich der beste Maler der Welt werde. Außerdem würden sie nicht viel hergeben. Da sterbe ich lieber gleich jetzt.«

»Wenn das Feuer ausgeht, sitzen wir im Dunkeln.«

»Sagen Sie bloß nicht, dass Sie sich auch noch vor dem Dunkeln fürchten.«

»Meine Mutter starb, als ich drei war«, gab Darwin zurück.

Das war eine zusammenhanglose Antwort, die dir dennoch logisch erschien. Der Aconcagua gewöhnte dich langsam an das Unbegreifliche: Dieser frühe Tod der Mutter war ein mehr als ausreichender Grund, jetzt die Dunkelheit zu fürchten. Du bliest in die Glut, und ein schwacher Schein ließ die hellen, schreckgeweiteten Augen Darwins aufleuchten. Er wirkte wirklich wie ein schutzloses Waisenkind. Wenn er jetzt wieder eine seiner Panikanfälle erlitte, dann würdest auch du dem nicht mehr standhalten.

»Setzen Sie sich neben mich«, botst du an. »So wärmen wir uns gegenseitig.«

Er gab keine Antwort. Doch du kanntest ihn ja schon: Der Wunderknabe kämpfte mit seiner Schüchternheit. Schließlich sahst du im Halbdunkel, wie er zu dir herüberrutschte, bis er neben dir saß. Allerdings hielt er einen vorsichtigen Abstand von einigen Zentimetern. Möglicherweise fürchtete er den Körperkontakt mehr als die Dunkelheit.

Unterdessen bereitetest du beim Licht des letzten Feuerscheins das Tablett vor. Du hattest damals den Indios in Ayacucho gut zugeschaut und wiederholtest genau, was sie gemacht hatten. Mit einem Kaktusstachel, den du im Wollsack gefunden hattest, reinigtest du das Inhalationsröhrchen und warfst den Stachel anschließend ins Feuer. Dann öffnetest du den Bambusbecher und schüttetest eine ordentliche Menge von diesem Vilca, das vielleicht noch etwas anderes enthielt, auf das Tablett. Deiner Erfahrung von vor ein paar Stunden nach musste das mehr als genug für euch beide sein. Du stießt Darwin an:

»Jetzt Sie zuerst.«

»Wozu?«, fragte er mit zittriger Stimme.

»Damit wir einen süßen Tod haben.«

»Reden Sie nicht davon!«

»Ist gut. Dann eben, um die Kälte und die Höhenkrankheit zu bekämpfen.«

»Sind Sie sicher?«

»Bergsteiger trinken manchmal starken Schnaps. Vilca ist etwas Ähnliches. Auf den Hochebenen Perus benutzt man es genau dafür. Vielleicht hilft es uns, bis morgen früh durchzuhalten.«

Das war eine ungeheure Lüge. Doch zulässig. Es kostete dich nichts, dem jungen Forscher diese Hoffnung zu geben.

Nach ein paar Sekunden des Zögerns fühltest du, wie sich seine Schulter zu dir herüberbeugte und sich an die deine lehnte. Fast ohne etwas zu sehen, tastetest du sein schlammverkrustetes Gesicht ab, fandst seine Nase und führtest vorsichtig das Röhrchen in eins seiner Nasenlöcher, um es mit dem anderen Ende auf das Tablett zu setzen. Du hobst das Tablett, die Obsidianaugen des Opferschamanen leuchteten auf, als sie euch beide anschauten.

»Atmen Sie jetzt tief durch die Nase ein«, befahlst du.

Trotz seiner nervösen Störungen besaß Darwin einen kräftigen Körper und breiten Brustkorb. Er sog die Luft so heftig ein, dass du das Tablett, als du es prüftest, zu deinem Staunen und Erschrecken völlig leer fandst. Glücklicherweise enthielt das Bambusgefäß noch genug von dem Pulver. Während du das Tablett noch einmal fülltest, krümmte sich der junge Forscher, stöhnte und strampelte mit den Füßen.

»Niesen Sie jetzt auf keinen Fall! Halten Sie sich die Nase zu!«, befahlst du ihm streng.

Allerdings hätte jeder andere, der das Röcheln Darwins hörte, den Eindruck bekommen können, dass er gar keine Nase mehr hatte, die er sich hätte zuhalten können.

Den abgeschnittenen Kopf in der Hand, erhob sich der Opferschamane wieder. Jetzt über dich. Du inhaliertest vorsichtig, ohne zu übertreiben, warst gewarnt durch deine vorige Erfahrung und die sichtbare Agonie des Naturforschers.

Ein Strom heißer Lava floss deine Kehle hinab. Die steinernen Augen des Schamanen weiteten sich. Du fühltest, wie du in ihnen ertrankst, als stürztest du dich in die grünlichen Bergseen, die das Erdbeben verschüttet hatte. Die Federn deines Kopfschmucks juckten auf deiner Schädeldecke, sie schienen Wurzeln zu schlagen und direkt aus deiner Kopfhaut zu wachsen. Du meintest zu schmelzen, hattest das Gefühl, dass deine Lungen platzten, spürtest, wie deine Brustwarzen hart wurden. Eine wohltuende Wärme überkam dich, rettete dich vor dem Erfrieren und sammelte sich in der pochenden Erektion, die dich die Beine spreizen ließ. Es kann sein, dass du für ein paar Minuten das Bewusstsein verlorst, überwältigt durch den Schwall von Leben, der dich jetzt durchströmte. Das Nächste, an das du dich erinnerst, war, dass dich jemand schüttelte und aufrichtete.

»This is great!«, hörtest du eine heisere Stimme rufen.

Du öffnetest die Augen, aber du sahst nichts. Die Dunkelheit war jetzt so absolut wie in einem Grab. Doch wenn du tot warst, dann warst du nicht allein. Jemand saß neben dir und hielt dich im Arm. Du brauchtest ein Weilchen, bis dir der Naturforscher einfiel. Er war es, der seinen linken Arm um deine Schultern gelegt hatte. Du hörtest ihn keuchen und vor sich hin murmeln. Einen seiner Panikanfälle schien er nicht zu erleiden. Vielmehr schien ihn eine unkontrollierbare Euphorie zu beherrschen. Auch du verspürtest nicht die geringste Angst oder Besorgnis. Eine Erinnerung, die dir gar nicht zu gehören schien, fuhr dir durch den Kopf. Hatte dir jemand dort im peruanischen Urwald erzählt, dass das Vilca bei Friedenszeremonien zwischen den Stämmen inhaliert wurde? Jetzt wusstest du auch, weshalb.

Darwin lachte und klopfte dir dabei auf den Rücken:

»Wenigstens werde ich nicht als Jungfrau sterben«, meinte er.

Er hörte sich an, als könne er sich nicht halten vor Glückseligkeit. Auch du lachtest, ohne irgendein Anzeichen von Zorn:

»Ja, bedanken Sie sich bei der Vinchuca.«

Als er den Spitznamen hörte, ließ der Forscher eine lautes, ansteckendes Gelächter hören, in das du sofort einfielst.

»Ja, natürlich, die Vinchuca!«, rief er. »Sie hat mich ausgesaugt und mir den ganzen Körper mit blauen Flecken bedeckt.«

»Mir genauso«, gabst du zurück, und vor Lachen traten dir die Tränen in die Augen.

»Sie hat uns beide ausgesaugt!«, schrie Darwin völlig aus dem Häuschen.

Und gleich darauf begann er zu heulen. Er heulte wie ein Kojote, der den Mond anbellt, wie ein Gorilla im Urwald, der sich an die Brust trommelt, wie ein junger Mann am Rand des Todes, doch glücklich darüber, am Leben zu sein. Instinktiv und freudig fielst du in sein Geheul ein. Schulter an Schulter stimmtet ihr ein melodiöses, zweistimmiges glückliches Gebell an. Bis euch das Vilca nach und nach auf die Reise in eine andere Region mitnahm …

XXIX

Ein lebendiger Baum

EIN STROM BLENDENDEN LICHTS flutete durch den Eingang der Höhle. Der Schnee hatte das unförmige Loch in der Steinwand gerundet. Von seinem oberen Rand hingen Eiszapfen herab, die winzige Regenbögen strahlen ließen. Mehr denn je schien es, als habe euch das gezähnte Maul des Aconcagua verschlungen. Doch diese leuchtende Öffnung vom warmen Inneren der kleinen Grotte aus zu sehen, erzeugte ein fast häusliches Glücksgefühl. Und dazu rührtest du noch in einer Suppe, die über dem Feuer köchelte. Es fehlte nur noch, dass du dabei ein Liedchen gesungen hättest. Oder vielleicht tatest du das auch, denn Darwin bewegte sich endlich. Seine gerade Nase zog sich kraus, als sie den Duft deiner Suppe roch. Sein Magen knurrte. Der Hunger erwachte schneller als der Mann. Du sahst, wie er die Augen öffnete und sie, geblendet, gleich wieder schloss. Dann richtete er sich ein Stückchen auf.

»Das wurde auch Zeit, Sie haben mehr als vierundzwanzig Stunden geschlafen«, sagtest du.

Der Forscher schaute dich verständnislos an. Dann rieb er sich die verquollenen Augen, zweifelte, richtig zu sehen: Wer warst du, was zum Teufel machte er in einer Höhle, wie war er dorthin gekommen? Seit das Vilca ihn umwarf, hatte er einen ganzen Tag geschlafen, hatte geschnarcht wie ein Bär im Winterschlaf. Hatte geträumt, gegrunzt, sich gewehrt und gekämpft und schließlich geschnurrt wie ein Kater. Ab und zu berührte er sich unanständig. Ein paar Mal hattest du am Tag zuvor versucht, ihn wachzurütteln. Doch sein Widerstand war so wütend wie der eines Männchens, das man beim Kopulieren von seinem Weibchen trennen will. Da ließest du ihn lieber weiterschlafen.

Darwin reckte sich, kroch auf allen vieren zum Höhleneingang und streckte den Kopf hinaus, steckte ihn dann in den Schnee und wühlte in ihm wie ein Hund in seinem Napf. Aß ihn, schluckte ihn, so wie auch du es am Morgen zuvor gemacht hattest, besessen von einem brennenden Durst, der auf diese Art nicht zu löschen war. Dann hob er den Kopf, und du hörtest ihn wie in Ekstase tief ein- und ausatmen, als er die tiefverschneite, leuchtend weiße Landschaft betrachtete, die der Schneesturm hinterlassen hatte. Lächelnd wandte er sich zu dir um:

»Jetzt können wir wieder hinaus. Wir sind gerettet«, sagte er.

»Das habe ich schon versucht. Ich kam kaum vorwärts. Der Schnee liegt meterhoch. Wir sind noch abgeschnittener als vorgestern.«

»Vorgestern?«

Darwin schüttelte den Kopf, suchte in irgendeinem Winkel seines Schädels diesen verlorenen Tag. Als er dann genauer zu dir hinsah, blieb ihm vor Verblüffung der Mund offen stehen. Mit dem Finger zeigte er auf den großen, schwarzen Tontopf in Form eines dickbäuchigen Affen, in dem du mit dem Eisenstiel seines Geologenhammers die Suppe umrührtest. Du musstest ein besonderes Schauspiel bieten, wie du da mit gekreuzten Beinen saßest, auf dem Kopf den Federschmuck der geopferten Prinzessin, den du nicht ablegen wolltest, und, ein wenig erhitzt vom Dampf deiner Brühe, in aller Ruhe kochtest.

»Woher haben Sie dieses Essen?«

Es dauerte ein Weilchen, bis du ihm antwortetest. Du probiertest die Brühe mit dem beinernen Löffelchen, der bei dem Vilca gelegen hatte. Dann nahmst du eine Prise von dem Chilipfeffer, den du im Mörser gemahlen hattest, und streutest ihn in die Suppe. Da es kein Salz gab, war dies eine gute Würze, es gab deinem Eintopf eine rötliche, appetitliche Farbe.

»Ich habe draußen am Abhang ein Stück Fleisch von einem erschlagenen Pferd gefunden«, erklärtest du schließlich, ohne ihn anzuschauen. »Und habe noch den Mais, die Quinoa, ein paar getrocknete Kartoffeln und die anderen Beigaben der Prinzessin dazugetan.«

»Es riecht wunderbar. Ich habe einen Bärenhunger. Darf ich?«

»Nein. Es braucht noch ein Weilchen«, beschiedst du kurz und bündig wie eine gute Hausfrau. »Die Zutaten sind sehr trocken. Gestern habe ich drei Stunden gebraucht, um mir eine einfache Brühe zu kochen.«

»Verstehe … Aber woher kommt dieses Feuer?«

»Ich sehe schon, Sie erinnern sich an gar nichts mehr. Vorgestern haben Sie in Ihrem Delirium angefangen, etwas von den Steinen abzuklopfen, und es mit Ihren Streichhölzern und dem Rest meiner Farben angezündet. Sie meinten, die Steine könnten vielleicht brennen. Das taten sie dann auch.«

Du zeigtest auf die Metallschachtel seiner Congreve'schen Streichhölzer. Und das Papier, das du zum Anzünden verwendet hattest. Als er dieses sah, riss der Forscher weit die Augen auf und begann aufgeregt, aber vergeblich, seine vielen Taschen zu durchsuchen.

»Das sind Seiten aus meinem Tagebuch«, sagte er fassungslos. »Was haben Sie damit gemacht?«

»Es hat mir geholfen, das Feuerchen in Gang zu bringen.«

»Mein Reisetagebuch? Meine Aufzeichnungen der letzten Wochen!«

»Ich habe sie verbrannt. So, wie Sie es mit den Pinseln gemacht haben, die mir mein Vater einst geschenkt hatte«, gabst du seelenruhig und mit dem Genuss süßer Rache zurück.

»Haben Sie darin gelesen?«, fragte Darwin zaghaft.

»Diese ekelhaften physiologischen Beschreibungen dessen, was Sie mit Carmen gemacht haben? Diesen ›Austausch von Sekreten‹, diese ›reproduktiven Funktionen‹? Ja, natürlich habe ich das gelesen.«

»Das waren wissenschaftliche Notizen …«, rechtfertigte sich der Wunderknabe und errötete bis unter die Wurzeln seines schütteren blonden Haars.

»Sie sollten mir danken, dass ich sie verbrannt habe. Ihre kalte Beschreibung des Geschlechtsaktes war viel schlimmer als die schamloseste Pornographie.«

»Und schlimmer als meine Bilder der typischen Frauengestalten«, wolltest du schon hinzufügen, Moro, konntest dich aber gerade noch zurückhalten.

Resigniert starrte Darwin in die Glut des Feuers. Betrachtete die schwarzen Platten aus der Steinmauer, die er, deiner Erzählung zufolge, zwei Nächte zuvor hatte entzünden können. Und die du dann weiter losgeschlagen hattest, um damit das Feuer zu entfachen. Er nahm einen Steinsplitter und untersuchte ihn sorgfältig mit seiner Lupe. Ein riesiges, sanftes blaues Auge blinzelte in der Linse:

»Das ist bitumenhaltiger Ölschiefer. Von niedrigem Brennwert«, befand er schließlich.

»Genau das haben Sie vorgestern Nacht auch schon gesagt, nur etwas poetischer. Höllensteine, haben Sie sie genannt.«

»Ich weiß gar nicht mehr, wie ich sie entdeckt habe … Ich glaube, wir haben plötzlich im Dunkeln gesessen.«

Die Erinnerung kam in Schüben zurück und verließ ihn dann

wieder. Du kanntest das schon, hattest es am Tag zuvor erlebt, während er noch schlief.

»Vielleicht haben Sie es schon entdeckt, als wir zur Höhle heraufkamen, aber mir nichts gesagt, damit ich vorher all meine Malutensilien verbrannte. Oder vielleicht hat das Vilca Ihnen später die Wahrnehmung geschärft. Was weiß ich denn.«

Als er das Wort Vilca hörte, schlug sich der Forscher gegen die Stirn. Ein wenig zu heftig. So als wolle er die Bilder zurückdrängen oder bestrafen, die in seinem Gedächtnis auftauchten.

»Das Vilca, ja, natürlich. Wir waren kurz davor zu erfrieren. Zu sterben. Ich hab sie inhaliert ... Danach erinnere ich mich nur noch an so etwas wie einen Lichtblitz. Als sei mir die Erinnerung verbrannt.«

»Vielleicht auch besser so. Weil Sie ein paar Sachen getan und gesagt haben ...«

Darwin wurde rot, musterte dich misstrauisch. Machtest du dich wieder über ihn lustig?

»So etwas ist mir noch nie passiert.«

»Und ich hoffe, das wird Ihnen auch nie wieder passieren.«

»Um Gottes willen, Rugendas! Nun erzählen Sie schon!«

* * *

Es war völlig dunkel geworden in der Höhle, diesem Maul des Aconcagua, das immer noch ab und zu von den Nachbeben des Erdstoßes erzitterte. In dieser Nacht würdet ihr vor Kälte sterben, da wart ihr sicher. Die einzige Zeugin würde die geopferte Prinzessin sein, die schon um die dreihundert Jahre vor euch in dieses Grab gekommen war.

Bei deinen Halluzinationen schien es dir manchmal, als tauchten an der weißlichen Decke der kleinen Grotte Gestalten auf, phosphoreszierende, bunte Figuren, die vielleicht deine Netzhaut erfand. Oder vielleicht nicht … Du sahst etwas, das du »das Große Wesen« nennen wolltest. Sahst die Geister der Bäume, sahst Schlangen … Sahst das Schicksal in etwas Greifbares verwandelt, das mit dir Schluss machen würde. Doch da es ein so angenehmes Gefühl war, wolltest du nicht, dass es zu Ende ging. In manchen Augenblicken deiner Halluzination löstest du dich auf, teiltest dich, teiltest deine Visionen mit einem zahllosen Stamm von Männern und Frauen mit bemalten oder tätowierten Körpern. Und dann wieder warst du entsetzlich allein.

In dieser Einsamkeit erstrahlte einmal klar und deutlich die makellos weiße Haut einer nackten jungen Frau. Obwohl ihre rote Mähne, kupfern wie ihr Schamhaar, halb ihr Antlitz verdeckte, konntest du erkennen, dass sie wunderschön war. Sie streckte ihren Arm aus, bot dir ihre Hand. Du wolltest schon danach greifen, doch dann lief dir ein eiskalter Schauer über den Rücken. Du erkanntest, wer sie war. Schlossest die Augen und schriest, es sei noch nicht Zeit.

Du konntest auch nie ganz sicher sein, welche Dinge du halluziniertest, Moro, und welche der Naturforscher. Manchmal schien es dir, als verschlängen sich deine Visionen mit denen, die Darwin stammelte, und bildeten gemeinsam einen Doppelwendel wie eine lange Treppe mit weit auseinanderstehenden Stufen, die sich in die geheimnisvolle, unergründliche Tiefe des Bergs hinabwindet. Dann wieder fühltest du dich völlig klar im Kopf, während der Forscher halluzinierte, wie ein Tier heulte und gleich darauf wie ein Professor dozierte. Und dann gab es auch jene anderen Momente, die verstörendsten, in denen du meintest, ihr sähet beide dasselbe. Dabei wusstest du doch, dass das nicht möglich war …

Warte einen Augenblick, Moro. Du bist zu schnell. Verzichte

nicht darauf, zu malen, was du gesehen hast. Es kann sein, dass du dich dein ganzes Leben lang darauf vorbereitet hast, ohne es zu wissen. Darauf, in der Dunkelheit mit dem Pinsel deiner Visionen diesen Weg bis auf den Grund des Berges zu malen. Versuche, dieses unmögliche Gemälde leuchten zu lassen. So wie du es für Darwin getan hast, als er dich bat, ihm zu erzählen, was er nicht erinnern konnte. Tue es jetzt, auch wenn du durch das Malen und Erinnern diese ursprüngliche Verwirrung neu ordnen musst. Und dadurch vielleicht ihr wesentlicher Kern verlorengeht. Einmal völlig »verwirrt« zu sein, bedeutete auch, mit der Halluzination »verwoben« zu sein. Endlich einmal warst du selbst in dem Bild, das du maltest.

Mit der ersten Wirkung des Vilca, da bist du sicher, spürtet ihr beide eine glühende Hitze, die euch nicht nur innerlich verbrannte, sondern auch vor dem Erfrieren rettete. Eng umschlungen stimmtet ihr euer Geheul an. Brülltet aus reiner Lust, am Leben zu sein. Dieses Geheul war so mächtig, dass es das wütende Fauchen des Sturms zum Schweigen brachte, der euch belagerte.

In der nächsten Szene kannst du in der Dunkelheit sehen. Deine Augen durchbohren das Herz der Schatten, das von violetter Farbe ist. Vielleicht (doch das hast du erst später gedacht) ist es dem Forscher gelungen, jene Steine aus Schiefer zu entzünden, und du hast es nicht gemerkt oder hast es vergessen. Wie dem auch sei, du siehst die leuchtende Silhouette deines Begleiters, der etwas Unerhörtes tut: Er nimmt die Mumie der geopferten Prinzessin und setzt sie sich auf die Knie. Er hält sie im Arm, als wolle er sie in den Schlaf wiegen, denn der Tod ist nichts anderes (das wird dir mit furchtbarer Gewissheit klar) als ein ewiges Wachen. Er wiegt sie nicht nur, er singt ihr auch etwas vor. Summt ein Schlaflied, sagt ihr zärtliche Worte. Erzählt ihr eine Geschichte. Mit der kindlichen Stimme, die Mütter gebrauchen, um ihre Kleinen zum Einschlafen zu bringen, erzählt der Forscher dem toten Mädchen eine Liebesgeschichte …

Es waren einmal ein Mann und eine Frau, die liebten sich auf einer schwimmenden Insel. Nein!, möchtest du schreien. Das ist keine passende Geschichte für ein kleines Mädchen! Es wird nicht einschlafen können, wenn es eine solche Geschichte hört, wird nie mehr schlafen können. Doch der Forscher bringt dich zum Schweigen: »Schsch…!«, zischt er. Und erzählt mit seiner mütterlichen Stimme weiter. Es waren einmal ein Mann und eine Frau, die liebten sich nackt und im Stehen auf einer schwimmenden Insel. Die beiden standen so dicht beieinander, so eng umschlungen, dass sie wie ein Baum aussahen, der auf diese Insel gepflanzt war.

Da spürst du, wie sich deine Augen weiten, zu Ferngläsern werden. Mit diesen Teleskopen kannst du nicht nur Entfernungen überwinden, sondern auch in unfassbare Zeiten blicken. Durch sie entdeckst du noch einmal diesen »lebendigen Baum«, den du vom Ufer eines weit – eine Woche? Hunderte von Jahren? – zurückliegenden Sees erspäht hast. Einen Baum, der sich wiegte und bewegte, als schwinge ihn ein Wind, der gar nicht wehte.

Der Forscher sagt dir, ja, genau das seien sie gewesen: ein lebendiger Baum. Du nimmst völlig selbstverständlich hin, dass der andere sehen kann, was du denkst. Er sieht es, weil du die Visionen in die Luft malst, die er dir erzählt. Er sagt die Worte und du fügst die Bilder hinzu. Du begreifst, indem ihr das tut, seid ihr ein Einziger, so vereint, als seid ihr es, die kopuliert haben, so wie jenes Paar, das den lebendigen Baum gebildet hat.

Deine Teleskopaugen zeigen dir etwas, von dem du damals, am Ufer des Sees, nicht wusstest, dass du es sahst. Alles glänzt in schillernden, strahlenden Farben. Der große nackte Mann mit rosafarbener Haut stemmt seine Füße in den pflanzlichen Boden der schwimmenden Insel, als wolle er sich in ihr verwurzeln. Die Frau sitzt auf seinen kräftigen Schenkeln, schlingt ihre Beine um seine Taille und legt ihre Arme um seinen Hals, während sie ihren Kopf nach hinten wirft und ihren langen, schwarzen Schopf im Wind flattern lässt, der eigentlich gar nicht weht. Ihre Hüften bewegen sich im Rhythmus ihres Begehrens. Er versucht, noch tiefer in sie einzudringen; sie möchte noch stärker von ihm durchdrungen werden. So miteinander verschmolzen, der eine in der anderen, wiegen sie sich, schaukeln hin und her. Von Weitem gesehen, könnte niemand erkennen, ob sie sich lieben oder miteinander kämpfen. Gewiss ist nur, dass sie gemächlich hin- und herschwingen wie die schwere Krone eines Baums voller Früchte, wenn ihn der warme Sommerwind wiegt (auch wenn dort kein Wind weht).

Neben ihnen brennt ein Feuer, das sie lustvolle Schatten werfen lässt. Wenn ihre vereinten Körper sich biegen oder sich die Arme eines der beiden öffnen oder die Mähne der Frau hochweht, weht auch der Schatten der Liebenden, wächst und vereint sich mit dem größeren Schatten der Nacht. Der Schatten der Liebenden bedeckt die Welt.

So wurden der Mann und die Frau ein Baum, hörst du den Forscher zu der kleinen Prinzessin sagen, die er in der Dunkelheit in seinen Armen wiegt, immer noch mit der gespielt mütterlichen Stimme, damit sie endlich einschläft und träumen kann, dass sie nicht tot ist.

Du wirst zornig, willst protestieren. Dir gefällt nicht, was du gesehen hast. Was der Forscher dich in deiner Phantasie hat malen lassen. Du verspürst wieder den Drang, mit ihm zu streiten. Denkst, sogar halluzinierend könnt ihr noch diskutieren. Doch kommst du nicht mehr dazu, etwas zu sagen. Ein furchtbarer

Blitz fährt in die Höhle hinein (fährt in sie hinein oder dringt aus ihrem Grund herauf?), entzündet die Dunkelheit und verbrennt alles, was du gesehen hast.

Als deine Augen endlich aufhören zu pulsieren, zu brennen wie verkohlte Glut, siehst du, dass außer euch noch jemand in der Grotte ist. Du siehst ihn nicht nur, du meinst auch, das Eis seiner Gegenwart zu spüren, eine Kälte, die bitterer ist als diejenige dieser hohen Berge. Dein Herz zieht sich zusammen. Das Kinn des Forschers vor dir klappt mit einem Ausdruck des Entsetzens herunter. Er sieht dasselbe wie du. Jetzt stellst du dir nicht mehr vor, was er halluziniert. Auch wenn es unmöglich ist (du weißt immer noch, was unmöglich ist), teilen er und du diesmal dieselbe Halluzination …

XXX

Der Baum des Lebens

Mephisto:
Grau, teurer Freund, ist alle Theorie
und grün des Lebens goldner Baum.
J. W. VON GOETHE, FAUST I

ES IST EIN ALTER MANN in einem schweren schwarzen Mantel und mit einem Hut auf dem Kopf, einem Zylinder, der bis auf seine weißen, widerspenstigen Augenbrauen niedergedrückt ist. Seine Haut ist gelblich und faltig, sein langer Eremitenbart weiß, und seine grünen Augen blicken schalkhaft, spielerisch, kontrastieren mit diesem Gesicht, das von einer uralten Müdigkeit gezeichnet ist. Seine Erschöpfung kann nur – das ahnst du, Moro – von einem allumfassenden, schmerzhaften Wissen herrühren, einem Wissen, in dem die Wahrheit die Hoffnung tötet.

Dieser Eremit hält in seiner zitternden Linken eins der Streichhölzer, die Darwin dabei hatte. Doch dieses hier brennt, ohne zu verlöschen. (Ohne zu verlöschen, als sei die Zeit stehengeblieben.) Obwohl es verkohlt ist, wächst aus dem schwarzen Kopf des Hölzchens ein Flammenschopf.

Auch wenn er jetzt anders angezogen ist, erkennst du ihn: Dieser Eremit ist der Schamane, sagst du dir, der Opferpriester. Der andere lacht ein sarkastisches, kreischendes Lachen, das wie ein schrilles Glöckchen klingt oder das Nagen einer Ratte an einem sehr harten Knochen. Dann dringt von weither seine abgehackte, von Schleim gedämpfte, ironische Stimme zu euch. Ich könnte wetten, dass ihr euch fragt, wer von euch beiden mich träumt, hat er gesagt, ohne die Lippen zu bewegen. Seine Stimme kommt aus einer perfekten Vergangenheit, einer Vergangenheit, die sich auf die Gegenwart stürzt, um sie zu verschlingen.

Du siehst zum Forscher hinüber. Er ist sehr bleich, atmet schwer, glänzt vor Schweiß. Er hält die Mumie der Prinzessin umschlungen, um sie zu beschützen, oder nur, um sich an jemandem festzuhalten. Der Eremit bemerkt es, seine Augen leuchten auf und schauen auf das tote Mädchen. Oder sind wir alle ein Traum von dir, meine Kleine?, hat er sie gefragt. Gleich darauf hebt er seinen Arm und dreht ihn (in seinem Ärmel bewegt sich eine Schlange), das Streichholz erhellt jetzt den hinteren Teil der Höhle, dort, wo die Mumie gewesen ist. Der Kalkgaumen der Höhle funkelt, als sei dieses armselige Flämmchen eine Laterne oder ein Leuchtturm oder ein unablässig flackernder Blitz. Die Rückwand erzittert, das Erdbeben wiederholt sich. Der Rachen der Höhle zuckt, schmilzt und bricht auf, dreht sich wie eine Spirale. Du siehst einen Wirbel lodernder, prasselnder Lava. Der Eremit in seinem abgetragenen schwarzen Mantel wendet sich zu euch um und winkt euch mit der rechten Hand zu sich heran. Seine langen Finger krümmen sich auf seiner Handfläche, als er euch näher ruft.

Der Forscher schaut dich voller Panik an. Eine Eidechse steckt den Kopf aus seinem Ärmel und läuft über seinen Handrücken. Er sieht sie ohne Erstaunen und schiebt sie sanft in den Ärmel zurück. Dir wird klar, dass du seine Angst gesehen hast. Doch auch seine Ekstase, seine Verzückung. Er wird nicht fähig sein, nein zu sagen. Auch du nicht. Du fühlst deinen Körper als etwas Fremdes. Du bewohnst einen Körper, der aus dicken Schichten Baumwolle gemacht ist.

Beide erhebt ihr euch und nähert euch dem in die Wand geschmolzenen Loch. Als ihr hindurchblickt, scheint ihr in einen riesigen Kelch zu schauen, der ins Innere des Bergs gehauen ist. Eine unendlich lange, spiralförmige Leiter mit sehr weit auseinanderstehenden Stufen führt auf den unsichtbaren Grund dieses Kelchs hinunter. Die Leiter bebt, zieht sich zusammen, zuckt im Schein violetter, blauer, gelber Lichter. Der Opferschamane ist schon weit unten, doch seine Hand ist über seiner Schulter klar zu erkennen, sie ruft euch.

Der Forscher steigt zuerst durch das Loch. Dabei hält er auch jetzt noch die Mumie im Arm, kann sie nicht zurücklassen, wie eine echte Mutter. Du zögerst einen Augenblick, dann folgst du ihm. Die Leiter zum Grund des Bergs hinabzusteigen, erfordert keinerlei Anstrengung: Manchmal springst du von Stufe zu Stufe, manchmal fühlst du, dass dich die Leiter in eine unergründliche Vergangenheit führt. Ab und zu lecken bläuliche Schatten wie Zungen an dir. Du hast keine Angst mehr. Du weißt, dass du an einen bekannten Ort zurückkehrst, obwohl du nie dort gewesen bist. Wie eine Flüssigkeit strömst du in die Tiefe des Bergs.

Ohne es zu merken, bist du am Grund der riesigen Höhle angekommen. Der Forscher ist mit seiner Mumie im Arm schon dort. Der Opferpriester tippt sich mit zwei Fingern an die Hutkrempe und lächelt zufrieden, zeigt dabei seine gelben Zähne. Das ist sein Willkommensgruß für euch. Gleich darauf hebt er den Arm mit dem brennenden Zündholz, damit ihr beide seht, was ihr sehen sollt. Da habt ihr ihn, sagt er. Ihr habt den Kelch gefunden, den ihr so eifrig suchtet. Und seinen Inhalt.

Vom Grund des riesigen, unförmigen Pokals, ihn völlig ausfüllend, wächst … Was ist es? Ein Baum. Oder es sind gewaltige, umgedrehte Wurzeln, die sich in die Höhe versenken. Oder vielleicht ist es das Delta eines Stroms, der zum Meer wird. Oder es ist ein Schlag, eine Explosion, die in einer Sekunde zu einer Million Splitter gefriert. Oder es ist ein Netz. Oder eine Spinnwebe, in der etwas – alles – gefangen zappelt (und auf die Spinne wartet). Spinnwebe und Netz, Explosion und Delta. Feuersbrunst, Energieregen, hat der Eremit gesagt, den wir, der Einfachheit halber, Lebensbaum nennen wollen, mi capisci? Wenn es euch so leichter fällt, ihn zu erkennen – sagte er etwa, ertragen? –, dann schaut euch an, was der Kelch enthält: euren geliebten Lebensbaum.

Und mehr brauchst du nicht zu hören, um ihn mit freudiger Vertrautheit zu erkennen: Es ist der alte Yggdrasil, der Baum aus den Legenden, die du in deiner Kindheit in Bayern gehört hast. Verwandelt, wirr, zitternd, mit unglaublicher Geschwindigkeit niederstürzend. Und zur gleichen Zeit unendlich ruhig.

Du siehst die Achse der Welt. Sie senkt ihre Wurzeln bis ins Innere der Unterwelt, ihr goldener Stamm beherbergt die Menschheit, ihre grünen Zweige sind Stufen zum Himmel hinauf. An einem dieser Zweige hängt die Frucht, schwebt zwischen dem Firmament und der Erde. Im Wurzelgewirr haust eine Schlange. Oben im Baum nistet ein Vogel. An seinem Stamm lehnt ein weiser Mann (derjenige, der von der Ruhe des Baums lernen möchte).

Verschwommen und völlig klar, so siehst du diesen Lebensbaum. Ein unendlicher Strom, der aus einem einzigen Samenkorn sprießt, wächst und sich zum rötlichen Himmel erhebt, sich teilt, sich verzweigt, sich über den Ozean der Zeit legt, die Risse des Nichts füllt. Das Universum verwebt. In deinem Kopf wächst. Sich in deine Gehirnmasse prägt. Zahllos und einzigartig wie ein Wald. Wenn der Wind weht und sich Zweige und Blätter bewegen, möchte der Baum fliegen. Doch die Erde hält ihn zurück, hält ihn gefangen. Dann verlässt der Vogel sein Nest und fliegt an seiner statt. Der Vogel flattert und zerpickt den Stiel, an dem die Frucht hängt. Sie fällt von ihrem Ast. Schlägt mit einem dumpfen Glockenschlag, dessen Echo durch die Jahrhunderte dröhnt, am Boden auf – am Boden des Kelchs, zu deinen Füßen. Jedes Mal, wenn dieser Glockenschlag der zu Boden gefallenen Frucht ertönt, setzt sich die Zeit in Bewegung.

Fasziniert betrachtest du über Stunden oder Jahrhunderte diesen Baum des Lebens, der in der Dunkelheit der Höhle (oder des Pokals oder des Kelchs) schimmert. Sein unlösbares Geheimnis. Seinen gnädigen Gleichmut. Ihn anzuschauen schenkt dir einen einschläfernden Frieden, ein Wohlgefühl strömt durch deine Adern. Du spürst, dass du selbst der Baum bist, von deinen in der fruchtbaren Erde wurzelnden Füßen über deine ausgebreiteten Arme bis zum wirren Haarschopf, der bis zum Himmel reicht …

»Ist er nicht wunderschön, euer Baum?«, hat euch der Opferschamane gefragt. Und hat ihn boshaft »euren Baum« genannt, als wolle er euch dazu verleiten, etwas Verbotenes in Besitz zu nehmen. Dennoch willst du ihm mit Ja antworten, dass es herrlich ist, den Baum anzusehen, dass du überglücklich bist. Doch bevor du sprechen kannst, nimmt der alte Eremit das Zündholz von einer Hand in die andere (das schwarze, verkohlte Köpfchen brennt weiter in dieser Feuermähne). Als sich die Richtung der Flamme verändert, verändert sich auch der ganze Baum.

Trügerisches Netz, Spinnwebe (die auf die Spinne wartet), Delta, das über die Ufer tritt, Feuersturm, der den Himmel verschlingt. Ein verbrannter, verkohlter Baum, von tausend Blitzen durchbohrt. Ein schwarzer, pulsierender Baum, gebildet von einem Rudel wütender Hunde, die sich untereinander zerfleischen. Du siehst ihre sich sträubenden Nackenhaare, ihre rot unterlaufenen Augen, ihre von Blut triefenden Lefzen, ihre Reißzähne, die sich in das Fleisch des Feindes schlagen, ihn zerfetzen. Ein verstümmelter Hund fällt auf einen Ast, und die gesamte Meute stürzt sich auf ihn, um ihn zu verschlingen. Unterdessen kämpfen auch auf den anderen Zweigen Millionen von Tieren. Ameisen schleifen ein Auge fort, Hyänen zerbeißen die Hoden einer Giraffe, eine Möwe schlingt eine ganze Ratte hinunter, die schon in ihrem Kropf zappelt, nur der Schwanz schaut noch aus dem Schnabel heraus. Du riechst den unerträglichen Gestank, der von den nackten Zweigen ausgeht: endlos lange Strände, auf denen Schwärme angeschwemmter Fische faulen. Du hörst Vogelschwärme krächzen, sie kämpfen darum, an den Fischen zu picken. Die höchsten Äste sind Steilfelsen, von denen Massen von eben geborenen und schon wieder gestorbenen Wesen in den Abgrund springen. Die Wurzeln sind ein Brei aus gallertartigen Leichen. Schwärme von Fliegen steigen von diesen Leichen auf. Die Fliegen kämpfen miteinander, bilden einen festen Ball, der sich plötzlich entzündet und in das Eitermeer fällt, das aus dem Kelch schwappt. Von dort erhebt sich eine eitrige, schaumgekrönte Welle, hoch wie ein Gebirge. Die Welle bebt und baut sich auf, während sich im Baum alle Lebewesen unablässig gegenseitig töten.

Du kannst nicht weiter zuschauen. Möchtest dich erbrechen. Auch der Naturforscher hat entsetzt den Blick abgewandt. Der Opferpriester bleibt gelassen, streicht sich den weißen Bart und speit schleimigen Auswurf. Eine phosphoreszierende Schlange landet sehr elegant auf einem roten Teppich.

Da stellst du ohne Erstaunen fest, dass ihr drei (oder vier, einschließlich der Prinzessin) im Schatten des Baums auf Sesseln im Rokokostil sitzt, die mit dicker Seide bezogen und deren Beine und Armlehnen mit vergoldetem Stuck verziert sind. Der Eremit hat die Beine übereinandergeschlagen, unter seinem langem, schwarzen Mantel lugen nackt seine weißlichen, grindbedeckten Waden hervor, die Füße, die in Lackschuhen stecken. Er wirkt sehr zufrieden, wie ein Hausherr, der Besuch empfängt. Noch einmal spuckt er gelben Schleim auf den Teppich, der jetzt nicht zu einer Schlange, sondern einem trockenen Blatt des Baums wird.

Als seine Kehle frei ist, knirscht die spöttische Stimme. Jetzt wollen wir mal über die Liebe reden, hat er sehr zivilisiert gesagt, so wie jemand, der vorschlägt, über das Wetter zu reden. Und gleich darauf hat er dich gefragt: Sagen Sie, wie war das eigentlich genau? Sie wissen schon, damals in Paris, als der große Wissenschaftler Sie in seiner Wohnung am Quai Malaquais empfing. Als Sie Ihre Zukunft als Künstler aufs Spiel setzten, indem Sie sich der wissenschaftlichen Malerei zuwandten. Wie fühlte sich das an, als Ihnen der Universalgelehrte den Hintern tätschelte? Oder stimmt es vielleicht nicht, dass Ihnen Ihr Herr und Meister an den gut zugeknöpften jugendlichen bayerischen Hintern gegriffen hat?

Der Opferpriester sieht nicht nur, was du denkst. Er kann auch in die geheimsten Verästelungen deiner Erinnerung eindringen. Er gelangt dorthin, wo du die kleinen, fauligen Wurzeln deiner Wut aufbewahrst. Dieses vierte Stockwerk der Nummer 3 am Quai Malaquais, von wo aus man auf die Seine sah, dort, wo du zugelassen hast, dass dein Schicksal bestimmt wurde. Der Baron und du, wie ihr über seinen Arbeitstisch gebeugt die große Amerikakarte betrachtet, auf der sein etwas gekrümmter, arthritischer Zeigefinger hin- und herfährt, dir die Orte zeigt, die du besuchen sollst, während er dich über das unterrichtet, was du dir anschauen und malen sollst, sogar, was du erleben sollst. Unterdessen streichelte dir der Baron mit der anderen Hand den Rücken, dann den Hintern und kniff hinein. Du, der junge, unbekannte Maler, eingeschüchtert durch die Nähe des großen Weisen und die Pläne, die er mit dir hatte, ließt ihn gewähren, ohne etwas zu merken oder ohne etwas merken zu wollen … Bis du fühltest, wie seine Hand noch ein wenig tiefer glitt, zwischen deine Beine greifen wollte. Erst da tratst du eilig zur Seite. Doch gabst ihm keine Ohrfeige und gingst auch nicht empört: Du stelltest dich einfach auf die andere Seite des Tisches und tatst so, als könntest du von dort aus einen Teil der Karte besser sehen, Chile vielleicht. Der Baron reagierte, indem er, zweifellos verärgert, von dir verlangte, du solltest ein für alle Mal antworten, mehr Zeit habe er nicht: Nahmst du seine Aufträge nun an oder nicht? Warst du bereit, dich seiner Sache anzuschließen? Und du, der sich unerklärlicherweise fühlte, als verdanktest du ihm etwas, als schuldetest du ihm wenigstens dies – weil du ihm das andere nicht hattest gewähren wollen –, antwortetest auf sein Ultimatum mit einem bebenden: »Ja«.

Diese Erinnerung, die der Eremit heraufbeschworen hat, lässt dich nackt dastehen, ausgeplündert, beschämt. Und das genügt ihm. Er ist jetzt aus seinem Sessel aufgestanden, um sich an die Seite des Forschers zu setzen. Presst sich mit obszöner Vertraulichkeit an ihn. So laut, dass du es auch verstehst, hat er ihm ins Ohr gesagt: Und Sie, junger Mann, erzählen Sie uns mal von ihrer Freundin Fanny Owen. Als ihr allein durch die Wälder von Woodhouse galoppiertet, als ihr im Schlamm herumkrocht und wilde Erdbeeren suchtet und sie Ihnen die Erdbeere anbot, die sie versteckt zwischen den Beinen trug …

Der junge Forscher wehrt sich, versucht sich loszumachen oder es zu leugnen. Doch der Opferpriester ist unerbittlich: Einen Monat lang hatten Sie geschwollene Lippen. Und Sie sind davongelaufen. Sind geflohen vor diesen brandgefährlichen Küssen. Sind ans Ende der Welt gereist, wo Sie einen Brief von Fanny erhielten, in dem sie Ihnen schrieb, dass sie einen anderen heiraten würde. Da haben Sie bitterlich geweint. Warum? Warum sind Sie geflohen, anstatt diese köstlichen Erdbeeren zu essen …?

Der alte Eremit lacht, feiert seinen eigenen Witz. Die Liebe, hat er noch einmal gesagt, die Liebe. Dieses eindeutige Tätscheln am Hintern! Dieses Herumkriechen im Schlamm, um Erdbeeren zu pflücken! Und das Erstaunlichste ist, dass dich dieses Lachen ansteckt. Du siehst, wie du dich biegst, dir vor Lachen den Bauch hältst. Bis dich der Opferpriester zurechtweist. Mit gespielt hochtrabender Strenge, die keinen Widerspruch duldet, hat er dir klargemacht: Auch die Kunst ist ein Witz, mein Malerfreund. Ein gefiederter Kopfputz. Die Kunst ist eine Erweiterung des Paarungsrituals. Sie wissen doch, was ich meine, Herr Künstler, nicht wahr? Ihr Freund hier hat es Ihnen schon früher gesagt. Und Sie, der Sie so viele splitternackte junge Damen malen, wollen mir doch nicht weismachen (und dieses »mir« klingt wie ein Peitschenhieb), dass Sie sie nicht malen, um he-rum-zu-hu-ren, so hat er das Wort auseinandergezogen, sich auf der Zunge zergehen lassen. So wie die sich nur schminken und zurechtmachen, um he-rum-zu-hu-ren. Sie malen und dieser Wissenschaftlerfreund hier forscht, wenn Sie nicht herumhuren oder ans Herumhuren denken. Sagen Sie schon die Wahrheit, geben Sie zu, dass Sie beide nur daran denken, mit dieser chilenischen Ehebrecherin herumzuhuren! Da ist sie ja, schauen Sie nur!

Der Forscher und du gehen in die Falle. Ihr schaut in die Richtung, die der Eremit mit seinem langen, gelblichen Fingernagel weist. Und seht Carmen nackt für euch tanzen, sich wiegen, ihr Geschlecht vorstrecken, es anbieten. Carmen, ihre hohen Brüste, ihre grünen Augen, ihre langen Schenkel, die sich wiegenden Hüften. Du kannst eine erwartungsvolle, harte Erregung nicht unterdrücken.

Du versuchst, es den Alten nicht merken zu lassen. Doch es ist vergeblich: Der Schamane zeigt mit seinem krummen Finger auf deinen geschwollenen Schritt und flüstert dir zu: Da haben Sie Ihre Liebe, Herr Maler. Denken Sie daran, dass sie nie länger gedauert hat als Ihr Begehren. Dann nehmen Sie sie also jetzt. Legen Sie sie gleich hier unter dem Baum flach. Bevor der andere sie Ihnen wegnimmt.

Und Sie, Herr Naturforscher, entjungferter Naturforscher, worauf warten Sie noch? Ihnen läuft ja schon das Wasser im Mund zusammen, Ihre Lippen sehen ganz geschwollen aus … Na, los doch, nehmen Sie sie. Und wenn der andere da es verhindern will, kämpfen Sie um sie. Das stärkere Männchen kann das ehebrecherische chilenische Weibchen besitzen und schwängern. Der Schwächere geht leer aus und bleibt ohne Nachkommenschaft. Seine Sippe wird aussterben.

Also los, Burschen! Prügelt euch, kratzt euch die Augen aus, reißt euch mit den Zähnen die Eier ab …

Einige Augenblicke lang siehst du dich mit dem Forscher raufen. Ihr kämpft miteinander wie die Hunde im Baum: sucht die Halsschlagadern, beißt in die Ohren, zerfetzt euch die Haut …

Unterdessen steht der Opferpriester daneben und folgt dem Rhythmus des Kampfes, indem er seine Hüften vor- und zurückschiebt, die Bewegungen und das Stöhnen eines Koitus nachahmt, in keuchendem Rhythmus einatmet und Wörter ausstößt. Verlangen, Verlangen. Steck ihn rein, zieh ihn raus. Penetrieren, ejakulieren, befruchten, austragen. Steck ihn rein, zieh ihn raus. Vermehren, explodieren, aussterben. Verfauleeeen!

Du kannst nicht weiter zuschauen. Schließt die Augen. Doch du hörst noch, wie jemand oder besser: Etwas, das du nicht einmal als den Eremiten zu identifizieren vermagst, sich das Maul mit einer langen, schleimigen Zunge leckt, die dein Gesicht bespritzt, während es sagt: Und das nennen sie dann Liebe.

Angewidert weichst du zur Seite.

Als du die Augen öffnest, ist Carmen verschwunden und ihr kämpft nicht mehr miteinander. Ihr sitzt wieder im kleinen Rokokosalon unter dem großen Baum. Der Opferpriester hat gelacht, gekeucht, halbtot vor Erschöpfung. Hat gesagt: Die Schönheit der Natur, der Wissenschaft, der Kunst, der Liebe ... Welch ein Unsinn. Jede Landschaft ist die Ruine einer Katastrophe. Jeder Körper ist der Vorläufer einer Leiche ...

Er schüttelt den Kopf unter seinem Zylinder, kneift die grünen Äuglein zusammen, sie sind fast nicht zu sehen zwischen den pergamentartigen Falten. Er wirkt traurig, als er euch jetzt wieder anschaut. Ihr seid nichts weiter als die Träger einer Krankheit, die menschliches Leben heißt, hat er gesagt. Ihr seid nur dazu gut, sie in die Zukunft zu übertragen. Ja, Sie beide, Herr romantischer Maler, Herr wissenschaftlicher Forscher. Beide verliebt in Mutter Natur. Finden Sie sie schön, diese Mutter? Warum fragen Sie nicht dieses kleine, geopferte Mädchen nach seiner Meinung? Und er streichelt die schwarzen Zöpfe der Mumie, die der Forscher im Arm hält. Nicht wahr, meine Kleine? Für den Tod hat man dich aufgezogen, behütet, schön gemacht und geschmückt.

Jeden Tag, jede Stunde, jede Minute, während ihr vor Gier, herumzuhuren, verrückt werdet und euch fast umbringt, erwürgt Mutter Natur ein unschuldiges, kleines Mädchen und lässt es vom höchsten Ast des Baums des Lebens baumeln.

Der Opferpriester hebt seine linke Hand, in der er das unauslöschliche Zündholz hält. Jetzt beleuchtet das trübe Licht seiner Weisheit die goldenen und verbrannten Äste über euch. Dort ist es, hoch oben im Baum, der vom Grund dieses gigantischen

Steinkelchs wächst: das erwürgte Mädchen, es schwingt sanft über der Welt.

Dort habt ihr die Frucht! Diese Worte fallen auf euch nieder wie Stücke eines Gletschers, schneidende Schwerter oder Äxte aus Eis.

Und als ihr beide beschämt den Kopf senkt, hört ihr den Eremiten spöttisch trällern: Es ist die Frucht der Liebe … Und dann verschluckt er sich. Hustet unter Krämpfen. Erstickt fast an seinem Lachen oder seinem Schleim oder dem Knoten, mit dem man dieses Mädchen erhängt, jeden Tag. Vielleicht schluchzt er.

Ja, auch das ist möglich. Dass der alte Eremit wirklich weint. Du vermagst es nicht zu sagen, denn er hat sich das Gesicht mit seiner langen, krummen rechten Hand bedeckt. Die Finger stehen wie ein Fächer auseinander, vergittern den Blick, der hinter diesen Stäben immer noch funkelnd tanzt, dich und den Forscher belauert. Dieser schaut auf seine Arme: Dort, wo er vorher das Mädchen gewiegt hat, ist jetzt ein Loch, ein großes Nichts.

Dann schüttelt der Opferpriester die Hand. Mit einer heftigen, geschickten Bewegung voller Verachtung löscht er das Streichholz. Und stößt euch in die Dunkelheit zurück.

XXXI

Die erste Suppe

WÄHREND DU dem jungen Darwin die Nacht der Halluzinationen erzähltest, die ihr beide erlebt und die er vergessen hatte, ließt du keinen Moment deine Suppe aus den Augen. Mit dem Metallstiel seines Geologenhammers rührtest du die rötliche Brühe im großen Tontopf in Form eines dickbäuchigen Affen, konzentriertest dich auf den flüssigen Wirbel, in dem trockenes Gemüse und getrocknete Kartoffeln schwammen, die über vielleicht dreihundert Jahre erhalten geblieben waren und sich jetzt auflösten. Warst umgeben von der kleinen Dampfwolke, die vom Topf aufstieg wie eine Seele, die sich vom Körper löst. Fühltest dich wie ein uralter Vertreter deiner Art, der die erste Suppe der Welt zubereitet.

Der Forscher saß am Feuer, hielt seine Knie umschlungen und unterbrach dich kaum. Nur anfangs bat er um eine Erklärung, deutete einen Protest an, wollte dich mit einer halbherzigen Geste zum Schweigen bringen. Doch du achtetest nicht darauf. Dazu war es zu spät. Du hattest dich aufgemacht, folgtest dem Faden der Ariadne, der dich durch jenes Labyrinth von Visionen führte, das im Rhythmus deiner Geschichte nach und nach sichtbar wurde. Kaum dass du begonnen hattest, wurde dir klar, dass du sie dringend loswerden musstest, die Bilder von deiner Netzhaut löschen musstest, die dich jedes Mal bedrängten, wenn du die Lider senktest. Vierundzwanzig Stunden hattest du ungeduldig gewartet, dich danach gesehnt, dass Darwin erwachte, um ihm alles zu erzählen. Nur er konnte bestätigen – oder nicht –, was du gesehen und gehört hattest. Und dir helfen, das, was du phantasiert hattest, von dem zu trennen, was er seinen Worten nach halluzinierte. Wenn es wirklich er gewesen war, der es dir erzählte, und nicht jemand anders, der zu euch beiden sprach. Doch du warst nicht sicher, ob du diese letzte Möglichkeit bestätigt finden wolltest.

Als er deinen Bericht zu Ende gehört hatte, schwieg der Forscher nachdenklich, den Kopf auf die umschlungenen Knie gelegt. Schließlich seufzte er und fragte, wobei er sich nicht traute, dich anzuschauen:

»Und Sie sagen, ich hätte auch alle diese Dinge gesehen?«

»Wir haben sie gemeinsam gesehen, da bin ich ganz sicher. Wir haben auch diesen anderen gesehen, der uns leitete …«

»Sie wollen mir Angst einjagen, Rugendas. Und Sie wissen ja, was passiert, wenn man mir Angst einjagt.«

Er klang wie der, der er war: ein großes Kind, das nie den Tod der Mutter überwunden hat, die starb, als es drei Jahre alt war.

»Sie erinnern sich wirklich an nichts?«, fragtest du ungeduldig.

Darwin hob den Kopf und schaute dich mit tiefem Ernst an. Es mochten die Dampfwolken der Suppe sein, die dich täuschten, doch es schien dir, als zittre sein Unterkiefer. Du fürchtetest schon, er könne anfangen zu weinen und tatsächlich einen seiner Panikanfälle erleiden. Doch seine Stimme klang eher resigniert als ängstlich:

»Anscheinend hat mich diese Droge zu viel über meine intime Beziehung zu Carmen reden lassen. Ich schäme mich und entschuldige mich dafür, Herr Maler.«

»Lassen Sie den Unsinn!«, braustest du auf. »Ihre verlorene

Jungfräulichkeit interessiert mich jetzt überhaupt nicht. Hier haben wir mehr gesehen oder vielleicht erlebt … Viel mehr, Darwin! Schauen Sie mal!«

Du packtest ihn am Revers seiner Jacke und zwangst ihn, den Kopf zu wenden und zur abfallenden Höhlenwand hinter ihm zu schauen. Ein kleines, einfaches Fresko, ein Baum aus noch feuchten Farben füllte einen Teil dieses steinernen Gaumens. Es war ein rustikales, doch lebendiges Bild. Dein Bild.

Du hattest es am Vortag gemalt, nachdem du am späten Vormittag aufgewacht warst, überrascht, am Leben zu sein, durstig, schwindlig, voller Entsetzen oder voller Glück, das wusstest du nicht zu sagen. Kaum konntest du stehen, da zerbrachst du die Eiszapfen, die wie Gitterstäbe den Eingang versperrten, und verließt die Höhle. Während du an einem von ihnen lutschtest, um deinen Durst zu stillen, gingst du ein paar Schritte, versuchtest, den Schwindel zu überwinden. Weit kamst du nicht. Schon bald stecktest du bis zum Bauch im Schnee. Und als du den Blick zum Aconcagua emporhobst, begann sich plötzlich vor deinen Augen alles zu drehen. Der Berg pulsierte, atmete, lebte. Schaute dich an. Du wanktest in die Höhle zurück und sankst, von dem Vilca verkatert, zu Boden, dessen Wirkung in immer weiter auseinanderliegenden, doch noch gut spürbaren Wellen zurückkehrte.

Dich ergriff das drängende Verlangen, diese Visionen aufzubewahren, festzuhalten und nicht zu vergessen. Sogar noch die schrecklichen Bilder, wenn sie der Preis dafür waren, die anderen wiederzusehen. Du verspürtest das starke Bedürfnis, sie zu zeichnen. Doch als du auf das aschebedeckte Feuerchen schautest, von dem eine beinahe unmerkliche Wärme ausstrahlte, fiel dir ein, dass alle deine Werkzeuge in Rauch aufgegangen waren. Während Darwin weiterschnarchte, durchsuchtest du seine zahllosen Jackentaschen. Wie du geahnt hattest, fandst du ein Notizbuch, das der Forscher vor dem Feuertod gerettet hatte, während ihr zusammen alles verbranntet, nur um ein wenig Wärme zu erzeugen. Mitten in seinem Delirium hatte er sogar noch vorgezogen, deine Marderhaarpinsel zu zerbrechen, um das Ölschieferfeuer zu entzünden, statt sein Reisetagebuch zu verbrennen. Welch ein Beweis seiner wissenschaftlichen Eitelkeit und seiner Verachtung für deine Kunst!

Mit Seiten aus diesem Notizbuch und Splittern jener Schiefersteine brachtest du das Feuer wieder in Gang, setztest den Affentopf darauf, um Schnee zu schmelzen. Dann begannst du, an der Wand zu zeichnen, mit dem silbernen Bleistift, der in einer Schlaufe am Notizbuch steckte; er hatte einen feinen, aber kräftigen Strich. Wie besessen versuchtest du den Sturm der Visionen einzufangen, die euch bei eurem Abstieg auf den Grund des Berges, vom Opferpriester geführt, überfallen hatten. Du zeichnetest schnell, wie im Fieber, Moro, im Wettlauf mit dem Vergessen. Dennoch entdecktest du, dass die Bilder von selbst verblassten, kaum dass sie skizziert wurden, wie am Strand gefundene, feuchte Steine, die wie Edelsteine glänzen und wieder zu gewöhnlichen Kieseln werden, wenn sie trocknen.

Schließlich fandst du dich damit ab, nur die wichtigste, tiefgründigste Vision einzufangen, bevor auch diese verblasste. Doch dazu brauchtest du Farben. Und so improvisiertest du dir Pigmente. Verliehst dem Bild mit Kohlestückchen aus dem Feuer Schatten. Indem du auf sie spucktest, erhieltest du eine graue Paste, die du mit dem kleinen Finger verriebst. Mit dem Kiel einer der Federn aus dem Kopfschmuck stachst du dir in die Pulsader, zapftest dir etwas Blut ab, vermischtest es mit weißer Asche und bekamst ein annehmbares Ocker. Von einem Teil der Wand kratztest du Kalk und pinkeltest auf das Pulver, um ein blasses Gelb herzustellen. In dem Steinmörser zermahltest du mühselig ein paar Lapislazuliperlen aus der Halskette der Prinzessin, und als du dieses Ultramarin mit deinem Blut mischtest, kam ein intensives Violett zustande. Und während du all dies tatst, dachtest du darüber nach, ob einst wohl so deine Kunst, die Malerei, begonnen hatte. Vielleicht hatte vor langer Zeit in irgendeiner Höhle einer der ersten Menschen, getrieben vom Bedürfnis, kostbare Visionen festzuhalten, auf diese Weise den Zauber der Farben entdeckt.

Das Schwarz und seine Grautöne, das Rot, das Violett und das Gelb, das Weiß verschmolzen schließlich, von deinen Fingern modelliert, auf der Wand zu einer von widersprüchlichen Gefühlen geschwängerten Masse. Es war ein schwankendes, unentschlossenes, sich ständig veränderndes Bild, das eher andeutete als zu verdeutlichen. Doch wenn es mehr Klarheit besessen hätte, dann wäre es nicht der Vision treu gewesen, die der Forscher und du geteilt hattet. Aus bestimmten Perspektiven glaubtest du die Form eines im Stehen kopulierenden Paars zu erkennen. Kopulation, die die Form eines Kelchs annahm und gleichzeitig ein Kampf sein konnte, so verbissen, dass sich darin das Paar in einen Baum verwandelte. Seine Glieder verzweigten sich und verwandelten sich in jenen Baum des Lebens (oder des Todes), dessen Äste an die Formen von Tieren erinnerten, die herunterfielen, sich teilten … Ein kolossales Gemetzel, das dennoch an blühende Zweige erinnerte … Oder verdorrende?

Aus anderer Perspektive wirkte dein Gemälde dagegen wie ein Knoten aus Tüchern, in dessen Innerem wütend ein Tier um sich biss, gefangen, doch gefährlich.

Wie konntest du sicher sein, was es war? Je mehr Mühe du dir gabst, umso mehr zweifeltest du an deiner Fähigkeit, das, was du gesehen hattest, zu vermitteln. Du wusstest einfach nicht, ob nur du in diesem kleinen, primitiven Fresko das erkanntest, was du hattest darstellen wollen. Oder ob auch jemand anders es sehen konnte.

Jetzt wartetest du ungeduldig auf das Urteil von Darwin, der mit offenem Mund dein Gemälde betrachtete. Nur der Forscher, dein Gefährte auf jener nächtlichen Reise durch die Eingeweide des Bergs, konnte mit Gewissheit sagen, ob deine Eingebung zutraf. Dein Porträtmalerblick, gewöhnt, die geringsten Veränderungen eines Antlitzes zu deuten, versuchte in seinem Gesicht zu lesen, was er sah. Als sich seine blauen Augen weiteten und zu leuchten begannen, vor Begeisterung glänzten und ein Lächeln seine Mundwinkel hob, schien es dir, als begänne er endlich den Sinn des Bildes zu begreifen. Doch dann veränderte sich sein Ausdruck. Seine Miene verfinsterte sich, seine Augen schauten nicht mehr freundlich, sondern blickten skeptisch, seine Stirn legte sich in Falten, der Bogen seines Lächelns sank unter dem Gewicht seiner bärtigen, schmutzigen Wangen und zeigte nach unten. Während er sich abmühte, den Sinn des kleinen Freskos zu begreifen, sahst du sein Gesicht in wenigen Sekunden durch mehrere Lebensalter gehen.

»Es ist nur eine rudimentäre Skizze«, sagtest du wie zur Entschuldigung und versuchtest ihn damit zum Reden zu ermuntern. »Eine blasser Abglanz dessen, was wir erlebt haben. Aber Sie sehen es doch, nicht wahr?«

Darwin schüttelte den Kopf.

»Ich begreife es nicht«, sagte er dann.

»Sie erkennen nichts wieder?«

Der junge Forscher antwortete nicht. Stattdessen sah er dich verstohlen und betreten an, als bitte er dich um Verständnis. Der Stolz war zu etwas anderem geworden. Freundschaft vielleicht? Du solltest ihn nicht zwingen, etwas zu sehen, worauf er nicht vorbereitet war, das besagte seine Miene.

Und du drängtest ihn nicht, wozu auch. Es war genug. Du hattest ihm erzählt, was ihr deiner Erinnerung nach gemeinsam gesehen hattet. Und ihm ein Bild eurer wichtigsten gemeinsamen Vision gezeigt. Du konntest ihn ja nicht mit der Nase drauf stoßen und ihn zwingen, die Wahrhaftigkeit des Traums anzuerkennen, die sein klarsichtiger – oder blinder – Wachzustand lieber negieren wollte. Trotz aller Erschütterungen, die seine Vernunft in letzter Zeit erfahren hatte, oder genau deswegen, wehrte sie sich beharrlich gegen seine Phantasie. Das helle Tageslicht blendete Darwin und ließ ihn nicht sehen, was ihm die Dunkelheit enthüllt hatte.

Außerdem sagte dir irgendetwas, dass er es nicht vergessen würde. Er würde sich auf andere Weise, nach und nach, daran erinnern. Auf seine Art: Wissenschaftlich, experimentell, langsam, mühselig, Beweise verifizierend und Fehler korrigierend würde der Forscher schließlich in sich selbst finden, was er gesehen hatte. Würde es, in Konzepte und Thesen übersetzt, wieder ausgraben. Anstatt Erscheinungen würde er Erklärungen finden. So sähe er vielleicht weniger als du, verstünde jedoch mehr. Genauso, wie er weniger erleben, doch länger leben würde als du.

Nicht einmal, als du Jahre später feststelltest, wie zutreffend deine Vorahnung gewesen war, Moro, konntest du dir erklären, wie du dazu gekommen warst. Doch eines wusstest du sicher: Auch das hattest du, neben vielen anderen Dingen, zwei Nächte zuvor tief im Inneren des Bergs gelernt.

»Also gut, lassen wir das jetzt«, sagtest du resigniert. »Besser, wir essen jetzt erst mal. Die Suppe ist fertig.«

XXXII

Guten Appetit!

KAUM HÖRTE ER dich verkünden, die Suppe sei fertig, da stürzte sich der Forscher auf den Topf mit der brodelnden Brühe. Aus seinem offenen Mund troff der Speichel wie bei einem Hund, verzweifelt schaute er sich um, wie er die kochend heiße Flüssigkeit genießen konnte. Du fürchtetest schon, er könnte die Hand in den Topf stecken. Und dir fiel ein, dass er seit beinahe achtundvierzig Stunden nichts gegessen hatte. Wieder so etwas, das ihn sein britischer Stolz nicht hatte offener zeigen lassen.

»Darwin, mehr Benimm bitte!«, schaltst du ihn bissig.

Dann fülltest du, feierlich wie ein großer Küchenchef, zwei Keramikschälchen, tauchtest sie tief ein, um alle Zutaten zu erwischen. Als sie voll waren, streutest du etwas Pulver von den im Mörser zerstoßenen Schoten darüber. Und reichtest Darwin schließlich sein dampfendes Schälchen mit dem beinernen Löffel darin.

»Guten Appetit!«, riefst du ihm dabei zu.

Der junge Forscher konnte nicht mehr an sich halten. Ohne den Löffel zu beachten, trank er die Brühe direkt aus dem Schälchen, trotz des Risikos, sich die Zunge zu verbrennen. Du sahst, wie der haarige Adamsapfel an seinem langen, geröteten Hals auf und nieder tanzte. Er schluckte mehrfach, bevor er wieder atmete und ein langes, lustvolles: »Ah!«, ausstieß. Die rötliche Flüssigkeit lief ihm durch das blonde verklebte Barthaar. Unendliche

Zufriedenheit strahlte in seinem schmutzigen, glücklich lächelnden Gesicht. Er sah aus wie ein echter Wilder aus der Steinzeit. Doch er fand genug Zeit, dich zu loben:

»Sie kochen wirklich gut«, sagte er, mit halbvollem Mund kauend.

Du musst zugeben, Moro, dass du dich so stolz fühltest wie eine Mutter. Es war höchst befriedigend zu sehen, wie der Wunderknabe seinen Hunger mit deiner Suppe stillte. Du sahst, wie er die Hand tief ins Schälchen tauchte, um die Körner und Knochen herauszufischen. Von diesen Letzteren nagte er jedes Stückchen Haut und Sehnen ab, lutschte sie aus, bis sie völlig blank waren.

So als käme er in dem Maße, wie er satt wurde, auch ins moderne 19. Jahrhundert zurück und erinnere sich seiner Ausbildung als Naturforscher, saß er dann da und schaute auf die zwei kleinen Knochen, die er zwischen den Fingern hielt. Er zog noch einen weiteren aus dem Mund und hielt ihn neben die anderen. Legte den Kopf zur Seite, um sie bei besserem Licht zu betrachten. Und sah dich gleich darauf fassungslos an.

»Dies ist kein Pferdefleisch«, stellte er fest. »Pferde haben keine Fingerknochen.«

Du reagiertest darauf nur mit einer unbestimmten Geste und aßest weiter, tatst so, als hättest du zu großen Hunger und den Mund zu voll, um ihm zu antworten. Doch du beobachtetest ihn aus dem Augenwinkel. Und sahst an seinem Gesicht, wie die praktische Intelligenz des Forschers eins und eins zusammenzählte. Oder, besser gesagt, die Knochen.

Schließlich ließ er sich auf die Knie nieder, kroch auf allen vieren in den hinteren Teil der Höhle und musterte die Mumie der geopferten Prinzessin. Er brauchte ein paar Sekunden, um sich klar zu machen, dass ihr ein Arm fehlte. Gleich darauf überkam ihn die Übelkeit. Er hielt sich eine Hand vor den Mund und die andere vor den Bauch und stürzte so schnell er konnte aus der Höhle.

Nicht einmal, als du ihn sich draußen übergeben hörtest, unterbrachst du deine Mahlzeit, Moro. Aßest weiter und fandst deine Suppe sehr lecker.

Vom schneidend kalten Wind getrieben, der sich mit der frühen Dämmerung erhob, kam der Forscher nach einigen Minuten wieder herein. Er sah bleicher aus als vorher, sein Haar hing wirr, seine weit aufgerissenen Augen schauten fassungslos.

»Das ist Kannibalismus«, stammelte er kaum hörbar.

»Seien Sie kein Idiot! Sie ist seit mindestens dreihundert Jahren tot!«

»Grabkannibalismus. Nicht einmal die Einwohner von Feuerland sinken so tief!«

»Nun essen Sie schon Ihre Suppe auf, sonst fallen Sie noch viel tiefer: Wenn wir nichts essen, werden wir unweigerlich sterben.«

»Lieber sterbe ich, als dass ich zum Menschenfresser werde!«, erklärte er hochmütig und sah erst dich, dann die Suppe an, die du verschlangst, als wisse er nicht, was ihn mehr ekelte.

»Und was ist dann mit dem Überleben der Stärkeren?!«, schriest du ihn an, die Geduld verlierend.

»Wer hat das denn gesagt?«

»Sie. Vorgestern Nacht.«

Das war dir gerade wieder eingefallen. In der Dunkelheit, die auf die Visionen folgte, hatte Darwins verwirrte Stimme lange Zeit, vielleicht über Stunden, solche unzusammenhängenden Wörter und Sätze gesprochen.

»Das kann ich nicht gesagt haben. Niemals!«, rief er.

Doch obwohl er es rundheraus verneinte, schien der Forscher nicht mehr so sicher zu sein. Er wand sich. Suchte nach Worten des Protests, konnte aber nur Silben stammeln, um gleich darauf wieder zu verstummen. Als habe dieser Satz in ihm endlich eine Erinnerung geweckt, die er sich weigerte zu haben. Oder die zurückzugewinnen ihn zornig machte.

Ohne ein Wort herauszubringen, fand Darwin eine andere Art und Weise, seine ganze Empörung auszudrücken. Er nahm das Schälchen und schüttete den Rest seiner Suppe ins Feuer. Die Glut, die du mit so viel Mühe in Gang gehalten hattest, zischte und dampfte.

Das war zu viel für dich. Ohne nachzudenken warfst du dich auf ihn. Du hättest nicht sagen können, was dich mehr erzürnte, seine Weigerung, sich zu erinnern, oder diese Missachtung des Essens, das du stundenlang zubereitet hattest. Bei eurem Kampf wälztet ihr euch am Boden, du verbranntest dich an den Resten der Glut, der große affenförmige Topf fiel zu Boden und rollte, so dickbäuchig, wie er war, davon und vergoss seinen ganzen Inhalt, einschließlich des Ellenbogens und Oberarmknochens der Mumie.

»Verdammt nochmal, Darwin!«, riefst du keuchend, als ihr euch endlich trenntet. »Wegen Ihnen muss ich jetzt auch den anderen Arm abschneiden.«

* * *

Eines Morgens mehrere Tage später saßt ihr beide am Feuer und aßt schweigend. Du hattest jegliches Zeitgefühl verloren, warst nicht in der Stimmung, die Tage zu zählen. Auch Darwin hatte damit aufgehört, als ihm klar wurde, dass dies seine Angstattacken nur fördern könnte. An diesem Morgen hatte er nicht einmal seine gewohnten und völlig nutzlosen barometrischen Messungen durchgeführt. Die beiden weiteren Unwetter, die euch jegliche

Fluchtmöglichkeit genommen hatten, waren genug gewesen. Jedes Mal, wenn ihr euch hastig darauf vorbereitetet zu fliehen, kam, wie um euch zu verhöhnen, ein Wetterumschwung, und ein Schneesturm versperrte euch den Weg. An diesem Morgen strahlte herrlich die Sonne, die sich im Schnee brach und den Kalkgaumen der Höhle bis weit ins Innere erleuchtete. Doch ihr kanntet schon diesen grausamen Optimismus, den euch der Aconcagua bei Tagesanbruch schenkte, nur um ihn euch am Nachmittag wieder zu nehmen. Und zu allem Überfluss hattest du dir bei einem dieser Ausflüge in den Schnee ein wenig die Augen verbrannt. Jetzt sahst du alles wie durch einen Schleier.

Während dieser Tage hattet ihr fast unablässig gestritten: über die Wissenschaft und die Kunst, über die Natur und den Menschen. Und natürlich über die Natur der Liebe. In nichts wart ihr euch einig. Nur darin, dass ihr streiten wolltet. Eure Uneinigkeit munterte euch auf und lenkte euch ab. Eure Diskussionen übertönten das Heulen des Sturms und das Knurren eurer Mägen.

Du begriffst, dass dieser radikale Unterschied zwischen euch sich in eine Art Freundschaft verwandelt hatte, als der Wissenschaftler verstummte. Seit gestern war er in ein tiefes Schweigen verfallen. Mehrere Male versuchtest du, ihn zum Streiten zu provozieren, indem du dich über seine Vorstellungen lustig machtest, doch er antwortete nur einsilbig und zerstreut. Du fürchtetest, dass ihn der Hunger und die Verzweiflung schließlich doch in die Knie gezwungen hätten, und bereitetest für diesen Tag ein besonders gehaltvolles Mittagessen zu – einen Schenkel der Prinzessin. Doch nicht einmal das konnte den Forscher aufmuntern.

»So sagen Sie doch etwas, mein Freund«, batst du ihn schließlich, deinen Stolz überwindend. »Wozu früher sterben als nötig?«

Darwin hob den Kopf. Durch den Schleier vor deinen Augen

sahst du die tiefen dunkelvioletten Schatten unter den seinen, sie ließen sein Gesicht viel älter aussehen. All seine Unbeschwertheit eines Wunderknaben schien verschwunden. Als er sprach, wandte er sich an deinen Schatten und den seinen. Die Silhouetten des Künstlers und des Wissenschaftlers wurden von der starken Sonneneinstrahlung auf dem Schnee an die hintere Wand der Hütte projiziert, dorthin, wo die geopferte Prinzessin gewesen war.

»Ich habe Angst davor, wie mein Großvater Erasmus zu werden«, sagte er und schämte sich sofort seines Geständnisses. »Mein Großvater glaubte nicht an Gott und an die Schöpfung. Er war überzeugt, wir Menschen seien aus einfacheren Formen tierischen Lebens entstanden. Außerdem schrieb er freizügige Verse«, murmelte er noch.

»Wie entsetzlich!«, riefst du ironisch, bemüht, den Ton der Diskussionen mit ihm wiederzufinden.

»Ich weiß nicht mehr, was wir in jener Nacht gesehen haben, Maler. Doch ich glaube, ich fühlte in mir den Geist meines Großvaters brennen.«

»Ein unpassender Geist für einen zukünftigen Pfarrer.«

»Nicht nur unpassend. Schlimmer noch …«, murmelte er und schwieg, nach Wörtern suchend.

»Ein melancholischer Geist?«, rietst du.

»Ja, genau. Und grausam auch. Ich habe mir noch einmal Ihre Malerei an der Wand angeschaut, Rugendas. Ich habe viel über das nachgedacht, was Sie mir erzählt haben und was ich, wie Sie sagen, gesagt habe … oder das uns jemand in diesen Halluzinationen gesagt hat.«

So viel hatte er über diese Visionen nachgedacht, erzählte er dir, dass er schon meinte, sie wirklich zu erinnern. Als gehörten sie unweigerlich in sein Gedächtnis. Er hatte auch an sie gedacht, als er während dieser hitzigen Diskussionen der letzten Tage mit dir stritt. Unter den Argumenten waren einige dieser unpassenden, melancholischen Geister aufgetaucht. Überleben der Stärkeren, sexuelle Auswahl der Fähigsten, Überlebenskampf …, zählte Darwin jetzt laut denkend auf. Alle Arten haben die Tendenz, zügellos zu wachsen. Doch dann gäbe es nicht genug Platz auf der Erde für alle, verstandst du? Der unerbittliche Kampf miteinander hält sie unter Kontrolle, und nur die Fähigsten überleben … Der Geschlechtstrieb – das, was wir Liebe nennen – bringt uns dazu, uns zu tausenden zu vermehren, nur damit der Tod leichter die unglückliche Masse der Schwachen vernichten und damit die wenigen begünstigen kann, die stark sind.

»Ich weiß noch nicht genau, wie das geschieht. Doch etwas brodelt in meinem Kopf. Etwas Schreckliches.«

»Oder etwas Wunderbares«, gabst du zurück, aus reiner Gewohnheit, ihm zu widersprechen.

»Entsetzlich! Wenn das stimmte, wäre die Natur eine vorsätzliche Mörderin, die die Vermehrung fördert, nur um besser auswählen zu können, wen sie retten und wen sie vernichten soll. Dann würde ja das Gleichgewicht des Lebens auf einem Verbrechen beruhen! Aber es macht Sinn …«

Du fühltest Mitleid mit deinem Freund. Irgendwann während dieser Tage hatte der Forscher aufgehört, ein Knabe zu sein, obwohl er immer noch ein Wunder war. Wie du es geahnt hattest, als er ohne Gedächtnis aufgewacht war, kam die Erinnerung an das, was ihr halluziniert hattet, auf anderen Wegen zu ihm zurück. Eine neue Wissenschaft begann, ihn zu erleuchten. Eine Wissenschaft, die er noch nicht verstand (und du noch viel weniger), deren Keim er aber schon in sich trug. Eine Wissenschaft, deren unbarmherziger, aber wahrhaftiger Widerschein – besser noch als dein Fresko – sein und dein Schatten an der Rückwand der Höhle waren, wie ihr die letzten Reste eines drei Jahrhunderte zuvor verstorbenen Mädchens verschlangt.

»Sie kommen mir heute allzu düster vor, Darwin. Ein ordentlicher Streit wäre mir lieber«, gabst du schließlich zurück.

»Ich weiß nicht, was noch aus mir werden soll«, seufzte er nur.

»Eine Leiche wird aus Ihnen werden. Wir haben ja kaum noch Suppe.«

»Jetzt sollen wir also wirklich sterben.«

»Außer, wir kämpfen miteinander. Und der Stärkere bringt den Schwächeren um und isst ihn auf …«

Damit hattest du wirklich ins Schwarze getroffen. Endlich wandte der Forscher den Blick von der Höhlenwand. Du sahst, wie er sich aufrichtete und dich anstarrte. Gleich würde er dir vorwerfen, dass du seine Ideen schon wieder ins Lächerliche zögest, und ihr würdet euch in einen anregenden Streit stürzen. Sein rationaler Hochmut war dir viel lieber. Die Melancholie gehörte zu deinem Reich, Moro, und nicht in das dieses pragmatischen Engländers, den du schätzen gelernt hattest.

Doch ihr kamt nicht mehr dazu, diese letzte Debatte zu beginnen. Darwin wies schon mit seinem langen, linken Zeigefinger auf dich, als heller Glöckchenklang durch die Höhle schallte.

Du würdest lügen, wenn du bestrittest, dass sich dir sogar noch die Haare deines kurzen Pferdeschwanzes aufstellten. Du zweifeltest an deinen Sinnen, doch das Aufschrecken Darwins bestätigte dir, dass auch er es gehört hatte. Da war es wieder: ein unerklärliches, doch klares Läuten, das tief aus der Kehle dieses steinernen Mauls drang. Beide schautet ihr zum kleinen Altar hinüber, auf dem die Mumie der Prinzessin geruht hatte. Sollte sich etwa der Höhlenrachen noch einmal öffnen, sich wie ein Wirbel drehen und der Opferschamane wieder von dort zurückkehren? Käme er jetzt, um euer Leben zu fordern, weil ihr ein solches Sakrileg begangen hattet? Sollte sich die Halluzination noch einmal wiederholen, diesmal am helllichten Tag und ohne Vilca, damit ihr nicht leugnen konntet, was ihr am Grund des Kelchs im Berg gesehen hattet?

Ihr bliebt nicht sitzen und wartetet darauf, ob es sich bewahrheiten würde. Übereinander stolpernd stürztet ihr so schnell wie möglich nach draußen. Und hättet euch fallen und den verschneiten Hang hinunterrutschen lassen, wenn euch nicht das Echo eines dritten Läutens, von Hang zu Hang weitergeworfen, von wer weiß woher durch die kristallklare Luft transportiert, hätte innehalten lassen.

Nach einem Augenblick der Überraschung kramte der Forscher in seinen Jackentaschen, zog sein Fernglas hervor und suchte damit die Hänge und Täler ab, die diesen Ausläufer des Aconcagua umgaben. Du unterstütztest ihn, indem du ihm nach deinem Gehör Anweisungen gabst. Der unerklärliche Klang des Glöckchens, dessen Echo bis tief in die Höhle gedrungen war, schien aus tausend Richtungen zu kommen. Es vergingen einige Minuten, bis der Forscher endlich das Fernglas starr auf einen Punkt am weit entfernten Zusammentreffen zweier Höhenzüge richtete.

»Was sehen Sie, Darwin? Was sehen Sie denn da?«, fragtest du ungeduldig.

»Maultiere … Hunde … Reiter«, zählte er auf.

»Das Läuten kommt vom Glöckchen des Leittiers«, schlosst du. »Das müssen Treiber sein.«

»Nein. Da ist ein Offizier, der sie befehligt«, antwortete der Forscher, ohne sein Fernglas sinken zu lassen.

Ein Verdacht drang nach und nach in dein Bewusstsein, wie das Echo des Glöckchens.

»Wie sieht er denn aus, dieser Offizier? Beschreiben Sie ihn mal!«

Darwin erzählte dir umständlich von Knechten in Ponchos, beschrieb eine Reihe beladener Maultiere, die sich mühselig einen Weg durch den Schnee bahnten, und an ihrer Spitze jemand wie ein General in einer schwarzen Uniformjacke, mit einem lächerlichen, federgeschmückten Zweispitz auf dem Kopf …

»Gutiéeeeerrez …!«, schriest du los, versuchtest, seine Aufmerksamkeit auf euch zu lenken.

Nie hättest du gedacht, dass das Auftauchen des gehörnten Obersts dir jemals solchen Jubel würde entlocken können. Darwin fiel dir um den Hals. Du dachtest, er wolle in deinen Jubel einstimmen, bis du merktest, wie dir eine Hand den Mund zuhielt. Du hattest vergessen, dass dein Schrei einen Lawinenabgang auslösen konnte.

Als er sicher war, dass du nicht weiterschreien würdest, ließ dich der Forscher los, zog seinen Kompass hervor und benutzte dessen Messingboden als Spiegel, um der Karawane Blinkzeichen zu geben. Nach ein paar langen Momenten versicherte er dir, dass sie stehengeblieben waren und euch, ohne zu rufen, mit erhobenen Armen Zeichen machten. Statt ihnen hangabwärts entgegenzustürzen, setztet der Forscher und du euch, die Schultern aneinandergelehnt, vor den Höhleneingang. Ihr spracht kein Wort, doch du hättest schwören können, dass ihr genau das Gleiche fühltet. Seltsamerweise fiel es euch schwer, von hier wegzugehen. Schließlich und endlich war die kleine Höhle der geopferten Prinzessin für euch viel mehr gewesen als eine Zufluchtsstätte.

»Ich weiß nicht, ob es an meinen Augen liegt, doch mir scheint, als sei der Schnee rot«, sagtest du, um deine Rührung zu verbergen.

Tatsächlich schien der Hang unter euch, obwohl es noch lange nicht Abend wurde, deutlich purpurrot zu glänzen.

»Ich sehe es auch. Das sind wahrscheinlich mikroskopisch kleine Algen. In den Alpen kommt das auch vor«, erklärte Darwin.

»Sie müssen immer Spielverderber sein. Das ist Blut!«

Der Forscher dachte ein paar Sekunden nach. Dann grinste er und stieß dich in die Seite, machte das Spiel mit:

»Ja, das muss das Blut des Aconcagua sein.«

»Natürlich. Der Berg hat uns gerade zur Welt gebracht.«

»Ganz ohne Zweifel«, nickte er und schüttelte dir mit echter Herzlichkeit die Hand. »Wir sind gerade neu geboren worden, Rugendas.«

VIERTER TEIL

Fluchtpunkt

La beauté n'est que la promesse du bonheur.

STENDHAL, DE L'AMOUR

XXXIII

1854

»ALSO, WAS IST, Rugendas? Begleiten Sie mich auf dieser letzten Reise?«, wiederholte Darwin seine Frage und hielt dir das Reagenzglas mit dem Vilca vor die Nase. Seine faltige, vom Ekzem schorfige Hand zitterte ein wenig, doch seine Stimme klang energisch und drängend. Sie und das fröhliche Geschrei seiner vielköpfigen Familie, die in diesem typisch englischen Garten vor dem Haus spielte, holten dich aus deiner Grübelei zurück. Wie lange warst du in deine Gedanken versunken gewesen? Ein paar Sekunden? Zwanzig Jahre? Du schütteltest den Kopf und fandst dich im Sessel des Naturforschers sitzend, umgeben vom unangenehmen Geruch der Rankenfußkrebse, die unter dem Mikroskop faulten, vor dir am Fenster der gebogene Spiegel, der dich das Ende der Pause für die Kinder beobachten ließ. Der Hauslehrer scheuchte sie wie Schäfchen in den Klassenraum, während sich ihre Mutter, jene abgekämpfte, doch glückliche »Mammy«, von ihnen verabschiedete.

Darwins Einladung, gemeinsam diese letzte »Reise« zu unternehmen, hatte dir tausend erlebte Expeditionen in Erinnerung gerufen. Dein früheres Leben als Maler und Liebhaber war vor deinem inneren Auge vorbeigezogen. Die Vulkane Mexikos, die Urwälder Brasiliens, die Hochebenen Perus, die langen Abhänge der Kordilleren Chiles, die zum Pazifik hin steil abstürzten. Und in jeder Landschaft eine Frau oder mehrere, deine typischen

Frauengestalten. Sanft oder kokett lächelten sie dich an, winkten dir zu, wiegten ihre Hüften, wollten dich noch einmal verführen. Doch du schenktest ihnen keine Beachtung. Denn am Ende jener Reisen war immer nur Carmen. Dort, bei ihr, war dein Herz stehengeblieben. Und dort, bei ihr, war es auch jetzt noch. Im auf- und niedergehenden Bug eines Bootes, in der Mündung eines Flusses, im Angesicht einer wilden Brandung vor der Weite des Ozeans …

»Ich kann diese Droge nicht mit Ihnen nehmen«, antwortetest du endlich.

»Trauen Sie sich etwa nicht? Was ist denn mit dem Abenteurer passiert, den ich mal kannte?«, forderte der Forscher dich heraus.

»Ich habe zwei Herzanfälle hinter mir. Beim zweiten war ich mehrere Minuten lang tot. Ich bin unheilbar krank …«

Darwin blieb verblüfft der Mund offenstehen, wortlos bewegte er seinen Unterkiefer. Seine Haut unter dem Ekzem lief dunkelrot an. Er keuchte ein wenig. Schließlich sagte er:

»Das tut mir leid.« Du begriffst, dass es ihm tatsächlich leid tat. Mehr als das Scheitern seines Plans, noch einmal mit dir diesen Kelch am Grunde des Berges zu besuchen.

»Es gibt da so etwas mit Wasser … Hydropathie … Die hilft hervorragend«, versuchte er, dir einen Rat zu geben. »Täglich in kaltem und heißem Wasser baden. Und dann hart abrubbeln. Das ist das Einzige, was gegen meine Unruhe hilft. Das sollten Sie auch mal probieren.«

»Bei einem solchen Temperaturwechsel verfalle ich glatt in Leichenstarre«, versuchtest du zu scherzen.

Darwin stand auf, sagte, die Luft in seinem Arbeitszimmer sei verbraucht. Ihr solltet nach draußen gehen, einen Spaziergang machen. Er habe einen herrlichen Pfad um sein Anwesen anlegen lassen, erklärte er dir, dort gehe er jeden Tag spazieren.

»Das ist sehr gesund. Kommen Sie, es wird Ihnen guttun.«

Ohne deine Antwort abzuwarten, schlüpfte er in einen langen schwarzen Mantel, setzte sich seinen Bowler auf, band sich einen Schal um (mit dem englischen Klima sei nicht zu spaßen, warnte er) und zog dich nach draußen. Der Forscher schien einen Teil seiner jugendlichen Energie wiedergewonnen zu haben, so als sei der Wunsch, dir etwas Gutes zu tun, belebend für ihn.

Der Bereich hinter dem Haus war eher so etwas wie ein botanischer Garten. Du begriffst, weshalb es den Kindern verboten war, dort zu spielen: Es gab lange Beete mit sorgfältig bezeichneten Gemüsepflanzen; einen großen Taubenschlag, in dem Ringeltauben, Hohltauben und Brieftauben gurrten, die Darwin kreuzte und auf diese Weise nahezu vollständig neue Vogelarten schuf; ein Gewächshaus mit exotischen Pflanzen, wo insektenfressende Orchideen nicht fehlten und sich sogar eine Nepenthes sanguinea aus Java befand, die Darwin mit einer Fliege fütterte, um dir zu zeigen, wie sich der Deckel der Kanne schloss.

Er sprach viel, versuchte, dich abzulenken. Oder den Tod abzulenken, der unerwartet in seinem Arbeitszimmer aufgetaucht war.

Seine Redseligkeit nahm erst ein wenig ab, als ihr auf den mit gelbem Sand bestreuten und von Buchen, Ulmen und Rosskastanien gesäumten Rundweg tratet. Dort begann er, ungeschickt die üblichen Wiedersehensfragen zu formulieren, die er bei der Begrüßung nicht gestellt hatte. Wie ging es dir? Wann würden die Bücher mit den tausenden Zeichnungen und Ölgemälden aus Amerika erscheinen, die du in all den Jahren gemalt hattest? Er war sicher, sie würden so wichtig sein wie der Band über Brasilien, dessen Illustrationen (die in Humboldts Buch reproduziert worden waren) ihn zum ersten Mal von Amerika hatten träumen lassen. Würdest du endlich der Welt deine zwei Jahrzehnte der Reisen und Abenteuer erzählen? Hattest du deine Werke ausgestellt?

»Ihre Fragen legen schon nahe, dass nichts von alledem geschehen ist«, gabst du zurück.

Und obwohl deine Antwort die Bitterkeit erkennen ließ, die du nicht gern zeigtest, war sie, so dachtest du, doch ziemlich zutreffend. Wenn du berühmt geworden wärst – so wie er –, dann wäre das bekannt geworden. Doch du warst nicht anerkannt worden. Hattest keins dieser Bücher veröffentlicht, nach denen Darwin dich fragte. Dennoch bemühtest du dich, aus Höflichkeit, um eine Zusammenfassung, möglichst kurz, um keine weiteren Fragen zu provozieren.

Nachdem du noch zwölf weitere Jahre durch Südamerika gereist warst, kehrtest du nach Deutschland zurück. Das war vor acht Jahren gewesen. Bald nach deiner Rückkehr stelltest du fest, dass man dich längst vergessen hatte. In München wie auch in deiner Heimatstadt Augsburg erlittest du das Schicksal des Odysseus: als Unbekannter in ein Haus zurückzukehren, das inzwischen andere in Besitz genommen haben. Deine neue Kunst, deine Malerei der Sinnlichkeit (anstatt der Wirklichkeit), dein origineller Stil der lockeren, schnellen Striche, die verhüllten, während sie gleichzeitig Licht und Luft einfingen, war nicht verstanden worden. Deine Werke dienten aber auch nicht den Naturforschern als wissenschaftliches Material, den Ethnographen, den Geologen, hattest du doch die Genauigkeit vernachlässigt, um lieber Impressionen, flüchtige Dinge einzufangen. Du verirrtest dich, als du den Wendekreis des Steinbocks überquertest, so wie der Baron es dir warnend prophezeit hatte.

»Da haben Sie's. Auch ich habe in Chile eine Theorie entdeckt«, erklärtest du, halb im Scherz. »Nur, dass ich die meine schon bewiesen habe. Und sie interessiert niemanden …«

Heutzutage interessierten nur furchtbare historische Gemälde, sowohl am Hof von Ludwig I. als auch unter den reichen bayerischen Bürgern. Riesige Bilder, die die Geschichte illustrieren sollten, statt die Geschichte als die Leinwand zu nehmen, auf der die freie Kunst sich ganz nach ihrem Geschmack entfaltet.

Vielleicht war es eine Vorahnung: Deinen ersten Infarkt erlittest du an Deck des Dampfschiffs »Express«, mit dem du von Rio de Janeiro nach Europa zurückreistest. Das war auch der erste lateinamerikanische Hafen gewesen, den du viele Jahre zuvor bei einer ersten Reise angelaufen hattest. Ein Kreis schloss sich. Du empfandst ihn wie ein Halseisen, das dir die Luft abschnürte. Kaum waren die Festungsanlagen der Bucht von Guanabara außer Sicht, brachst du zusammen. Als sei deine Seele durch den Faden deines Blicks so eng mit diesem Kontinent verbunden worden, dass, als dieser durchtrennt wurde – und du diesen Kontinent nicht mehr sahst –, auch dein Lebensfaden durchschnitten werden sollte. Nur wie durch ein Wunder überlebtest du.

»Den zweiten Infarkt hatte ich vor einem Jahr. Da war ich ein paar Minuten schon tot. Einer der besten Ärzte Deutschlands sagte mir später, er habe während seiner gesamten Laufbahn als Mediziner nur ein Herz gehört, das so vergrößert war und unregelmäßig schlug wie das meine. Das war, als er einmal das Ohr an ein sterbendes Rennpferd legte. Man hatte es galoppieren lassen, bis es krepierte.«

Wenn du jemand von deiner Krankheit erzähltest, verschwiegst du nie diese ungewöhnliche Diagnose. Leugne nicht, Moro, den morbiden Stolz auf deine Krankheit. Es gefiel dir, dein Herz mit einem unbezähmbaren Pferd zu vergleichen, das du zu schnell hattest galoppieren lassen.

»Und trotzdem sind Sie hergekommen …«, sagte Darwin nachdenklich und nahm dich vorsichtig beim Arm, um dich langsamen Schritts, als fürchte er, dich könne gleich der endgültige Infarkt ereilen, über den knirschenden Sand des Wegs zu führen. »Ich habe nur an meine eigenen Bedürfnisse, meine eigenen Sorgen gedacht. Bitte entschuldigen Sie.«

»Ich hätte auf jeden Fall kommen müssen. Anscheinend erinnern Sie sich nicht mehr.«

»Erinnere mich nicht an was?«

»An die Wette, die wir vor langer Zeit im Gefängnis in Valparaíso geschlossen haben. Die zwanzig Jahre, die wir uns damals gegeben haben, sind um …«

Darwin blieb stehen und sah dich verwirrt an. Dann nickte er mehrmals langsam, ließ nach und nach diese Erinnerung zu. Und sagte schließlich:

»Ja, das hatte ich völlig vergessen. Wir haben gewettet, wer von uns glücklicher werden würde.«

»Sie haben gewonnen, Wunderknabe. Ich bin gekommen, das zu bestätigen. Hatte sogar vermutet, dass Sie mich deshalb eingeladen haben. Sie sind der Glücklichere von uns beiden gewesen.«

Darwin machte eine abwehrende Geste, hob die Hände gekreuzt vor sein Gesicht. Wollte nichts davon wissen. Es war dir nicht klar, was ihm dabei mehr zu schaffen machte, seine übertriebene Scham oder einfach das Wort Glück.

Doch du ließt dich nicht zum Schweigen bringen. Deswegen warst du ja vor allem gekommen. Das war mehr als eine Ehrenschuld, die du begleichen wolltest. Nie hatte dir der Mut gefehlt, deinem Schicksal ins Auge zu sehen und seinen Namen auszusprechen. Und diesmal würde es nicht anders sein.

Du zwangst den Forscher, dir zuzuhören, gestandst noch einmal: Er hatte diese Wette gewonnen. Seine Auffassung von der Liebe hatte sich als die richtige erwiesen, das war offensichtlich. Selbst wenn du nicht die glückliche Familie gesehen hättest, die vor einer Weile in seinem Garten spielte, selbst wenn du nicht schon vorher durch seine gelegentlichen Briefe von dieser familiären Harmonie gewusst hättest … Selbst dann bräuchtest du nur deine eigene Niederlage einzugestehen, um daraus den Sieg deines Gegners zu folgern. Der Forscher hatte in Valparaíso Recht gehabt, und den Rest seines Lebens über auch. Die Liebe war nichts als eine Maske für den Instinkt unserer Art, uns zu reproduzieren. Der Fortpflanzungstrieb war die Wirklichkeit und die romantische Liebe nur eine schöne Lüge. Und weil das so war, ließ man sich bei der Wahl seines Partners oder seiner Partnerin besser von den Vernunft leiten als von der Leidenschaft.

Mit deinen zweiundfünfzig Jahren warst du selbst der beste Beweis für das Scheitern all dessen, was du damals so vehement verteidigt hattest. Du hattest tausend Liebschaften und eine große Leidenschaft gelebt (unnötig zu sagen, mit wem, Moro). Doch jetzt warst du hier und gabst vor dem Forscher deine Niederlage zu. Und botst als Beweis deine Einsamkeit: Du hattest keine Frau, keine Kinder, keine Liebe.

»Ich bin so sehr überzeugt von Ihrem Sieg, Darwin, dass ich sogar daran gedacht habe zu heiraten, zum ersten Mal. Und dabei folge ich Ihrem Beispiel: ohne verliebt zu sein.«

Darwin lächelte, offensichtlich erfreut, als nähme ein vom Wege abgekommener Bruder endlich Vernunft an:

»Meinen Glückwunsch! Es ist nicht gut, allein alt zu werden. Sie werden jemand haben, der Ihnen Gesellschaft leistet. Und nicht nur einen Hund. Wer ist sie denn?«

»Eine Schülerin von mir. Sie ist jung und hübsch. Sie hat mir die Heirat angeboten.«

»Ein alter Ochse braucht frisches Gras. Das freut mich sehr, da beginnen Sie ja bald ein neues Leben.«

»Ich möchte lieber erst mal dieses hier beenden. Doch so, wie ich es gelebt habe. Vergessen Sie nicht, dass ich todkrank bin.«

Darwin hielt den Kopf schief, sein Lächeln erstarb:

»Wovon reden Sie?«

»Ich möchte beim Liebesakt sterben. Wenn möglich, in meiner Hochzeitsnacht.«

Der Forscher schaute dich verblüfft an, wusste nicht, ob er erschrecken oder deinen Satz als Witz nehmen sollte. Schließlich und ohne dass du ihm in dieser Hinsicht ein Zeichen gegeben hättest, entschloss er sich, laut loszulachen. Immer noch glucksend, tätschelte er dir den Rücken, schüttelte dabei den Kopf und sagte ein ums andre Mal:

»Sie und Ihr schwarzer Humor, Rugendas! Und ich falle immer noch auf Ihre makabren Scherze herein! Wir haben uns überhaupt nicht verändert.«

Aber vielleicht hattet ihr euch doch verändert, Moro. Und vielleicht meintest du es jetzt wirklich ernst. Dies ist der Teil deines letzten, langen Briefes, der mir am wenigsten gefällt. Da erzählst du mir von dem Scherz, mit dem du den Forscher aufs Glatteis geführt hattest. Auf den Seitenrand zeichnetest du sogar sein erschrockenes Gesicht. Doch wenn du mir sonst nichts von eurem Wiedersehen schriebst: Weshalb erzähltest du mir dann diesen dummen Witz? Vielleicht, weil du es sehr wohl ernst meintest, Moro? Sag mir, dass das nicht stimmt, Moro. Sag mir, dass du nur Spaß machtest. Sag mir, dass dies nur eine weitere deiner Übermalungen war, mit denen du dein Leben bunter zu machen pflegtest.

Der alte Forscher schob dich am Arm weiter und ihr nahmt euren Spaziergang über den gelben Sandweg wieder auf. Mit listigem Gesichtsausdruck hakte er nach:

»Jetzt sagen Sie mir mal die Wahrheit. Sie sind doch sicher in diese junge Frau verliebt?«

»Ich bin nicht mehr fähig zu lieben, Darwin.«

»Sie, der ewige Liebhaber? Enttäuschen Sie mich nicht!«

»Ich habe mich nie mehr verliebt, nachdem …«

»Sie können nicht einmal mehr Carmens Namen erwähnen? Wollen Sie mir nicht erzählen, was passiert ist?«, murmelte er verlegen.

»Starke Erregung ist mir verboten«, gabst du zurück und zeigtest dabei auf dein Herz.

Der Forscher musterte dich enttäuscht, bedauerte deinen Zynismus. Sein Mitleid weckte eine in dir schlafende Wut:

»Reicht es Ihnen etwa nicht, mich allein zu sehen?«, fragtest du ihn bissig. »Ich hätte leben sollen wie Sie. Hätte monogam bleiben sollen, eine Familie haben, eine Mammy wie die Ihre und viele Kinder. Stattdessen habe ich mit Leidenschaft geliebt und bin gescheitert.«

Darwin konnte nicht mehr an sich halten. Mit einer Energie, die sein kränkliches Aussehen nicht vermuten ließ, stieß er hervor:

»Na, wir zwei sind ja schön dumm! Sie hätten am liebsten gelebt wie ich, und ich hätte gern so gelebt wie Sie!«

XXXIV

Mooorooo!

IN LANGER REIHE rittet ihr einen steilen Pfad nach Chile hinunter. An der Spitze liefen die Hunde. Dann kam Gutiérrez auf seinem honiggelben Fuchs, den Guanakofellkragen seiner schwarzen Uniformjacke hochgeschlagen, seinen Zweispitz bis zu den Ohren heruntergezogen. Ihm folgtet Darwin und du auf Leitmaultieren, die an diese zerklüfteten Bergregionen gewöhnt waren – sogar, wenn der Schnee so hoch lag wie jetzt –, die jetzt jedoch am Rand der Schluchten stehenblieben, weil sie die Erdrutsche und neuen Kluften, die das Erdbeben hinterlassen hatte, nicht kannten. Ein paar schwer beladene Lastmulis folgten euch, dahinter ritten vier Knechte, schweigsam und finster in ihren Ponchos und unter ihren verbeulten Hüten. Das Schlusslicht bildete der mürrische Verwalter von Carmens Hacienda, Colleras, die alte Flinte am Riemen über der Schulter.

Als du dich das erste Mal umdrehtest und zurückschautest, war die riesige Pyramide des Aconcagua mit ihren vierzehn Höckern schon hinter den niedrigeren Bergrücken verschwunden. Der steinerne Wächter ließ euch gehen. Hatte euch geschluckt und dann wieder ausgespien. Oder geboren. Wie auch immer, ihr wart gerettet. Und jetzt kam die ganze Erschöpfung der langen Tage, als ihr meintet, sterben zu müssen, über euch.

Mehr schlecht als recht saßest du auf deinem Maultier, mit Seilen als Steigbügel und auf dem rauen Sack hin und her rutschend, der das hölzerne Tragegestell bedeckte, und fühltest, wie die Haut an deinem Hintern wund gerieben wurde. Dabei hattet ihr den Abstieg gerade erst begonnen. Die Haut deiner Lippen hing in Fetzen, die Erfrierungen an Händen und Wangen schmerzten. Die Netzhaut deiner Augen brannte, alles, was du sahst, schien umgeben von einer bläulichen Aureole. Sahst du weniger als vorher oder war dein Blick schärfer und fokussierter geworden? Du hättest es nicht sagen können, doch reichte dein Sehvermögen immerhin aus, um festzustellen, dass es Darwin noch schlechter ging als dir. Er zitterte wie Espenlaub und schwankte zusammengesunken auf seinem Muli hin und her, so stark, dass du manchmal dachtest, er könne jeden Moment herunterfallen und den Abhang hinunterstürzen, an dem ihr entlangrittet.

Ihr saht aus wie zwei Kriegsgefangene einer geschlagenen Armee. Und genauso fühltest du dich auch: besiegt. Du hattest es nicht geschafft, deine Drohungen wahrzumachen. Hattest Darwin nicht getötet und dich selbst nicht umgebracht. Warst sogar zu seinem Freund geworden, hattest für ihn gekocht und mit ihm zusammengehalten, damit ihr überlebtet. Ja, du hattest überlebt, anstatt zu leben. Und du hattest es nicht einmal geschafft, den höchsten Berg der bekannten Welt zu malen, als du ihn direkt vor dir sahst.

Als ihr ein kleines Tal erreichtet, wurde der Weg breiter. Ihr musstet nicht mehr hintereinander reiten. Du triebst dein Maultier an, bis du neben Gutiérrez rittst. Der kummervolle Held schaute weiter geradeaus, wandte dir seinen Blick nicht zu. Du sagtest:

»Vielen Dank, dass Sie uns gerettet haben, Oberst.«

»Keine Ursache«, antwortete er knapp.

Er schien jede Art von Vertrautheit zwischen euch vergessen zu wollen. Darüber hinaus zwang dich die geringere Größe deines Maultiers, ihn von unten her anzuschauen, wie ein Schildknappe.

Dich quälte der brennende Wunsch, ihn nach Carmen zu fragen, doch seine kühle Reaktion zeigte dir, dass es besser war, sie nicht zu erwähnen. Stattdessen versuchtest du herauszufinden, wie er euch gefunden und weshalb er sich überhaupt auf die Suche nach euch gemacht hatte. Erst tat er so, als höre er dich nicht. Du musstest ihn mehr als einmal bitten, bis du ihm einen Bericht entlocken konntest, den ihm der Wind vom Mund riss.

Am Tag nach dem Erdbeben hoch oben in den Bergen hatte der Oberst auf der Hacienda von deiner und Darwins Reise gehört. Am selben Tag noch schickte er Kundschafter aus, die die wichtigsten Andenübergänge absuchen sollten. Zwei Tage später kam einer von ihnen eilig zurückgaloppiert: In Santa Rosa de los Andes hatte er den einzigen Maultiertreiber des Forschers gefunden, der sich vor der Lawine hatte in Sicherheit bringen können. Dieser erzählte ihm, wo sie der Erdstoß überrascht hatte.

»Das Letzte, was ich sah, bevor die Erde zu beben begann, war ein großer, langhaariger Mann, der mit dem Señor Darwin sprach oder stritt.«

Der Oberst, der nur selten die Stimme erhob, schrie dir jetzt seine Worte entgegen, übertönte den starken Wind mit einer Art übersteigertem Enthusiasmus. Du öffnetest den Mund, wolltest etwas erklären, doch der Husar hob seine Reitpeitsche und berührte damit seine Lippen, um dir zu bedeuten, dass du schweigen solltest. Da du ihn schon zum Reden gezwungen hattest, musstest du ihn jetzt auch zu Ende anhören.

In wenigen Stunden stellte Gutiérrez einen Rettungstrupp zusammen. Suchte die besten Bergführer und gute Spürhunde aus. Ließ Maultiere mit ausreichend Proviant und Ausrüstung für eine Andenüberquerung beladen (einen Teil davon hatten sie jetzt am Fuß des Aconcagua zurückgelassen, um euch Reittiere geben zu können). Vor zehn Tagen waren sie aufgebrochen und hatten, behindert vom Schnee und den Erdrutschen, mehr als eine Woche gebraucht, um zu euch heraufzukommen.

»Doch ich kenne mich aus in den Bergen. Und ich habe mehr Schnee gesehen, als ich in den Pyrenäen den Partisanenkrieg gegen die Franzosen organisiert habe«, bemerkte er nicht ohne einen Anflug von Eitelkeit.

»Vielen Dank«, wiederholtest du noch einmal kleinlaut. »Aber woher wussten Sie, dass wir die Anden überqueren wollten?«

»Können Sie sich das nicht vorstellen?«, fragte er und zügelte sein Pferd ein wenig.

Zum ersten Mal in dieser Unterhaltung schaute er dich an und hob dabei spöttisch eine seiner weißen Augenbrauen. Dieser Blick ließ dich auf deinem Maultier noch mehr schrumpfen, das dich außerdem ordentlich durchschüttelte, während es versuchte, mit dem Fuchs des Obersts Schritt zu halten. Fast warst du dankbar für die kalte Böe, die dich zwang, den Kopf noch tiefer zwischen die Schultern zu ziehen.

»Carmen hat es Ihnen gesagt ...«, gestandst du schließlich ein: Es war die einzig mögliche Erklärung.

»Sie hat es mir nicht nur gesagt. Sie hat mich auch Ihren Brief lesen lassen.«

Zu deiner grenzenlosen Beschämung zitierte Gutiérrez laut schreiend, um das Heulen des Gebirgssturms zu übertönen, ganze Sätze aus dem Brief, den du Carmen geschrieben hattest, bevor du zur Verfolgung Darwins aufgebrochen warst. Als habe der Held den ganzen langen Weg darüber nachgegrübelt, bis er sie auswendig konnte, während er gegen den Schneesturm ankämpfte, als er hier heraufkam, um euch zu retten. Er wiederholte die melodramatischen Erklärungen, die du geschrieben hattest, und die auf den beleidigten Lippen des Husaren noch lächerlicher klangen: wie Carmen dein Herz »zerstört« hatte; wie du, seit du sie »in den Armen eines anderen« gesehen hattest, keinen Sinn mehr darin sahst, weiterzuleben. Keinen einzigen, außer den Hass und die »beschmutzte Ehre«, in deren Namen du beschlossen hattest, Darwin zu verfolgen, »diese feige Forscherlarve, diesen Verräter«, und ihm eine Kugel zu verpassen. Du wolltest ihn erschießen und dich dann selbst umbringen, das schworst du. Erinnertest du dich, dass du das geschrieben hattest?

Dein Brief war am Tag nach dem Erdbeben auf der Hacienda eingetroffen, das Beben war auch dort noch deutlich zu spüren gewesen. Carmen konnte ihre Erregung nicht verbergen. Sie brach in Tränen aus und zeigte das Schreiben ihrem Ehemann, gestand ihm, was er schon ahnte. Bat ihn, sich zwischen dich und Darwin zu stellen, dieses Verbrechen aus Leidenschaft – dieses doppelte Verbrechen aus Leidenschaft – zu verhindern, das wegen ihr begangen werden würde. Sie sagte, sie könne mit der Last zweier Tode nicht leben. Und er, der sich in der Schlacht von Bailén hervorgetan hatte, der in der Schlacht von Ayacucho zum Helden geworden war, was hatte er Carmen geantwortet?

Du versuchtest nicht einmal, dir die Antwort auszumalen.

Doch der Oberst hatte nicht vor, sie dir zu ersparen:

»Ich habe ihr mit Ja geantwortet.«

Trotz seiner kaputten Hüfte und seines verletzten Stolzes, trotz des Erdbebens, trotz alledem hatte der Oberst Ja gesagt. Aber wusstest du überhaupt, konntest du auch nur erahnen, weshalb er sich einverstanden erklärt hatte?

»Nein«, gabst du, Moro, vom niedrigen Rücken deines Maultiers aus zu, das sich gegen den Wind stemmte und sich vor ihm schützte, indem es seine Ohren verdrehte, so wie du dein Gesicht vor dem Blick des Obersts verbargst. »Ich weiß es nicht.«

»Nein, natürlich verstehen Sie es nicht«, fuhr Gutiérrez fort.

Er hatte aus einem Grund akzeptiert, den du nie verstehen könntest. Denn wenn du ihn wirklich verstehen könntest, dann hättest du deine Drohungen wahrgemacht, hättest diesen Deserteur erschossen und dich danach selbst getötet, so wie du es Carmen in jenem Brief versprochen hattest. Aber du hattest weder das eine noch das andere getan. Er dagegen … Er war in die Anden hinaufgeritten, um sich zwischen euch zu stellen. Allerdings, so gestand er dir, in der Hoffnung, euch beide tot vorzufinden. Doch weil er euch lebend antraf, hatte er euch gerettet. So hatte er sein Versprechen gegenüber Carmen mehr als erfüllt. Und all das hatte er getan …

Hier machte er eine Pause und zügelte sein Pferd.

»Weil ich sie wirklich liebe«, sagte er mit Nachdruck.

Es fehlte nur noch, dass er hinzufügte: »Im Gegensatz zu Ihnen.«

Dann gab Gutiérrez seinem Pferd die Sporen und trabte davon, ließ dich auf deinem Muli zurück, das, um dich noch mehr zu blamieren, jetzt in aller Ruhe zu scheißen anfing und den anderen den Weg versperrte.

* * *

Ein Stück weiter vorn wurde die steinige, schneebedeckte Talsohle, die ihr überquertet, wieder enger. Jetzt bewegtet ihr euch im Bett eines gefrorenen Bachs, am Grund einer Schlucht, von deren grünlichen Wänden wie Votivlampen ganze Büschel von Stalaktiten hingen. Der Oberst ritt die Schlucht schneller hinunter als die Maultiere, bald war er hinter einer Biegung verschwunden. Colleras trieb sein Pferd an und setzte sich an die Spitze des Zugs, der mehrere Kilometer in langsamem Tempo weiterritt. Die Stimmung war unheimlich, es schien, als könnten die Ränder dieser geologischen Wunde jeden Moment über euch vernarben. Der Hohlweg schlängelte sich zwischen glitschigen Felsen hindurch und zwang die Knechte, die Lastmulis mit Gewalt am Zügel hinter sich herzuziehen.

Plötzlich füllte sich der Hohlweg wie der Ausgang eines Tunnels mit Licht und kam an sein Ende. Wie aus einer Röhre tratet ihr durch einen Durchbruch ins Freie, den in grauer Vorzeit ein Gletscher in die Gebirgswand der Anden gerissen hatte, und fandet euch auf einem Vorsprung wieder, der auf das riesige Tal von Chile hinausging.

Zu euren beiden Seiten lag hinter euch die lange Gebirgskette der Anden. Die Grenze ihrer Schneedecke lag wie mit der Schnur gezogen auf einer Höhe von eintausend Metern, fast genau dort, wo ihr euch befandet. Bis dahin war der späte Wintereinbruch vorgedrungen. Darunter leuchtete grün und golden der Frühling. Euch gegenüber ging über dem Küstengebirge die Sonne unter und zwang dich, die Augen zusammenzukneifen. Das Brennen, das du in ihnen verspürtest, verstärkte noch die Farben oder ließ sie erst entstehen. Es spielt keine Rolle, was es war. Dich beeindruckte nicht, was du sahst, sondern wie du es sahst …

Ein ockerfarbenes Licht überschwemmte die ungeheure Weite des Tals. Der Rio Aconcagua schlängelte sich zum Pazifik hin, dick und rötlich wie ein Lavastrom. Unterdessen ging der Himmel langsam in ein dunkles Indigo über, durchzogen von kupferfarbenen Streifen und von den ersten Sternen gepunktet. Du hättest auf die Knie fallen und dafür danken mögen, Moro, dass du am Leben warst.

Der Oberst hatte ein Stück von euch entfernt Halt gemacht, am Rand dieses Vorsprungs, der wie ein Balkon über den Abgrund hinausging, und saß da, die Hände übereinander auf den

Sattelknauf gelegt. Die lange weiße Mähne seines Fuchses bewegte sich im Wind, der vom Tal heraufwehte. Der Husar, ins rötliche Licht der untergehenden Sonne getaucht, schaute auf Chile hinunter und schien zu zögern. Dachte er darüber nach, in den Abgrund zu springen? Überlegte er, ob er dorthin zurückkehren sollte, von wo er gekommen war? Doch hinter euch versperrte ihm der späte Wintereinbruch den Weg. Und vor ihm …

Zum ersten Mal sahst du ihn, wie er sich sehen musste: ein alter Soldat, Veteran aus tausend Schlachten, impotent im Frieden, verloren in einem Land, das ihn vergessen hatte und mit dem ihn nur noch eine untreue Frau verband.

* * *

Ihr bliebt nicht dort, um ein Lager aufzuschlagen, sondern rittet weiter, bis die Nacht hereinbrach, und hieltet auch dann nicht an. Endlich rittet ihr auf ebenem Grund, doch in tiefster Dunkelheit, geführt von den Sternen und dem Instinkt der Kundschafter, die unbeirrt, nur nach ihrem Gehör, dem Lauf des Rio Aconcagua folgten. Gutiérrez war unerbittlich, hielt nur von Zeit zu Zeit, ohne abzusitzen, um die Tiere zu tränken. Mehr schlecht als recht gelang es dir, dich im unbequemen hölzernen Sattel zu halten, der im Trab des Maultiers hin- und herschwankte. Von deinem Körper fühltest du nur noch das rohe Fleisch deiner Hinterbacken. Und dem Naturforscher an deiner Seite ging es ziemlich schlecht: Er keuchte und schwankte ebenfalls hin und her, drohte, jeden Moment von seinem Reittier zu fallen. Du versuchtest, ihn aufzumuntern, indem du einen Streit provoziertest:

»Ich komme fast um vor Hunger. Wenn wir doch nur noch einen Knochen von der Prinzessin hätten!«

Es funktionierte. Darwin richtete sich auf, als hättest du ihm einen Peitschenhieb versetzt. Er lenkte sein Maultier nah zu dir, griff nach deinem Arm und sagte leise:

»Um Gottes willen, Mann! Reden Sie doch davon nicht.«

»Wovon? Von unserem Grabkannibalismus?«, antwortetest du mit lauter Stimme.

»Psst!«, versuchte dich der Forscher zum Schweigen zu bringen und packte deinen Arm fester. »Wollen Sie meine Karriere ruinieren?«

»Die wird schon nicht ruiniert, nur weil Sie ein paar Bissen Mumie gegessen haben.«

»Seien Sie doch still! Sie können alles essen, Sie sind schließlich Künstler. Ich dagegen …«

»Natürlich: Ein Wissenschaftler, ein Naturphilosoph, ist eine Stütze der Gesellschaft, eine Autorität …«, gabst du ironisch zurück.

»Sie sagen es. Wer würde denn schon die Theorien eines drogensüchtigen Kannibalen ernst nehmen? Geben Sie mir Ihr Wort, dass Sie nie jemandem davon erzählen werden, wie wir überlebt haben. Viel weniger noch, dass wir diese Droge genommen haben.«

»Sehr wissenschaftlich von Ihnen, Darwin, die Wahrheit zu leugnen.«

Doch der Forscher reagierte nicht darauf. Jetzt stützte er sich mehr auf dich, als dass er deinen Arm hielt, keuchte, ohne dir zuzuhören. Du meintest, in der kalten Nachtluft seinen süßlichen, fiebrigen Atem zu riechen.

»Am besten vergessen wir dieses ganze Abenteuer. Und besonders all das, was wir Ihnen zufolge in jener Nacht gesehen haben.«

»Ich bin Maler, Darwin, es fällt mir schwer, etwas zu vergessen, das ich einmal gesehen habe.«

Ihr überquertet gerade eine weite Ebene zwischen weiß blühenden, stacheligen Büschen. Sie wirkten wie niedergefallene gefrorene Sterne. Doch du verspürtest keine Kälte. Nach der Kälte, die du dort oben erlitten hattest, würdest du, so schien es dir, nie wieder Kälte verspüren. Stattdessen spürtest du das Zittern des Forschers an seiner Hand, die deinen Arm hielt.

»Sie müssen zur ›Beagle‹ zurück, Darwin. Sie sind krank.«

»Das fürchte ich auch.«

»Haben Sie Angst, dass man Sie als Deserteur an einer Rahe aufknüpft?«

»Deserteur und Feigling, Ihnen zufolge. Ich habe gehört, was Sie Carmen geschrieben haben. Der Wind stand günstig.«

»Es tut mir leid. Ich glaube nicht mehr an das, was ich da geschrieben habe.«

Und du entschuldigtest dich ehrlich. Jetzt kam es dir vor, als hätte es jemand anderer geschrieben, nicht du. Ein Vorfahr von dir, der am Aconcagua gestorben war.

»Entschuldigen Sie sich nicht. Ich halte mich ja selbst für einen Feigling. Ich habe auch vor der Zukunft Angst …«

Du ahntest, dass Darwin nur sprach, damit du ihn nicht allein zurückließt, so wie er sich auch an die Pelerine deines Umhangs klammerte, um nicht in der Dunkelheit von dir getrennt zu werden und von seinem Maultier zu fallen. Er fürchtete sich vor der Zukunft, die ihm bevorstand, das gestand er dir. In den Tagen seines Schweigens hoch oben in den Bergen hatte er es alles klar vor sich gesehen. Er fürchtete sich vor dieser »Mammy«, die er heiraten wollte, vor dem Dutzend Kinder, die sie zeugen würden, der wissenschaftlichen Arbeit, die seine Kräfte aufzehren würde. Doch vor allem fürchtete er sich vor einer Idee … einer Idee, deren Türen ihm das Vilca aufgestoßen hatte und die jetzt in seinem Kopf brodelte.

»Sie hat noch keine Form, aber sie brodelt … eine grandiose, schreckliche Vision.«

Darwin murmelte jetzt mehr, als dass er sprach … so, als halluziniere er von Neuem. Du fürchtetest, er könne wieder einen seiner Panikanfälle erleiden. Doch er klammerte sich noch fester an dich. Während sein Kopf im Rhythmus des Maultiertrabs auf deiner Schulter hoch- und niederhüpfte, flüsterte er dir ins Ohr:

»Kämpfen Sie um Carmen, Rugendas. Entführen Sie sie, wenn es sein muss.«

»Und das sagen Sie mir in Anwesenheit ihres Ehemanns?«, scherztest du nervös. »Was für ein Pfarrer wollen Sie denn mal werden?«

»Nach all dem hier kann ich kein Pfarrer mehr sein. Aber tun Sie, was ich Ihnen sage, Carmen liebt Sie nämlich.«

»Das glaube ich nicht. Und jetzt wäre es noch schwieriger. Sehen Sie nicht, dass uns Gutiérrez genau deshalb gerettet hat? Jetzt schulde ich ihm mein Leben. Ich werde mich seiner Frau nie mehr nähern können. Er ist ein guter Stratege, der Oberst.«

»Vergessen Sie die Strategien. Carmen liebt Sie.«

»Und deshalb hat sie mit Ihnen geschlafen?«

»Ja, genau. Und ich habe einen Beweis. Als wir uns geliebt haben, hat sie einen Namen gerufen, aber nicht meinen. Ins Ohr hat sie ihn mir geschrien. Mehrfach.«

Er hatte eine Weile gebraucht, bis er sich daran erinnerte, und länger noch, bis er ihn verstand. Erst als ihr im Maul des Aconcagua auf den süßen Tod wartetet, hatte der Forscher zu ahnen begonnen, wessen Name das sein konnte, den Carmen ihm ins Ohr schrie, während sie sich im Stehen liebten, weil der Boden der schwimmenden Insel so feucht war. »Moro!«, hatte sie mehrmals gerufen. »Mein Moro!«

»Das ist der Spitzname, den sie Ihnen gegeben hat, nicht wahr, Moritz?«

Also hatte nicht deine Sehnsucht ihn erfunden, jenen gespenstischen Ruf, den du damals in der schlaflosen Nacht an der Tagua-Tagua-Lagune zu hören geglaubt hattest. Das Echo deines Namens, zu dir getragen von einem Wind, der gar nicht wehte. Dieser süße, schreckliche Ruf:

Mooorooo…!

XXXV

Der Wanderer über dem Nebelmeer

DU WARST WIE BETÄUBT, als endlich bei Tagesanbruch die Glockentürme des Dorfes Santa Rosa de los Andes in Sicht kamen. Obwohl du sie kaum sehen konntest. Dieser Sonnenaufgang war für dich wie eine rohe, mit karminroten und chromgelben Pinselstrichen betupfte Leinwand. Nachdem die Verbrennungen dir eine Aureole auf der Netzhaut hinterlassen hatten, kam es dir jetzt so vor, als ob sich diese Haut schälte und deine neuen Augen die Schönheit der Welt kaum ertragen konnten. Sie sahen einige Farben schärfer, verbargen andere. Der schuppige Rand deines Blickfelds verschaffte dir den Eindruck, andauernd durch ein Kaleidoskop zu schauen. Deine Lider waren halb geschlossen, deine Augen tränten. Es war, als lerntest du noch einmal das Sehen und alles bezaubere dich zum ersten Mal.

Ihr bandet eure Reittiere am Staketenzaun eines heruntergekommenen Gehöfts an, das unter einer großen Steineiche stand. Ein armer Bauer kam heraus, um euch zu begrüßen; mit seiner phrygischen Mütze und den Ledersandalen sah er aus, als sei er direkt aus dem Mittelalter aufgetaucht.

Der immer auf alles bedachte Gutiérrez hatte dort frische Pferde und Verpflegung hinterlassen. Das Morgengeläut einer Klosterglocke verklang und die Hähne krähten fröhlich, während die Männer des Obersts dir und Darwin halfen, von euren Maultieren abzusitzen. Statt des Obersts schienst jetzt du derjenige zu sein, dessen Hüfte zerschmettert war. Du hinktest, fühltest deine Beine nicht mehr und dein Hintern brannte, als habe man dich ausgepeitscht. Darwin mussten sie beinahe in die Hütte tragen. Kaum hatten sie ihn losgelassen, ließ er sich fieberzitternd auf einen Strohsack fallen.

Die Bäuerin, eine Indiofrau mit Zöpfen, viel älter als ihr Mann, bot euch frisch gebackenes, noch warmes Brot, harten Ziegenkäse, den du wie eine Maus mit den Eckzähnen nagtest, Oliven und Tomaten an. Und einen jungen Wein, der nach dem großen Ledersack duftete, aus dem sie ihn zapfte. Nie hatte dir ein einfaches Mahl besser geschmeckt. Der Saft der Tomaten rann dir über das Kinn, und als dir das Salz auf den wunden Lippen brannte, kühltest du sie direkt im Mostkrug, schlürftest wie ein Tier mit seinem Rüssel. An mehr erinnerst du dich nicht, außer an die reine Seligkeit, mit der du anschließend auf den Strohsack fielst, wo Darwin schon schnarchte, der nichts hatte essen können.

Trotz eures bedauernswerten Zustands, der sogar euren Gastgeber, den abgehärteten Bauern, rührte, kannte Gutiérrez wenig Erbarmen mit euch. Kurz nach Mittag weckte dich ein starker Schmerz an den Rippen aus deinem Tiefschlaf. Colleras hatte dir einen Tritt verpasst, um dich wach zu bekommen. Benommen sahst du, wie zwei Knechte Darwin beim Aufstehen halfen. Während die Indiofrau dir eine Schüssel Wasser hinhielt, damit du dir das Gesicht waschen konntest, öffnete der Oberst die einzige Tür der Hütte, eine einfache Klappe, die von Lederscharnieren gehalten wurde, und musterte euch, die Fäuste in die Hüften gestemmt. Seine Stiefel, sein Säbel und seine Ehrenzeichen glänzten im Türrahmen. Als käme das strahlende Licht, das durch die Tür hereinfiel, von ihm selbst, wirkte er größer und sogar jünger. Im Felde zu sein, war seine einzige und wahrhaftige Lebensquelle. Und seine Stimme klang befehlsgewohnt, als er sich an Darwin richtete:

»Sie, Engländer, reiten sofort Richtung Valparaíso.«

»Er ist zu krank, um zu reisen«, protestiertest du von der anderen Seite des Raums her, wo du dir das Gesicht wuschst.

»Er muss jetzt gleich zu seinem Schiff zurück«, schnitt dir der Oberst das Wort ab, zeigte auf einen jungen Knecht, der nicht an der Suchaktion teilgenommen hatte, und fügte hinzu: »Dieser Bursche hier wird ihn begleiten und sich um ihn kümmern.«

»Zur ›Beagle‹ …«, murmelte der Forscher.

Das wiederholte er wie benommen mehrere Male, als würde ihm erst jetzt klar, dass er tatsächlich zu seinem Schiff, dem unterbrochenen Vorhaben seiner Reise zurückkehren musste, dem starren Leben, das ihn erwartete. Während er darüber nachsann, zog er sich umständlich seine weite Jacke mit den zahllosen Instrumenten darin an, die wie Kochtöpfe aneinanderschlugen. Seine Wissenschaftlerrüstung, die ihn vor dem direkten Kontakt mit der Welt schützte.

»Den Burschen brauchen wir nicht«, warfst du ein. »Ich kann Darwin begleiten.«

Gutiérrez umrundete den rohen Tisch in der Mitte des Raums und trat nahe an dich heran:

»Sie kommen mit mir«, befahl er mit leiser Stimme.

Und damit du gar nicht erst auf die Idee kamst, zu widersprechen, griff er nach seinem Säbel und zog ihn leicht aus der Scheide, zeigte dir die massive, vergoldete Schnecke an seinem Knauf.

Allein der Anblick dieses Sporns – den du nur verschwommen sahst, wie einen Klumpen Gold – verursachte dir ein heftiges Schmerzgefühl auf der Brust, dort, wo du immer noch einen blauen Fleck vom Bluterguss trugst, den er dir vor wenigen Tagen verpasst hatte.

»Bin ich Ihr Gefangener?«

»Sagen wir, Sie haben noch eine Schuld bei mir zu begleichen.«

Obwohl du schwach und unbewaffnet warst, dachtest du für einen Moment daran, zu kämpfen. Oder wenigstens zu fliehen. Du warst jünger als der Oberst. Wenn du ihn wegstießt, bevor er den Säbel ziehen konnte, und seine Behinderung ausnutztest, um schneller als er bei der Tür zu sein, und es schafftest, auf ein Pferd zu springen …

Als hätte er deine Gedanken gelesen, tauchte der Schatten von Colleras im Türrahmen auf und versperrte dir den Weg. Auf der Schwelle stehend, schob der Verwalter betont gelassen seinen Poncho auf der rechten Schulter zurück, bis seine silbernen Manschettenknöpfe und die kurze Flinte zu sehen waren, die in seiner Hand baumelte.

Das Wasser, mit dem du dir das Gesicht gewaschen und den Kopf benetzt hattest, lief dir übers Hemd. Deine nassen Haarsträhnen, vom Band befreit, das du zum ersten Mal seit mehr als zehn Tagen abgelegt hattest, vernebelten dir noch stärker die Augen. Doch du sahst genug, um zu erkennen, dass du verloren hattest.

»Darf ich mich wenigstens von meinem Freund verabschieden?«

Der Oberst trat zur Seite, drehte sich mit den marionettenhaften Bewegungen, zu denen ihn seine steife Hüfte zwang.

Du nähertest dich Darwin, der die Szene verblüfft beobachtete.

»Hier trennen sich unsere Wege«, sagtest du und strecktest ihm die Hand entgegen.

»Ich bleibe«, flüsterte er. »Wenn ich dabei bin, werden sie es nicht wagen, Ihnen etwas anzutun.«

»Kommt nicht in Frage. Man würde uns beide umbringen«, gabst du zurück. Und fügtest ironisch hinzu: »Außerdem ist dies mein Kampf ums Überleben.« Dann strecktest du ihm noch einmal die Hand entgegen.

Statt sie zu ergreifen, vergaß Darwin für einen Moment seine distanzierten englischen Manieren, fiel dir um den Hals und gab dir eine lange Umarmung voller metallischer Unebenheiten. Nie wirst du erfahren, ob sein Zittern vom Fieber oder der Erregung kam.

»Adieu, mein Maler«, sagte er.

* * *

Ihr rittet nach Süden, folgtet dem Zentraltal, die quer verlaufenden Höhenzüge hinauf und hinab. Kamt durch Las Chilcas und Tiltil, umgingt Santiago über die sumpfige Ebene von Pudahuel Richtung Angostura und durchquertet den Rio Maipó, der kraftlos dahinfloss, weil das Schmelzwasser des Frühlings vom jähen Wintereinbruch in den Bergen zurückgehalten wurde.

Auch jetzt rittet ihr in großer Eile. Anscheinend gefiel es dem Oberst, sich selbst zu beweisen, dass er immer noch die harten Husarenbräuche durchhalten konnte. Erst beim letzten Tageslicht machtet ihr Halt und schlugt das Lager auf, ohne die Pferde abzusatteln. Und rittet beim ersten Sonnenstrahl weiter.

Dennoch kamt ihr nur langsam voran, denn du konntest nicht galoppieren. Dein Hintern war so geschwollen wie der eines Affen und blutete; du hattest das Gefühl, auf glühenden Kohlen zu sitzen. Doch deshalb hätte Gutiérrez keine Verzögerung zugelassen. Ihr rittet so langsam, weil du die Hände auf dem Rücken gefesselt trugst. Colleras hatte sie dir mit einem nassen Ledergurt gebunden, der, als er trocknete, deine Handgelenke fester zusammenpresste als ein paar Handschellen. Der Verwalter zog dein Pferd am Zügel hinter sich her, allerdings nicht zu fest, denn du warst schon zwei Mal heruntergefallen. Dadurch ging es langsamer und deine Qualen zogen sich in die Länge. Colleras verstärkte diese Folter ab und zu noch, indem er, wenn der Oberst nicht in der Nähe war, dein Pferd in Trab fallen ließ. Die gelblichen, blutunterlaufenen Augen des Verwalters glänzten vor Vergnügen, wenn er sah, wie du, um den Schmerz zu vermeiden, versuchtest, mit Schenkel- und Wadendruck in den Steigbügeln zu stehen, bis es nicht mehr ging und du in den Sattel zurückfielst, wo du dich in komischen Verrenkungen vor Schmerzen wandst oder einfach vom Pferd fallen ließt. Augenblicke, die der Mestize mit einem Gelächter feierte, das so hohl klang wie seine Backenzähne.

Du dachtest schon daran, dich beim Oberst zu beschweren. Doch du brauchtest nur an die Leidensmiene zu denken, mit der er beim Auf- oder Absitzen das Gesicht verzerrte, um die Nutzlosigkeit deines Protests zu erkennen. Was war denn schon dein wunder Hintern im Vergleich mit seiner zerschmetterten, schlecht verheilten Hüfte? Außerdem hatte er deine gelegentlichen Versuche, ihn zu fragen, wohin er dich brachte, was er mit dir machen wolle, nur mit einem ominösen Schweigen beantwortet.

Wenigstens konntest du, solange ihr nach Süden rittet, die Hoffnung aufrechterhalten, Carmen wiederzusehen. Und jetzt zog dich wieder alles zu ihr hin, wie bei einem Pferd, das munterer wird, wenn es dem Stall zustrebt. Du hegtest die Illusion, dass der Oberst sie dich vielleicht sehen lassen würde, bevor er dich tötete oder dich der Strafe zuführte, die er sich für dich ausgedacht hatte.

Carmen ein letztes Mal sehen … Aber du sahst sie ja die ganze Zeit! Jedes Mal, wenn du die Augen schlosst und an etwas anderes zu denken versuchtest, um den Schmerz zu vergessen, erschien sie vor dir, nackt wie auf deinem heimlichen Gemälde, auf ihrer Brust diese strahlende Region, wo ihre Seele funkelte, und rief dich: »Hör auf, mich zu malen, Moro, komm lieber her und lieb mich!«

Seit du das Erdbeben, die Lawine, den Schneesturm und den Hunger überlebt hattest (und sogar das Wissen, das dir der Schamane enthüllt hatte, was immer es auch gewesen sein mochte), warst du von einer doppelt großen Liebe zu Carmen ergriffen. Noch in den Augenblicken größten körperlichen Leids, oder vor allem in diesen, fühltest du, dass du sie mit viel größerer Leidenschaft liebtest als zuvor. Einer Leidenschaft, die deiner wiedergeborenen Liebe zum Leben glich. Dunkel schienst du sogar zu ahnen, dass nur bei Carmen, mit Carmen, in Carmen dein Überleben einen Sinn machte.

In solch angenehme Gedanken warst du versunken, dachtest an sie, um nicht an den Schmerz und an den Tod zu denken, als dich der hohle Klang der Hufe deines Pferds auf einem Holzboden in die Wirklichkeit zurückholte. Es war der Morgen des dritten Tages, und ihr hattet gerade eine Kluft zwischen zwei Bergen passiert, in einem Wattenebel, der dich mit deinen beschädigten Augen die Kruppe des Pferdes von Colleras vor dir kaum erkennen ließ. Plötzlich hielt der Trupp. Der Verwalter saß ab und kam zu dir, seine Sporen mit den gezackten Rädchen klirrten. Er packte dich am Arm und zwang dich, abzusteigen, wobei er so heftig an dir zerrte, dass du auf die Knie fielst. Als du den hölzernen Boden berührtest, fühltest du, wie er hin und her schwankte, und begriffst, dass ihr euch auf einer Hängebrücke befandet. Unter euch toste ein Fluss.

Trotz des Nebels und des Schleiers vor deinen Augen erkanntest du den Ort. An dieser Stelle warst du mit dem Oberst auf der Suche nach der geflohenen Carmen vorbeigeritten. Genau hier begannen ihre Ländereien, die riesige Hacienda Cachapoal. Der Verwalter zog dich auf die Füße und zerrte dich an den Rand der Brücke, die so breit war, dass große Ochsenkarren darüber fahren konnten. Ihr standet in der Mitte zwischen den Ufern, und das dicke Seil, das die Brücke an dieser Seite hielt, verlief so niedrig, dass es dir gerade bis an die Knie reichte.

»Rühr dich nicht vom Fleck, Malerchen«, knurrte Colleras.

Damit ging er weg und ließ dich an der Brückenkante stehen, die über dem nebelverhüllten Abgrund schwankte. Unter dir hörtest du, ebenfalls vom Nebel verborgen, den Fluss rauschen. Die mit Seilen aus Ochsenleder verbundenen Brückenbohlen schienen zu tanzen, als wollten sie dich dazu ermuntern, auf dieses Nebelkissen hinunterzuspringen. Doch darunter, vielleicht fünfzig Meter tiefer, floss das Wasser über Steine, die alles, was auf sie fiel, zerschellen lassen würden. Du sahst dich von hinten wie die Person auf dem Bild von Caspar David Friedrich, das du so sehr liebtest: Der Wanderer über dem Nebelmeer. Du verspürtest ein leichtes Schwindelgefühl, konntest dich jedoch, die zittrigen Beine weit gespreizt, um das Gleichgewicht nicht zu verlieren, langsam umwenden.

Dir schräg gegenüber standen, ungefähr sechs Meter entfernt und leicht erhöht in der Krümmung der Brücke, fünf Gutsknechte und zielten mit ihren Flinten auf dich.

XXXVI

Der beste Liebhaber der Welt

»ER HAT GEWARTET, bis wir auf seinem Land sind, um mich hier erschießen zu lassen.« Jetzt glaubtest du die Logik zu verstehen, die deinen Tod bestimmen würde. Der Oberst hatte dich von so weit hergebracht, um dich zu töten, kaum dass ihr einen Fuß auf die Ländereien seiner Frau gesetzt hattet, die seit Jahrhunderten im Besitz ihrer Familie waren. Zu seinem Recht als betrogener Ehemann gesellte sich die mittelalterliche Macht des obersten Gerichtsherrn, des Herrn über Leben und Tod auf seinen Ländereien.

In jedem Fall war es unwahrscheinlich, dass hier jemand Erklärungen von ihm verlangen würde, dachtest du mit bitterem Realismus. Du verschwändest ganz einfach. Wer sollte in diesem Teil der Welt schon nach dir fragen? Hier, wo du fast nicht existiertest? Außerdem würden die Schrotkugeln aus diesen fünf Flinten dein Gesicht so zerfetzen, dass dich niemand je würde identifizieren können, selbst wenn der Fluss dich ans Ufer spülen würde, bevor er ins Meer mündete. Und Carmen würde ihr Ehemann sagen, du habest Chile verlassen, um deine Reise durch Amerika fortzusetzen und weiterzumalen.

Eine seltsame Ruhe ergriff von dir Besitz. Eine plötzliche Hellsichtigkeit, die dir ein Jenseits zu versprechen schien, in dem sich alles besser verstehen ließe. Endlich würdest du verstehen, warum du dich so sehr nach der Liebe gesehnt hattest und warum dein unerbittliches Porträtmalerauge jede Frau zu einer Enttäuschung hatte werden lassen. Du würdest erfahren, weshalb du zugelassen hattest, dass »die Andere« immer wieder deine Liebe tötete und dich zu dieser unentwegten Suche zwang (eine Suche, in die du vielleicht mehr verliebt warst als in irgendeine Frau aus Fleisch und Blut). Und endlich würdest du auch begreifen, auf welche Weise Schönheit und Schrecken sich in den herrlichsten Landschaften vereinigen.

Es war Zeit, zum wunderbaren Frieden der unbelebten Dinge zurückzukehren.

Du konntest sie nicht sehen, doch du merktest, dass die Pferde ohne ihre Reiter das andere Ufer erreicht hatten, weil die Brücke unter deinen Füßen jetzt weniger schaukelte. Vielleicht warteten die Knechte genau hierauf, um besser zielen zu können. Hierauf und darauf, dass ihr Herr ihnen den Befehl zum Schießen gab.

Von jener Seite tauchte jetzt hinkend und den gefiederten Zweispitz in der Hand haltend Gutiérrez auf. Er schaute seine schräg aufgestellten Männer, dann dich an und zog seinen Säbel.

Du beschlosst, nicht um Gnade zu bitten. Würdest nicht flehen, nicht auf die Knie fallen, nicht zu fliehen versuchen, sodass sie ein Wettschießen mit dir veranstalten konnten. Du schlosst die Augen und dachtest an Carmen. Sie sollte das Letzte sein, das du vor dir sahst, Moro.

Doch der Oberst rief nicht: »Feuer!«, noch nicht. Du spürtest, dass er sich bewegte und öffnetest die Augen. Er kam auf dich zu und zog dabei sein rechtes Bein mit genauen Schritten nach, so als schreite er die Distanz für eine regelrechte Erschießung ab. Bei dir angekommen, schaute er dich verstohlen an, blinzelte mehrmals und befeuchtete sich die Lippen mit der Zunge. Die Säbelnarbe auf seiner Stirn gab ihm ein wilderes, kummervolleres Aussehen denn je. Er musterte dich mit dieser ihm eigenen seltsamen Zurückhaltung, als schiene es ihm unziemlich, einen verurteilten Mann direkt anzuschauen. Er wird mich nicht fragen, ob ich einen letzten Wunsch habe, dachtest du. Denn er weiß ja nur zu gut, welcher das wäre.

Da beugte sich der Husar zu dir hin und flüsterte mit bebender Stimme:

»Carmen ist schwanger.«

Worauf er ein Stück zurückwich und sichtbar schluckte. Diese Worte schienen dem Oberst mehr Mut abverlangt zu haben als irgendeine seiner heldenhaften Kriegstaten. Nachdem er jetzt das Schlimmste hinter sich hatte, fuhr er fort:

»Entweder Sie übernehmen wie ein Mann die Verantwortung dafür, oder ich lasse Sie auf der Stelle wie einen Feigling erschießen.«

Es heißt, dass der Mensch kurz vor seinem Tod in Sekunden sein ganzes vergangenes Leben an sich vorbeiziehen sieht. Du hingegen sahst ein mögliches zukünftiges Leben vor deinen Augen ablaufen, Moro. »Ein Kind … von mir«, dachtest du und ließt die Worte in dir nachhallen. Dir wurde klar, dass du eine solche Möglichkeit nie zuvor in Betracht gezogen hattest. Dass du vor ihr geflohen warst, so wie du vor der Liebe flohst. Absurderweise dachtest du an jene Kondome aus Schafsdarm, die du immer im Gepäck hattest. Bei all deinen typischen lateinamerikanischen Frauen hatten sie dir gute Dienste erwiesen. Nur bei Carmen hatten sie versagt; oder hattest du sie in der Hitze des Gefechts einfach vergessen? So wie du dich wegen ihr auch selbst vergaßt, deine Malerei vergaßt, deine Bestimmung weiterzureisen vergaßt?

Und jetzt, auf dieser über einer Schlucht schaukelnden Hängebrücke, in einem wilden, weit entfernten Land, gab man dir die Wahl zwischen Tod und Leben. Nicht nur deinem Leben: einem

Leben nach deinem eigenen Leben. Ein Kind. Du verspürtest einen noch größeren Schwindel als bei dem Blick in den nebelverhangenen Abgrund. Doch gleichzeitig fühltest du wie nie zuvor die Schwerkraft, die Anziehung der Erde, die dich trug. Als wäre es ein Nachgeschmack deiner Halluzination im Inneren des Aconcagua, fühltest du dich wieder wie ein Baum, der unter deinen Füßen Wurzeln schlug. Jetzt würdest du nicht zur Ruhe kommen, weil du dich umbrachtest – so wie du es schworst, bevor du zum Aconcagua aufstiegst –, sondern weil du dich in Carmen verwurzelt hattest.

Gutiérrez erwartete deine Antwort mit dem Zweispitz in der Linken und dem Säbel, mit dem er den Feuerbefehl geben würde, in der Rechten. Ein Fluchtinstinkt, der Widerspruchsgeist eines jungen Mannes, der seine Freundin geschwängert hat und dem ihr Vater sagt: »Entweder du heiratest sie oder ich bringe dich um«, ließ dich protestieren:

»Aber wie kann ich diese Vaterschaft anerkennen, wo sie doch mit Ihnen verheiratet ist?«

»Ich habe nichts von Vaterschaft gesagt. Ich befehle Ihnen, Ihre Verantwortung zu übernehmen. Das Kind wird meinen Namen tragen. Ich wollte immer ein Kind mit Carmen haben.«

Einen Moment lang dachtest du, der Oberst habe den Verstand verloren. Doch als du ihn gleich darauf seinen Plan erläutern hörtest, begriffst du, dass er vielleicht alles verloren hatte, außer seinem Verstand. Seit er euer beider Verhältnis erahnte, hatte er in seiner langen Einsamkeit eines pensionierten Helden diesen letzten Feldzug seines Lebens mit Bedacht geplant.

»Hören Sie mir gut zu«, sagte er, kam wieder näher heran und sprach leise, damit die Knechte ihn nicht hörten, »denn davon hängt jetzt Ihr Leben ab.«

Du solltest ihm gut zuhören. Du konntest wählen: entweder

erschossen werden oder deine Verantwortung durch eine Absprache unter Ehrenmännern übernehmen, die Gutiérrez dir hiermit anbot. Er liebte Carmen. Viel mehr als du, auch wenn weder du noch sie es wüssten oder zugeben würden. Jahrelang hatte er gekämpft, sogar physisch – sagte er, und dabei schlug er sich mit dem Säbelknauf voller Wut auf sein lahmes Bein –, sogar physisch hatte er darum gekämpft, sie glücklich zu machen. Doch hatte er es nicht geschafft, es war ihm nicht gelungen.

»Jetzt sind Sie an der Reihe, Maler.«

Dort, wo der Soldat scheiterte, musste der Künstler siegen. Gutiérrez hatte es minutiös geplant. Dem Anschein nach würde in seiner Familie alles beim Alten bleiben. Bis auf eine Kleinigkeit: Du würdest ein Teil von ihr werden.

Du solltest natürlich nur als Freund in die Familie aufgenommen werden. Als guter Freund des Ehemanns und seiner Frau. Um den Schein zu wahren, würdet ihr, er und du, vorgeben, echte Kameraden zu sein. Und vielleicht, wer konnte das wissen – das sagte er mit einem bitteren Lächeln –, würdet ihr es ja sogar werden. Jedenfalls würde dieses gegenseitige Vertrauen, so sehr es auch wüchse, nie die elementaren Regeln der Diskretion und des Anstands durchbrechen. Du würdest nur bei ihnen wohnen, wenn er selbst zugegen wäre. Um keinen Anlass für Gerede zu geben und das Gerede zum Schweigen zu bringen, welches Carmen und du mit eurem unklugen Verhalten hervorgerufen hattet, würdest du von jetzt an ebenfalls verreisen, wenn er zur Aufsicht über die Aussaat oder Ernte auf weit entlegenen Feldern unterwegs wäre und sie allein ließe. Und könntest sie unter keinen Umständen besuchen oder dich ihr nähern. Der alte Husar war sicher, dass dies deiner Berufung als Reisemaler sehr entgegenkäme. Und ihm ganz offensichtlich auch, denn er sei keinesfalls bereit, sich durch einen öffentlichen Ehebruch oder durch eine wilde Ehe nach Art des ehemaligen Ministers Portales demütigen zu lassen (und viel weniger noch würde er in eine Scheidung einwilligen).

Gutiérrez erwartete jedoch, dass diese Trennungen nur kurz wären. Normalerweise würdet ihr drei gemeinsam auf der Hacienda wohnen, in unterschiedlichen, doch angrenzenden Höfen. Wenn ihr nach Valparaíso oder Santiago führt, würdet ihr das wie eine normale, gutsituierte Familie tun, die mit ihrem Gesinde, den Hunden und Katzen reist, einschließlich eines guten Freundes, der fast so etwas wie ein Verwandter ist. In dieser städtischen Umgebung würdest du natürlich woanders logieren.

»Und was haben Sie von dieser Abmachung?«, wolltest du wissen.

»Meinen Sie nicht, dass das Glück meiner Frau Grund genug ist?«, fragte der Oberst zurück, gab jedoch seine tatsächliche Verbitterung zu erkennen, indem er hinzufügte: »Was Unglück betrifft, habe ich mit dem meinen mehr als genug.«

Was die Kinder anging, so erwartete Gutiérrez, dass diese besondere Familie, die ihr drei bilden würdet, sehr fruchtbar sein würde. Du hattest deine Fähigkeit zur Fortpflanzung ja schon bewiesen (übrigens hatte er ganz vergessen, dich zu beglückwünschen, fügte er hinzu). Für ihr Teil zeigte sich Carmen in dieser ihrer ersten Schwangerschaft bisher gesund und kräftig. Selbstverständlich würde dieses Kind und alle, die noch folgen mochten, seinen Namen tragen und nur ihn allein Vater nennen.

So wären alle drei zufriedengestellt, erklärte Gutiérrez. Der Oberst würde die Gerüchte über seine Impotenz widerlegen, du hättest die Frau, die du begehrtest, und Carmen könnte die Leidenschaft ausleben, die sie sich erträumte. Den kühnen Ideen entsprechend, die Darwin und du in eurem Streitgespräch in

Valparaíso verkündet hattet, behielt er sich die Erbfolge vor und überließ euch die Leidenschaft.

»Halten Sie das nicht für eine vollkommene Abmachung?«, fragte er mit einem gespielten Zynismus, der gar nicht zu seinem Gesicht eines kummervollen Helden passte.

Und dann hielt er eine Weile sinnierend inne, als wolle er sich selbst von dieser Vollkommenheit überzeugen. Doch sehr schnell kam er wieder zu sich. Kehrte zur Hängebrücke, zum Nebel, zur verschobenen Exekution und zur Abmachung unter Ehrenmännern zurück: sodass du also, bekräftigte er, die meiste Zeit als Gast bei ihnen auf der Hacienda wohnen würdest. Viele Monate, lange, stürmische, einsame Winter, schläfrige, heiße, trockene Sommer. In diesen ausgedehnten Zeitabschnitten wären deine Pflichten gegenüber Carmen sehr konkret und sehr genau.

Der Oberst wollte sich klar ausdrücken, auch wenn es ein wenig grob klang: Immer, wenn ihr zusammen wohntet, konntest du – aber hier korrigierte er sich –: nein, du konntest nicht, du musstest bei ihr schlafen. Das wäre deine absolute Pflicht, der Kern eurer Abmachung: Du musstest immer bei ihr schlafen, wenn du bei ihr auf der Hacienda warst. Aber nicht nur bei ihr schlafen! Du musstest ausnahmslos und jede Nacht deine Pflichten als »romantischer Liebhaber« erfüllen – das war der außergewöhnliche Begriff, den er benutzte.

»Verstehen Sie mich recht, Kunstmaler! Ich spreche nicht von ehelichen Pflichten. Die Ihren werden leidenschaftliche Pflichten sein. Anders gesagt, Sie müssen sie immer mit Begeisterung und Hingabe ausüben. Niemals mit Lustlosigkeit!«

Der Oberst unterstrich seine Worte, indem er seinen Säbel mit martialischer Gebärde hob und senkte. Er tat das so energisch, dass du einen Moment lang Angst bekamst, das Erschießungskommando der Knechte könne irrtümlich das Feuer eröffnen, weshalb du dich instinktiv bücktest. Als er es merkte, beruhigte sich der Husar.

Gutiérrez würde darüber wachen, dass du deinen Pflichten nachkämst. Er hatte alles gut durchdacht: Unter den Wohnhäusern der Hacienda gab es einen geheimen Tunnel, den man während des Unabhängigkeitskriegs als Versteck und Fluchtweg gegraben hatte. Durch verborgene Einstiege in diesen Tunnel würde er Carmens und dein Schlafzimmer miteinander verbinden lassen. Er seinerseits würde wie immer im Raum neben dem seiner Frau schlafen. Die Tür zwischen den beiden Räumen bliebe verschlossen, den Schlüssel würde er behalten. Der verborgene Zugang in ihr Schlafzimmer wäre für dich immer offen, doch niemand würde davon wissen. Außer er selbst, und er würde von Zeit zu Zeit mit Überraschungsbesuchen (Überraschungs»besichtigungen« sagte er tatsächlich in seinem unglaublichen Militärjargon) überprüfen, ob du den geheimen Zugang auch benutztest und deinen Pflichten nachkamst …

»Dann wäre meine Pflicht also …«, stammeltest du verblüfft.

Natürlich verstandst du – und wolltest gleichzeitig nicht wahrhaben, dass du es verstandst –, was der Kern dieser »Abmachung unter Ehrenmännern« war.

»Keine ungehörigen Worte, Maler«, unterbrach dich der Husar, hob wieder seinen Säbel und fuchtelte mit ihm herum. »Ihre Pflicht wird es sein, sie glücklich zu machen.«

Deine Pflicht wäre es, sie glücklich zu machen. Sie wahrhaftig zu lieben, mit vollständiger Leidenschaft und Hingabe, jeden Tag und jede Nacht, beim Aufstehen und beim Zubettgehen. Ihr zuzuhören, sie zu verwöhnen, zärtlich zu ihr zu sein, sie anzubeten. Du müsstest der glühendste und romantischste Liebhaber von allen sein: der beste überhaupt …

»Sie müssen der beste Liebhaber der Welt sein. Ich werde genau aufpassen. Und wenn ich den Eindruck habe, dass Sie sie nicht lieben, wie sie es braucht, wenn ich merke, dass Sie sie nicht glücklich machen … dann lasse ich Sie erschießen!«

* * *

Drei Stunden später und fünf spanische Meilen voraus riss, als ihr den Gutshof fast schon erreicht hattet, der Nebel plötzlich auf, und ein freundlicher Frühlingstag öffnete sich vor euch. Von so viel Licht überrascht begannen deine in den Bergen verletzten Augen wieder zu tränen, obwohl du jetzt nicht mehr sagen konntest, dass dies der einzige Grund dafür war.

Am Ende der frisch erblühten Allee, die wie eine Doppelreihe weißer, silbergrün betupfter Säulen aussah, erinnertest du – noch bevor du sie sahst – die großen Gebäude des Herrenhauses. Die roten, feuchtglänzenden Dachziegel, der kleine Glockenturm auf der Kapelle, der gelbe Schopf der Duftakazie über den Dächern des Schmiedehofs, der Schwarm barfüßiger Kinder und Dorfköter, die herausgelaufen kamen, als das Tor sich öffnete. Unerwartet verspürtest du Herzklopfen, fast als kämst du nach Hause zurück.

Wie beim ersten Mal rittet ihr in den Haupthof. Doch der Puma, der damals in seinem Käfig Achten lief, war nicht mehr da. Zweifellos hatte ihm Carmen die Freiheit geschenkt, so wie sie es mit sich selbst gemacht hatte. Stattdessen flatterten und sangen in einer großen Voliere grüne Sittiche und rotbrüstige Stare.

Der Oberst saß ab, und zum ersten Mal auf diesem langen Ritt hörtest du ihn vor Schmerz stöhnen, als er sein lahmes Bein auf das Kopfsteinpflaster des Hofes setzte. Nun war er wirklich an die Grenzen seiner Kraft gelangt.

Doch nicht nur für ihn war die Grenze erreicht. Auch du ließest dich aus dem Sattel gleiten, konntest kaum glauben, dass diese Tortur endlich vorbei war. Mit deinem Ärmel wischtest du dir die Augenwinkel …

Und in diesem Augenblick kam Carmen gelaufen.

Carmen im hellblauen Kleid (oder war es eine Spiegelung des Himmels?), die, als sie dich sah, stehenblieb und eine Hand an die Brust legte. Wo du auch immer sein magst, immer wirst du sie so sehen wie an jenem Tag. Verschwommen, doch unverwechselbar streckte sie die Hand nach dir aus und zog sie gleich darauf wieder zurück, wie sie da auf der ersten der Steinstufen stand, die vom Laubengang auf den Hof hinunterführten. Du sahst das weiße Blitzen ihrer Zähne, den grünen Glanz ihrer Augen, die du nicht genau erkennen konntest, aber genau im Gedächtnis hattest, weil du andauernd von ihnen träumtest.

Der Oberst ging auf sie zu, tat erwartungsvoll ein paar Schritte, als wolle er sie umarmen. Doch dann besann er sich anders, erinnerte sich an dich oder erinnerte sich an alles. Er blieb stehen, wandte den Oberkörper und dann die Beine, mit seinen seltsamen Bewegungen eines Automaten. Langsam streckte er den linken Arm aus, vom Zweispitz verlängert, und wies auf dich. Sein Versprechen war eingelöst.

Carmen zögerte nur einen Moment länger. Dann kam sie schnell die Treppe vollends hinab. Doch anstatt sich in deine Arme zu werfen, fiel sie ihrem Mann um den Hals.

»Du hast ihn hergebracht!«, rief sie aus.

Und küsste ihn auf die kotelettenumkränzten Wangen, hüpfte ein wenig in die Höhe, um sie zu erreichen, während ihr hellblaues Kleid sie umflatterte, sah aus wie ein kleines Mädchen, das endlich das langersehnte Geschenk bekommt.

Gutiérrez ließ sich küssen, erlaubte sich sogar, ein wenig

zu lächeln, mit seinem schiefen Lächeln, bevor er sie bei den Schultern fasste und sie seinerseits auf die Stirn küsste. Dann trat er einen Schritt zurück und sagte mit matter Würde:

»Ist ja schon gut. Jetzt geh und kümmere dich um unseren Gast. Er hat einen wunden Hintern, wie ein kleines Kind.«

XXXVII

Das Idyll

DIE PERFEKTION der erfüllten Liebe. Der Glücksmoment, in einem Glücksmoment unendlich wiederholt.

Das Bild heißt »Das Idyll«. Es zeigt einen Maler, der mit dem Rücken zum Betrachter im Freien vor seiner tragbaren Staffelei sitzt. Der Künstler hat sich selbst in dem Moment dargestellt, in dem er die Szene vor sich malt.

Es ist ein strahlender Sommernachmittag, und die gelbgrüne Landschaft leuchtet unter einem klaren Himmel. Im Vordergrund, ein paar Meter unterhalb der Anhöhe, wo der Maler seine Staffelei aufgestellt hat, sieht man eine Frau. Sie trägt ein weißes Musselinkleid und einen Strohhut und sitzt auf einer Wiese voller Blumen neben einem Teich, einem kleinen Stausee. Der Schatten einer Steinbuche bedeckt zur Hälfte ihren Körper. Eben gerade hat sie noch gelesen, doch jetzt hebt sie den Blick und schaut den Künstler an, der sie malt. Die Krempe ihres Huts lässt eines ihrer grünen Augen glänzen, deren ernste Aufmerksamkeit nicht zu dem Lächeln passt, das ihr Gesicht belebt. Links vom See, ein Stück weiter entfernt, rupfen ein paar Ziegen Gras. Auf einem Felsen sitzt ein barfüßiger Hirtenjunge und spielt Flöte; zu seinen Füßen liegt ein Hund. Hinter dem See, viel tiefer im Bild, sehen wir ein Tal voller Felder: Weingärten, Obstplantagen, Äcker, Bewässerungsgräben, die wie Zäune glänzen. Im Hintergrund die bläulichen Kordilleren, ihr oberes Drittel schneebedeckt. Und über allem das zartere Blau des Himmels, in dem nur ein paar wenige Wolken das Weiß des ewigen Schnees wiederholen. Die Landschaft und ihre Bewohner sind mit leichten, lockeren und gleichzeitig genauen Pinselstrichen festgehalten, die Ölfarbe ist dick aufgetragen und schafft dennoch ein Gefühl von Leichtigkeit, eher von Licht als von Materie.

Dieses Gemälde zeigt nicht die Wirklichkeit; was es wiedergibt, ist eine Sinnlichkeit. Seine Leichtigkeit entsteht aus seiner Glücklichkeit; sie ist die Frucht desselben Idylls, das sie abbildet. Es ist klar zu erkennen, dass der Künstler, der sich hier beim Malen porträtiert, glücklich ist, indem er das tut. Wie auch die Frau glücklich ist, die wie eine weitere Blume auf der Blumenwiese wirkt und den Blick von ihrem Buch gehoben hat, um ihn arbeiten zu sehen.

Der Maler, der einmal außerhalb des Bildes stand und es geschaffen hat, und die junge Frau, die auf der Wiese für ihn posierte, sind jetzt nirgendwo mehr. Doch der Künstler, der im Gemälde selbst weitermalt, und die Frau, die nicht aufhört, ihn anzuschauen, während er sie malt, sie beide sind immer noch da: sie überdauern.

Es überdauert ihr Glücklichsein in dieser Landschaft. Wie auch das Glück in diesem kleineren Bild andauert, das der Künstler im ersten malt. Und das dieselbe Szene festhält, die es selbst festhält. Und in dieser eine weitere mehr, als sähen wir durch ein umgedrehtes Fernglas, das uns immer tiefer zieht, in die Vergangenheit hinein.

Der glückliche Moment im glücklichen Moment im glücklichen Moment …

Ich kann dieses Bild nicht mehr anschauen, das einzige, das ich noch von dir habe. Ich bin ja beinahe blind. Ich kann nicht mehr nachprüfen, ob unser Idyll wirklich so glücklich war. Oder ob ich es mir vielleicht nur so vorgestellt habe. Mag sein, dass ich es mir so herrlich vorgestellt habe – das Bild und die Idylle auch –, um wenigstens einmal in meinem Dasein eine romantische Liebe zu erleben (auch wenn es nur in meiner Phantasie wäre). Oder vielleicht ging mir das alles nur in dem Moment durch den Kopf, als ich dich mich auf dieser Wiese malen sah. Und heute erinnere ich mich an das, was ich damals phantasierte, als sei es tatsächlich geschehen. Nur du könntest mir bestätigen, dass unsere Liebe wirklich war. Ob ich mich deshalb an dich erinnere und dich noch einmal zum Leben erwecke?

* * *

Über dieses Bild hinaus, das euch verewigte, währten jene glücklichen Momente ungefähr drei Jahre mit all ihren Tagen und Nächten.

Carmen kümmerte sich um deine Augen und kurierte deinen Hintern. Erst entzündete sich die Haut und eiterte, dann begann sie sich langsam zu erholen, und nach und nach heilten deine wundgescheuerten Hinterbacken. Und auch deine Sehkraft kehrte zurück. Carmen behandelte dich – der Oberst hatte sich nicht geirrt – wie ein Kind, geduldig und energisch. Sie wusch deinen Hintern mit Quillajaextrakt und salbte den Schorf mit Wildrosencreme ein, damit die Wunden besser vernarbten. Sie träufelte dir erfrischende Tropfen aus Kräutern in die Augen und verstand es, dich mit einer Augenbinde kopfunter liegen zu lassen, wo du dich doch am liebsten umgedreht und sie in die Arme genommen hättest.

Um dich abzulenken, las Carmen dir lange romantische Geschichten und ein paar kürzere Romane vor. Gerade hatte sie aus Paris den letzten von Balzac erhalten: »Le Chef-d'œuvre inconnu«. Von ihren Lippen die Geschichte dieses Gemäldes zu hören, dessen Maler, Frenhofer, zehn Jahre seines Lebens darauf verwandt hatte, eine Frau malen zu wollen, die lebendiger wirkte als im wirklichen Leben, rührte dich zutiefst. Der Künstler opferte ein Jahrzehnt seines Daseins, um ein Ebenbild des Lebens zu schaffen. Und was bekam er im Tausch dafür? Ein Durcheinander von Farben, an dessen Rand ein makelloser Fuß hervorlugte …

Carmen las dir auch »Notre-Dame de Paris« vor und den »Don Juan« von Byron, und einen Roman eines Autors, den sie gerade entdeckt hatte und der sie faszinierte, Stendhal: »Le Rouge et le Noir«. Als du ihr erzähltest, du habest Stendhal – wohlbeleibt und verliebt – in einem Pariser Salon kennengelernt, konnte sie es kaum glauben. Sie bestand darauf, dir mehrmals die Szene vorzulesen, in der Mathilde de la Mole den von der Guillotine abgeschnittenen Kopf Juliens mitnimmt, um ihn in den Bergen des Jura zu begraben. Und du konntest nicht vermeiden, mit einem leichten Schauer darüber zu phantasieren, was deine Geliebte mit deiner Leiche gemacht hätte, wenn dich der Oberst hätte erschießen lassen (und der Fluss deinen Körper tatsächlich wieder hergegeben hätte).

In den Tagen, als du blind warst, lerntest du, sie am Klang ihrer Bewegungen zu erkennen. Du kanntest das Kratzen ihrer Stahlfeder auf dem Papier, wenn sie (wer weiß, was) an deiner Seite schrieb. Und kanntest auswendig das Geräusch ihrer Schritte, konntest sie von jedem anderen Absatzklappern unterscheiden. Warst verliebt in diese energische und gleichzeitig grazile Art und Weise, über die Erde zu schreiten. Und sogar die Luft noch, die ihre Gesten in Bewegung brachte, vermochtest du von anderen zu unterscheiden.

Die Ruhepause, zu der dich dein Hinterteil zwang, kam auch deinen Augen zugute. Im Halbdunkel fielen nach und nach die Schuppen, die deine Sehkraft verschleierten und gleichzeitig schärften. Es war, als lösten sich halb durchsichtige Hautfetzen von deinen Augen. Als du endlich wieder laufen konntest, gingst du, auf Carmen gestützt, zum hinteren Fenster deines Zimmers, das auf einen blühenden Garten hinauslag. Von dort aus sahst du Farbtöne, Schattierungen, Färbungen, die du nie zuvor wahrgenommen hattest.

Dein vorher jugendlicher, schneller Blick, der sich gut auf die Grundfarben verstand, doch sich mit Farbabstufungen schwertat, schien älter geworden zu sein und gleichzeitig reicher in seiner Struktur, hatte eine Palette neuer Abstufungen gewonnen, viel unentschlossener, vielleicht sogar ungenauer und gerade deshalb viel wahrhaftiger.

Du wandtest den Kopf, um Carmen aus der Nähe zu betrachten. Im Licht dieses Fensters und nach so vielen Tagen im Halbdunkel entdecktest du auch an ihr Schattierungen, die du nie zuvor – nicht einmal, als du sie maltest – wahrgenommen hattest. Nuancen, Unebenheiten, die sie vollständiger und deshalb wirklicher machten. Kleine Falten um die Augen, einen teefarbenen Fleck auf der Wange, eine gewisse Skepsis in ihrem Lächeln. Doch das Wunderbare war, dass diese kleinen Fehler, die sonst immer ausreichten, um deine Liebe sterben zu lassen, sie jetzt nur noch stärker werden ließen.

Zum ersten Mal konnte du sie ruhig an deine Brust drücken, ohne drängende Angst vor der Zukunft, ohne brennendes Verlangen, das dich die Gegenwart gar nicht genießen ließ.

Gelegentlich schienen diese Veränderungen an dir Carmen zu beunruhigen. Dann löste sie sich aus eurer Umarmung, schaute dich an und sagte:

»Du bist verändert vom Aconcagua zurückgekehrt, Moro.«

»Sicher, da oben wäre ich fast gestorben.«

»Ja, das muss es wohl sein …«, antwortete sie, doch ihr zweifelnder Ton widersprach dem Inhalt ihrer Worte.

Ein Zweifel, mit dem sie dich ansteckte, wenn sie dich bat, zum fünfzigsten Mal das zu erzählen, was am Hang und im Inneren des Bergs geschehen war. Das, was du gesehen und was du zu sehen geglaubt hattest. Vor allem dies Letztere: das Erscheinen des Eremiten und die Visionen, die er euch gezeigt hatte.

»Willst du schon wieder diese Geschichte hören?«

»Ja. Vielleicht kann ich dann auch das sehen, was du gesehen hast. Und mich dann vielleicht auch ändern. Oder akzeptieren, dass ich mich nicht ändern werde. Und würde wissen, ob es wirklich das ist, was mit dir geschah.«

Das war Carmens geheimnisvolle Antwort. Du zogst es vor, nicht mit ihr zu streiten. Um das Thema nicht zu vertiefen, nicht noch einmal ins Herz des Berges zurückzukehren. Obwohl du nur zu gut wusstest, das Carmen schließlich doch ihren Willen bekäme und du ihr alles noch einmal würdest erzählen müssen.

* * *

Ungefähr drei Jahre waren es, mit all ihren Tagen und Nächten. Drei Jahre, die das Glück in ein einziges, leuchtendes Idyll verwandelte. So sehr, dass nicht einmal die Fehlgeburt des Kindes, das ihr erwartetet – nach vier Monaten Schwangerschaft –, dieses Glück auf Dauer verdunkeln konnte. Carmen weinte natürlich. Sogar der Oberst wirkte insgeheim bedrückt. Du selbst schwanktest für ein paar Tage zwischen Enttäuschung und Erleichterung. Doch bald besiegte die Leidenschaft die Trauer. Dieser kleine Tod sollte die verliebte Sonne nicht verdüstern, die euch beschien.

Sogar noch die nebligen Winter auf der Hacienda schienen euch wohlig und gemütlich. Dieses Trio, um den heimischen Herd versammelt, bildete zweifellos eine seltsame, doch gleichzeitig auch zufriedene Familie. Der Oberst hatte einen großen Kamin aus Natursteinen bauen lassen, im Namen von wer weiß welcher Sehnsucht nach seiner Jugend in Europa. Als du den Kamin sahst und an das dachtest, was du über Erdbeben in Chile wusstest, fragtest du dich, wie lange dieser Flügel des Hauses wohl überleben würde, wenn ein starker Erdstoß diesen steinernen Kamin wie einen Hammer gegen die Wände aus Lehmziegeln schlüge.

Doch solche Gewalt war der Zukunft vorbehalten. Unterdessen brannten fröhlich knisternd dicke Scheite in der Feuerstelle und verbreiteten ihren wunderbaren Duft nach Zedernholz. Neben dem Kamin träumten die Lieblingshunde von der Jagd. Carmen lagerte auf großen Kissen auf einem Podest, unter dem Kohlebecken wohlige Wärme verströmten, und las oder schrieb, während ihr Ehemann in einem Ledersessel thronte und sein lahmes Bein auf einem Schemel ruhen ließ, in der Hoffnung, die Wärme würde die Rheumaschmerzen seiner kaputten Hüfte lindern. Von Zeit zu Zeit hob er ein Glas mit dem Wein der Hacienda an die Lippen, schwer und fruchtig. Dann glitt ein violetter Widerschein über die Narbe auf der Stirn, die nicht mehr traurig wirkte oder wild, sondern verspielt und sogar verschmitzt. Der kummervolle Held pflegte abends viel zu trinken, und wenn er das tat, überkam ihn eine ungelenke, doch nicht unangenehme Fröhlichkeit.

Eine Fröhlichkeit, welche die offensichtliche – doch nie erwähnte – Melancholie eines Soldaten ohne Schlacht vertreiben half. Man schrieb das Jahr 1837 und der Krieg gegen die peruanisch-bolivianische Konföderation hatte begonnen. Den Oberst hatte man jedoch nicht zu den Waffen gerufen. Man akzeptierte nicht einmal sein Angebot, mit den Knechten der Hacienda sein eigenes Bataillon zu bilden und es dem Admiral Blanco Encalada zur Verfügung zu stellen. So groß war sein Drang, zu kämpfen, dass er bereit war, sich dem Befehl einer konservativen Regierung zu unterstellen? Wer weiß. Doch war es das, was er ihnen erzählte, und dass sein Gesuch, in den aktiven Dienst zurückzukehren, abgelehnt worden war, obwohl man seine Männer in die Armee aufgenommen hatte. Fast alle Burschen im kriegsfähigen Alter wurden rekrutiert und verließen die Hacienda. Gutiérrez hatte sie von der Tür des Herrenhauses aus losreiten sehen, mit schlecht verhohlener Wehmut.

Einer Wehmut, die er jetzt bei euch abreagierte, indem er euch Erinnerungen aus seiner Jugend als Soldat schilderte. Er erzählte euch typische Kasernenwitze, berichtete von Lanzenduellen zu Pferde, pries die Kameraderie der Feldlager, beschrieb das Kartenspiel im Offizierskasino und übertrieb seine kriegerischen Taten, wie ein Vater, der seine Tochter und seinen Schwiegersohn beeindrucken möchte. Du und Carmen ließt euch auch beeindrucken – und manchmal wart ihr es wirklich. Sie fragte nach den Einzelheiten eines Kavallerieangriffs in der Schlacht von Bailén, wie die Uniformen der Dragoner von Numantia ausgesehen hätten, mit denen der Oberst geritten war, und was der General Dupont gesagt hatte, als er kapitulierte. Von deinem Sessel am Feuer aus beteiligtest du dich an der Unterhaltung, während du ein paar dieser grausamen Kriegsszenen zeichnetest. Oder diese friedliche Szene, die ihr jetzt gerade erlebtet.

Auch Carmen trug ab und zu eine Geschichte oder Betrachtung bei. Das waren mehr oder weniger philosophische oder historische Gedanken, so anspruchsvoll wie elegant formuliert. Sie las euch auch Räuber- und Geistergeschichten vor, die sie selbst geschrieben hatte und die meist mit einer unerwarteten, ironischen Moral endeten. Du hattest den Verdacht, dass sie euch nur ihre weniger persönlichen Schriften hören ließ. In diesen Texten war sie seltsam abwesend, versteckte sich hinter einer der Personen oder einer fremden Stimme. Doch in keinem der Texte fehlte ihr kühner, provokanter Humor.

Eines Abends las sie euch einen kurzen Essay aus ihrer Hand über die Ménage-à-trois vor, in der Voltaire, Madame du Châtelet und ihr Ehemann fast ein Jahrzehnt lang auf dem Land gelebt hatten …

»So wie es auch heute wieder gewisse Leute tun, die ich kenne«, schickte Carmen voraus, und ihre Augen blitzten dabei verschmitzt.

Dieser Skandal war fast ein Jahrhundert zuvor der Lieblingsklatsch des gebildeten Europas gewesen. Doch sie interessierte nicht der Klatsch. In ihrem Aufsatz spekulierte Carmen spielerisch über die Möglichkeit, dass Madame du Châtelet – die Newton übersetzte und eine begeisterte Mathematikerin war – diese Dreiecksgeschichte herbeigeführt hatte, um am lebenden Objekt irgendeine Theorie zu überprüfen. Und sie fragte sich:

»Eine Theorie über die Liebe vielleicht? Versuchte Madame du Châtelet, so etwas wie eine Trigonometrie der Liebe zu erfinden? Stellen wir uns vor, wie sie heimlich die Positionen ihres Ehemanns und ihres Liebhabers zu sich selbst bestimmt, um Funktionen wie Sinus und Cosinus zu finden, die uns – endlich! – erlauben könnten, die variable Geometrie der Liebe zu berechnen.«

Sie hörte auf zu lesen und musterte belustigt die Verblüffung auf deinem Gesicht und dem von Gutiérrez. Dann ließ sie ihr glockenhelles Lachen hören.

Dieser kurze Aufsatz beunruhigte dich mehr als die Geistergeschichten, die Carmen euch sonst vorlas. Die Ähnlichkeit jener Dreiecksgeschichte mit dem Arrangement, das ihr eingegangen wart, ließ dich aufhorchen. Doch nicht wegen der Übereinstimmung der Fälle oder der angeblichen Trigonometrie, jenes »Sinus und Cosinus«, die auf sie angewendet werden konnte. Dich setzte die versteckte Botschaft in Sorge, die Carmen dir damit vielleicht schickte. Du kanntest ihre Vorliebe für solche Spiele nur allzu gut. Wollte sie dir auf diese indirekte Weise etwa sagen, dass sie den Oberst nicht nur losgeschickt hatte, um dich zu retten, sondern dass es auch sie selbst gewesen war, die sich jene Abmachung von Ehrenmännern ausgedacht hatte, die dir Gutiérrez mit der Androhung, dich zu erschießen, auf der Brücke aufgezwungen hatte? Möglich war es wohl: Der Oberst schien nicht die notwendige Phantasie oder Vorbildung zu haben, um sich so etwas Raffiniertes auszudenken. Vielleicht war es in Wirklichkeit Carmen gewesen, die dieses Liebesdreieck erdacht und es dem kummervollen Helden eingeflüstert hatte. Was sie dir natürlich nie gestehen würde, außer vielleicht durch dieses geometrische Gleichnis.

Nie würdest du sie jemals ganz verstehen. Welche anderen Möglichkeiten, welch wundersame Geometrien versteckte sie wohl noch in ihrem Herzen? Das fragtest du dich, verwirrt und fasziniert, so wie es dir manchmal angesichts der Intensität einer Landschaft geschah, die deine Pinsel nicht zu erfassen vermochten. Du bewundertest und du fürchtetest sie. Und sagtest dir, dass dies noch mehr Gründe waren, sie zu lieben.

* * *

So oder noch ruhiger vergingen auch die Nächte dieser glücklichen Jahre. Bald ließen die Pendeluhren im ganzen Haus, die der Oberst peinlich genau synchronisiert hielt, zehn Glockenschläge hören. Gutiérrez und du erhobt euch und reichtet Carmen wie gute Kavaliere die Hand, damit sie aufstehen und von ihrem Podest herabsteigen konnte. Dann hängte sie sich bei euch beiden ein, und so schrittet ihr drei, gefolgt von den Lieblingshunden, im Licht eines Leuchters über den verglasten Laubengang, der am Südrand des Haupthofes entlangführte, bis ihr vor der Tür ihres Schlafgemachs standet.

Jetzt beugte sich der Oberst nieder, um seinen Gutenachtkuss auf die Wange und irgendeine freundliche Zurechtweisung in Empfang zu nehmen (»Trink nicht weiter, geh schön schlafen!«). Und auch du beugtest dich nieder, um ihren diskreten Gruß zu erwidern.

Carmen betrat ihr Schlafgemach. Gleich darauf hörtet ihr, wie sie betont deutlich ihre Tür verriegelte, während ihr euch auf dem Gang mit einem ziemlich aufrichtigen »Buenas Noches« voneinander verabschiedetet. Gutiérrez kehrte in den Salon zurück, um sich zu vergewissern, dass die letzte noch wache Magd das Feuer schürte und die Leuchter löschte. Anschließend käme er wieder, um in sein eigenes Schlafgemach zu gehen, das mit dem seiner Frau durch eine Tür verbunden war, deren großen Schlüssel Gutiérrez in seiner ledernen Gürteltasche bei sich zu tragen pflegte.

Du, Moro, gingst bis zum Ende des Korridors und zwischen ein paar Trennwänden hindurch, bis du in einem Seitenhof standst, dem, wo der Kakibaum wuchs und wo dein Schlafzimmer lag. Nachdem du es betreten hattest, verriegeltest du die Tür, zogst dich aus, zerwühltest das Bett und wartetest nervös.

Du hörtest, wie die Klauen der Hunde auf den Korridorfliesen kratzten, als sie ihre angestammten Schlafplätze aufsuchten. Draußen riefen die Uhus, der Wind pfiff, die alten Steinbuchen und Königspalmen rauschten. Die letzte Dienstmagd zog sich mit ihrer Laterne in den Gesindehof zurück, auf der anderen Seite des Anwesens. Und im Wächterhäuschen wickelte sich der alte Nachtwächter enger in seinen dicken Poncho, die Flinte neben sich und die Füße am wärmenden Holzkohlebecken.

Dann schlug die Stunde des Liebhabers. Nie hörtest du auf, dich bei deinem Tun selbst anzuspornen, indem du dich so nanntest: Der Liebhaber, nur mit einem Poncho bekleidet, bückte sich in einer Ecke seines Schlafzimmers und zog die Hanfmatte zur Seite. Darunter erschien die hölzerne Klappe einer Falltür. Indem er an dem in ihr eingelassenen Ring zog, hob sie der Liebhaber an und stieg, mit einer Kerze bewaffnet, über ein paar Sprossen in den Tunnel hinab. Dort unten roch es nach Teer, nach verfaultem Stoff, nach langsam vermoderndem Holz. Dem Oberst zufolge führte ein jetzt zugeschütteter Zweig des Tunnels zu einer nahen Schlucht, durch die man im Falle eines Angriffs auf die Hacienda leicht fliehen konnte. Carmens Vater hatte diesen Fluchtweg nach seiner Rückkehr von den Juan-Fernández-Inseln anlegen lassen, wo er in solchen Höhlen hatte hausen müssen. Er wollte seine Familie vor den königstreuen Banden schützen, vor der Anarchie, vor einem Krieg, der für ihn in den Winkeln seines Hirns immer noch weiterging. Der alte Gutsbesitzer hatte sich wohl kaum vorstellen können, dass der einzige kriegerische Konflikt, in dem sein Werk je zum Einsatz käme, diese Scharmützel der Liebe sein würden.

Durch den Tunnel gingst du den Weg zurück, den du kurz zuvor an der Oberfläche gegangen warst. An einem Schacht, der nach frisch ausgehobener Erde roch, fandst du eine weitere Leiter und stiegst hinauf. Oben gelangtest du an eine niedrige, enge, jedoch schwere Tür. Als du sie aufstießt, drehte sich eine ganze Bücherwand, die in Carmens Zimmer stand, an ihren versteckten Scharnieren und ließ dich eintreten.

Manchmal fandst du sie in einem langen Nachthemd mit Puffärmeln vor dem Spiegel sitzen und sich kämmen; manchmal lag sie schon im Bett und stellte sich schlafend (was dir immer am besten gefiel); manchmal kam sie nackt zu dir gelaufen, sprang an dir hoch, um dich mit Armen und Beinen zu umarmen, und bedeckte dich mit Küssen, während sie dich »mein Liebhaber« nannte.

Ich glaube, ich habe dich nie so genannt, Moro. Doch für dich kann ich mich gern auf diese Weise daran erinnern, wenn es dir so sehr gefiel, mein »Liebhaber« zu sein. Verschaffte dir das größere Lust, als mein Geliebter zu sein? Hättest du mich ohne das Geheimnis, ohne das Abenteuer, ohne diesen Tunnel genauso begehrt, den du unbedingt benutzen wolltest, obwohl du genauso gut über den dunklen Gang zu meiner Tür hättest schleichen können?

Nach der Liebe schlieft ihr eng umschlungen ein. Manchmal geschah es, dass du in der Dunkelheit erwachtest, von irgendeiner düsteren Vorahnung geweckt, die du nicht begriffst. Um dich zu beruhigen, suchtest du Carmens Hals und streicheltest ihn. Legtest deinen Zeige- und Mittelfinger an die Schlagader, um ihren Herzschlag zu fühlen. Am liebsten hättest du einen Kode gekannt, der dich den Rhythmus ihres Herzens entschlüsseln und vielleicht erfahren ließ, was sie träumte. Doch in Ermangelung dieses Schlüssels gabst du dich damit zufrieden festzustellen, dass ihr Herz schlug, dass sie lebte, um dich zu beruhigen und wieder glücklich zu sein.

Seltsames Glück! So seltsam wie diese glückliche Familie. Der Ehemann, seine Frau und ihr Liebhaber in perfektem Gleichgewicht zwischen Konvention und Leidenschaft. Carmen erhielt die Zuneigung von zwei Männern, die sie auf unterschiedliche, sich ergänzende Weise liebten. Der Oberst konnte so die Frau an seiner Seite halten, die er anbetete, doch nicht besitzen konnte. Du lebtest ein Abenteuer, das gleichzeitig eine Gewohnheit war. Doch eine so außergewöhnliche Gewohnheit, dass sie dir garantierte, dich weder zu langweilen noch allzu schnell das Verlangen zu verlieren. Du fingst schon an zu glauben, dass du dich endlich von der »Anderen« befreit hattest.

Nach eurem stürmischen Beginn voller Eifersucht und Misstrauen erfuhrt Carmen und du ein wirkliches Idyll. Sie sagte, sie hätte sich von deiner Liebe überzeugt, als sie diesen Brief erhielt, in dem du ihr versprachst, Darwin zu töten und dich dann selbst umzubringen. Auch wenn du es nicht wahr gemacht hattest, so reichte es ihr, diese Drohung zu lesen, um zu fühlen, dass dein Tod auch der ihre wäre. Deinerseits zweifeltest auch du, Moro, nicht mehr an ihrer Zuneigung zu dir. Nicht nur, weil sie dir, nachdem sie die Nacktheit deiner typischen Frauen entdeckte, verziehen hatte, und auch nicht, weil sie, als sie mit dem Forscher auf jener schwimmenden Insel kopulierte, deinen Namen rief (»Mooorooo…!«). Du glaubtest an ihre Liebe, weil sie dich wortwörtlich vor dem Tod gerettet hatte.

Sogar die umliegenden Felder, von den Tagelöhnern verlassen, die zum Kampf in den Bergen Perus rekrutiert worden waren, schienen mit ihrer Ruhe zu eurem friedlichen Idyll beizutragen. Carmen vernachlässigte dich nicht, um sich für den Krieg oder die Politik zu interessieren. Auch die Ermordung des Ministers Portales sechs Monate zuvor, Mitte 1837, vermochte nur Gleichgültigkeit in ihr zu wecken. »Er hatte es nicht anders verdient«, war das Einzige, was sie dazu sagte, während ihr auf der langen Allee spazieren gingt. Doch gleich darauf bereute sie ihren Satz, weil sie an ihre trauernde Freundin Constanza denken musste.

Wenn nicht einmal die Fehlgeburt des Kindes, das ihr erwartet hattet, dieses Glück trüben konnte, viel weniger dann noch Kriege oder Attentate. Es waren die Jahre, die es trübten. Die Jahre, die alles ruinieren.

XXXVIII

Ich bin doch kein Deckhengst

»MORO!«

»Was?«

»Wo bist du?«

»Wie, wo ich bin? Hier, auf dir.«

»Ich fühle nur deinen Körper, aber nicht dich.«

»Ich schlafe gerade mit dir …«

»Bist du sicher?« Was für eine Frage, kurz bevor du zum Orgasmus kamst! Es war, als habe dich Carmen brutal von sich weggeschoben. Keuchend zogst du dich zurück. Erst jetzt merktest du, dass sie schon lange aufgehört hatte, sich zu bewegen und deinem Rhythmus zu folgen. Verwirrt, erschrocken, hattest du das Gefühl, als habest du mit einer Toten geschlafen. Doch wer von euch beiden hatte sich geistig zuerst zurückgezogen, du oder sie?

Du warfst dich neben ihr auf den Rücken, spürtest das frustrierte Verlangen als Knoten in deiner Brust und an deiner harten, pochenden Erektion. Das große Bett mit seinen vier Pfosten, dem Baldachin und den Vorhängen, das dir in dem riesigen Schlafgemach immer wie eine Zuflucht vorgekommen war, schien dich jetzt zu erdrücken. Nachdem du dich ein wenig beruhigt hattest, wandtest du dich ihr zu und mustertest sie im schwachen Licht der Öllampe, die ihr immer brennen ließt, um euch sehen zu können, während ihr euch liebtet. Du beschlossest, es noch einmal zu versuchen, es humorvoll zu nehmen:

»Na, komm schon, meine Mora. Möchtest du, dass ich dich ein bisschen auf Trab bringe, damit du in Stimmung kommst?«

Damit meintest du das Spielchen, bei dem du ihr ein paar Klapse auf die Schenkel gabst, was sie tatsächlich erregte. Du hobst schon die Hand. Doch sie war nicht in der Stimmung für solche Spielchen. Sie schob dich jetzt wirklich von sich weg, erhöhte den Abstand zwischen ihrem Körper und dem deinen.

»Du warst eben mit dem Kopf ganz woanders«, warf sie dir vor. »Und das ist nicht das erste Mal.«

Es verschlug dir die Sprache. Zwar hattest du es nicht bemerkt, doch es stimmte: Du hattest an andere Dinge gedacht. Über die Erregung, in sie einzudringen, hatten sich andere erregende Bilder gelegt. Eine deiner typischen Frauengestalten, jene gut vierzigjährige, perverse Haitianerin, die du – oder sie dich – in Port au Prince verführtest, war dir durch den Kopf gegangen. Doch du warst nicht bei ihr stehengeblieben. Der wundersame Weg der Erinnerung hatte dich noch einmal an den Amazonas geführt, zu der verfluchten Expedition von Langsdorff. Du sahst dich jene Jaguarjagd malen, die dir so gut gelungen war. Und das ließ dich an das Bild denken, das du jetzt gerade begonnen hattest, an diesem selben Tag, einen dieser Wälder von Nahuelbuta, den du vor Kurzem besucht hattest, und daran, wie kühn es wäre, jene überwältigende Flut tropischen Lichts dazu zu benutzen, diesen kalten Urwald zu erleuchten … Kurz und gut: Ja, es stimmte! Sie hatte dich in flagranti erwischt, wie du an andere Dinge dachtest. Und es war tatsächlich nicht das erste Mal.

Natürlich strittst du es ab.

»Jetzt phantasierst du, Carmen.«

»Red nicht von meiner Phantasie. Die deine ist hier das Problem.«

»Bist du etwa eifersüchtig?«, versuchtest du dich aus der Affäre zu ziehen.

»Es ist mir egal, ob du an eine andere Frau denkst«, log Carmen, so, wie du vorher gelogen hattest. »Ich will nur wissen, warum du in letzter Zeit aus Pflicht und nicht aus Liebe mit mir schläfst …«

»Pflicht? Wovon redest du, ich komme doch jede Nacht zu dir!«

»Genau das meine ich!«, rief Carmen. »Du kommst mir vor wie ein Automat.«

Das Wort war ihr unbeabsichtigt über die Lippen gekommen. Du merktest, dass es ihr leid tat. Nie hattet ihr euch über den Oberst lustig gemacht, und schon gar nicht aus diesem Grund. Doch war die Anspielung auf seine abgehackten, mechanischen Bewegungen offensichtlich.

Das Verlangen, das in deiner Brust und deinem gefällten Phallus erdrosselt worden war, verwandelte sich rasend schnell in Wut. Wie immer, wenn dich der Zorn packte, gingen bei der Suche nach größeren und besseren Motiven für die Wut deine Gedanken mit dir durch. Du hattest Carmen im Verdacht, diesen Streit absichtlich herbeigeführt zu haben, weil sie es war, die nicht mit dir schlafen wollte.

»Du erfindest einen Vorwand, um mich zurückzuweisen! Das ist mal wieder typisch Frau …«

Sie antwortete nicht. Und ihr Schweigen war noch schlimmer. Die Angst vor der Zurückweisung entfesselte in deinem Kopf eine neue Flut immer wahnwitzigeren Zorns. Zweifellos gefiel Carmen das: einen Mann zu entflammen und ihn dann brennen, sich in seinem eigenen Feuer verzehren zu lassen. Dir fiel ein, dass du es anfangs am eigenen Leibe erfahren hattest, während der schwierigen Zeit deines Werbens. Obwohl du nicht leugnen konntest, dass sie es später beinahe nie zurückgewiesen hatte, mit dir zu schlafen. Doch das war vielleicht nur eine langsame, gut durchdachte Strategie, dich süchtig nach ihr zu machen. Und wenn sie dich erst einmal durch die Gewohnheit versklavt hatte, sie dir wegzunehmen, dir die Befriedigung deines Verlangens zu verweigern.

»Circe, Circe«, sagtest du dir und sahst das Bild der Zauberin vor dir, die du dich betören fühltest, als du Carmen kennenlerntest, und die die Macht der Liebe dann vertrieben hatte. Circe, die die Männer verzaubert, damit sie den Weg zurück in ihre Heimat nicht mehr finden. Du erinnertest dich an jenen seltsamen Baum auf der schwimmenden Insel, der sich bog, obwohl kein Wind wehte. Auf dem Höhepunkt deiner Angst überfiel dich eine noch gemeinere Phantasie: Gutiérrez war durch seine Verwundung nicht gänzlich impotent geworden, sondern erst später. Carmen hatte ihn manipuliert, indem sie sich ihm hingegeben und wieder verweigert, ihn vom Feuer ins Eis geworfen hatte, eine ähnliche Folter wie diejenige, die ihre grausame Ahnin, die Quintrala, mit ihren Sklaven praktizierte. Bis sie ihn völlig aus der Fassung gebracht hatte, ihn zu diesem ihr hörigen Kriegsveteranen gemacht hatte, der mit einem Leibchen von ihr in seiner Unterhose ritt, es beim Einschlafen in der Hand hielt und daran schnüffelte.

Halb im Bett aufgerichtet, auf einen Ellenbogen gestützt, betrachtetest du sie, ohne sie zu sehen, erblicktest vielmehr all jene schrecklichen Gespenster, kochtest vor Wut und zittertest gleichzeitig vor Angst.

Angst vor der »göttlichen Gerechtigkeit«, ein Teil deines Aberglaubens, Moro. Dass sie dir ihren Körper verweigerte, war eine Rache des Schicksals. Du hattest ja dasselbe mit vielen Frauen gemacht: hattest geglaubt, sie leidenschaftlich zu lieben (obwohl nie so sehr wie Carmen), hattest sie voller Begierde besessen und dann plötzlich jedes Verlangen verloren. Und sie in diesem ersterbenden Feuer zurückgelassen.

Carmen half dir, langsam wieder zu dir zu kommen. Sie streckte ihre linke Hand aus und legte sie dir auf den Nabel. Streichelte sanft den Punkt, wo das Vakuum deiner Wut und deiner Angst pulsierte. Dann strich sie dir ein wenig deine Löwenmähne glatt und tätschelte dir besänftigend die Wange.

»Moro, was ist los mit uns?«, fragte sie dich.

Ein letzter Funken Wut ließ dich antworten:

»Vielleicht hast du aufgehört, mich zu lieben.«

»Du reist jetzt immer öfter und für länger fort …«

»Du weißt, dass ich das tun muss, um den Schein zu wahren. Das ist meine Vereinbarung mit Gutiérrez.«

»Ihr habt vereinbart, dass du immer dann fortgehst, wenn er nicht da ist. Aber zwei Mal hast du mich schon mit meinem Mann allein gelassen.«

»Bin ich etwa euer Gefangener?«, erwidertest du aufgebracht.

Doch es stimmte ja. Mehrere Wochen warst du zu den Araukanern nach Purén gereist, hattest dich mit dem Kaziken Lorenzo Colipí angefreundet (der sogar eine seiner Frauen mit dir geteilt hatte, doch das erzähltest du ihr nicht). Hattest von dort wunderbare Skizzen für die Serie von Ölgemälden über die Entführungen weißer Frauen durch Indianerbanden mitgebracht, an der du jetzt arbeitetest. Deine Rechtfertigungen waren nicht zu übertreffen. Erstens warst du nun mal ein Reisemaler, und zweitens hattest du Carmen versprochen, ihre obsessive sexuelle Phantasie zu illustrieren, die sie ein Stück weit in die Tat umgesetzt hatte, als sie ohne Sattel und halbnackt zu Darwins Lager geritten kam. Du hattest tatsächlich nicht abgewartet, dass Gutiérrez fort war, um deine Exkursionen zu unternehmen. Wenn du darauf gewartet hättest, dann wärst du in diesen drei Jahren vielleicht nicht mehr als ein paar Mal gereist! So entschuldigtest du dich insgeheim, denn der Oberst unternahm fast keine Reisen mehr, überließ die fernen, großen Ländereien praktisch sich selbst. Vielleicht wollte er auch kein bisschen von dem verpassen, was bei ihm zu Hause stattfand. Du dagegen unternahmst immer ausgedehntere Expeditionen. Ein paar Monate zuvor warst du nach Argentinien hinübergereist, wo dich in der Pampa fast ein Blitz erschlagen hätte. Jetzt trugst du auf der Stirn eine frische Narbe, die dir eine gewisse Ähnlichkeit mit dem Husaren verlieh. So als würde euch dieses seltsame Zusammenleben nach und nach verschmelzen lassen.

Genau deshalb reistest du vielleicht fort, dachtest du jetzt. Aus Angst, ihm immer ähnlicher zu werden. War dies denn nicht das Schicksal aller alten Ehen: die Unfruchtbarkeit der Frau, die Impotenz des Mannes? Konnte es sein, dass du nach und nach das Verlangen nach Carmen verlorst? Du wolltest es nicht zugeben. Doch wenn du mit ihr so glücklich warst, wenn das Idyll so vollkommen war: Weshalb gingst du dann fort? Ein dunkles Gefühl des Eingeschlossenseins war die einzige Antwort, die du fandst.

Und diese »Antwort« jagte dir einen eiskalten Schauer über den Rücken. Dich als Gefangener zu fühlen war immer ein unfehlbares Zeichen gewesen, dass »die Andere« dich eingeholt hatte. War es möglich, dass sie – die du in diesen drei Jahren endlich für besiegt gehalten hattest – dich aufgespürt hatte und schon hier war, emsig bemüht, die einzige wirkliche Liebe zu töten, die du je empfunden hattest?

Dich in die Enge getrieben zu fühlen, ließ deine Wut neu erwachen.

»Du willst nicht, dass ich reise! Das sehe ich doch! Aber das ist der Tod für einen Reisemaler!«

Carmen verlor die Geduld, richtete sich ebenfalls auf und schrie:

»Was ich will, ist, dass du, wenn du zurückkehrst, so mit mir schläfst, als ob du mich wirklich liebst, Moro! Nicht, als ob dein Kopf immer noch dort draußen wäre.«

»Du willst wohl nur noch vögeln und vögeln und vögeln! Vielleicht bin ich deshalb so viel unterwegs.«

»Siehst du? Du gibst also zu, dass du mich nicht mehr begehrst!«

Die Wut ließ dich, ohne genau zu wissen, was du sagtest, kalt antworten:

»Ich gebe zu, dass ich der Liebhaber einer Frau bin, die nur wieder schwanger werden will.«

Carmen sprang aus dem Bett, kam auf deine Seite gelaufen und stand splitternackt neben dir. Das Licht der Öllampe ließ ihre grünen Augen leuchten. Ihre harten, dunklen Brustwarzen zielten auf dich, ihre weiße Haut glänzte. Sie sah unglaublich schön und bedrohlich aus. Du kanntest diesen Zorn sehr gut, kanntest ihn noch von euren ersten Diskussionen. Wenn zwei Liebende streiten, gibt es einen Augenblick, wenn der Hass, der auch im Inneren der Liebe wohnt, hervorbricht und uns von Angesicht zu Angesicht gegenübersteht. Dieser Hass war es, der dich jetzt ansah, Moro:

»Wir haben ein Kind verloren, wenn du es nicht vergessen hast. Trau dich zu sagen, dass nur ich es haben wollte!«

Nein, so blind vor Zorn du auch sein mochtest, das würdest du dich nicht zu sagen trauen. Denn auch du hattest dieses Kind haben wollen: Ein Teil von dir wollte es haben. Doch der andere Teil ließ dich antworten:

»Ich bin doch kein Deckhengst!«

»Und wer hat dich gebeten, einer zu sein?«

Noch Wochen später fragtest du dich, Moro, was du Carmen geantwortet hättest, wenn euch in diesem Augenblick nicht eine Erscheinung unterbrochen hätte.

Von deiner Linken her tauchte aus den Schatten des riesigen Schlafgemachs, die das schwache Licht der Öllampe nicht vertreiben konnte, lautlos Gutiérrez auf. Der Oberst erschien in Pantoffeln, einem schwarzen Morgenrock aus Satin und einer Schlafmütze derselben Farbe, ohne sich zu entschuldigen. Seine langsamen, gedämpften Schritte hatten ihn von der unsichtbaren Tür, die zu seinem eigenen Schlafzimmer führte, fast bis an den Rand eures Betts geführt, ohne dass ihr es merktet. Das große Schloss, das du einmal untersucht hattest, hatte nicht gequietscht. Die Tür knarrte nicht, noch knirschten die Scharniere: Alles tadellos geschmiert. Wer weiß, wie lange er euch beobachtet haben mochte, bevor er einschritt.

Überrascht stelltest du fest, dass du Mitleid mit ihm verspürtest. Trotz eurer Vereinbarung hatte der kummervolle Held in jenen drei Jahren nie das ihm eingeräumte Recht ausgeübt, gelegentlich nachzuprüfen, wie und in welchem Maße du deinen Pflichten nachkamst. Oder hatte er das vielleicht doch getan? Vielleicht war sein plötzliches Auftauchen keine Überraschung, sondern eine stille Gewohnheit. Wie oft mochte er heimlich, unsichtbar und unhörbar, getarnt durch seinen schwarzen Morgenrock und seine diskrete Geduld eines Gehörnten, dort, fast direkt neben dem Bett gestanden und euch zugeschaut haben, wie ihr euch liebtet oder wie ihr hinterher nackt und erschöpft eng umschlungen zwischen den zerwühlten Laken schlieft?

»Kinder, Kinder, nun zankt euch doch nicht«, bat er jetzt und schaute scheu Carmen an, die es nicht geschafft hatte, sich so schnell etwas anzuziehen. »Man hört euch ja bis in den Gesindehof.«

Er klang eher wie ein gutmütiger Schwiegervater als ein empörter Ehemann. Seine unsichere Stimme klang, als habe ihm der Alkohol die Zunge schwer gemacht (ohne Zweifel hatte er weiter getrunken, trotz der Ermahnungen seiner Frau).

Carmen starrte ihn mit offenem Mund an. Dann schaute sie zu dir und gleich wieder zu ihm. Sie wirkte abwesend, schien immer noch oder noch einmal über die Frage nachzudenken, die sie dir entgegengeschleudert hatte und die unbeantwortet geblieben war: Wer hatte dich gebeten, ein Deckhengst zu sein?

Plötzlich hielt sie sich beide Hände vor den Mund und trat einen Schritt zurück, entfernte sich von euch, dem Liebhaber im Bett und dem Ehemann daneben. Doch war es schon zu spät, sich von der Wahrheit zu entfernen.

»Ihr zwei habt euch verabredet, mich schwanger werden zu lassen«, gab sie sich selbst leise die Antwort.

Du sahst, wie es ihr wie Schuppen von den Augen fiel. Wie sie begriff, was sie vorher nicht hatte sehen können oder sehen wollen. Diese Konsequenzen aus der Abmachung von Ehrenmännern, die dir der Oberst vor dem Erschießungskommando aufgezwungen hatte. Die ungeheuerlichen Einzelheiten, die ihr zu erzählen weder er noch du für nötig hieltet. Dass du nicht nur ein ständiger Liebhaber, sondern auch der beste Liebhaber der Welt sein solltest. Dass du dich nicht nur verpflichtet hattest, sie jeden Tag glücklich zu machen, sondern auch, sie jede Nacht körperlich zu lieben. Und dass du sie tatsächlich so oft wie möglich zu schwängern versuchen würdest, damit auch der Dritte in diesem Dreieck seinen Lohn bekäme. Ihr die Leidenschaft und er die Konvention. Ihr die idyllische Liebe, noch gesteigert durch diese exotische Situation, und er – der impotente Held – ein paar Kinder, die er vor der Welt als die seinen ausgeben konnte. Kinder, die du, der Reisemaler, zu zeugen, aber nicht anzuerkennen oder aufzuziehen bereit warst, denn sie hätten dich dazu gezwungen, sesshaft zu werden und für immer auf das dauernde Reisen zu verzichten, das für deine Malerei so unerlässlich war.

Gewiss, all dies lag unausgesprochen in eurem »Idyll«. Und Carmen war zu klug, um es nicht zu wissen. Doch wissen ist genau das, was die Liebe nicht will. Die Liebe will glauben.

Und jetzt konnte sie nicht mehr glauben, dass die Kinder, die ihr zeugen würdet, ein Ausdruck eurer Liebe waren. Sie würde wissen, dass sie das Ergebnis einer Vereinbarung wären, die aus anderen Gründen geschlossen worden war. Von jetzt an würde es die Leidenschaft nicht schaffen, die Rohheit eines Handels zu verbergen, der nur zustande gekommen war, um dein Leben zu retten und vor der Gesellschaft gut dazustehen. Und außerdem zu Ehren der Fortpflanzung der menschlichen Art. Der junge Darwin wäre begeistert gewesen von dieser Bestätigung seiner Ideen.

Carmen ging langsam in die Knie, bis sie auf dem runden, weichen Teppich saß. Sie war immer noch nackt, doch ihre Nacktheit verschwand, wie sie da so zusammengekrümmt kauerte. Sie hielt ihre Beine umklammert und verbarg das Gesicht zwischen ihren Knien. Auf ihrem runden Rücken sahen die Wirbel aus wie Miniaturkordilleren. Die Male jener Hieroglyphen einer unbekannten Sprache waren längst verschwunden (diese Hieroglyphen, die ihr einst entziffern zu können glaubtet.)

Von dort aus sagte sie, ohne den Blick zu heben:

»Geht jetzt bitte.«

Gutiérrez und du schautet euch an, zögertet: Der Ehemann und der Liebhaber kannten diese Frau zu gut, um jetzt mit ihr zu streiten. Während der Oberst den Rückzug antrat, zogst du deinen Poncho über und gingst durch die geheime Tür hinaus. Es war das erste Mal, dass du dieses Zimmer vor dem Morgengrauen verließt.

XXXIX

Auf die Fruchtbarkeit!

ZWEI TAGE LANG ging Carmen dir und dem Oberst aus dem Weg. Besser gesagt, sie nahm euch gar nicht wahr. Wenn sie euch am Ende eines Gangs oder am Esstisch sah, ging ihr Blick durch euch hindurch. Nachts schlichst du durch den Tunnel und versuchtest, die Geheimtür aufzustoßen, doch fandst sie verriegelt. Am Tag wolltest du mit ihr sprechen, doch ohne Erfolg: Sie schritt einfach weiter, als habe sie nichts gehört. Man hätte meinen können, Carmen habe euch beide – ihren Ehemann und ihren Liebhaber – für tot erklärt.

Am Morgen des dritten Tages suchte dich Colleras beim Malen in der Kapelle der Hacienda auf, wo du dein Atelier eingerichtet hattest. Das Licht, das beinahe senkrecht durch die hohen Fenster fiel, war für deine Arbeit günstig. Du hattest dich entschlossen: Du würdest so schnell wie möglich die Serie der Gemälde über die Indianerüberfälle und die Entführungen der weißen Frauen fertigmalen, die du Carmen versprochen hattest, sie ihr übergeben und abreisen.

»Der Herr lässt Sie rufen«, knurrte der finstere Verwalter gallig und mit unverhohlenem Hass.

Auf einmal glaubtest du, seine Gründe zu verstehen. Er war mit Carmen auf dieser Hacienda aufgewachsen, hatte als Junge sicher mit ihr und den anderen Kindern der Bewohner im Fluss gebadet. Hatte sie heranwachsen, erblühen, unglücklich an der

Seite ihres Ehemanns leben sehen. Und wenn er akzeptieren konnte, dass dieser sie ihm weggenommen hatte, so war dies bei dir noch lange nicht der Fall …

»Ich gehe später zu ihm.«

»Hören Sie, Don Eduardo möchte, dass Sie sofort kommen«, beharrte der Verwalter und verzog unwillig das Gesicht.

Dann streckte er die Hand aus und wollte den Pinsel festhalten, mit dem du gerade dem Schenkel des galoppierenden Pferdes eines Häuptlings größere Spannung verliehst.

Du zögertest ein wenig, um diese lange verschobene Rache ein wenig auszukosten. Dann wirbeltest du rasch mit der Palette aus Eichenholz, die du selbst zugeschnitten hattest, in der Hand herum und schlugst ihre Kante dem Verwalter genau auf den Adamsapfel.

Colleras griff sich mit beiden Händen an die Kehle, stieß ein pfeifendes Geräusch aus, als läge er im Sterben, und fiel vor dir auf die Knie. Du gönntest dir sogar noch das Vergnügen, ihn mit einem Fußtritt zur Seite zu stoßen, bevor du in aller Ruhe diesen flaumigen Schaum auf der Kruppe des Hengstes retuschiertest, um den Eindruck eines langen Ritts zu verstärken. Die wütenden Augen des zum Kampf gerüsteten Häuptlings forderten den Betrachter heraus.

Dann schleiftest du den halb bewusstlosen Colleras aus der Kapelle, schlosst die Tür ab und gingst zum Oberst.

* * *

Seit jenem Abend vor drei Jahren, als ihr hier die Suche nach Carmen geplant hattet, warst du nicht mehr in seinem Arbeitszimmer gewesen. Das Gutshaus war ausreichend groß, um jedem von euch nach Wunsch die Illusion eines unabhängigen Lebens zu gestatten. Jetzt tratst du ohne anzuklopfen ein. Du fandst ihn über seinen Schreibtisch gebeugt, er las, den Kneifer auf der Hakennase, in einem linierten Buchführungsjournal. Ein kurzer Blick auf die von Altersflecken gesprenkelte Glatze und die leicht gebeugten Schultern, auf denen die Schulterstücke fehlten, genügte dir, um ahnen zu können, dass die Rechnung nicht aufzugehen schien.

»Buchhaltungsprobleme, Oberst?«

Überrascht ließ Gutiérrez den Kneifer fallen, der an einer roten Kordel auf seinen Bauchansatz purzelte. Dann schloss er energisch das Buch und stammelte:

»Schulden. Unter Umständen wird man die Güter in Chillán verkaufen müssen.«

Vielleicht war es das helle Licht des Sommermorgens, das auf dem Schreibtisch lag, oder deine Erinnerung, die ihn mit dem Oberst von jenem Abend vor drei Jahren in diesem selben Arbeitszimmer verglich, was dich erkennen ließ, wie sehr er gealtert war. Die Hände, mit denen er das schwere Buch schloss, zitterten, und durch die Haut auf seinen Backenknochen schienen geplatzte Äderchen, was seinem Gesicht eine ungesunde Röte verlieh. Mit einem Schlag begriffst du das Offensichtliche: Die Regierung hatte gar nicht abgelehnt, ihn in das Expeditionsheer gegen die peruanische-bolivianische Konföderation aufzunehmen. Er war es gewesen, der beschlossen hatte zu bleiben, um seinen Teil der Abmachung von Ehrenmännern zu erfüllen, die er mit dir geschlossen hatte. Auch wenn der Preis dafür war, den letzten Krieg seines Lebens zu verpassen. So vertieft, wie ihr in euer Idyll wart, hatten weder du noch Carmen diese endgültige Niederlage des Husaren wahrgenommen.

Gutiérrez räusperte sich und murmelte ein paar unverständliche Worte, sichtlich bemüht, die Scheu zu überwinden, die dir immer peinlich war, um schließlich hinzuzufügen:

»Die Geschäfte gehen schlecht, Rugendas. Ich bin nur ein Soldat …«

»Mir sind Sie keine Rechenschaft schuldig, Gutiérrez. Eher schon Ihrer Frau.«

»Sicher, sicher«, räusperte er sich noch einmal und versank wieder in sein unbehagliches Schweigen.

Du warst nicht in der Stimmung, ihn bei seiner Beichte zu unterstützen, und ließest lieber deinen Blick durch das große Arbeitszimmer schweifen. Es hatte sich nichts verändert. Da war die Waffensammlung rostiger Säbel, gekreuzter Lanzen mit ihren Rosshaarmähnen, die von Kugeln durchlöcherte Fahne der Husare von Junín, die große Karte der Schlacht von Ayacucho und die Glasglocke auf dem Piedestal, unter der das Schrapnell glänzte. (Dir fielen die Worte ein, die er drei Jahre zuvor gesagt hatte: Obwohl er immer auf Seiten der Sieger kämpfte, hatte er alle Schlachten verloren.) Das Zimmer sah genauso aus wie früher, bis auf eine einzige neue, auffällige Trophäe: das offizielle Gemälde von Carmen.

Der Oberst hatte es über den schmalen Schrank mit den Flinten gehängt. Das schien ein seltsamer Platz dafür zu sein, doch bei so vielen Kriegsfetischen an den Wänden gab es tatsächlich keinen anderen Raum mehr. Und dort stach es deutlicher hervor, fiel dem Betrachter sofort ins Auge. Schon von Weitem sahst du mit Verdruss, wie wenig Leben in diesem Bild war, das du lustlos gemalt hattest, nur um den Schein zu wahren. Carmens Hals war viel zu lang und sie sah allzu feierlich aus, eher ernst als stolz. Sogar ihr Kamm und der Schleier waren interessanter als ihr Gesicht. Ihr weißer Busen, vom strengen schwarzen Kleid umrahmt, entbehrte der Struktur und Zartheit.

Gutiérrez hatte dich darum gebeten, als du gerade, vom Aconcagua gerettet, auf die Hacienda gekommen warst und krank darniederlagst. Er war es gewesen, der all deinen Besitz aus Valparaíso hatte holen lassen, denn Carmen schwebte auf einer Wolke der Glückseligkeit, war schwanger und damit beschäftigt, dich gesund zu pflegen. Als deine Sachen schließlich da waren, kam er eines Morgens in dein Zimmer und bot dir, nach einigem schüchternen Räuspern, eine ordentliche Summe für das Fertigstellen dieses schlechten Bildes. Du antwortetest ihm natürlich, dass du es gern vollenden könntest, lehntest sein Geld jedoch ab. Carmen hatte es ja schon bezahlt.

Jetzt folgte Gutiérrez deinem Blick und sein Gesicht hellte sich auf, er war erleichtert, nicht zur Sache kommen zu müssen, was diese auch immer sein mochte.

»Ah, Sie hatten es noch gar nicht aufgehängt gesehen«, sagte er freudig und ging hinkend und sich die Hände reibend zum Schrank. »Nun, hier habe ich sie also.«

Doch pries er nicht weiter das Bild, vor dem ihr standet. Stattdessen kramte er in der Gürteltasche, in der er seine Schlüssel aufbewahrte, und zog einen daraus hervor. Mit einer Bewegung, die du »theatralisch« genannt hättest, wäre der Oberst nicht so schüchtern gewesen, öffnete Gutiérrez den Schrank. An Stelle der Reihe von Flinten, an die du dich erinnertest, erschien an der Rückwand des Schrankes das große, querformatige Porträt der nackten Carmen.

Statt das Gemälde rahmen zu lassen – was er wahrscheinlich vermieden hatte, damit kein anderer es sah –, hatte der Oberst, so penibel und Carmen ergeben, wie er war, den Schrank mit violettem Filz ausgeschlagen und das Gemälde hineingehängt. Jetzt ruhte Carmens Akt in einem weichen, dunklen und geheimen Nest wie in einem Mutterleib.

Aus einem tosenden Gewitterhintergrund, roten, blitzdurchzuckten Wolken kam eine unglaublich schöne Frau auf den Betrachter zu. Sie flog mit ausgebreiteten Armen und Beinen, um jemand zu erreichen – oder vielleicht einzufangen –, der näher als die Leinwand, auf dieser Seite der Wirklichkeit war.

Du fühltest, wie dir der Atem stockte, wie dein Herz einen Satz tat und einen Schlag aussetzte. Deine Methode, die Liebe zu erkennen, funktionierte noch. Du wusstest wieder, dass du in Carmen verliebt warst.

Doch dieses Liebesgefühl wurde von einem anderen begleitet, Moro, nämlich dem reinen Stolz: Dies war ohne Zweifel dein bestes Werk.

Dieses Gemälde »doppelter Intensität« hattet ihr gemeinsam gemalt, du und Carmen, als sie mit Terpentin ihr erstes und großartiges Porträt löschte und du voller Wut und aus dem Gedächtnis jenen Körper darüber maltest, den du für immer verloren glaubtest. Und ob es dein bestes Werk war! Man sah darauf die Leidenschaft, die Liebe ist, gepaart mit Verzweiflung, wie du dir noch einmal sagtest. Und diese Leidenschaft hatte deine Kunst erhaben gemacht, ein einziges Mal.

Trotz alledem hattest du Gutiérrez nicht nach dem Bild gefragt, als du es vermisstest. Lieber bildetest du dir ein, der Oberst habe, als er es unter deinen aus Valparaíso geholten Sachen fand, beschlossen, diesen Beweis des »unklugen Verhaltens« seiner Frau zu vernichten. Und obwohl du wusstest, in welche Höhen du mit diesem Werk vorgestoßen warst, bedauertest du sein Verschwinden überhaupt nicht. Etwas in dir freute sich fast. Warum nur?

Jetzt begriffst du es. Ein Teil von dir betrachtete dieses Gemälde auch als einen Beweis gegen dich selbst. Nie hattest du so gemalt, weder vorher noch danach. Doch ab dem Moment, wo du es geschafft hattest, forderte dieses Gemälde von dir, auch weiter so zu malen. Drängte dich, mit dieser »doppelten Intensität« zu schaffen und zu leben, für die du vielleicht nicht den nötigen Mut aufbrachtest. Dieses Gemälde war die Leidenschaft im Reinzustand, war mehr Kunst als alle deine anderen Bilder zusammen. Denn die Kunst, verbunden mit Schmerz, ist größere Kunst – wiederholtest du dir –, so wie die Liebe gepaart mit Leidenschaft größere Liebe und das Leben in der Nachbarschaft des Todes reicheres Leben ist.

Während du über all dies nachdachtest und das Gemälde aufmerksam mustertest, hattest du, ohne es zu merken, deinen Kopf zur Seite gelegt. Jetzt schautest du das Bild schräg von unten an. Und plötzlich bemerktest du überrascht etwas, das gemalt zu haben du dich nicht erinnertest. Zwischen den rötlichen Wolken, die die Frau trugen, am Grund dieses Wirbels, schien unerwartet ein Gesicht hervorzuschauen. Eine geisterhafte Gegenwart, die nicht hätte dort sein dürfen und nur wegen der ungewohnten Haltung deines Kopfs zu sehen war. Anscheinend hattest du, außer dir durch die gewalttätige Energie, die dich beim Malen dieses zweiten Bildes antrieb, ganz ohne Absicht darin eine Anamorphose versteckt. Eine dieser durch optische Täuschung deformierten Perspektiven wie in dem Bild des von dir so bewunderten Hans Holbein, »Die Gesandten«, in dem er am Fuß einen Totenkopf versteckte.

Du wolltest schon den Oberst bitten, sich zu bücken und das Bild aus demselben Winkel anzuschauen, um festzustellen, ob er das Gleiche sah wie du: das Gesicht einer zweiten Frau, sehr bleich und halb hinter einem roten Haarschopf verborgen. Dieses halbe Antlitz, das du nur zu gut kanntest, weil es dir so oft im Traum erschienen war. (Und das mochte ein weiterer, noch verstörenderer Grund sein, weshalb du dein Meisterwerk nicht zurückgefordert hattest.)

Doch dann zogst du es vor, den Oberst nicht zu fragen. Stattdessen richtetest du dich jäh auf und schütteltest den Kopf, um das Bild aus deinem Kopf zu vertreiben. Das konnte, das durfte nicht sein. Außerdem hätte es nichts gebracht, Gutiérrez zu fragen. Du wusstest nur zu gut, was er sah. Völlig hingerissen vom Aktbild seiner Frau in diesem Uterus aus violettem Filz keuchte er wie ein alter Köter. Kein Gedanke an Gespenster oder Anamorphosen: Er sah nichts als ihre Schönheit.

Plötzlich kam er wieder zur Besinnung, blinzelte dich verschämt an, schloss den Schrank, drehte den Schlüssel um und steckte ihn in seine Gürteltasche zurück. Dabei fiel sein Blick auf das offizielle Porträt von Carmen, das über dem Schrank hing.

Er schaute sie an, als sei er überrascht, sie vorzufinden, oder vielleicht enttäuscht, um gleich darauf ergeben zu seufzen:

»Ich liebe die bekleidete Frau und Sie die unbekleidete. Vielleicht bin ich besser weggekommen, weil die nackte eine Furie zu sein scheint. Und die hier sieht so sanft aus …«

Und mit dem Rücken des Ringfingers, an dem sein Ehering prangte, streichelte er ihr auf der Leinwand die Wange.

Du warst nicht in der Stimmung, die Melancholie des Obersts zu ertragen:

»Sie haben mich rufen lassen, Gutiérrez.«

»Ja, gewiss«, presste er zwischen den Zähnen hindurch und kehrte an seinen Schreibtisch zurück, um sich hinter ihm und seinen Halbsätzen zu verschanzen. »Neulich Nacht … Als ich unfreiwillig Zeuge wurde …«

»Heraus mit der Sprache!«

Deine Deutlichkeit funktionierte. Der Oberst senkte den Kopf und sagte, als reite er allein gegen ein ganzes Regiment, in einer einzigen Attacke:

»Wir haben eine Verabredung. Und Sie halten sie nicht ein.«

»Wenn Sie damit meinen, dass Carmen nicht schwanger wird …«

»Ich meine alles. Sie ist nicht glücklich.«

»Sie haben meine Antwort schon gehört: Ich bin kein Deckhengst. Und Sie sind so schamlos gewesen, uns zu belauschen!«

»Erzählen Sie mir nichts von Scham! Sie ehebrecherischer Maler!«, donnerte Gutiérrez und schlug mit der offenen Hand auf das Rechnungsbuch, von dem eine Staubwolke aufstieg.

Dort war er wieder, der Husarenoberst, der dich erschießen lassen wollte. Er hatte sich hinter dem Schreibtisch aufgerichtet und schaute dich – endlich – herausfordernd an. Die Narbe auf seiner Stirn wirkte jetzt überhaupt nicht mehr traurig, sondern entschieden wild. Und du warst dankbar dafür. Du wolltest lieber einem Rivalen Hörner aufsetzen als einem Freund.

»Wenn Sie mich haben rufen lassen, um mich zu beleidigen …«, sagtest du und erhobst dich langsam.

Gutiérrez streckte den Arm aus, seine zittrige Hand versuchte, dich zu besänftigen und bedeutete dir, dich wieder zu setzen. Seine Wildheit war nur von kurzer Dauer gewesen und sehr schnell von dieser tiefen Entmutigung ersetzt worden, die die Abmachung von Ehrenmännern, von ihm selbst erdacht (oder von Carmen?), in ihm ausgelöst hatte.

»Was können wir also tun?«, fragte er dich.

»Um sie glücklich zu machen oder um sie zu schwängern?«

»Wenn Sie sich vielleicht in der Nacht mehr Mühe geben würden …«

»Machen Sie sich nicht lächerlich!«

»Oder wenn Sie weniger reisen würden …«

»Sie reden ja schon wie Carmen.«

»Es war sehr traurig, dieses Kind zu verlieren«, fuhr Gutiérrez fort, laut denkend, ohne dich zu hören. »Es hätte dieses Haus mit

Leben gefüllt.« Dir war klar, dass der Oberst sich eine Schwangerschaft Carmens nicht nur wünschte, um sie glücklich zu machen, so, wie er es dir gesagt hatte, sondern du unterstelltest ihm auch, dass er sie als stellvertretende Kompensation seiner Impotenz sah. Als eine verspätete Art und Weise, die in Ayacucho verlorene Schlacht doch noch zu gewinnen. Als Carmen ihre Fehlgeburt erlitt, hattest du ihn bedrückt und traurig in den zahlreichen Innenhöfen der Hacienda herumgehen sehen. Damals hattest du vermutet, dass seine Bitterkeit von der egoistischen Enttäuschung herrührte, der Welt kein Kind mit seinem Namen zeigen zu können. Doch bis jetzt hattest du nicht geahnt, dass er sich jenes Kind vielleicht aus einem viel einfacheren und hochherzigeren Grund wünschte: Er wünschte sich die Kinder, die nicht kommen wollten, um sie zu lieben.

Gutiérrez, dem das allzu intime gemeinsame Schweigen unbehaglich wurde, beugte sich nieder und zog aus einer der Schreibtischschubladen eine große Flasche Wein und zwei Gläser hervor. Aufmunternd hielt er dir eins davon hin. Es war noch viel zu früh, um mit dem Trinken anzufangen. Doch du lehntest nicht deswegen ab. Was du ablehntest, war diese Kumpanei in der Niederlage, die er dir anbot.

Weil du ihm nicht Gesellschaft leisten wolltest, hob der Oberst sein Glas allein:

»Auf die Fruchtbarkeit!«, rief er.

Und als sei dieses Wort die notwendige Zauberformel gewesen, um zu verstehen, was nach diesen drei Jahren des Idylls im Argen lag, meintest du es jetzt ganz klar zu sehen. Sahst den Oberst vor dir, wie er sich tagtäglich, umgeben von seinen Kriegserinnerungen, allein in seinem Arbeitszimmer betrank. All diesen Objekten, die auf verschiedene Weise seine Impotenz bewiesen: das große X der gekreuzten Lanzen, der Granatsplitter unter der Glasglocke. Seine Impotenz sogar noch in dem großen Buch bewiesen, wo die Rechnungen nicht aufgingen und die Unfruchtbarkeit der Felder verrieten, die dieser Soldat verwaltete.

Dein abergläubischer Charakter, Moro, ließ dich aufhorchen. Was wäre denn, wenn die Impotenz des Helden ansteckend war? Oder schlimmer noch: Was wäre, wenn diese Impotenz nur ein anderer Name, ein anderer Ausdruck jenes Gespenstes war, das du gerade auf dem Porträt der nackten Carmen entdeckt hattest? Du stelltest dir vor, wie sich der im Flintenschrank und in der von dir unbewusst gemalten Anamorphose doppelt versteckte Geist der rothaarigen Frau in den Nächten aus seinem Gefängnis befreite, in gepolsterten Pantoffeln und schwarzen Gewändern durch das Gutshaus geisterte und im Schutz der Schatten in Carmens Schlafgemach eindrang. Wie diese Impotenz von euch Besitz ergriff, während ihr meintet, euch gegenseitig zu besitzen.

Eilig, fast fluchtartig, verließt du das Arbeitszimmer.

XL

Die Motten

DU WOLLTEST DIR keine Zeit geben, noch länger darüber nachzudenken. Liefst über die Korridore zu Carmens Zimmer, ohne sie zu finden. Suchtest sie in den Höfen: dem Haupthof, dem mit dem Kakibaum, dem Schmiede- und dem Sattlerhof, dem Gesindehof, dem Hof für die Kutschen … Fragtest in der Küche nach ihr: rauchgeschwärzte Decken, große Eisenkessel, eine stumme Indiofrau auf einem Binsenstuhl. Gingst in den Gemüsegarten und den Park, wo sie manchmal gärtnerte. Schautest in den Ställen nach ihr. Niemand hatte sie den ganzen Morgen über gesehen. Oder niemand wollte es dir sagen. Doch ihr Pinto, ihr Lieblingspferd, war nicht da. Die Hacienda war sehr groß, und sie konnte überallhin geritten sein. Doch an diesem heißen, strahlenden Tag … Du lächeltest, hattest es erraten. Du kanntest sie gut genug, Moro. Du ließt dein Pferd satteln und galoppiertest los.

Ein fleißiger Vorfahr von Carmen hatte einst den Ausgang eines engen, dicht bewachsenen Tals in den nahen Ausläufern der Berge mit einem Damm versperren lassen, ein Tal, durch das im Frühjahr ein Nebenfluss des Cachapoal floss, der den Rest des Jahres über kein Wasser führte. Das Wasser dieses kleinen Stausees bewässerte die Felder – die man in der Ferne sehen konnte – und den großen Park des Herrenhauses. Eine kleine Wiese zwischen dem künstlichen See und dem Steinbuchenwald war im Sommer der kühlste Ort der Gegend.

Dort fandst du Carmen. Sie saß im Schatten einer großen Eiche in der Nähe des Wassers auf der Wiese, beinahe in der gleichen Haltung, in der du sie zwei Jahre zuvor porträtiert hattest, als du »Das Idyll« maltest.

Im Galopp umrundetest du den kleinen See und sprangst schon vom Pferd, bevor es in ihrer Nähe zum Stehen kam, bandst es nicht einmal an. Du trugst nur ein Hemd, Schuhe statt Reitstiefeln, hattest dir keinen Hut aufgesetzt. Alles an dir verriet außergewöhnliche Eile. Sie jedoch, ihrem Vorsatz getreu, nicht mit dir zu sprechen und dich nicht einmal anzusehen, tat so, als bemerke sie deine Gegenwart nicht. Sie las einfach weiter in ihrem Buch, sogar noch, als du anfingst, dir die Kleider auszuziehen, so als ertrügst du die Hitze nicht und wolltest in den Teich springen, um dich abzukühlen.

Entschlossen, sie herauszufordern, nähertest du dich ihr und bautest dich völlig nackt vor ihr auf. Siehst du dich noch, Moro, wo immer du auch sein magst? Die Hände in den Seiten, wie für einen Kampf zu Fäusten geballt, die Brust schwer atmend, die Beine ein wenig gespreizt, zwischen denen dein aufgerichtetes Glied sie ins Visier nahm.

Carmen konnte dich nicht länger ignorieren. Eine Sekunde lang starrte sie dich, blinzelnd und mit offenem Mund, von unten her an, ein wenig geblendet von der Sonne … oder diesem bedrohlichen Faun. Dann erhob sie sich langsam, den Rücken am Stamm der Eiche, in sicherem Abstand von deinem kampflustigen Phallus.

»Das schlag dir aus dem Kopf!«, rief sie schließlich.

Dann tat sie einen Sprung nach links, zu einem schützenden Wäldchen hin, das vielleicht zwanzig Meter den Hang hinauf von ihr entfernt war. Du wusstest, dass Carmen sehr flink und stark und leicht in der Lage war, auf einen Baum zu klettern oder dich im Wettlauf zu schlagen. Doch du hattest nicht damit gerechnet, dass sie solche Sprünge machen konnte wie ein flüchtendes Reh. Wenn du sie fast erwischt hattest, machte sie einen Satz, schlug einen Haken und ließ dich mit ausgestreckten Armen stehen, die Luft fassen statt ihrer Taille. In wenigen Sekunden hatte sie den Rand des Wäldchens erreicht. Wenn du sie jetzt nicht fingst, würde es dir vielleicht nie mehr gelingen.

Du setztest alles auf eine Karte und warfst dich mit ausgestreckten Armen auf sie, schafftest es gerade noch, ihre Knöchel zu packen. Carmen fiel zur Seite und strampelte verzweifelt mit den Füßen. Du ließt sie los und den Wiesenhang hinabrollen. Sie versuchte, wieder aufzustehen, doch jetzt warst du vorbereitet, würdest sie nicht noch einmal unterschätzen. Mit einem Satz warst du über ihr. Indem du vorsichtig den Kniestößen auswichst, mit denen sie deine Weichteile treffen wollte, setztest du dich auf ihre Schenkel und hieltst ihr die Arme auf beiden Seiten des Kopfes fest. Ihr keuchtet, starrtet euch herausfordernd an, der Schweiß lief dir über den Rücken.

Als sie aufhörte, sich zu wehren, löstest du mit einer Hand das lange, schwarze Samtband, mit dem du deinen Zopf gebunden trugst, hieltest es ihr vor die Nase und sagtest:

»Du kannst wählen: Ergib dich oder ich fessle dir die Hände.«

Carmen heulte auf vor Wut, wehrte sich von Neuem, schlug dir mit der freien Hand gegen die Brust, versuchte, dich zu kratzen. Nicht einmal auf der Pumajagd, auf die du den Kaziken Colipí mit der Lanze in den Urwäldern von Nahuelbuta begleitet hattest, hattest du je ein in die Enge getriebenes Tier gesehen, das so gefährlich war.

Du schafftest es mit Mühe, ihre Hände über ihrem Kopf zusammenzulegen, und begannst, sie mit dem Band zu fesseln. Erst da blieb sie ruhig liegen und presste mit eisiger Stimme zwischen den Zähnen hervor:

»Du wirst mit einer Toten schlafen müssen. Ich denke nicht dran, mich zu bewegen.«

Ein paar Nächte vorher hätte dich das vielleicht die Lust verlieren lassen. Doch jetzt, Moro, war dir alles egal. Jetzt hättest du sie auch genommen, wenn sie wirklich tot gewesen wäre. Carmen schloss die Augen und wandte das Gesicht ab, als du ihren Rock hochschobst und ihr den Schlüpfer auszogst, der dabei zerriss. Ihr Körper wurde schlaff, als hättest du sie wirklich umgebracht. Doch als du deine Hand auf ihr Geschlecht legtest und deinen Finger ein wenig zwischen ihre feuchten Schamlippen führtest, fandst du die Klitoris pochend und geschwollen. Nein, sie war kein bisschen tot; sie war sehr lebendig.

Jetzt warst du es, der den letzten Ansturm hinauszögerte. Du legtest die Spitze deines Glieds auf die Öffnung ihrer Vulva und riebst sie leicht, ohne einzudringen. Wie beim ersten Mal, als ihr euch geliebt hattet.

Noch ein paar Sekunden widerstand Carmen, dann stöhnte sie auf, schrie wie eine rollige Katze. Und außer sich vor Zorn auf ihren eigenen Körper, der sie verriet, bäumte sie sich auf, hob jäh mit aller Kraft ihre Hüften und zwang dich so, tief in sie einzudringen. Während du das tatst, biss sie dir in die Schulter. Weit entfernt vom Saugen der »Vinchuca«, jetzt rissen dir ihre Eckzähne die Haut auf. Doch du verspürtest keinen Schmerz.

»Meine Schönheit, meine große Schönheit!«, schriest du bei deinem letzten Stoß.

Und obwohl du nicht lange darüber nachdenken konntest, wusste dein Körper an deiner Statt, was das bedeutete. Du liebtest diesmal nicht nur Carmen. Durch diese geliebte Frau liebtest du die Schönheit dieser Blumenwiese, des kleinen Sees, des Waldes, der weit entfernten Felder und Weingärten, kopuliertest sogar noch mit den Kordilleren und dem blauen Himmel und auch mit dieser Mittagssonne, die auf deinem Rücken brannte und mit dir in ihr zusammenfloss.

Ganz hingegeben, doch immer noch voll Zorn, erwiderte Carmen:

»Mein Unhold!«

Und du flüstertest ihr ins Ohr:

»Meine Liebste.«

Und sie:

»Mein Moro.«

* * *

»Früher, als unsere Liebe schwierig war, waren wir glücklicher«, stellte Carmen fest.

»Ja, jetzt müssen wir uns streiten, damit wir sie wieder fühlen.«

Ihr lagt rücklings und splitternackt auf deinem Hemd und ihrem Kleid, die ihr auf der Wiese ausgebreitet hattet. Lange wart ihr im Teich geschwommen. Von der heißen Sommersonne erwärmt – es war Anfang Januar –, hatte euch das Wasser erfrischt und gereinigt, ohne euch frieren zu lassen. Ihr schwammt zusammen, umarmtet euch, küsstet euch, liebtet euch, dieses Mal zärtlich, noch einmal im Wasser. Sie saß dabei auf deinen Hüften, du spürtest den Schlamm des Teichgrunds, während du sie trugst. Du siehst die Gänsehaut auf dem Hof ihrer harten Brustwarzen, die kleinen Wassertropfen, die auf ihren langen Wimpern glänzen. Fühlst noch einmal das gemeinsame Zucken, als ihr zum Orgasmus kommt. Und das gemeinsame Ermatten, als ihr euch im ruhigen Wasser treiben lasst.

Dann trugst du sie auf deinen Armen aus dem Wasser, legtest sie auf eure in der Wiese ausgebreiteten Kleider, strecktest dich neben ihr aus, und so lagt ihr, eure Hände eng verschlungen, und hieltet eure Gesichter in die Sonne.

»Müssen wir uns ab jetzt also erst hassen, bevor wir uns wieder lieben können?«, fragte Carmen.

»Das will ich nicht.«

»Ich auch nicht.«

»Doch es könnte uns noch Schlimmeres passieren.«

»Ja: uns weder zu hassen noch zu lieben.«

Ihr beide wusstet es. Das Schlimmste wäre nicht diese schlechte Angewohnheit müde gewordener Liebhaber, die nur streiten, um sich wieder versöhnen und von Neuem verliebt fühlen zu können. Das Schlimmste käme in jener Nacht, wenn die Wucht eines Streits oder der Eifersucht nicht ausreichen würde, um die Leidenschaft neu zu entfachen.

Denn dann gäbe es vielleicht keine Leidenschaft mehr, die sich entfachen ließe.

»Das Glück kann die Liebe töten«, sagte Carmen.

Und obwohl es dir ein Rätsel war, wusstest du, dass sie deine Angst besser auszudrücken vermocht hatte als du. Fest drücktest du ihre Hand. Jetzt verband euch auch diese Angst. Es erschreckte euch genau das, was ihr drei Jahre lang genossen hattet: das Idyll. Die süße Beständigkeit der erfüllten Liebe, die immer weiter so erfüllt sein möchte. Diese angenehme Monotonie der Paargewohnheiten und -riten, der Gleichklang des Begehrens, die Regelmäßigkeit zu zweit geträumter Träume. Unter diesen zarten Schleiern des Liebeslebens saht ihr beide, Moro, plötzlich und mit aller Deutlichkeit den Verfall. Die Motten, die unablässig im Geheimen an der herrlichen Leinwand nagten, auf die ihr dieses Idyll gemalt hattet.

Die Routine, Moro, die typische und herrliche Routine der Liebe selbst würde es zerfressen, auffressen. Würde die Leidenschaft sterben lassen. Nicht diesen brutalen Tod, der uns eine klaffende Wunde hinterlässt, aus der vergangene Zärtlichkeiten atmen und hervorlugen. Deine Romanze mit Carmen würde auf die schlimmste, die allergewöhnlichste Weise sterben. Ihr würdet zu Opfern des natürlichen Todes der Liebe werden: der Langeweile. Der Tag würde kommen, an dem sich das wunderschöne Bild, wenn ihr es anschautet, von selbst auflösen, vor euren müden Augen zu Staub zerfallen würde.

Und wenn die Leidenschaft erst einmal tot war, dann bliebe euch nicht einmal der Bund der Ehe, die Familie, um euch zu trösten.

Dort auf jener idyllischen Blumenwiese, nackt unter diesem Sommerhimmel und der heißen chilenischen Sonne, die dich vom Zenit aus zwang, die Augen zu schließen, lief dir ein eiskalter Schauer über den Rücken, Moro. Du wagtest nicht, die Lider zu heben, aus Angst, diejenige vor dir zu sehen, deren Schatten auf dich fiel. »Die Andere«, die sich lächelnd über dich – über euch beide – beugte und dir die Sonne nahm. Du hattest geglaubt, sie täuschen zu können, indem du diese ungewöhnliche, exotische Romanze eingingst, diesen Ehebruch begingst, der keiner war … der aber auch keine Ehe war. Doch jetzt musstest du zugeben, was du immer schon gewusst haben musstest: dass es nicht möglich ist, die Enttäuschung zu täuschen.

Carmen erschauerte ebenfalls, vielleicht verdunkelte derselbe Schatten, dieselbe Wolke aus der Zukunft ihre Sonne.

Sie wandte sich dir zu, umarmte dich mit ihrem ganzen Körper.

»Komm, lass uns unsere Liebe retten.«

»Wie denn?«, fragtest du, wolltest es aus ihrem Mund hören.

»Wir müssen fliehen, Moro.«

Ja, fliehen. Der Monotonie entfliehen, zum Abenteuer hin.

Wirkliche Schwierigkeiten durchleben. Nicht diese angebliche Schwierigkeit, in der ihr jetzt überlebtet. Du warst gekommen, um ihr genau das vorzuschlagen. Doch unfähig, die Worte zu finden oder den Mut, sie auszusprechen, mit dem Risiko, dir eine Abfuhr einzuhandeln, hattest du es ihr mit deinem Körper gesagt, der Wucht deines Verlangens.

»Gutiérrez hat geschworen, mich erschießen zu lassen«, wandtest du noch ein, wolltest sichergehen, dass sie die Risiken verstand.

»Wir können dorthin fliehen, wo uns niemand kennt.«

»Er würde uns verfolgen.«

»Umso besser, dann gehen wir noch weiter fort.«

»Dann wirst du nie mehr hierher zurückkehren können.«

»Ich würde nie zurückkehren wollen.«

Jetzt hattest du deine Antwort. Sie war bereit, ihren Ehemann, ihr Heimatland, ihr Vermögen und ihren Ruf zu verlieren, um mit dir durchzubrennen. Du drehtest dich auf die Seite, um sie auch mit deinem ganzen Körper zu umarmen. Die Leidenschaft flammte noch einmal auf. (Die düstere »Andere« zog sich frustriert zurück.) Die Sonne schien euch wieder hell, die Bienen summten, eine warme Brise, von weit hergekommen, streichelte euch. So nackt und miteinander verschlungen, wie ihr da auf der Wiese lagt, wart ihr schon auf der Flucht. Wart unterwegs, ohne losgefahren zu sein.

XLI

Die Flucht

DER SOMMER REIFTE so prall und süß wie die dunklen Trauben an den Rebstöcken der Hacienda Cachapoal. Und genau so reiften auch in dir, in ihr die Pläne eurer Flucht.

An den Abenden, wenn die Hitze des Tages nachließ, gingt ihr zum Spazieren hinaus. Die Schatten der im Wind rauschenden Allee fielen matt zu den Anden hin. Carmen träumte laut und mit offenen Augen. Besser gesagt, sie ließ dich träumen. Sie war es, die die Fluchtpläne ausheckte, wollte sie jedoch aus deinem Mund hören.

»Lass es uns noch einmal durchgehen: Wie wollen wir es also machen?«, fragte sie, während ihr untergehakt einhergingt.

»Das haben wir doch schon hundert Mal besprochen.«

»Und ich will es noch hundert Mal hören. Das ist beinahe besser, als es wirklich zu tun.«

»Also, wir werden in Valparaíso aufs Schiff gehen …«

Ein Schiff, das euch auf der Feuerlandroute nach Europa bringen sollte. Ihr würdet die vom Sturm umtosten Berge, die Südlichen Hörner, hinter euch lassen, in Buenos Aires das Schiff wechseln und nach Rio de Janeiro weiterreisen. Dort wolltest du ihr die erste südamerikanische Stadt zeigen, wo du zwölf Jahre zuvor gelebt hattest. Wolltest sie nach Tijuca und nach Paraty mitnehmen und ihr die Orte zeigen, die du so lebendig gemalt hattest. Dann würdet ihr wieder in See stechen, in Salvador noch einmal anlegen und dann die Reise über den Atlantik antreten, den Äquator kreuzen …

»Und dann?«

»Landen wir in Lissabon …«

»Dort bleiben wir für ein paar Wochen.«

Und du, du nicktest, Moro. Die Pläne, die Carmen schmiedete, indem sie in Büchern blätterte und ihren Globus drehte, ließen keine Widerrede zu. Ihr würdet auf den Höhen von Chiado wohnen, die Sonnenuntergänge über dem Tejo bewundern. Einen ganzen Sommer in Sintra verbringen, in einem Landhaus mit großen Teichen und Schwänen, die die Teiche verließen, um durch die Gärten zu stolzieren. Dann würdet ihr in Cádiz und in Barcelona und Marseille leben. In jeder dieser Hafenstädte würdet ihr ein Weilchen bleiben. Doch wenn ihr alle diese »Weilchen« zusammenzähltet, hätte diese Traumreise länger gedauert als euer beider Leben.

Schließlich würdet ihr in Genua landen, von dort aus über den Apennin bis zu den Alpen und in sie hineinreiten, bis zur Südspitze des Comer Sees. Eine Barke würde euch in ein kleines Nest hinüberbringen, das sich zwischen Seeufer und Berge schmiegte: Gravedona, beinahe an der Grenze zur Schweiz, so hoch oben, dass es fast unerreichbar war.

Wegen dir würdet ihr bis dorthin reisen, du hattest ihr so begeistert von diesem Ort erzählt.

»Ist er klein?«, fragte Carmen.

»Nicht allzu sehr. Es gibt einen Gebirgsbach, Häuser aus Stein, eine romanische Kirche, einen Landesteg, Schmuggler.«

Vor vielen Jahren warst du einmal durch dieses Dorf gekommen, als dein Vater dich auf die »Grand Tour« nach Italien geschickt hatte, unverzichtbar für einen Künstler. Du warst ein junger Mann und bereitetest dich darauf vor, die Welt zu malen.

In jenem Sommer überquertest du zu Fuß von deiner Heimatstadt Augsburg in Bayern aus die Alpen bis in die Lombardei, durch Vorarlberg und die Schweiz. Als du durch Gravedona kamst, sahst du den Platz vor der Kirche, die Eschen, die ihre Schatten auf die Tische eine Taverne warfen, wo eine fröhliche Menschenmenge ihren Schutzheiligen feierte, und den ruhig daliegenden See, dessen Glanz von unten her die dichten Kronen der Bäume beschien. Es war nicht das schönste Dorf der Gegend, doch du sagtest dir: Hier möchte ich eines Tages leben.

Damals hattest du dich mit den Schmugglern angefreundet, die dich führten, als du die Berge überqueren wolltest. Du warst sicher, dass du sie wieder würdest um Hilfe bitten können. Sie würden für Carmen und dich andere, ebenfalls gefälschte Papiere besorgen. Noch einmal würdet ihr eure Identität wechseln. Als seien die bisherigen Vorsichtsmaßnahmen nicht genug, all die Häfen, wo ihr an Land gegangen wart, die unterschiedlichen Schiffe, die ihr genommen hattet, um die Spuren eurer Flucht zu verwischen. Doch das musste sein. Ihr floht ja vor Gutiérrez, seinen Schergen und Kopfgeldjägern, die er euch unweigerlich hinterherschicken würde. Vor ihm selbst, der euch verfolgen würde, um dich »erschießen zu lassen« (und der Oberst hielt solche Versprechen, im Gegensatz zu dir …).

»In Gravedona kann uns niemand finden«, freute sich Carmen.

In diesem Dorf an einem Bergsee, wo ihr beide fremd wart, konntet ihr andere sein. Mit euren gefälschten Dokumenten würdet ihr in der uralten romanischen Kirche heiraten. Das Fest würde an einem hellen Frühlingsnachmittag unten am See gefeiert werden. Ihr würdet ein neues Leben anfangen. Befreit vom Gestern und sogar von euren früheren Identitäten würdet ihr im andauernden Heute der Leidenschaft leben. Ein neues Idyll ohne Ermüdungen oder Routinen würde sich vor euch auftun, doch dieses Mal für immer. Dort könntet ihr auch endlich Kinder haben. Früchte dieser Liebe: Söhne, groß und ernst wie du, Töchter, schlank und lebhaft wie sie, die frei mit ihren Hütehunden in den Alpen aufwachsen würden …

All das war kein Plan, nicht wahr, Moro? Es war ein Roman, den wir da zusammen schrieben, berauscht von den Büchern, die wir gelesen hatten, von meiner Sehnsucht zu fliehen, von deinen Künstlerträumen. Sag mir: Glaubtest du wirklich an unsere Pläne? Wie gern würde ich dich jetzt hinter dem dicken Glas der Zeit – oder des Todes – hervorholen, damit du mir das beantwortest. Damit dies wenigstens für einen Augenblick wieder ein Dialog wird, nicht dieses Selbstgespräch einer vielleicht verrückt gewordenen alten Frau, die versucht, offene Fragen zu beantworten, indem sie die Stimme einer verlorenen Liebe erfindet.

Plötzlich blieb Carmen in der Allee stehen, die von der untergehenden Sonne entflammt wurde: Die langen Schatten der Bäume fielen nach der anderen Seite hin auf die Wiese wie verbrannte Stämme. Zitternd umarmte sie dich, vielleicht von der ersten Abendkühle ergriffen, sah dich mit diesen grünen Augen, die alles glauben wollten und doch zweifelten, von unten an und fragte, drängte dich:

»Wir werden für immer zusammen leben, Moro. Schwöre es.«

»Carmen, es ist genug.«

»Schwöre es.«

»Willst du sichergehen, dass ich dich nicht verlassen werde? Der Aconcagua hat mich verändert, vergiss das nicht.«

»Ja, ja, dieser Eremit, den du gesehen hast, wie du erzählst.

Doch … hat er dich wirklich verändert? Oder hat er dich gezwungen anzunehmen, dass du dich niemals verändern kannst?«

»Aber wir werden doch gemeinsam fliehen!«

»Fliehen ist das, was der fahrende Ritter tut.«

Dieser hartnäckige Zweifel von Carmen wuchs manchmal zwischen euch, dunkler als die beginnende Nacht. Noch einmal wolltest du widersprechen, doch sie hob abwehrend die Hand:

»Wenn du nicht schwören willst, dann werde ich es tun. Wir werden für immer zusammenbleiben und es niemals bereuen.«

»Niemals«, bekräftigtest du.

»Und wir werden nicht an unsere Vergangenheit denken. Du nicht und ich auch nicht.«

»Nie und nimmer.«

Da erschrak Carmen noch einmal:

»Ist das nicht viel zu viel verlangt, Moro?«

Und du lachtest sie an:

»Warum sollten wir weniger verlangen als das Glück?«

* * *

Anfang März reistest du ab. Es war ein drückend heißer Tag, an dem eines jener Gewitter drohte, mit denen der Sommer Blitze und Hagel schleudernd die ungeheure Energie freigibt, die er angesammelt hat. Am Abend zuvor hattest du angekündigt, nach Santiago reisen zu wollen. Um etwas Kühle zu finden, saßt ihr zu dritt mit Gutiérrez in Korbsesseln, die in den Park gestellt worden waren. Die Fledermäuse flatterten zwischen den Palmen, die ab und zu in der warmen Brise raschelten, bevor die Schwüle der Nacht zurückkehrte. Du gabst vor, ein paar Bilder verkaufen zu müssen, erklärtest, du wollest nicht immer nur ausgehalten werden. Carmen unterstützte dich mit schlecht gespieltem

Enthusiasmus, den die Dunkelheit verbergen half. Gutiérrez antwortete mit einem unzufriedenen Knurren, im Gegensatz zu ihr bedauerte er es.

Als du am Tag darauf die Hängebrücke überquertest, die die Nordgrenze der Hacienda markierte, begann sich hinter dir das Gewitter zu entladen, und obwohl du keinen Regenschutz hattest und der Wind die Brücke gefährlich schaukeln ließ, hieltst du an, um zurückzuschauen. Du sahst, wie die Wand aus Wasser und Hagel von der Küste her über das Tal zog und die Pappeln bog, die Reben niederdrückte und die reifen Trauben platzen ließ. Dieses Jahr würde es keine Weinernte geben. Überrascht stelltest du fest, wie weh dir der Verlust tat. Dieses Tal, seine Plantagen, die Gebäude der Hacienda in der Ferne verabschiedeten dich, als seien sie deine Heimat. Eine ungewohnte Heimat, doch die einzige, die du in den fast zwei Jahrzehnten kennengelernt hattest, seit du dein Elternhaus verließt. Mit einem Schlag wurde dir klar, dass du sogar diese Brücke vermissen würdest, wo dich der Oberst drei Jahre zuvor hatte erschießen lassen wollen. Ein merkwürdiger Muskel, das menschliche Herz!

Dann gabst du deinem Pferd die Sporen und zogst am Zügel des Lastmulis, das dir folgte. Und obwohl das Gewitter sich alle Mühe gab, dich zu erreichen, gelang es ihm nicht.

Du bliebst gerade so lange in der Hauptstadt, wie du brauchtest, um ein paar deiner Bilder zu verkaufen, zu dem Preis, den die ignoranten Bewohner Santiagos, die nur die Kunst der Kolonialzeit zu schätzen wussten, dir geben wollten. Doch der größte Teil der aufgerollten, auf Leinwand oder Papier gemalten Bilder ging nicht in den Verkauf. Sie waren dein Archiv, das Zeugnis deines Abenteuers, das nun zu Ende gehen würde. Kämen zu den fast zweitausend Werken hinzu, die du in den letzten Jahren schon nach Europa geschickt hattest. Praktisch eins pro Tag bei dieser zweiten Reise durch Amerika. Dein wichtigstes Werk würde dir Carmen später bringen: ihr Aktporträt.

Bei deiner Abreise aus Santiago verkündetest du laut und deutlich, dass du nach Argentinien gehen wollest. Doch kaum war es dunkel geworden, wandtest du dein Pferd und rittst Richtung Valparaíso. Wahrscheinlich hielte das die Verfolger, die euch Gutiérrez hinterherschicken würde, nicht lange auf. Doch vielleicht würde es die Spuren ein wenig verwischen und euch ein bisschen mehr Zeit verschaffen.

Es war Nacht, als du in Valparaíso ankamst. Ambrosio, der freigelassene Sklave, empfing dich in Carmens Haus. So, wie sie es dir beschrieben hatte, fandst du im Bücherschrank ihres Arbeitszimmers, zwischen den Seiten eines Romans von Samuel Richardson, »Pamela«, eine stattliche Summe Pfund Sterling, überwiesen von der Rothschild-Bank. Das war die Reserve, die Carmen schon früher für ihre eigenen Fluchtpläne angelegt hatte. Bevor du gekommen warst und sie – für einige Zeit – aufhörte, vom Fortgehen zu träumen.

In deinen Umhang gehüllt, den Hut tief ins Gesicht gezogen, besuchtest du am nächsten Abend einen deiner Bekannten: den korrupten argentinischen Konsul der Regierung von Juan Manuel de Rosas. Du bestachst ihn, stopftest ihm mit Geld den Mund. Der Konsul stellte euch Pässe und Geleitbriefe mit falschen Namen aus, die euch als Mann und Frau ausgaben. Und er selbst kaufte, als Teil eurer Abmachung, im Namen des angeblichen Ehepaars zwei Schiffspassagen nach Buenos Aires an Bord eines französischen Schiffs, das vierzehn Tage später ablegen sollte.

In deinem Versteck in Carmens Haus schriebst du ihr und teiltest ihr das Datum mit. Du erinnertest sie daran, übers Meer zu kommen, um direkt an Bord des französischen Seglers zu gehen, das Gesicht nach Art der Frauen Limas halb vom Tuch verdeckt. Es musste vermieden werden, dass man euch erkannte oder zusammen sah. Später hättet ihr noch das ganze Leben, um euch zu sehen und zusammen gesehen zu werden. Da du wusstest, wie sehr es ihr gefiel, diese Pläne in allen Einzelheiten zu hören, machtest du ihr sogar noch die Rechnung auf. Mit dem Geld, das ihr hattet, konntet ihr vielleicht zwei Jahre oder ein wenig mehr in Europa leben. Danach würde dein Agent in Paris weitere deiner Bilder verkaufen. Deine Legende würde dabei helfen: die des geheimnisvollen deutschen Malers, der in Amerika verschollen war. Oder du würdest wieder zum verhassten Beruf eines Gesellschaftsmalers zurückkehren, das werde man dann sehen … Ihr würdet es schon schaffen. Kein Hindernis war zu groß, wenn ihr nur zusammen wärt.

In den folgenden zwei Wochen schautest du, um die Zeit totzuschlagen, oft durch Carmens Teleskop. Sahst den Hafen, den algengesäumten Landungssteg, den Wald der Masten in der Bucht, den Saum des Horizonts. Diese ganze Landschaft, die du einst mit der Camera obscura genau hier für sie eingefangen hattest. Ihr Leben, das du ihr kopfunter zeigtest, ihre Träume, die du auf den Kopf stelltest. Dein alter Trick eines reisenden Liebhabers, Moro … Wie gut er dir gelungen war! Und wer hatte damals gedacht, dass sie es sein würde, die dann dein Leben auf den Kopf stellte.

Drei Jahre war es her, dass du in Valparaíso angekommen warst. So viele Dinge waren seither geschehen, dass sie dir eher wie drei Jahrzehnte vorkamen. Bei deiner unersättlichen Suche nach Liebe – die eine unaufhörliche Flucht vor deinen toten Liebschaften war – hattest du Carmen verführt und sie bald darauf verloren. Warst von ihrem Mann geschlagen und bedroht worden und hattest mit dem jungen Darwin um sie gekämpft.

Bereit, den verliebten Forscher umzubringen, warst du auf den höchsten Berg gestiegen. Und gemeinsam hattet ihr in sein Inneres hinabsteigen müssen …

Als du jetzt diesen Hafen sahst, wo alles begonnen hatte, glaubtest du ein unbewusstes Muster zu erkennen, eine unbekannte Anordnung in dem Fresko, das du mit deinen verschlungenen Abenteuern gemalt hattest.

Der fahrende Ritter, der du einst zu sein beliebtest, war sehr jung ausgezogen, die Welt zu malen. Doch gab er nur die Oberfläche der Welt und seines eigenen Lebens wieder. Sogar noch, als der Ritter auf jenen Berg stieg, wollte er – genau wie sein Freund und Feind, der Forscher – einen Blickwinkel finden, von dem aus man den Planeten besser beherrschen konnte. Der fahrende Ritter, stolz darauf, die Welt kreuz und quer bereist zu haben, kannte nicht den Weg, der auf den Grund der Dinge führt.

Jetzt wusstest du, dass vor diesem Augenblick die Tiefe nur eine optische Täuschung war, die deine Kunst geschaffen hatte.

Und so war es geblieben, bis eine grenzenlose Pein den Ritter zwang, zum Grund des Bergs hinabzusteigen, ins Innere des Kelchs zu gelangen, den Fuß des Baums zu berühren. Dort, wo der Eremit ihn erwartete, um ihn das Ausmaß seiner Leere erkennen zu lassen.

Erst als du diese Tiefe ausgelotet hattest, konntest du wirklich lieben, Moro. Ob es stimmte, dass du endlich einen Sinn in deinem Vagabundenleben fandst? Du seufztest. Tränen der Dankbarkeit standen dir in den Augen, verschleierten den Hafen, von dem aus du bald in See stechen solltest.

Deine Flucht vor den toten Liebschaften war an ihr Ende gelangt. Sehr bald würdest du für immer aufhören, der einsame Reisemaler zu sein, der fahrende Ritter.

XLII

1854

The clumsy, wasteful, blundering low
and horridly cruel works of nature!
CHARLES DARWIN

... DER MIT GELBEM SAND BESTREUTE, von Buchen, Ulmen und Rosskastanien gesäumte Rundweg. Der graue, unruhige Himmel über der Grafschaft Kent. Die Stimme Darwins, die von weit her an dein Ohr drang – du warst abgelenkt gewesen: »Na, wir zwei sind ja schön dumm! Sie hätten am liebsten gelebt wie ich, und ich hätte gern so gelebt wie Sie!«

Deine Reaktion kam verspätet, du wolltest protestieren: Er hatte doch die Wette gewonnen, er war glücklicher geworden. Du dagegen warst erledigt: mit deiner Gesundheit, mit deiner Kunst, in der Liebe, auch wenn du vorhattest, zu heiraten (wenn du es denn im Ernst gesagt hattest).

Doch Darwin ließ dich nicht zu Wort kommen. Er hatte jetzt genug Dummheiten gehört, zu viel Selbstmitleid eines sensiblen Künstlers. Da brauchte es ein wenig von der Objektivität des Forschers. Etwas so Objektives wie seinen Neid, zum Beispiel. Ja, er hatte dich immer beneidet. Hatte ein Abenteurer sein wollen, so wie du. Hätte gern noch viele andere Reisen unternommen und Dutzende Liebschaften gehabt. Wäre gern polygam gewesen! Oder hätte wenigstens gern eine große Leidenschaft gelebt.

Du liebtest Carmen heiß, und sie dich auch (das konnte er bestätigen). So sehr, dass ihr euch deshalb fast gegenseitig umgebracht hättet …

»Sie haben gewonnen, Rugendas. Sie haben den Mut gehabt, leidenschaftlich zu leben. Haben das einfache Überleben missachtet, doch im gelebten Leben gewonnen, und darauf kommt es ja schließlich an.«

Er dagegen … Was hatte er gehabt? Ein paar Tage und Nächte der Illusion. Ein einziges Mal in seinem ganzen Leben. Eine Probe, eine Prise, einen Tropfen der wirklichen Intensität. Etwas, das er nie wieder empfinden, doch auch niemals vergessen würde. Manchmal, in seinen dunkelsten Stunden, verfluchte er den Moment, als er sich von Carmen verführen ließ. Wenn er das Paradies nicht kennengelernt hätte, sagte er sich, dann könnte er sich selbst betrügen und glauben, dass dieses Leben, das er führte, das einzig mögliche sei. Doch das konnte er jetzt nicht mehr, nicht, nachdem er mit ihr auf jener schwimmenden Insel gesegelt war.

Jetzt, wo er oft lange Wochen im Bett verbringen musste, wenn ihn diese namenlose, unheilbare Krankheit niederstreckte, ertappte er sich bei der Vorstellung, an jenem Tag, statt zu fliehen, mit Gutiérrez und mit dir gekämpft zu haben. Und sogar mit Carmen selbst und ihrem Stolz gerungen und sie schließlich erobert … und entführt zu haben.

»Ich stelle mir vor, Rugendas, wie Carmen und ich jetzt zusammen irgendwo in Indien leben. Und träume davon, dass ich keine Viecher mehr sammle und auch nicht mehr Theorien aufstelle. Ich sehe mich und sie, wie wir uns im Schatten eines grünen, goldenen Baums lieben …«

Darwin sprach, entrückt lächelnd, wie in Trance, nahm ganz Besitz von dieser anderen Existenz, von der er nur ein Aufblitzen erspäht hatte. Doch gleich darauf kehrte er blinzelnd nach Downe zurück, auf diesen Rundweg, der nirgendwohin führte.

»Sie hätten also gern so wie ich gelebt?«, fragte er, als er ganz zur Besinnung gekommen war.

Na, dann solltest du dir sein Leben mal durch ein Mikroskop anschauen, so wie er es jeden Tag tat, indem er es lebte. Seine heimlichen Leiden. Nicht nur die Krankheit, die ihn schon seit Jahrzehnten quälte, diese Panikanfälle seiner Jugendzeit, die zu einer dauernden Nervosität und den täglichen Übelkeitsanfällen geführt hatten. Auch die erbarmungslose Disziplin, die er sich auferlegte, die endlosen Arbeitsstunden, die keinen Sonntag oder Feiertag kannten (außer, wenn schlimmere Anfälle ihn aufs Lager zwangen). All dies nicht nur, um eine Wahrheit zu entdecken, sondern auch, um eine Angst zu überdecken.

»Ich erforsche das Leben, Rugendas, weil ich nicht fähig bin, es zu leben. Ich fühle mich innerlich wie tot.«

Du dachtest, der Forscher versuche, sich mit deinem Unglück gemein zu machen, indem er seine eigenen Erfolge kleiner machte, herunterspielte. Das war eine noble Geste; er war immer so gewesen. Doch in seiner Gefühlsaufwallung steckte noch etwas anderes, mehr als Höflichkeit. Da war auch ein Drang, sich zu erleichtern. Ohne es selbst überhaupt zu ahnen, hatte er dich vielleicht auch deshalb hergerufen. Schließlich konnte er niemandem diesen »Toten« zeigen, den er in sich trug, außer dem Freund, mit dem er die Frau geteilt hatte und fast gemeinsam umgekommen war.

Darwin senkte die Stimme und zählte ohne Freude die Annehmlichkeiten seines Lebens auf: eine zweckmäßige Ehe (so drückte er es aus), die Zuneigung seiner Kinder, die wirtschaftliche Unabhängigkeit, den öffentlichen Erfolg, die stolze Weisheit seiner Wissenschaft. Dann wischte er das Erreichte Punkt für

Punkt wieder beiseite. Eine Ehe, die aus Freundschaft entstanden war, ohne Leidenschaft, und nur durch eheliche Pflicht aufrechterhalten wurde. Ein Vermögen, das auf einem Erbe beruhte, das er weder vermindert noch vermehrt hatte. Ein Ansehen, das er nicht genießen konnte, weil ihm menschlicher Kontakt von Tag zu Tag mehr zuwider wurde. Und eine Weisheit, die ihm zwar die wunderbaren geheimen Mechanismen der Biologie enthüllte, ihm jedoch auch die Grausamkeit des Lebens ins Gesicht spie, seine schrecklichen Exzesse. Die gleichgültige Gewalt der Natur …

»Sie hat mir meine Annie genommen.«

Über die bleichen Wangen des Forschers liefen zwischen den Krusten seines Ekzems zwei dicke Tränen herab, an den Mundwinkeln vorbei und blieben am zittrigen Kinn hängen. Diese freimütigen Tränen waren das Lebendigste in seinem Gesicht.

Seine älteste Tochter Annie, sein Liebling, war kurz zuvor mit nur zehn Jahren gestorben. Ein Fieber hatte sie dahingerafft. Mehrere Wochen lang siechte das Kind dahin. Als es starb, glaubte Darwin, verrückt zu werden. Tagelang schlief er nicht, weinte nur noch. Er war voller Hass: abgrundtiefem Hass auf das Universum. Er wünschte sich, wieder an Gott zu glauben, um jemanden zu haben, dem er die Schuld geben und den er grenzenlos verachten konnte. Doch ein obszöner Witz dieses schrecklichen Verlustes war, dass dieser selbst ihm mit einem Schlag das Wenige an Glauben entrissen hatte, das ihm geblieben war, so wie ein fauler Zahn mit einem letzten Ruck gezogen wird. Und weil er Gott also nicht mehr hassen konnte, musste er die Natur hassen, der er sein ganzes Leben gewidmet hatte. Weil die Natur sein Kind getötet hatte, hasste er jetzt, was er einst liebte. Verstandst du das? Verstandst du diese perfekte, böswillige Ironie, die ihm das Schicksal da zuteil werden ließ?

Du wolltest ja sagen. Wolltest ihm sagen, dass du einmal auch diese Ironie des Schicksals erfahren hattest. Ihm erzählen, dass das in einem Hafen geschehen war, wo du davon träumtest, in ein neues Leben zu segeln, und stattdessen alle deine Illusionen untergehen sahst. Doch warst du zu gerührt von seinem Schmerz, um ihn dem deinen gleichzusetzen.

»Jetzt arbeite ich ohne Freude«, sagte Darwin und trocknete sich mit seinem Taschentuch die Tränen.

Um nicht andauernd an den Verlust zu denken und auch nicht an den Hass auf die Natur, die er zuvor so sehr geliebt hatte, konzentrierte der Forscher sich jetzt noch mehr auf seine Arbeit. Gerade hatte er den vierten Band über diese Krebse beendet, die du in seinem Arbeitszimmer gesehen hattest. Das war seine »Leidenschaft«.

»Wissen Sie, was es bedeutet, acht Jahre lang Krebse zu sezieren? Mir klebt der Geruch von faulem Muschelfleisch im ganzen Schädel.«

Er blieb stehen und machte dieselbe Geste, die dich ein paar Stunden zuvor in seinem Arbeitszimmer so erschreckt hatte. Zog die Schultern zusammen, streckte den Hals vor, stülpte die Lippen nach außen, während sein Adamsapfel in heftigen Krämpfen auf- und niederhüpfte. Er trat zur Seite, verließ den Weg und versteckte sich hinter einer Ulme. Du hörtest ein Würgen, lang wie ein höhnisches Gelächter, dann, wie das Erbrochene zu Boden fiel.

Eine Minute später kehrte er zurück, wischte sich den Mund mit seinem Taschentuch.

»Entschuldigen Sie. Normalerweise übergebe ich mich nicht so oft, doch Besuche machen mich immer noch nervöser. Manchmal denke ich, es ist dieses furchtbare Wissen, das in meinem Hirn steckt, was meinem Magen so viel Übelkeit verursacht.«

Ihr gingt noch ein paar Schritte weiter, dann lud er dich ein, auf einer Bank Platz zu nehmen, die am äußersten Punkt des Rundwegs stand, dort, wo sich dieser bog und auf der anderen Seite zum Haus zurückkehrte. So weit ging er täglich bei seinen Rundgängen ohne Ausweg. Und genau an diesem Punkt hatte seine sorgfältige Planung diese Holzbank aufstellen lassen, die mit dem Rücken zu seinem Anwesen stand und Richtung Westen schaute. Auf ein paar brachliegende Felder, Gärten voller Haselsträucher, von Steinmauern begrenzt, den weiten Horizont unter dem Himmel von Surrey. Wenn der Wind vom Kanal her blies, schmeckte der Regen salzig, nach Meer. Weiter südlich, sagte er, lag Plymouth, der Hafen, von dem aus er dreiundzwanzig Jahre zuvor nach Amerika gesegelt war, auf einem kleinen Schiff, das wie ein Sarg aussah.

Darwin schaute unter dem Rand seines Bowlers hervor zum fernen Horizont, als spähe er aus einer Zelle heraus. Er wirkte so niedergeschlagen und hoffnungslos, dass du dich dabei ertapptest, noch einmal jene Solidarität vom Aconcagua mit ihm zu fühlen. Du hättest ihn noch einmal retten, diese Droge von ihm annehmen oder ihm eine ordentliche Mumiensuppe zubereiten wollen, etwas tun, was ihn aus seiner Mutlosigkeit herausholte. Doch stattdessen hattest du nur …

»Ah, das habe ich ganz vergessen. Vielleicht hilft dies Ihnen ja, Ihre Theorie weiterzuentwickeln.«

Aus der Innentasche deines Gehrocks zogst du eine Papierrolle und überreichtest sie ihm. Darwin öffnete das Band, mit dem sie verschnürt war, und entrollte sie auf seinem Mantelschoß. Auf dickem, weichem Fabriano-Papier hattest du, so gut du konntest, jenes kleine, grob gemalte Fresko neu geschaffen, mit dem du damals die Vision festhieltest, die du im Inneren des Aconcagua hattest. Dieses Bild aus deiner Erinnerung heraufzuholen und es

Darwin zu schenken, war die beste Art, die du dir denken konntest, um die verlorene Wette zu bezahlen.

Natürlich war es nicht dasselbe Bild. Deine müde Hand von heute und die normalen Ölfarben konnten nicht die visionäre Begeisterung und rohe Vitalität jener improvisierten Pigmente wiedergeben. Diese traditionellen Farben glänzten mehr, doch sagten weniger als die Holzkohle des Feuers, mit Speichel vermengt; das blasse Gelb deines Urins, mit Kalk gemischt; der gemahlene Lapislazuli, mit deinem Blut verrührt …

Doch auch so verschwamm dieses neu geschaffene Gemälde, bebte, deutete an, ohne ganz klar zu werden, wie jene weit zurückliegende Vision, die ihr teiltet. Der Forscher betrachtete das Bild anfangs sehr ernst, beinahe erschrocken; doch nach und nach begann er zu lächeln. Bis er sich schließlich entschloss, die abgebildete Figur mit seinen zittrigen Fingern zu streicheln.

»Die Vinchuca und ich. Das einzige Mal, dass ich mit echter Leidenschaft geliebt habe.«

An jenem Morgen, als er endlich erwachte, vierundzwanzig Stunden nach der Halluzination, war er nicht in der Lage gewesen, irgendetwas auf diesem Bild zu erkennen. Oder zuzugeben, was er sah. Jetzt wenigstens erfasste er etwas. Darwin sah diesen »lebenden Baum«, den du eines Nachts am Ufer des Sees der schwimmenden Inseln erahnt hattest. Diesen Baum, der eine Umarmung, aber auch ein Kampf sein konnte, ohne aufzuhören, eine Umarmung zu sein. Der Forscher lächelte wie erleuchtet.

»Doch es ist nicht nur das. Erkennen Sie noch etwas?«, fragtest du, vorsichtig tastend.

»Ich weiß nicht. Was ihre Kunst sieht, kann meine Wissenschaft vielleicht nicht erblicken. Und umgekehrt. Um Genaueres darüber zu erfahren, müssten wir den Eremiten herbeirufen, den aus dem Berg.«

Enttäuscht gabst du auf. Ein kleines bisschen verärgert sagtest du:

»Ist nicht nötig. Ich glaube, ich sehe ihn schon.«

»Wo denn?«, fragte Darwin überrascht, erschrak auf diese ihm eigene komische Art und wandte sich nach allen Seiten um, als könne der Opferschamane zwischen den jungen Buchen auftauchen, die Darwin selbst gepflanzt hatte.

Du lachtest. Das war doch nur ein Witz, sagtest du ihm, noch einer deiner Witze. Tätscheltest ihm die Schulter (mit dieser übertriebenen Vertraulichkeit, die ihn zurückweichen ließ, für die er jedoch dankbar war). Du würdest ihm nicht die plötzliche Rückkehr der Halluzination erklären, die eine Stunde zuvor wie ein kurzer Rausch in deinem Kopf aufgeblitzt war, als er, um in den Garten hinauszugehen, seinen Mantel angezogen und seinen Bowler aufgesetzt hatte. Ihm nicht gestehen, was jetzt das Auge eines müden, doch immer noch phantasiebegabten Porträtmalers auf sein Antlitz zeichnete, indem du es ein wenig faltiger machtest, die Brauen stärker hervorhobst, ihm einen langen, weißen Eremitenbart hinzufügtest. Er besaß nicht die grünen, schalkhaften Augen des anderen, und auch nicht die fließende, wie von Schlangen bedeckte Silhouette. Aber es waren die Züge des Opferschamanen, die Darwins beginnenden Verfall schon erkennen ließen. Vielleicht täuschtest du dich (seit deinem letzten Infarkt zweifeltest du oft an deinen Sinnen). Doch selbst wenn dich bei allem anderen deine Erinnerung trog – die erfindet, was sie gern erinnern möchte –, das, was auf jeden Fall dem Eremiten ähnlich schien, war dieser Ausdruck schmerzhafter Erkenntnis. Ein Wissen, in dem die Wahrheit jede Hoffnung tötet. Das war es, was das welke Gesicht deines Freundes ahnen ließ. Wenn du noch ein Maler gewesen wärst, hättest du es porträtiert. Bald wäre der Naturforscher eins mit seiner Weisheit. Und das ganze Leiden der Natur fiele auf ihn nieder.

»Ich muss gehen«, sagtest du und standst auf.

»Nein!«, rief Darwin fassungslos und entschieden. »Sie müssen bleiben! Wir haben Ihnen schon das Zimmer hergerichtet.«

»Und wenn ich hier bei Ihnen sterbe? Was wäre das für ein Skandal: deutscher Maler der Romantik stirbt im Hause eines Wissenschaftlers, Gentlemans und Rationalisten.«

»Reden Sie keinen Unsinn. Mammy möchte Sie kennenlernen. Meine Kinder haben von Ihnen gehört und Stiche von Ihnen gesehen. Sie bleiben da, Rugendas. Natürlich ohne irgendetwas Kompromittierendes zu erwähnen.«

Eigentlich hattest du nur für ein paar Stunden in Downe bleiben, deine verlorene Wette begleichen und dann nach London zurückkehren wollen. Dort ein paar Tage ausruhen, das British Museum besuchen und dann nach Hause zurückreisen wollen (nach Hause, als hättest du tatsächlich ein Zuhause). Doch jetzt bedrückte dich plötzlich die Vorstellung abzureisen. Dich beschlich der Verdacht, du könntest einen Anfall erleiden, kaum dass du in den Zug stiegst. Du, Moro, der du immer geflohen warst, von jedem Ort, aus jeder Umarmung, hattest jetzt Angst davor, wegfahren zu müssen? Oder lockte dich die Aussicht, in diesem Haus zu bleiben, wo alle – außer dem Hausherrn – so glücklich zu sein schienen?

»Einverstanden. Aber nur für ein, zwei Tage, um meinem Herz eine Atempause zu gönnen.«

»Ja, hier können Sie ausruhen. Wir kümmern uns gut um Sie. Gestatten Sie uns, für ein paar Tage Ihre Familie zu sein …«

»Nicht zu viele. Ich möchte mich nicht daran gewöhnen.«

»Und dann werden Sie mir endlich auch erzählen, was mit Carmen geschah.«

»Wollen Sie mich damit nicht in Ruhe lassen?«

»Mit wem kann ich denn sonst über die Vinchuca reden?«, beklagte sich der Forscher und kniff seine tiefliegenden, blauen Augen noch mehr zusammen.

»Sie sind ein Schlawiner.«

»Und Sie ein Angsthase.«

»Wenn ich an sie denke, kommt es mir vor, als wiege mein Herz doppelt so schwer …«

»Vielleicht ist es so schwer und wund, weil Sie nicht über Carmen sprechen.«

Überrascht von dem Gedanken schautest du ihn an. Ja, vielleicht rührte sie genau daher, die schmerzende Wunde in deiner Brust, diese Schwellung, dieses Röcheln eines sterbenden Pferdes, das die Ärzte da hörten.

Während ihr über den Sandweg zum Haus zurückgingt, fielen ein paar Sonnenstrahlen, stark wie Säulen, durch die grauen Wolken, die über die Grafschaft Kent hinwegzogen. Auf den Hügeln in der Ferne erschienen ein paar unruhige, goldene Lichtflecken.

Du haktest dich bei Darwin ein, stütztest dich auf ihn, wie du es seit Langem bei niemand mehr gemacht hattest. Diesmal wies der Forscher die Vertraulichkeit nicht zurück, sondern drückte im Gegenteil deinen Arm mit dem seinen an sich. Und du begannst zu erzählen.

XLIII

Die Sandbank

WO DU AUCH IMMER SEIN MAGST, Moro, nie hast du aufgehört, sie zu sehen. Genauso, wie sie sich selbst in ihrem langen Abschiedsbrief beschrieb. Du siehst Carmen auch jetzt noch unter dem gleichgültigen Vollmond, im Angesicht des im silbernen Licht tosenden, unermesslichen Ozeans. Sie steht im schmalen Bug dieses Boots, mit dem sie floh, spürt im Gesicht den salzigen Tau, den der Meereswind über die Sandbank vor der Flussmündung treibt. Riesige Wellen, von Schaum gekrönt, brechen sich an der unsichtbaren Sandbank, die die Mündung des Rio Maule versperrt. Der Bootsmann hat Anker geworfen, um auf die Ebbe zu warten, bevor er wagt, die Brandung auf den Ozean hinaus zu durchqueren.

Und sie steht immer noch dort, vor dieser Sandbank. Hat sich nie von dort fortbegeben, Moro.

Sie war unterwegs zu dir. So, wie ihr es geplant hattet, war sie sehr früh am Morgen von der Hacienda aufgebrochen: ohne Abschied, um keinen Verdacht zu wecken. Rosa begleitete sie, ein paar Satteltaschen auf der Kruppe ihres Pferdes, als trügen sie darin das Picknick, um den Tag an den Wasserfällen »Die Sieben Teiche« im Vorgebirge zu verbringen. Das hatten sie schon oft gemacht, es würde niemanden besonders wundern. In den Satteltaschen nahm sie ihren Schmuck mit, zwei Miniaturporträts ihrer Eltern, ein paar Kleider. Und das edelsteinbesetzte

Kruzifix ihrer Ururgroßmutter, der Kazikin. Auf der Kruppe ihres Pintos trug sie, sorgfältig in ein Laken gerollt, ihr Aktporträt, dein Meisterwerk. Doch sonst nahm sie nichts mit. Nicht einmal Gutiérrez' Ehre, die sie schon lange zuvor verpfändet hatte. Stolz schrieb sie dir, dass sie ihr Haus fast nur mit dem verließ, was sie am Leibe trug.

Als die Hacienda hinter ihnen lag, trieben sie die Pferde zum Galopp an. Beide waren sie gute Reiterinnen, das hatten sie schon als Kinder zusammen auf diesen Feldern gelernt. In weniger als fünf Stunden erreichten sie eine versteckte Biegung am Rio Maule, wo sie der Kahn erwartete, ein zwanzig Meter langer, schwarzer Lastsegler mit rot gestrichenem Mast und Aufbau, der »El Milagros« hieß. Der Bootsführer war ein hoch aufgeschossener, zerlumpter Alter, so finster, dass er stumm zu sein schien. Carmen legte ihm die Silbermünze, auf die sie sich geeinigt hatten, in die schwielige Hand.

Da musste sie an Charon denken, den Fährmann, den die Toten bezahlen, damit er sie über den Styx bringt. Doch das erschreckte sie nicht. Eher dachte sie, das sei ein gutes Omen: Dieser Fährmann würde ihr helfen, ihr altes Leben umzubringen, um mit dir an einem anderen Ort neu geboren zu werden.

Carmen und Rosa ließen die Pferde frei und sprangen, vom sehnigen Arm des Bootsführers gehalten, mit einem Satz an Bord. Der Alte legte vom Ufer ab, indem er eine lange Stange in die schlammige Böschung stieß. Dieselbe Stange nahm er auch zu Hilfe – das Ruder mit einem Tau festgebunden –, um in die Strömung zu gelangen. Dann hisste der Alte ein kleines, dreieckiges Lateinersegel, um den Seitenwind zu nutzen. Das und die Kraft der Strömung würden ausreichen, um zum Meer zu gelangen. In der Mitte des Stroms kam das Boot so leicht und schnell voran, dass es eher schien, als blieben die Ufer immer weiter zurück. Als Carmen sich umwandte, um zu den Anden hinzuschauen, zogen diese sich nach und nach, Reihe für Reihe zurück. Die Perspektive ließ sie immer kleiner werden. Verließ sie ihre Heimat? Oder war es ihre Heimat, die sie verließ? Rosa wollte lieber nicht zurückschauen. Dicke Tränen fielen auf das weiße Band ihres Zopfes, das sie ohne Not unentwegt aufknüpfte und wieder zuband.

Mehrere Stunden fuhren sie den Fluss hinunter, der immer breiter und mächtiger strömte, je mehr Nebenflüsse in ihn mündeten und sie dem Ozean näher kamen. Kurz bevor sie die Mündung erreichten, ging die Sonne unter und wurde von einem riesigen Vollmond abgelöst, der im Wasser glänzte und dem Kahn seinen Weg wies.

Ein immer stärkeres Tosen wie von einem großen Wasserfall kam von der blauschwarzen Kuppel her, die sich über der Küste wölbte. Das war die Brandung des Pazifik, die auf das Wasser des Flusses traf. In der Mündung des Rio Maule bildete sich eine Lagune, weil eine unsichtbare Sandbank ihm den Weg ins Meer versperrte. Hinter dieser Wand schäumten wild die Wogen, die auf mysteriöse Weise zahmer wurden, wenn sie auf das verborgene Hindernis stießen.

Der Bootsführer warf ein wenig links von dem Kanal Anker, durch den sie ins offene Meer hinaus gelangen würden. Er zeigte Carmen zwei lange, krumme Finger: Zwei Stunden mussten sie noch warten, bis die Ebbe ihnen die trügerischen Sandbänke verriete und nur noch den Kanal voll Wasser ließe.

Rosa setzte sich ins Heck, zum Bootsmann. Carmen stand im schmalen Bug des Kahns, der sanft auf- und niederdümpelte, als meditiere er. Erst da fiel ihr auf, dass sie immer noch ihre Sporen mit den Silberrädchen trug. Der Wind blies von der Brandung her, befeuchtete ihr Gesicht mit salzigem Tau. Irgendwann einmal hatte man ihr erzählt, dass es sehr viel Mut erforderte, dieses gefährliche Hindernis zu überwinden. Wenn man die Sandbank passiert hatte, musste man sein Boot direkt mit dem Bug in die Brandung lenken. Und sie ohne Zögern durchbrechen, sonst würden die Wellen das Boot umwerfen und gegen die Sandbank schleudern. Der tobende Pazifik kennt kein Erbarmen mit unentschlossenen Gemütern.

Doch hinter dieser Gefahr wartete ein Ozean voller Möglichkeiten auf Carmen. Nicht weit von der Küste würden der Humboldtstrom und der Südwind, der das Hauptsegel des Bootes blähte, sie mit Leichtigkeit nach Valparaíso bringen. In nicht einmal einem halben Tag wäre sie bei dir. Und ihr könntet das neue Leben beginnen, von dem ihr träumtet.

Du siehst sie vor dir, als seist du dort gewesen, Moro. Unter diesem gleichgültigen Mond stand sie im Bug. In ihrem grauen Reitkleid, das sie für diese Reise angezogen hatte, ihr Seidentuch flatterte im salzigen Wind, der von der Brandung her wehte, so wartete sie auf die Ebbe. Die Flut zog sich schnell zurück. Bald zeigte eine lange Düne schwarzen Sands ihren feuchtglänzenden Rücken, wie eine riesige Seeschlange, die quer in der Flussmündung lag. Auf der anderen Seite beruhigten sich die Wellen anscheinend, ermunterten den Reisenden, die Durchfahrt zu wagen. Doch im Vordergrund, beinahe zu seinen Füßen, so nah, dass man darauf springen und darüber laufen konnte, lag der Rücken der Bestie. Die sich im Wasser schlängelnde Sandbank, vom Auf und Ab der Wellen an ihren Seiten hin und her bewegt.

In diesen zwei Stunden des Wartens, während sie die glänzende schwarze Sandbank langsam auftauchen sah, fühlte Carmen, dass in ihrem Inneren eine andere Flut zurückwich. Es war, so schrieb sie dir, als beuge sie sich über die Sandbänke in ihrem Herzen. Und auf diesen sah sie als Erstes, wie ihre Zukunft und die deine langsam ans Licht kamen. Sah diese Zukunft, als sei sie schon Vergangenheit.

Angefangen mit dem folgenden Tag. Sie sah dich in Valparaíso auf sie warten. Fast würdest du dich nicht vom Teleskop wegbewegen, es auf den Hafen gerichtet halten, das Einlaufen der Schiffe, diesen Lastensegler suchen, der bei der »L'Île d'If« anlegen sollte, dem französischen Schiff, für das unter falschem Namen zwei Passagen gebucht waren. Bis zum Sonnenuntergang würdest du den Hafen im Auge behalten, doch der Segler würde nicht auf der Reede erscheinen. Und das Gleiche würde am nächsten Tag geschehen. Auch am übernächsten, dem Tag vor dem, der für eure Flucht vorgesehen war.

Doch würdest du nicht den Mut sinken lassen. Würdest dir sagen, dass Carmen möglicherweise beschlossen hatte, in der Nacht vor der Abfahrt einzutreffen, um nicht entdeckt zu werden. Der Vollmond und das ruhige Meer würden es dem Kahn erleichtern, in der Bucht zu manövrieren und das französische Schiff zu finden. Mit diesen Gedanken würdest du dich beruhigen, auf die Pläne vertrauen, die ihr geschmiedet hattet, und die Träume, die ihr beide hegtet. Aber viel schlafen würdest du nicht in dieser Nacht.

Am für die Flucht festgesetzten Morgen würdest du sehr früh an Bord des Schiffes gehen. Würdest sie in den Kabinen suchen, ohne sie zu finden. Würdest deine Angst unterdrücken und zum Landungssteg zurückkehren, den Hafenkapitän fragen, ob er Kenntnis von einem Lastensegler vom Rio Maule habe, der am Vortag von Süden her hätte ankommen sollen. Nein, keine, würde er dir antworten. Doch war es unwahrscheinlich, dass etwas Schlimmes geschehen wäre, beruhigte er dich. Bei dem lebhaften Schiffsverkehr entlang der Küste erführe man die schlechten Nachrichten sofort. Statt dich zu beruhigen, würdest du beinahe verzweifelt zurück an Bord gehen.

Konnte es denn sein, dass das einzige Mal in deinem Leben, wo du, statt vor der Liebe davonzulaufen, beschlossen hattest, mit einer Liebe zu fliehen, diese nicht wie verabredet käme?

Wieder würdest du unablässig den Horizont absuchen, sie zwischen Himmel und Wasser zu finden hoffen, bis die Matrosen die großen Winden zu drehen begännen, um die Anker zu lichten. Du würdest heftig mit dem Kapitän des Seglers streiten, einem nicht umzustimmenden Mann aus Marseille, den du dann bestechen müsstest, damit er dir wenigstens sechs Stunden Zeit bis zum Nachmittag gäbe.

Um die Mittagszeit würde Rosa deinen Namen unter dem Bug auf der Steuerbordseite rufen und neue Hoffnung würde in dir aufflammen. Doch wenn du hinunterschautest, würdest du die Zofe allein an Bord des Kahns sehen, auf den du so sehnsüchtig gewartet hattest. Rosa würde den zerlumpten Bootsmann das Fallreep hinaufschicken, um dir einen Brief zu überreichen. Und ihm gleich darauf befehlen, sie sofort zurückzubringen, wieder nach Süden zu segeln, ohne auf deine Rufe zu antworten, ohne auch nur zu dir heraufzuschauen.

Und dann würdest du dies lesen, last du dies. Die Geschichte in einen Brief gegossen, den Carmen vorher in ihrer Phantasie geschrieben hatte. Das, was sie in jenen zwei Stunden vor der Sandbank am Rio Maule dachte und entdeckte, während sie auf die Ebbe wartete. Und in dieser Geschichte entdecktest auch du das, was sie auf dieser schwarzen Sandbank sah, deren im Mondlicht glänzender Schlangenrücken vor ihren Augen aus dem Wasser trat. Das, was sie zum ersten Mal mit nächtlicher, doch unerbittlicher Klarheit sah. Die Hürde zwischen ihrem Leben und dem deinen, Moro.

Die Sandbank zwischen dem Strom eurer Wünsche und dem Meer der Möglichkeiten, die euch niemals gehören würden. So weit ihr auch gehen und eure Namen und Papiere gegen andere, falsche, tauschen mochtet (oder wahrhaftigere, denn diese neuen wären erfunden statt ererbt), so wärt ihr doch nicht in Sicherheit. Nicht einmal in Gravedona, diesem kleinen Dorf in den italienischen Alpen, von dem zu träumen du ihr beigebracht hattest. Auch nicht in einer großen Stadt. Und nicht in einer fernen Wüste.

Im kleinen Bug der »El Milagros« stellte sich Carmen ihr restliches Leben als Verheiratete vor – mit falschen Papieren zwar, doch verheiratet. Und es schreckten sie nicht Gutiérrez' Schergen, die Kopfgeldjäger, die der Oberst euch hinterherschicken würde. Sie fürchtete nicht einmal, er selbst könne kommen und die Vormundschaft eurer Kinder verlangen, versuchen, sein Versprechen wahrzumachen, dich zu erschießen. Ihr konntet ja immer weiter fliehen. Nach Nordamerika auswandern, wie die Pioniere mit den Mohikanern in den Wäldern an den Grenzen des Staates New York leben wie in einem Roman von James Fenimore Cooper. Die Erde mit Blut und Schweiß düngen, unter Schmerzen gebären …

All diesem könnte sie sich entgegenstellen, schrieb sie dir. Doch nicht dem, was du den »natürlichen Tod der Liebe« genannt hattest. Als sie den Grund ihrer Seele erforschte, stellte sie fest, dass auch sie sich vor der zufriedenen, gesättigten Liebe fürchtete. Es schreckte sie diese Vertrautheit mit dem Glück, die kein Glück überleben kann.

Wohin ihr auch immer gehen und so weit fort, wie ihr gelangen mochtet: Irgendwann würde sich eure große Leidenschaft doch in eine kleine Konvention verwandeln. Eine angenehme Gewohnheit statt einer aufregenden Glückseligkeit. Weil es euch schon einmal so geschehen war, wusste Carmen, dass deine verliebte Todesgöttin immer auf euch warten würde. »Die Andere«, die an einer Wegbiegung der Zukunft auftaucht, eine Sanduhr in der Hand, in der die letzten Minuten eures Idylls durch die gläserne Enge rinnen.

Es durfte dich nicht überraschen, Moro – so schrieb Carmen –, dass sie diese Erzfeindin deines Herzens kannte. Du hättest längst begreifen müssen, dass sie auch die des ihren war. So sehr liebte sie dich, dass sie sogar noch deine Feinde zu den ihren machte. Obwohl du sie niemals erwähnt hattest, entdeckte Carmen schon beim ersten Mal, als sie dich sah, diese Rivalin im Spiegel deiner Augen. Und liebte dich deshalb umso mehr. Wegen des Schmerzes, den du auch in der Schönheit sehen konntest. Im blauen Glanz deiner Pupillen schien das Bild einer kleinen, stolzen, unerbittlichen Frau auf. Die, die dir all deine Enttäuschungen diktierte. Deine verliebte Todesgöttin. Und weißt du auch, wem sie glich? Carmen erkannte sie sofort. Sie glich ihr selbst.

In dieser kleinen Frauengestalt, die sich in deinen Pupillen spiegelte, erkannte sie sich selbst: Carmen, einsam selbst noch in den Umarmungen, Witwe ihrer Träume, immer unzufrieden mit der Realität. Enttäuscht von diesem melancholischen, kleinen Mann, den du vielleicht auch in ihren Augen entdeckt hättest, wenn du sie nicht mit so viel liebevoller Hingabe angeschaut hättest. Dieser kleine Mann warst du, durch den Tod der Liebe auf deine wirkliche und kleinste Größe reduziert.

Würdet ihr das vermeiden können? Könntet ihr diesem Paar von Desillusionierern entkommen, die ihr beide in euren Blicken verbargt?

Der Wind, der von der Sandbank des Rio Maule herüberblies, legte sich, und Carmen konnte nicht mehr den Meerestau für jene salzige Feuchtigkeit verantwortlich machen, die ihr auf den Wangen brannte. Der Bug des Bootes hob und senkte sich, drängte sie, es zuzugeben.

Die großen Lieben müssen – genau wie die Helden – jung sterben, Moro. Sonst verlieren sie ihre Kraft. Die beste Art und Weise, diese Romanze unsterblich zu machen, war, sie zu töten. Oder vielleicht, sie unvollständig zu lassen. In der leuchtenden Hoffnung all ihrer unerfüllten Träume schweben zu lassen, bevor diese zu blinden, altvertrauten Wirklichkeiten wurden.

Du hattest ihr immer wieder gesagt, dass in der Kunst das wahrhaft Schöne, das wirkliche Herrliche im Unvollendeten liegt.

Im Bug des Bootes entdeckte Carmen, dass dies auch auf die Liebe zutraf. Wenn ihr nicht wolltet, dass eure Leidenschaft niederbrannte und erlosch, musstet ihr dieser Leidenschaft, in ihrer vollen Blüte, eine so tiefe Wunde zufügen, dass sie nie vernarben konnte. Eine Wunde, die nie heilen würde. Und die deshalb dafür sorgen würde, dass diese Liebe nie stürbe, solange ihr – und der Schmerz – lebtet.

Die Ebbe hatte jetzt die schwarze Düne, die Carmen vom Ozean trennte, gänzlich freigelegt. Und auch den silbrigen Fluchtweg vorgezeichnet. Der Mond glänzte auf dem Kanal, der den Rücken der Sandbank in zwei Hälften teilte. Er zeigte den Weg zum Meer, die jetzt beruhigte Brandung, die sie durchbrechen musste, wenn sie ihr Schicksal herausfordern wollte.

Doch es gibt keinen Kanal, um die Sandbank des eigenen Lebens zu überwinden. Nicht, wenn man selbst die Sandbank ist, Moro.

Carmen verließ den Bug, ging um die Kabine herum und fand im Heck Rosa und den alten Fährmann, der schon dabei war, den Anker zu lichten, um aufs Meer hinauszufahren. Sie befahl ihm: »Charon, bring mich zurück.«

Und der Fährmann widersprach ihrem Befehl nicht. Und auch nicht diesem seltsamen Namen, den sie ihm gab.

XLIV

1903

HEUTE BEKAM ICH *nach fast einem halben Jahrhundert einen Brief von dir, Moro.*

Oder war das gestern?

Vielleicht war es vor fünfzig Jahren. Vielleicht habe ich diesen Brief vor langer Zeit voller Wut weggeworfen, mit all den anderen Briefen von dir. Oder ich habe ihn versteckt, um ihn vor meinem Blick zu verbergen, und habe vergessen, wo. Und jetzt bin ich verwirrt. In meinem Halbschlaf einer alten, kranken Frau, der Ururgroßmutter des Mädchens, das ich einst war, scheint es mir, als bekäme ich ihn noch einmal. So wie du jeden Tag zu mir kommst, Moro.

Nach so vielen Jahren ohne Nachricht von dir schreibst du mir, erzählst mir von deinem Leben, seit wir uns trennten: deine Rückkehr nach Deutschland, deine Reise nach England, um dich mit Darwin zu treffen. Und plötzlich lässt du fallen, dass du heiraten willst. Ein Mädchen von zwanzig Jahren, dreißig weniger als du. Ich bitte dich, Moro! Willst du etwa wieder anfangen, »typische Frauen« zu malen und sie zu sammeln? Dabei musst du doch schon über hundert sein, ein älterer Greis als ich …

Es sei denn, du wärst schon vor einem halben Jahrhundert gestorben, kurz nachdem du mir diesen Brief geschrieben hast. Doch weshalb, Geliebter, bist du dann immer noch so lebendig hier bei mir? Bei mir, die ich so weit weg bin? Wenn alle tot sind, wenn die

Welt von gestern entvölkert ist, warum bin ich dann immer noch hier, und du in mir?

Manchmal denke ich, du tust das, um mich zu quälen. Weil ich nicht gekommen bin, weil ich unsere letzte Verabredung nicht eingehalten habe. Weil ich nicht mit dir durchgebrannt bin, jenes einzige Mal, dass du mit jemand fliehen wolltest, statt vor der Liebe wegzulaufen.

Kannst du mir verzeihen, Moro? Dann tu es jetzt. Denk dran, so lange du mir nicht verzeihst, wirst du mich weiter lieben. Und so lange du mich liebst, wirst du diese Seite der Zeit nicht verlassen können, fahrender Ritter.

Doch ist es jetzt Zeit, dass du mich verlässt. Höre auf, mich zu besuchen, ohne zu kommen, mich zu umschleichen, ohne dich zu zeigen, mich zu streicheln, ohne mich zu berühren. Lass mich sterben, jetzt.

Befreie mich von dem Zauber, mit dem ich dich an mich band, als ich dich von mir befreite.

Lass mich allein, damit ich dich vergessen kann, so, wie ich sogar mein eigenes Alter vergessen habe. Ein paar ferne Stimmen sagen mir, dass ich fast hundert bin. Das klingt so phantastisch, dass ich auch denken könnte, schon tot zu sein, und es die meine ist, diese Ewigkeit, in der ich schwebe und mit deinen Augen sehe. Weil die meinen blind sind. Und weil ich mich so sehen kann, wie du mich sahst, bevor ich zu dieser Ruine wurde.

Andere Male denke ich, dass ich so lange lebe, nur damit du in mir weiterlebst. Damit meine Erinnerung und meine Phantasien dir die Existenz verleihen, die du vor langer Zeit verloren hast. Damit du nicht verlischst – und um diesen endlosen Verfall zu vergessen, der ich bin –, konzentriere ich mich darauf, dich zu erinnern. Und dich mir vorzustellen. Ich stelle mir vor, dass ich du bin, um mich innig geliebt zu fühlen. Ich vergehe, indem ich dir das bisschen Energie gebe, das mir bleibt … Und der Zauber entsteht zu neuem Leben: Ich lasse dich auferstehen, du stehst vor mir, so, wie du warst. Und so, wie ich mir wünschte, dass du gewesen wärst. Du bist wieder da, und bist besser, als du warst. Einmal mehr hat meine Liebe dich aus der Vergessenheit zurückgeholt.

Doch wenn ich nicht mehr weitermachen will, wer wird dich dann wiedererstehen lassen, Moro?

Denn mach dir klar: Immer, wenn ich wieder wie heute diesen selben Brief bekomme (oder war es gestern? Oder vor einem halben Jahrhundert?), hasse ich es, weiterzuleben. Dann werde ich wieder zu deiner furchterregenden Circe, deiner wütenden Amazone.

Du schreibst mir, dass du ein schwaches Herz hast – welche Neuigkeit! –, dass du zwei Infarkte erlitten hast, dass die Ärzte dir nicht mehr viel Zeit geben … Und dann wiederholst du plötzlich, ohne Vorwarnung, diesen dummen, düsteren Witz, den du schon Darwin erzählt hast: Du sagst, dies sei ein guter Augenblick, zu heiraten und dann »im Liebesakt« zu sterben.

Ich kenne dich so gut, Moro, dass ich sogar noch jetzt, so hingestreckt, wie ich hier im Bett liege, die Übermalungen abtragen kann, die du über dein Leben legen musstest. Und sehen kann, was darunter war: Du scherztest nicht. Es stimmte: Du wolltest so sterben, wie du gelebt hattest. Dich im Akt der Liebe umbringen. Und du hattest auch schon die gefunden, mit der du das tun wolltest … Gib's zu. Lüg deine Liebhaberin nicht an! Du weißt genau, dass du nur deshalb heiraten wolltest. Es war, als wolltest du dich, müde vom Fliehen, dieser »Anderen« hingeben, die dich um die halbe Welt verfolgte und immer wieder deine Liebe tötete, kaum dass du sie zu fühlen begannst. Außer der zu mir, denn die habe ich schon vorher ertränkt, damit sie für immer in uns lebe.

Wie konntest du nur so naiv sein zu glauben, du könntest ohne mich gehen, Moro? Während ich bin, wirst auch du mit mir sein.

Hast du das schon vergessen? Erinnerst du dich nicht daran, dass ich dich verließ, um dich nicht zu verlieren? Mit welchem Recht wolltest du mir sterben?

Vielleicht war dir nicht klar, was du mir zwischen den Zeilen schriebst. Doch ich, ich habe es gesehen. Ich sehe dieses Mädchen, diese typische Frau, deine Ehefrau. (Deine Liebe werde ich sie nicht nennen, denn das bin ich.) Sehe, wie sie sich nackt auf dich setzt.

Der Körper schneeweiß wie ein Gespenst, das Haar rot wie eine Feuersbrunst, das Antlitz hinter der Mähne verborgen. Die Brüste spitz, ihre Warzen lugen zwischen den ausgestreckten weißen Armen hervor. Sie stützt beide Hände auf deine Brust. Ihre langen Nägel reißen deine Haut auf, als sich ihre Finger in dem Rhythmus krümmen, mit dem sich ihr Schoß zusammenzieht und öffnet. (Ach, weshalb muss ich dies alles vor mir sehen, Moro? Um dich nicht so allein zu lassen?) Es ist, als höhle sie dir die Brust aus. Du blutest.

Aufgepasst, mein Maler! Vorsicht! Es ist ja nicht Liebe, was du da machst, du machst den Tod. Jetzt folgt »die Andere« dir nicht mehr. Jetzt reitet sie dich, fahrender Ritter. Sitzt auf dir. Und du, du lässt dich von ihr reiten.

Weißt du etwa nicht, dass dein Herz, wenn dich diese Reiterin zum Galopp antreibt, wenn sie von dir das Äußerste fordert, in tausend Stücke zerspringen wird? Du weißt es. Und genau deshalb ermunterst du sie, stachelst sie an, gehst ihr durch. Die rote Mähne dieser anderen wogt, ihre harten Brüste zerteilen die Luft. Sie schreit.

Du schließt die Augen, denn du weißt, wer dich reitet, du Reiter, der längst abgesessen ist. Deine neue Frau glänzt, vom Mondlicht erhellt, in der Dunkelheit wie ein Gespenst. Mit geschlossenen Augen weißt du es und fühlst, dass es zu Ende geht, Moro. Und du fühlst, dass du für immer sein wirst. Fühlst, dass du sehr weit, sehr weit galoppieren wirst …

Wohin reitest du?

Ich reite mit.

Ja, du kommst hierher, zu mir, auf die sonnendurchflutete Wiese unseres Idylls, wo ich immer auf dich warte.

Jemand stöhnt auf dieser Seite der Zeit. Jemand weint. Weint vor Liebe und auch vor Schmerz, was so oft dasselbe ist. Jemand.

Bist du das?, fragst du mich.

Ich bin es.

Du öffnest die Augen, Moro. Und bist geblendet von der Sonne, liegst im von Blumen übersäten Gras am Wasser. Neben mir. Du siehst mich, und dein Herz setzt aus. Verliert einen Schlag. Tut diesen Sprung, durch den du mich das erste Mal erkannt hast.

Du bist angekommen, Moro, hier, wo die verliebte Todesgöttin dich nie mehr wird erreichen können. Hier, wo die Liebe nie verloren geht.

Ruh dich aus, ermuntere ich dich.

Mit dir, antwortest du mir (deine Stimme ist voller Blut).

Gib mir die Hand, bitte ich dich, um dich zu beruhigen. Und indem ich sie küsse, lege ich meinen Kopf auf deine pochende Brust.

Jetzt ist es gut, sage ich zu dir. Jetzt haben wir uns bis zum Ende geliebt. Jetzt kannst du innehalten, Herz.

Und dann, wenn ich nur noch die Stille höre, halte ich mit dir inne.

Heute

DAS BILD eines unbekannten Künstlers. Es hängt im Städtischen Kunstmuseum von Valparaíso und zeigt einen Maler, der mit dem Rücken zum Betrachter im Freien sitzt und malt. Auf der Leinwand, die vor ihm auf der Staffelei steht, sieht man, was er malt. Der Künstler stellt sich selbst dar, wie er die Frau porträtiert, die vor ihm auf einer von Blumen übersäten Wiese ruht. Sie trägt ein Sommerkleid aus weißem Musselin. Bis eben hat sie noch in einem Buch gelesen, doch jetzt hebt sie den Blick, um den Maler anzuschauen. Die Krempe eines Strohhuts taucht ihr Gesicht in Schatten, sie lächelt.

Die gleiche Szene sieht man auf der Leinwand, die der Künstler bemalt. Das Bild und seine kleine Kopie in ihm sind identisch. Derselbe Mann, der mit dem Rücken zum Betrachter vor seiner Staffelei sitzt, dieselbe Frau im weißen Kleid mit ihrem Buch. Und mehr noch: Auf dieser zweiten Leinwand kann man, wenn man genau hinschaut, eine jetzt schon winzige dritte, identische Szene erkennen.

Der Abgrund dieser »Mise en abyme«, der sich vor dem Betrachter öffnet, verursacht Schwindel. Es scheint, als sähe man durch ein umgekehrtes Fernglas. Der Betrachter hat das Gefühl, als könne er sich in diesen Brunnen stürzen, der sich im Raum und auch in der Zeit auftut. Doch noch größeren Schwindel verursacht das Gefühl, das Bild, wenn es sich unendlich nach vorn in den Raum hinein wiederholt, dies auch »nach hinten« und »nach draußen« tun könnte. Der Abgrund könnte sich weiten, aus dem Bild herauskommen und uns in sich aufnehmen, bis er zu unserer eigenen Szene und Geschichte wird.

Das seltsame Gemälde trägt keine Signatur und kein Datum. Die Kuratoren des Museums können sich nicht entschließen, es zuzuordnen. Allerdings lesen wir im Katalog, dass man vor Kurzem eine vielversprechende Spur gefunden hat. Bei einer Routinereinigung fand man hinter dem Bild, zwischen Leinwand und Rahmen, das Fragment eines Briefs.

Dank

Dieses Buch ist ein reines Werk der Phantasie. Gleichwohl haben die Freiheiten, die er sich bezüglich des Lebens und Werks von Darwin und Rugendas genommen hat, den Autor dazu gezwungen, einige Nachforschungen anzustellen, um kenntnisreicher lügen zu können. Der Autor dankt für die Unterstützung und den Zugang, den ihm, unter anderen, folgende Institutionen gewährt haben: das Nationale Kunstmuseum von Chile, das Iberoamerikanische Institut in Berlin, die Staatliche Graphische Sammlung in München, das Zentrum für Lateinamerikastudien, das Fitzwilliam Museum, die Universitätsbibliothek der Universität von Cambridge, das Nationale Museum für Geschichte des Schlosses Chapultepec in Mexiko-Stadt, das Institut Cervantes in Moskau und das Archiv der Russischen Akademie der Wissenschaften in St. Petersburg.

Ruhe und Frieden, um einige Wochen ohne Unterbrechungen konzentriert schreiben zu können, waren ein Beitrag des Bellagio Center der Rockefeller Stiftung und des Liguria Study Center for the Arts and Humanities der Bogliasco Foundation.

Fernando Labra nahm den Autor in das Haus Darwins in Downe, Kent, mit. Marcelo Maturana und Jorge Eduardo Benavides begleiteten ihn kundig und freundschaftlich über weite Strecken auf der Reise dieses Buchs.

Jeanette folgte dem Autor nicht nur auf Rugendas' Spuren

in Mexiko, sondern unterstützte und ertrug ihn auch in Augenblicken von Mutlosigkeit. Während Serena – mit dem Skeptizismus ihres Jahrhunderts – ihren Vater so oft über diesen Roman reden hörte, dass sie schließlich ausrief:

»Komm endlich zum Schluss, Papa!«

Inhalt

Der Verlag dankt der Abteilung für kulturelle Angelegenheiten
des Außenministeriums von Chile für die Förderung der Übersetzung.

Obra editada en el marco del Programa de Apoyo a la Traducción
de la Dirección de Asuntos Culturales (DIRAC)
del Ministerio de Relaciones Exteriores de Chile.

Die Originalausgabe erschien 2015 unter dem Titel *Si te vieras con mis ojos*
bei Penguin Random House Grupo Editorial, S. A., Santiago de Chile, Chile

Deutsche Erstausgabe
für die Mitglieder der Büchergilde Gutenberg
1. Auflage 2019

Lektorat: Eva Berié, Berlin
Satz und Reihengestaltung:
Thomas Pradel, Bad Homburg
Umschlagabbildung:
© The Picture Art Collection / Alamy Stock Photo
Druck und Bindung: CPI books GmbH, Leck
Printed in Germany 2019
ISBN 978-3-7632-7137-5

Büchergilde Gutenberg
Stuttgarter Straße 25–29 · 60329 Frankfurt am Main
Tel. 069 / 27 39 08-0 · service@buechergilde.de
www.buechergilde.de · Facebook: Büchergilde · Instagram: buechergilde